호열자, 조선을 습격하다

호열자, 조선을 습격하다
── 몸과 의학의 한국사

1판 1쇄 발행 2004년 10월 25일
1판 7쇄 발행 2021년 5월 25일

지은이 신동원
펴낸이 정순구
편집부 조원식, 조수정, 정윤경
마케팅 황주영

용지 한서지업사
인쇄 한영문화사
제본 한영제책사

펴낸곳 (주) 역사비평사
등록 제300-2007-139호 (2007. 9. 20)
주소 10497 경기도 고양시 덕양구 화중로 100(비전타워 21) 506호
전화 02-741-6123-5
팩스 02-741-6126
홈페이지 www.yukbi.com
이메일 yukbi88@naver.com

ⓒ 신동원, 2004
ISBN 978-89-7696-516-5 / 03900

호열자, 조선을 습격하다

몸과 의학의 한국사

역사비평사

이 책에 쓰인 사진들은 소장처의 허가를 받아 사용하였다.
협조해주신 분들께 감사드린다.

책을 내면서

왜 "호열자"인가

1821년 무더위가 기승을 부리던 늦여름, 조선 사람들은 정체 모를 역병의 대유행을 경험했습니다. 엄청 빨리 전염되었고, 발병률이 무지하게 높았으며, 병에 걸리면 끔찍한 고통 속에 즉사했습니다. 병에 걸린 사람 열 가운데 여덟, 아홉이 죽었습니다. 어느 누구도 이 병이 무슨 병인지 알지 못했고, 어떤 처방으로 막고 고칠 수 있는지 알지 못했습니다. 사람들은 이 병을 괴질이라 불렀습니다.

나는 얼마 전 전 세계를 공포로 몰아넣었던 괴질인 사스 소동을 보면서 옛날의 괴질 유행을 떠올렸습니다. 옛날에는 조선에서만 몇십만 명이 죽었지만, 지금은 전 세계적으로 채 1,000명도 죽지 않았습니다. 그래도 두 괴질 사이에는 공통점이 있습니다. 고통과 죽음, 불안과 공포, 무엇보다도 살아있는 사람의 허둥댐이 그것입니다.

다른 점이 있다면, 그때는 역병의 시대로서 괴질의 공포가 일상이었던 반면에 지금은 의학의 시대로 괴질이 평온한 일상을 깬다는 점입니다. 그때는 괴질을 단순한 질병으로 받아들이지 않고 어쩔 수 없는 하늘의 재앙으로 여겼습니다. 그렇기에 수많은 죽음을 그저 운명인 양 체념했습니다. 요즘은 과학으로 이겨낼 수 있다고 믿기 때문에 더욱더 괴질을 극복하려고 몸부림칩니다.

1821년도 괴질은 호열자 곧 콜레라라 이름 붙여졌고, 이때부터 우리 역사는 괴질의 시대와 콜레라의 시대로 분절됩니다. 괴질은 전근대였고 운명론의 시대였으며, 콜레라는 근대이고 과학적 낙관론의 시대입니다. 그런데, 괴질의 유행은 1821년도였고 콜레라라는 이름이 사용된 것이 1885년도였으니 64년 사이에 엄청난 변화가 있었던 것입니다. 당시 영어식 발음인 콜레라보다 그 음을 한역한 호열자라는 이름이 공식 명칭이 되었으니 "호열자" 전후로 세상이 바뀌었던 셈입니다. 특히 조선인의 몸과 병, 조선의 의료와 의학에는 넓고도 깊은 대변혁이 있었습니다.

솔직히 말해 이 책은 호열자의 역사를 본격적으로 다룬 책이 아닙니다. 호열자는 몸과 병, 의료와 의학을 통해 "대변혁"을 느끼고, 더 나아가 그 이전과 이후에 전개된 우리의 삶과 역사를 이해하는 길로 안내하는 하나의 방편일 뿐입니다.

고통 받는 몸의 역사

얼마 전 그윽한 산사와 그곳 나무의 생명력을 오롯이 다룬 글을 읽으면서 참 부러웠습니다. 나도 그런 아름다움을 노래하고 싶었습니다.

불행하게도 내 주제는 고통입니다. 시체와 악병, 장애의 고통스러움을 기억해내는 일이 내가 할 작업입니다. 아름답고 행복한 순간은 짧고 고통과 비탄의 시간은 참 긴 게 인생인 듯합니다. 그것은 예나 지금이나 똑같습니다. 아름다움을 들춰내는 것이 글이 되듯 몸의 고통을 그려내는 것 또한 글이 됩니다. 우리 삶이 그러할진대 어찌 고통스러운 삶의 역사를 일부러 외면할 수 있겠습니까. 때때로 고통에 대한 공감이 카타르시스되어 삶의 자양분이 되기도 하니 참말로 역설이라 할 수 있겠습니다.

"고통 받는 몸의 역사"에서는 고통스러운 몸에 초점을 맞추었습니다. 역병을 통제할 수 없었던 시대에 그것은 엄청난 고통의 근원이었습니다. 역병의 희생자는 바로 우리의 조상과 그들의 가족이었습니다. 역병은 기근과 함께 발생할 때가 많았고 가난과 역병은 맹인과 장애를 양산해냈습니다.

역병이 통제되던 시대에 들어서서는 대규모 사망의 고통이 줄어들었습니다. 그렇다고 해서 몸의 고통이 눈 녹듯이 사라진 것은 아니었습니다. 몸에 대한 근대 권력이 새로이 작동하기 시작했습니다. 위생의 이름으로 몇천 년 전통의 응집체인 상투를 잘랐습니다. 세균설은 조선인의 생활습관 하나하나를 지배하려는 일제 식민권력의 활용도구가 되었습니다. 단발령의 시행이나 세균설의 체화가 근대 세상으로 나아가는 불가피한 일이라는 것을 부정하지는 않습니다. 그렇다고 해서 조선인의 몸에 새로이 가해진 권력의 입김이 새로운 고통의 원천이 된 사실을 잊어서는 안될 것입니다.

근대 서양의학 지식만이 우리 몸에 권력을 휘두른 것은 아닙니다. 고급의학으로서 한의학도 그런 측면이 있었습니다. 남아선호 관념을 뒷받침하기 위한 한의학의 집요한 역사가 그것을 보여줍니다.

병의 고통이 일상이었다면 그것을 이겨내려는 노력도 일상이었습니다. 우리가 의료라고 부르는 것이 그 일상의 중심에 있었습니다. 병을 고치는 방법으로는 푸닥거리와 기도, 한의약을 이용하는 것이 있었고, 개항 이후에는 서양의술을 펼치는 병·의원을 찾는 방법이 있었습니다.

이런 것들이 시대에 따라 어떻게 바뀌어왔는지 그 전반적인 양상이 궁금했습니다. 먼저 옛날의 의료기관과 근대 의료기관이 어떤 모습으로 존재했는지 알고 싶었습니다. 혜민서와 활인서 따위가 있다고 해도 그것이 암기의 대상에 그친다면 무슨 소용이 있겠습니까. 제중원이나 대한의원도 마찬가지겠지요. 우리가 병·의원을 이용하듯 그런 기관의 실체를 생생하게 더듬으려 했습니다.

이와 함께 여성 환자를 대상으로 한 여성 의료인인 의녀의 이야기를 통해 그동안 관심을 두지 않았던 한국 전통의료의 또 다른 한 측면을, 우황청심원 같은 구급명약을 통해 가정 구급의 세세한 내용을 짚어보려 했습니다.

"한국의 히포크라테스 선서"는 덤입니다. 그 기원에 대해서도 오해가 많고 실제 내용이 의료 현실과 부합되지 않음에도 불구하고, 큰 의료 사건이 터질 때면 앵무새처럼 되풀이되는 이 주술을 풀고 싶었습니다. 의사나 시민, 기자 여러분은 히포크라테스 선서를 언급하기 전에 이 글을 한번 읽는다면 크게 도움이 될 것입니다.

한의학이냐 서양의학이냐

우리나라 의학의 역사를 공부하는 사람으로서 고민거리가 한 둘이 아닙니다. 이런 것 가운데 "한국의학이 중국의학과 어떻게 다르냐?"는 외국학자들의 질문은 정말로 곤혹스럽습니다. 같은 개념의 의학을 사용한다 해도 지형적, 문화적 차이를 따져야 하며, 밟아온 역사 전통이 달랐음을 보여주어야 하며, 의학 처방과 약재 선호가 달랐음을 지적해야 합니다. 그런데 그것만으로는 부족합니다. 궁극적으로 "한국"과 "중국"을 규정하는 개념 자체를 다시 검토하는 것이 필요하다는 것을 깨달았습니다.

오늘날의 영토와 민족 개념으로 파악해야 할 부분이 있지만, 동아시아 네트워크 안에서 중국과 조선, 그리고 이웃나라가 같이 공유하면서 일궈냈다고 봐야 할 부분이 있었던 것입니다. 결국 나는 의학 기원의 문제, 옛 의학전통의 계승이라는 문제, 당대 동아시아의학 사이의 교류라는 문제를 나누어서 봐야 한다는 결론에 도달했습니다. 이런 생각을 가지고 나는 동아시아의학 전통 내에서 한국의학의 위치와 독자성을 평가하려고 시도해봤습니다.

서양의학과 한의학의 문제는 현재진행형이기 때문에 더욱 쉽지 않은 주제입니다. 이 문제를 접근할 때 내가 채택한 전략은 이전의 학자가 부풀린 부분을 낮추고, 과소평가하거나 무시한 부분을 회복시키는 방법입니다. 한국의학사 연구의 대가들은 서양의학의 수입에 대해서는 엄청나게 높은 점수를 준 반면, 한의학은 깎아내렸습니다. 서양의학이 역병을 통제해내고 수많은 병의 고통을 덜어주는 데 크게 기여한 것은 폄하할 수 없는 사실이지만, 그렇다고 시대적 상황을 초월해서 당연한 것으로 보는 것은 역사를 무시하는 태도라 생각합니다.

나는 서양의학과 한의학의 관계를 조선후기, 개항-개화기, 일제시기 세 시기로 나누어 살폈습니다. 이 시기를 관통한 가장 큰 특징은 의학이 한의학이 되었고, 서양의학이 의학이 되었다는 점입니다. 여러 학자들이 높은 관심을 가지고 적극 평가한 조선후기의 서양의학은 정말로 미미했으며, 종두법을 제외한 다른 것은 거의 시술되지 않았습니다. 하지만 일제시기 이후에는 달라졌습니다. 서양의학이 공식 의학이 되었고 한의학은 주변으로 밀려났습니다. 그렇다고 해서 한의학이 사라지거나 몰락한 것은 아닙니다. 많은 돈이 드는 서양의술이 식민지 조선의 주력 의료가 될 수 없었기 때문에 한의학은 이전처럼 조선인의 주력 의료 구실을 했으며, 1930년대에는 그것을 바탕으로 막강한 서양의학에 도전장을 낼 정도였습니다.

　개항-개화기에는 한의학과 서양의학의 관계가 일방적이지 않았으며 둘의 대립도 그렇게 분명하지 않았습니다. 나는 종두법과 제중원의 사례를 통해 그런 내용을 보이고자 했습니다. 하지만 20세기 이후 역사에서는 서양의학과 그것을 전달해준 일본과 미국을 부풀리는 작업이 계속되었으며, 그 결과 지석영을 정점으로 하는 "우두법 신화"와 알렌을 정점으로 하는 "제중원 신화"가 자리잡았습니다. 나는 제중원과 알렌, 지석영과 우두법이라는 서사에 담긴 신화적 요소를 재검토함으로써 우리 의학의 역사에 짙게 드리워진 근대주의와 식민주의를 걷어내고자 했습니다.

　이렇듯 서양의학의 문제점을 지적하고, 한의학의 무시된 측면에 관심을 쏟는다 해도 현대 한국의학의 가장 큰 줄기는 서양의학입니다. 아니, 서양의학이라는 표현은 맞지 않고 그것도 한국의학입니다. 20세기 초·중반의 정치적, 경제적 고통을 딛고 마침내 한국은 그 의학을 곁에 두는 데 성공했습니다. 감격스러운 일입니다. 그러나 여전히 문제가 되는 저생활자의 의료소외를 비롯해서 현대의학에 가해지는 의료비 앙등의 문제와 의료의 비인간화 경향은 극복해야 할 과제입니다.

이 책의 문체

이 책은 우리 역사에서 몸과 병, 의료와 의학에 관심을 가진 일반 독자를 위한 것입니다. 나는 전문적인 내용을 다루면서도 누구나 쉽게 읽을 수 있고, 그러면서도 학문적 신뢰성을 잃지 않는 글을 추구합니다. 그것이 잘 되었냐 아니냐 하는 것은 전적으로 독자들의 몫이겠지만 말입니다.

나는 이 책에서 여러 형태의 글쓰기를 시도합니다. 중요한 테마를 짧은 분량에 거시적으로 훑는 방식의 글쓰기가 절반 정도 됩니다. 한국의 질병사, 의료사, 의학사를 한줌에 움켜잡기 위한 것입니다. 나머지 중 어떤 것은 개념과 사건의 기원을 추적하며, 어떤 것은 그것의 네트워크를 재구성하며, 어떤 것은 소설에 담긴 사회상의 단면을 읽어냅니다. 이렇기 때문에 다양하면서도 심층적인 내용을 만날 수 있을 것입니다.

원래 이 책은 특별히 이런 책을 구상해서 만들어진 것은 아닙니다. 지난 수년간 썼던 다른 형태의 글들을 모은 것입니다. 하지만 나는 1년 남짓 책의 체제를 다듬으면서 책이 꼭 포괄해야 할 내용을 보완했으며 문체를 모두 읽기 쉽게 바꾸었습니다. 글 읽기를 방해하지 않기 위해 주석은 가능하면 많이 줄였으며 이를 본문에 노출시켰습니다. 상세한 주석은 글 말미에 원래의 글 또는 관련 글에 관한 정보를 밝혔으니 그것을 참고하시기 바랍니다. 책에 적지 않은 잘못이 있을까 두렵습니다. 이 점 강호제현의 많은 가르침을 부탁드립니다.

차 례

3부_ 한의학이냐 서양의학이냐

차 례

1부
고통 받는 몸의 역사

호열자, 조선을 습격하다

콜레라, 그 무시무시한 공포의 역병

굵직한 질병들은 각각의 표상을 가지고 있다. 결핵은 아름다운 슬픔의 병, 문둥병은 천형(天刑), 두창은 두신(痘神)의 왕림, 매독은 성도덕의 문란, 페스트는 돌연한 습격, 암은 통제할 수 없이 번져나가는 세포, 에이즈는 동성애의 질병. 그렇다면 콜레라는 무엇으로 표상될까? "쇼킹한", "무시무시한 공포를 불러일으키는", "언제 걸릴지 전혀 예측할 수 없는" 무질서로 표상되었다. 유럽, 미주, 아시아, 조선을 막론하고 어디에서나 마찬가지다.

콜레라는 느닷없이 다가와 순식간에 마을을 휩쓴다. 좀전까지도 멀쩡했던 사람이 맥없이 쓰러진다. 누구는 걸리고, 누구는 걸리지 않는다고 아무도 예측할 수 없다. 남녀노소, 신분, 계층, 계급에 따른 차이도 없다. 콜레라에 걸리게 되면 순식간에 몸이 반응을 보이고 죽기 때문에 공포는 배가(倍加)된다. 다리에서 경련이 일어나기 시작해 온몸을 비틀고, 입으로는 모든 것을 토하고 설사가 멈추지 않는다. 심

호환 - 통도사 감로탱 I (1786) 사나운 범에게 찢겨 먹힌다는 것은 끔찍한 일이다. 이러한 호환의 이미지는
호역, 호열자라는 이름에 투사되었다. (사진 제공 : 예경)

장이 약해지고, 사지가 차갑게 식고, 정신이 오락가락 하다가 이윽고
숨을 거둔다. 높은 전염률과 치명률에 비해 예방과 치료방법이 전무
해 공포감은 더욱 증폭된다.

　요즘 사람들은 전쟁보다 더 공포스러운 콜레라의 무서움을 알지 못
한다. 질병사가(疾病史家)들은 콜레라의 공포에 견줄 수 있는 유일한
질병으로 페스트를 꼽는다. 우리나라에서 콜레라를 "호랑이가 살점을
찢어내는" 고통을 준다는 뜻의 호역(虎疫), 호열자(虎列刺)로 옮긴 데서

도 콜레라의 무서움을 읽을 수 있다. 호열자(虎列刺)는 콜레라(Cholera)의 음역인데, 처음 일본에서 이를 옮길 때에는 일본어로 '코레라'라고 읽는 '호열랄(虎列剌)'이었지만, 조선에서는 그것이 '어그러질 랄(剌)' 자와 비슷한 '찌를 자(刺)'자로 오독되었다. 그렇지만 그 무서움은 더욱 생생해졌다. 1821년 조선에 처음 이 콜레라가 침입했을 때에는 마땅한 명칭이 없어 "요괴스러운" 질병이라는 뜻으로 괴질(怪疾)이라 불렀다. 도무지 종잡을 수 없는 현상을 응축한 질병 이름이다.

제국의 열망과 함께 퍼져나간 콜레라

시카고 대학의 역사학자인 윌리엄 맥닐(William H. McNeil)은 『전염병과 인류의 역사』라는 책에서 매우 흥미로운 가설을 제시했다. 미시기생(微視寄生)과 거시기생(巨視寄生)의 변증법이 그것이다.

미시기생이란 병원체와 인간이 맺는 관계로, 병원체가 인간을 숙주로 삼으면서 자신의 삶을 영위하는 것을 말한다. 거시기생이란 동물체와 인간 또는 사람과 사람 사이의 지배, 피지배 관계를 말한다. 맥닐은 미시기생 관계에서 인간과 미생물은 혼란기를 겪으며 생태학적 균형을 이루게 되며, 그 균형상태에서 한 문명이 싹튼다고 했다. 그런데, 거시기생 상태의 변화, 이를테면 전쟁, 식민지 약탈 등이 있게 되면 안정상태에 있던 질병과 인간과의 관계가 깨지게 된다. 그리하여 역병이 유행하게 되고, 그것은 다시 거시기생 관계의 변화를 초래한다.

14세기 서유럽의 페스트 대유행과 16세기 남미의 두창 대유행에 대해 맥닐 교수는 위의 가설을 훌륭하게 적용시켰다. 몽고군대의 광범위한 정복사업이 중앙아시아 스텝지방에 안정화 되어 있던 페스트의 잠을 일깨워 세계로 실어 나르는 데 결정적인 노릇을 했으며, 페스트의 유행은 중세체제 붕괴에 큰 몫을 했다고 본다. 또한 500명밖에 안되는 스페인의 코르테즈 군대가 2,000만 명의 아즈텍 문명을 격퇴시킬 수 있었던 것은 원주민에게 선물한 "두창균에 오염된" 모포 덕분이었다고 본다. 유럽 문명은 부단한 감염을 거치며 그 병에 일정한 면역능력을 가지고 있었으나, 불행히도 '처녀지' 아메리카는 그렇지 못하여 순식간에 떼죽음을 당하는 일이 발생했다는 것이다.

맥닐 교수는 콜레라의 세계 전파에도 자신의 가설을 적용했다. 콜레라는 1817년 이전에는 인도대륙과 그 주변에 한정된 질병이었으나 영국이 식민지 통치를 위해 새롭게 만든 교역로와 군대의 이동을 따라 과거의 전파경로를 벗어나 세계 곳곳에 퍼져나간 것으로 본다. 아메리카대륙의 두창처럼, 이런 지역에서는 누구도 콜레라에 대한 면역력이 없었으며, 그것을 효과적으로 막을만한 아무런 민간 차원의 관습도 없었기 때문에 피해가 막심했다는 것이다.

영화 『인도로 가는 길』에서 미모의 영국 여성이 배를 타고 식민지 인도를 여행하러 가지만, 콜레라는 거꾸로 그 배를 타고 유럽, 영국을 공격했다. 고삐가 풀린 콜레라는 비단 이 지역뿐만 아니라 아시아, 아메리카대륙, 아프리카, 오스트레일리아대륙 등 남·북극을 제외한 모든 지역으로 퍼져나갔다. 오늘날 밝혀낸 사실에 따르면, 콜레라는 1820년대 전후, 1830년 전후, 1850년 직후, 1866년을 전후해서 19세기, 이렇게 크게 네 차례에 걸쳐 세계적인 대유행을 보였다.

이름을 알 수 없어 괴질이라 부른다

1821년(순조 21) 8월 13일 평안도에서 올린 계장(啓狀)이 하나 조정으로 날아들었다. 다음과 같은 내용이었다.

> 평양부 성 안팎에서 지난 그믐 간에 문득 괴질이 돌아 사람들이 설사 구
> 토하고 근육이 비틀리면서 순식간에 죽어버렸습니다. 열흘 안에 1,000
> 여 명이 죽었으나 치료할 약과 방법이 없습니다. 아무리 기도를 해도 유
> 행이 그칠 기미가 없고 인근 마을 각 곳으로 번졌습니다. 이 병에 걸린
> 자는 …… 10명 중 한 둘을 빼놓고는 모두 죽었습니다. 평안도부터 시작
> 해 여러 읍에 전염되는 속도가 마치 불이 번지는 것과 같았습니다. ……
> 고관대작 사망이 10명 이상이고 일반 관리와 백성의 사망은 부지기수입
> 니다. 대략 10만 명 이상이 죽었습니다. 이 괴질은 중국 동북지방으로부
> 터 들어온 것이라 합니다. (『조선왕조실록』 순조 21년 8월 13일자)

이 기록으로 볼 때, 이 괴질은 중국 동북쪽에서 남하해 1821년 8월
현재 평안도 지방에서 크게 유행하고 있음을 알 수 있다. 음력 7월 말
부터 유행하기 시작한 콜레라는 음력 9월까지 한성, 경기, 영남 지방
을 강타했으며, 이듬해인 1822년에는 호남, 함경도, 강원도 지방을
휩쓸었다.

1821년, 1822년 두 해에 걸친 콜레라로 죽은 사람 수는 수십만 명
에 달했다. 이는 보고된 수효일 뿐 실제로는 더 많이 죽었을 것이다.
통계체계가 미비했으며, 지방수령이 관리 책임을 모면하기 위해 사
망자 수를 축소·은폐하는 것이 보통이었기 때문이다. 여하튼 수십
만 명의 사망이란 당시 인구를 1,000만 내외로 볼 때 엄청난 수효였
음을 짐작할 수 있다. 19세기 후반까지 콜레라로 인한 인구 망실은
엄청났다. 큰 유행만 살펴보면, 1858년에도 무려 50여만 명이 죽었
으며, 1886년, 1895년에도 수만 명이 콜레라의 제물이 되었다.

왜 이렇게 피해가 컸을까? 비단 조선만 콜레라 피해가 큰 것이 아
니었음을 생각한다면 면역력의 결핍이 가장 큰 요인이었을 것이다.

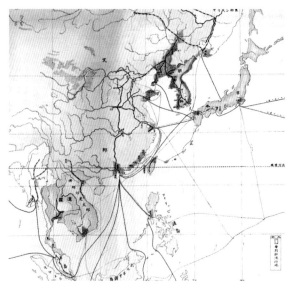

1919년도 콜레라의 아시아 대륙 대유행 동남아의 대유행, 중국 남부와 동부지역의 유행, 조선 전역과 일본 일부지역의 유행이 지도에 붉게 표시되어 있다. (출전 : 조선총독부, 『대정 8년 호열자병 방역지』)

콜레라 환자 분포도 1919년 3·1운동이 있던 해 콜레라가 전국적으로 유행했다. 보고된 콜레라 환자 수는 16,915명, 사망자 수는 11,084명, 치사율은 65.4%의 높은 수치였다. 이듬해인 1920년에도 콜레라가 크게 유행하여 환자 24,229명, 사망자 13,588명, 치사율 56.0%였다. (출전 : 조선총독부, 『대정 8년 호열자병 방역지』)

콜레라균은 비브리오 콜레라(Vibrio Cholera)로 놀라운 감염력과 치명률을 가진 놈이었다. 또한 이전에 전혀 겪어 보지 못한 세균이었으므로 몸에 아무런 항체가 없어 피해가 유달리 클 수밖에 없었다. 이밖에 조선후기의 열악한 환경, 교통의 발달, 도시화와 인구의 증가, 장시의 증가, 집단적인 장례풍습의 발달이라는 요인도 고려하지 않을 수 없다.

고달픈 피난길

"막을 방도도 없고 고칠 약도 없다." "누구를 쓰러뜨릴지 아무도 예측할 수 없다." 이런 상황에서 당신은 무슨 방법을 생각하겠는가? 피하는 방법 이외에 달리 무엇을 하겠는가? 피난이 상책이었다.

1834년에서 1950년 사이 5대에 걸쳐 쓴 대하일기인 박정로 씨 집안의 『저상일월(渚上日月)』에는 1837년 유행병 때문에 피난 가는 모습이 다음과 같이 일기로 정리되어 있다.

> 1월 16일 유촌(柳村)에서도 위험을 느껴 처조부님과 장모님이 밤골로 피신해갔다.
>
> 1월 23일 비와 눈이 내려 도로가 불통하다. 어머님이 유행병을 피해 대관령을 넘어갔다.
>
> 1월 26일 복랑이도 대관령을 넘어갔다고 한다.
>
> 3월 9일 밤골에도 유행병이 치성하다고 한다.
>
> 3월 28일 오류동의 장모님이 작고하셨다. 몇 달을 피해 다녔지만 결국 운명은 피할 수 없는가 보다. 참으로 애통하다. 나는 관에 쓸 널판지를 사가지고 갔다.
>
> 4월 25일 광업이 아내가 대관령을 넘어갔다.

겨울에 유행한 것으로 보아 콜레라는 아니라고 할 수 있지만, 시골 마을에서 유행병이 돌 때 어떻게 대처했는가를 극명하게 보여주는 예라 할 수 있다.

김옥균이 1883년에 쓴 한 글에서 "의술을 조금이라도 아는 자는 이러한 장소에서 다른 곳으로 가려고 해도 되지 않아서 이리 닫고 저리 달려 창황(蒼黃)하게 돌아다닌다. 이리하여 요행히 살아남으면 문득 말하기를 올해는 운수가 그렇다고 할 뿐이다"라 했는데, 이 또한 당시 피난의 어수선함을 일러준다.

콜레라와 같은 유행병이 시작되면 도성이 텅텅 비고 행정도 마비되었다. 1895년 콜레라 유행 때의 세 가지 사료를 보도록 하자. 첫째는 러시아 여행자의 기록이다. "평양과 의주 지방에 콜레라가 유행했을 때 대부분의 주민들이 동쪽 산악지대로 피신했는데, 잔등에 병든 처를 업고 가는 남자를 종종 만날 수 있었다"고 적었다. 두번째는 일본 공사관 기록이다. "현재 의주 부내의 인민 7, 8할이 이미 다른 지방으로 옮겨갔다"고 적었다. 세번째는 『통서일기』라는 조선정부 기록이다. 안주(安州)의 수령으로 임명된 자가 콜레라 유행 때문에 부임지로 임하지 않고 도망쳤으며, 다른 관리 또한 모두 피난을 가버렸기 때문에 관아사무가 완전히 마비되었다고 적었다.

재앙을 벗어나기 위해 피난은 최선의 방법이기는 했지만 그것도 고달프기는 매한가지였다. 옮겨 다니는 수고스러움도 그렇지만 자신의 생활터전을 버리고 오랫동안 산간벽촌에서 살다 돌아오는 방법은 굶어 죽는 모험을 무릅써야 하는 일이었다. 사람들은 유민으로 떠돌면서 하루 끼니를 잇기조차 쉽지 않았다. 또한 피난지의 원주민이 반드시 호의로 대하지도 않았다. 자신들의 곡식을 축내고 병을 옮기는 불청객으로 보았기 때문이다.

콜레라를 쫓으려면 대문에 고양이 그림을 붙여라

역병이 돌면 그것을 피할 수 있는 각종 의식이 시행되었다. 나라에서는 전염병 귀신을 물러나게 하기 위해 여제(厲祭)를 지냈다. 또한 역병 같은 재앙이 임금의 부덕과 나라 정사의 그릇됨에서 비롯되었다고 보아 인재를 중용하고, 조세를 감면하거나, 죄수를 풀고, 수라상에 오르는 반찬 수를 줄이는 조치 따위를 행했다. 이런 전통에 관한 기록은 삼국시대 때부터 보이기 시작하며 고려를 거쳐 조선시대에도 지속되었다.

마을이나 개인 차원에서는 마을 어귀에 장승을 세우거나 대문 앞에

사체오물 소각, 경남 함양 영동리 (출전 : 조선총독부, 『대정 9년 호열자병 방역지』)

환자소독 및 시체운반 (출전 : 조선총독부, 『대정 9년 호열자병 방역지』)

차단구역 내 끓인 물 공급, 경남 진주 내성동 (출전 : 조선총독부, 『대정 9년 호열자병 방역지』)

차단구역 내 식량배급, 평남 대동군 고평면 (출전 : 조선총독부, 『대정 9년 호열자병 방역지』)

교통차단, 경기도 인천 칼 찬 위생경찰과 자위단원이 공동으로 콜레라 유행지에 대한 교통차단을 실시하고 있다. (출전 : 조선총독부, 『대정 8년 호열자병 방역지』)

콜레라를 피해서 산으로 피난가다, 강원도 금화군 강원도 금화군 금화면 하지리 지역에서 콜레라가 발생하자 부락주민이 산 속으로 피난했다. 임시로 지은 움막에 기댄 주민의 모습에는 불안과 무기력이 깃들어 있다. 조선후기의 대유행 때도 이런 모습이었을 것이다. (출전 : 조선총독부, 『대정 9년 호열자병 방역지』)

새끼로 만든 금줄을 쳤다. 처용의 그림을 대문에 붙이기도 했으며, 부적을 몸에 간직하기도 했다. 대체로 이런 방법은 모든 역병에 일반적으로 행해진 것들이다.

하지만 콜레라의 경우 병을 쫓기 위한 형태의 벽사의식이 존재했다. 그것은 무엇인가? "대문에 고양이 그림을 붙여라!" 왜 호랑이가 아닌 고양이인가? 한말 조선에 들어온 선교사 에비슨은 그 이유를 다음과 같이 기록하였다.

> 조선인들은 쥐귀신이라는 악귀가 몸 안으로 스며들면 콜레라에 걸리게 될 것이라 생각한다. 쥐가 오른 것처럼 발에서 시작해서 몸 위쪽으로 잠입해 올라가서 복부에 이르며 그로 인해 근육에 쥐가 난다고 믿는다. 시내를 걷다보면 대문에 고양이 그림이 붙은 것을 자주 볼 수 있었다. 이는 쥐귀신을 잡기 위함이다. 어디를 가도 이러한 어리석음의 실례를 볼 수 있었다.(O. R. Avison, "Cholera in Seoul", *Korean Repository*, Vol. 3, 1895)

"쥐가 발을 물어 근육에 쥐가 오르는 것" 같다고 보았기 때문에 콜레라의 또 다른 속명은 쥐통이었다. 쥐통은 쥐귀신이 일으키는 것이다. 꿩 잡는 게 매이고 지네를 쪼는 게 닭이듯, 쥐의 천적은 고양이다. 그렇기 때문에 이미 오래 전부터 민간에서는 "쥐한테 물렸을 때에는 고양이 똥을 바르거나, 고양이 수염을 살라 바르라!"는 유감요법(類感療法)이 존재하였으며, 그 연장으로서 쥐귀신이 일으키는 콜레라에 고양이 초상을 붙이기에 이른 것이다.

"콜레라에 고양이 그림을 붙이는 것"을 조선인만의 어리석음의 실례로 인정하지는 말자. 선교사의 나라인 미국이나 캐나다에서도 "자연과학적"으로만 콜레라를 인식하지 않았기 때문이다. 역병을 없앤다고 하늘에 대포를 쏜 것이 누구인가? 또 콜레라는 신이 인간을 시험하기 위해 내린 징벌이기 때문에 열심히 기도하고 도덕심을 함양

삼재부적, 16×23cm, 김종춘 소장

삼재팔란부적, 10×15cm, 윤수진 소장

호랑이 부적, 54×40cm, 에밀레박물관 소장

귀신 쫓는 호랑이 "사나운 범이 숲에서 나와 삼재를 쫓도다. 눈앞에 있는 온갖 삿된 귀신을 물어 없애도다." 호랑이 부적은 삼재(三災)를 쫓는 영험을 지닌다. 삼재란 바람·물·불을 말하는데, 몸 안으로 치면 몸의 열병, 중풍 따위의 풍병, 습한 기운 때문에 생기는 수종 등으로 온갖 잡병이 다 이에 속한다. 호랑이 그림을 부적으로 만들어 문에 붙이거나 태워 먹거나 했다. 콜레라 괴질에는 호랑이가 아닌 고양이를 붙이거나 그것의 수염을 태워 먹었다. 괴질을 쥐가 발끝을 물어 생기는 병 즉 쥐통으로 봤기 때문이다.

해야 한다고 한 것은 누구인가? 당시 서양인은 이성적이고, 조선인은 비이성적임을 강조하는 이런 담론은 결코 정당하지 않다.

치료법을 알 수 없는 괴질

1821년 조선 땅에 처음 발병한 콜레라는 엄청난 발병자와 사망자를 냈지만 이에 대해 의학은 무력했다. "의원도 약도 다 소용이 없다"는 실록 기록의 절박함이 이를 단적으로 드러낸다. 그래도 미지의 괴질 콜레라에 대해 의학처방이 전혀 없지는 않았다. 정약용이 제시한 몇몇 처방과 황도연의 '곽란' 치료 처방이 현재 알려져 있다.

정약용은 이 괴질의 유행에 대해 "치료법을 알 수 없다"고 하면서도, 중국에서 보내온 치시행온역방(治時行瘟疫方)을 비롯한 두 가지 처방을 황급하게 소개했다(『목민심서』, 「애민6조」, 관질).

의학자 황도연은 『의종손익』(1868) '곽란' 조에서 비로소 그 원인을 "괴질은 곽란의 일종으로 몹시 덥고 긴 장마 때 많이 발생하는데, 습열(濕熱)이 원기를 손상함으로써 발생한다"고 보면서 여러 처방을 소개했다.

왜 이렇게 의학적 대응이 미흡했을까. 두 가지 측면에서 생각해볼 수 있다. 첫째, 19세기 초·중반의 콜레라는 엄청나게 독성이 강한 콜레라였기 때문에 이에 대한 의학적 접근이 별 효력이 없었다. 둘째, 이 콜레라가 전대미문의 역병이었기 때문에 중국을 비롯한 한의학 전체를 통틀어 이에 대해 확립된 의학지식이 없었기 때문이다.

검역만이 살 길이다

의학사가들은 중세가 오늘날에 남긴 가장 큰 보건의료의 유산으로 검역을 꼽는다. 영어로 '쿼런틴(Quarantine)'이라 하는 검역은 항구에서 전염병 유행지에서 온 사람과 물건을 40일 동안 격리함을 뜻한다. 40일이란 "당시 사람들이 40일을 경계로 급성질환과 만성질환을 구분했으며, 성경에 근거한 것"이다. 노아의 홍수는 40일에 걸쳐 끝났으며, 서양의 연금술에서도 40일을 평범한 광물이 귀한 금으로 탈바꿈되는 기간으로 친다. 주로 페스트와 나병을 막기 위해 고안된 중세의 이와 같은 일반적인 검역원칙은 거의 변함없이 오늘날까지도 이어지고 있다.

국내에서는 개항으로 서양문물이 채택되기 전에는 검역이 실시되지 않았다. 하지만 조선시대에도 역병 유행지의 환자나 시체를 성 밖으로 격리하는 조치는 있었다. 이는 법령으로 규정되어 있었으며, 물론 전염설에 입각한 것이었다. 시체 처리를 태만히 한 관리는 징계를 받았다. 그러나 전염병이 큰 규모로 유행했을 때에는 이런 조치가 제대로 이루어지지 않았다. 수많은 주검에 비해 관리의 수가 모자랐을 뿐더러 관리들이 무서움 때문에 이런 일을 기피했기 때문이다.

조선정부가 해상검역을 제도로 처음 채택한 것은 1885년이었다. 이보다 앞서 1879년에 검역 격리를 둘러싸고 일본과 한 차례 큰 마찰이 있었다. 1879년 부산지역에 콜레라가 유행하자 일본측에서는 동래부사의 허락을 얻어 절영도에 격리병원과 소독소를 설치했다. 그런데 절영도는 개항의 대상지가 아니었다. 일본측은 개항장 인근의 요지인 절영도를 호시탐탐 노리고 있었고, 콜레라를 핑계로 은근히 이 땅을 사용한 것이다. 이런 소식을 접한 조정은 발칵 뒤집혔다. 허락을 내준 동래부사를 즉각 서울로 압송하는 한편, 조일조약을 들어

선박 검역, 군산항 (출전 : 조선총독부, 『대정 9년 호열자병 방역지』)

중국 입항자 검역, 평북 의주군 구룡포 감시소 (출전 : 조선총독부, 『대정 8년 호열자병 방역지』)

기차 검역, 전남 목포역 (출전 : 조선총독부, 『대정 8년 호열자병 방역지』)

여행자 검사, 경남 함안 (출전 : 조선총독부, 『대정 8년 호열자병 방역지』)

환자 색출을 위한 호구조사, 전남 영광 상하리 (출전 : 조선총독부, 『대정 9년 호열자병 방역지』)

체변 검사, 서울 여행자가 콜레라에 감염되었는지 확인하기 위해 위생경찰 입회하에 위생방역진이 채변하고 있다. (출전 : 조선총독부, 『대정 8년 호열자병 방역지』)

즉각 허가를 취소하였다.

조선정부는 1885년부터 본격적인 해항검역에 들어갔다. 부산, 원산, 인천에 검역소를 두었으며, 「온역장정(瘟疫章程)」을 두어 검역의 법적 · 행정적 · 기술적 근거를 확보하였다. 그러나 검역의 현장은 정치, 경제적인 힘의 각축장이었다. 검역을 시행하는 쪽에서는 될 수 있으면 방역활동의 폭을 넓히려 했다. 군선도 검역대상에 포함시키고, 모든 무역선에 대해서도 승객과 물건에 엄격한 검역을 실시하고자 했다. 반면에 검역을 받는 쪽에서는 군사나 상업목적에 방해되는 불편함을 될 수 있으면 줄이려 했다. 검역대상 선박의 축소, 검역대상 질병의 축소나 귀찮은 소독행위의 철폐, 검역시기의 단축 등을 요구했다. 그 결과 열강의 이익이 관철된 채로 해상검역이 크게 왜곡되는 모습을 보였다.

육상검역과 소독활동은 1886년도 콜레라 유행 때 '첫 모습'을 보였으며, 알렌을 비롯한 선교사의 활동이 두드러졌다. 본격적인 검역, 격리, 소독활동은 갑오개혁이 한창 진행되던 1895년에 이루어졌다. 청일전쟁의 여파로 같은 해 6월 말 이후 콜레라가 의주, 평양을 거쳐 한성으로 남하하자 '개혁정부'의 내부(內部)장관 유길준은 「검역규칙」, 「콜레라예방규칙」, 「콜레라병소독규칙」, 「콜레라예방과 소독집행규칙」 등을 잇달아 발포하여 검역의 법적 근거를 확보하는 한편, 방역국을 조직하고 검역소를 설치해 검역활동에 들어갔다.

콜레라로 의심되는 질병이 보고되면 경찰이 전염지로 출동해 전염병 환자를 확인하며, 관할지역 내에서 환자가 발생한 경우 집안 또는 피병원(避病院)으로 격리했다. 아울러 묽은 황산 또는 석탄산을 사용해 환자의 집과 쓰던 물품을 깨끗이 소독했다. 콜레라로 죽은 시체는 깊이 파묻고 주변을 염화탄재로 소독처리했다.

검역소는 의주, 평양, 인천, 한성 등 지역의 교통요지에 설치되었

피병원 모습, 황해도 겸이포 콜레라 환자 수용을 위한 임시 격리병사의 모습이다. 환자인 듯 보이는 사람이 집 앞에 누워 있고, 사망자 시체는 화장터로 실려 나가는 듯하다. (출전 : 조선총독부, 『대정 8년 호열자 방역지』)

다. 그런데 검역소의 설치와 운영은 그렇게 쉽지 않았다. 왜냐하면 검역사무는 주민의 생업과 관련되었기 때문이다. 철저한 검역은 상인의 이동을 제한할 수밖에 없었고, 그것은 잠시나마 민생경제에 위협을 가했다. 특히 전해인 1894년에 민중의 대봉기가 있었기 때문에 더욱 그들의 눈치를 살피지 않을 수 없었다.

피병원 설치와 조선인의 기피

콜레라 예방을 위한 법령을 반포한 직후인 1895년 7월 조선정부는 콜레라 환자를 위한 피병원을 설립했다. 동대문 근처 언덕배기에 위치한 하도감(下都監) 자리였다. 하도감 피병원에서는 선교의사를 의료진으로 하여 환자를 받았는데, 폐쇄될 때까지 135명의 환자를 수용했다. 치사율은 75% 정도였다.

조선정부가 서울에 최초로 세운 피병원의 시설은 보잘것 없었다. 방(입원실) 사이에 벽도 없었고, 방 바닥에 임시로 거친 판자를 깔아 놓아 침상으로 썼다. 장마가 시작되어 실온이 떨어지는데도 환자를 따뜻하게 해줄 난방이 이루어지지 않았다. 따라서 의사와 간호사의 정성스러운 구호 노력에도 불구하고 대다수 환자는 죽어버렸다. 상황이 이러했기 때문에 피병원은 "오직 집 없는 사람만이 그곳에 들어가기를 동의했을 뿐"인 유명무실한 곳이었다.

조선정부가 직접 세운 피병원 이외에 선교회에서 운영한 진료소가 피병원으로 지정되기도 했다. 대표적인 것이 서대문 밖 모화관 한쪽 구석에 위치한 병막이다. 이곳에서는 선교의사와 조선관청에서 마련해준 간호부와 기독교인 지원자들이 콜레라 환자들을 진료했다. 모화관 피병원은 "필요한 물자를 얻을 수 있었고, 안락한 입원실이 있었으며, 따뜻한 마루, 이밖에 좀더 나은 계층 환자와 초기단계 환자의 분리 수용 등"의 요인으로 조선정부에서 운영한 피병원보다 좀더 좋은 진료실적을 올렸다.

비교적 상태가 좋았던 모화관 피병원이라 해도 조선인은 역시 이를 크게 기피했다. 릴리어스 호튼 언더우드는 이를 다음과 같이 썼다.

> 조선 사람들은 거의 다 병원에 오지 않으려 하였다. 그들을 병원에 끌고 갈려고 하는 일은 위험스러운 일이기도 하다. 그들은 자기 집에서조차 외국인 의사의 진료를 받으려 하지 않았으며 우리가 조선약품을 써도 그점은 마찬가지였다(릴리어스 호튼 언더우드, 『언더우드 부인의 조선 생활』, 뿌리깊은 나무, 1984).

이 언급은 조선인의 서양인에 대한 일반적 반감, 콜레라 치료에 대한 서양의학의 무력함이 그 요인이었음을 지적한다.

그런데 피병원을 기피한 이유는 서양 것에 대한 반감 때문이 아니라 피병원의 사회적 이미지가 좋지 않았기 때문이다. 에비슨이 표현한 것처럼 "열악한 피병원 환경은 바꿀 수 있는 것이지만, 피병원은 좋지 않은 곳이라는 일반대중의 선입견은 바꾸기 힘든 가장 심각한 문제"였다. 이런 양상은 일제시기에도 똑같은 모습으로 나타난다. 경찰의 적발을 피해 가족들이 환자를 깊숙한 곳에 숨겼으며, 적발되어 피병원으로 이송된 환자들조차 틈만 나면 탈출을 시도했다.

약화된 콜레라균

20세기 이후 콜레라 유행의 피해가 현저히 줄어든 이유로는 엄격해진 검역과 소독, 예방접종의 실시를 꼽을 수 있다. 하지만 콜레라균의 독력 약화를 간과해서는 안된다. 어찌보면 19세기 후반 이후로 독력이 강한 아시아형 콜레라, 즉 비브리오 콜레라의 유행이 줄어들고, 독력이 약한 엘톨 콜레라로 대체되었다.

독력 약화는 다른 전염병에서도 확인된다. 디프테리아, 황열병, 천연두, 장티푸스, 발진티푸스, 말라리아 등도 효과적인 예방, 치료방법이 생기기 이전에 이미 감소추세에 있었다. 이는 19세기 이후 미생물과 인간 사이의 균형이 다시 확립되어 가는 과정이었다고 할 수 있다. 그것은 미생물에게나 인간에게나 모두 좋은 일이다. 서로 살아남음을 뜻하기 때문에.

이전에 쓴 「조선 말의 콜레라 유행, 1821~1910」(『한국과학사학회지』, 제11권 제1호, 1989)의 내용을 바탕으로 해서 쉽게 쓴 것이다. 근대 이후의 변화에 관한 것은 내 박사논문 『한국근대보건의료사』(한울)의 해당 부분을 보완했다.

왜 그토록 역병이 유행했을까

역병으로 점철된 우리 역사

역병은 인류문명의 소산이다. 한국역사에서의 전염병도 마찬가지로 한민족의 역사와 그 맥을 같이한다. 아마도 인간이 사회를 이루어 집단생활을 하지 않았다면, 역사상 보이는 끔찍한 역병의 희생물이 되지 않았을 것이다. 아니, 인간집단을 서식처로 삼아 번식하는 역병의 존재마저도 없었을 것이다. 인간이 가축을 기르고 농경생활에 접어들어 사회적 집단을 이룬 그 순간부터 새로운 미생물집단과 이전에는 없었던 관계를 맺기 시작한 것이다.

이 땅에서 문명을 꾸린 한민족에게도 예외가 아니어서, 역병은 우리 민족 역사의 시작부터 존재했다. 기록이 남겨진 초창기부터 그 존재가 확인되며, 최초의 유행기록으로 기원전 15년(백제 온조왕 4)의 것이 전해진다.

민족의 성장과 역병의 대유행은 같은 궤도에 있다. 역병예방에 특별한 비책이 없었던 전통사회에서 역병의 대유행은 인구의 증가, 도

아귀 또는 역귀 – 무화기 감로탱(18세기 중엽), 국립중앙박물관 소장 그림 정 가운데에는 굶주린 아귀가 있고, 아귀의 아래쪽에는 온갖 죽음의 유형이 있다. 의지할 데 없는 이런 영혼은 불교의 아귀 또는 유교의 역귀가 되어 역병과 재앙을 일으킨다. 역귀를 달래기 위해서 불교에서는 아귀에게 부처님의 감로(甘露)를 주기 위한 수륙재를 베풀며, 유교에서는 관에서 제사를 지낸다. 이익의 『성호사설』에서는 다음과 같이 말한다. "의탁할 곳 없는 귀신에게 치제(致祭)한다. 사람의 죽고 삶이 만 가지로 같지 않은바, 예부터 지금까지 죽음을 제대로 하지 못한 자가 하나뿐이 아니었다. 전쟁에서 나라를 위해 죽고, 다투다가 구타당해 죽고, 수화(水火)와 도적을 만나 죽고, 기한(飢寒)과 염병(染病)에 걸려서 죽기도 하며, 혹은 담과 집이 엎어져서, 벌레와 짐승에게 물려서 죽기도 한다. 죄없이 사형당하고, 재물로 인해 협박받아 죽으며, 처첩(妻妾)으로 인해 목숨을 잃는다. 혹은 위급한 경우에 목매어 죽고, 애기를 낳다가도 죽는다. 혹은 벼락맞아 죽기도 하고, 벼랑에서 떨어져 죽기도 한다. 혹은 자손 없이 죽기도 한다. 이같은 류가 얼마나 되는지 모른다. 외로운 혼이 의탁할 곳 없고 제사도 받아먹지 못하니, 죽은 혼이 흩어지지 않고 맺혀서 요망한 짓을 한다. 그래서 성황에 고하여 뭇 귀신을 불러 모아 맑은 술과 여러 가지 음식을 권하니 너희 여러 귀신들은 이 음식을 잘 먹고 여역(厲疫)과 재앙으로 사람의 화기(和氣)를 해치지 말라."(이익, 『국역성호사설』, 「만물문」, 성황묘 조, 민족문화추진회, 1977)

죽음의 실루엣 – 운흥사 감로탱(1730) 의탁할 데 없는 고혼(孤魂)의 모습이 실루엣으로 표현되어 있다. 이들을 역귀라 할 수 있다. (사진 제공 : 예경)

아귀를 다스림 – 직지사 감로탱(1724) 의탁할 데 없는 귀신은 망령이 되어 움추려 합장하고 있는 아귀의 뒤를 따른다. 인로왕보살(引路王菩薩)이 아귀와 망령을 거둔다. (사진 제공 : 예경)

시의 발달, 교통과 상업의 발달, 외래교역의 증가, 전쟁의 빈발 등과 분명한 함수관계를 이루고 있기 때문이다. 몇백만에 달하는 전체 인구, 그 중에 몇십만에 달하는 수도인구 등의 존재는 역병을 숙성시킬 조건이 된다.

정확한 통계를 내기는 힘들지만, 한민족의 전체 인구는 삼국시대에 300~400만, 조선 초 500~600만, 조선 말 800~900만 정도로 추정하며, 융성기 서라벌의 인구는 20~30만에 달했고, 조선후기 서울의 인구는 30만 명이 훨씬 넘었을 것으로 추정한다. 이런 인구규모는 역병 대유행의 기본조건이 되기도 했지만, 다른 측면에서 볼 때 역병은 전통사회의 인구증가를 크게 제약한 주요 요인이었다고도 볼 수 있다. 역병이 제어되던 20세기 초반에 한민족이 두 배 이상 증가했다는 사실이 이를 증명한다.

다산사회임에도 불구하고 인구증가가 완만했다는 사실은 인구집단의 규모가 어느 정도 이상 커지면 어김없이 역병이 찾아들었다는 것을 뜻한다. 또한 삼국시대보다 고려시대, 고려시대보다 조선시대, 조선 초보다 조선후기에 역병유행 기록이 더 많이 보이는 것은 단순히 기록의 과다 때문만이 아니라 실제로 유행의 빈도와 강도가 더 컸음을 반영한다. 사회의 규모가 커지고 복잡해졌기 때문이다.

한민족의 역사와 같이했다는 말에서 감지되듯, 역병은 사회에 영향을 끼치는 외적 존재로 국한되지 않았으며, 그 자체로 하나의 커다란 문화를 만들어냈다. 이를 '역병문화'라고 부를 수 있을 것이다.

역병문화에는 역병의 존재를 어떤 식으로 파악했는가 하는 질병관(疾病觀), 역병의 예방과 퇴치를 위한 개인적·국가적 대책과 의학적·종교적 대책, 역병에 걸려 죽거나 산 것을 설명하는 생사관 등이 포함된다. 전통사회에서 역병의 존재가 가볍지 않았듯, 역병의 문화는 매우 다양한 모습을 띠었다. 하지만 과거의 역병이 그다지 문제가 되지 않는 오늘날의 눈으로 볼 때 이 역병문화는 크게 이질적이다. 그 자체로 잊혀져 버렸거나, 그렇지 않은 것은 우스꽝스럽고 황당하게 비쳐지는 것이 대부분이다. 그렇다고 해서 이 문화에 스며 있는 당대인의 매우 간절한 염원까지 낮추어 보아서는 안될 것이다.

전통사회의 역병을 살피는 것은 그저 옛 사람의 생활을 엿보기 위한 것만이 아니다. 물론 현재와 너무 다른 사회와 문화를 감상하는 것만으로도 충분한 재미를 얻을 수 있다. 하지만 더 나아가 과거를 통해 문득 오늘을 성찰할 수 있다면 금상첨화가 아니겠는가?

불과 100년 전까지 모든 사람이 익숙하게 여기던 것이 최근 얼마 동안에 너무나 낯선 존재가 되어버렸는데, 어떻게 그것이 가능했을까? 또 우리 사회에는 어떤 질병이 휩쓸고 지나갔으며, 그에 대한 우리의 관념과 대책은 어떠했을까? 100년 후 한국인은 오늘날 우리의 질병에 관한 관념과 대응방식을 보고 어떤 생각을 할까?

어떤 병이 많이 유행했을까

조선시대는 전염병의 시대였다. 『조선왕조실록』에 나타난 전염병 관련 기록을 보면 조선시대 내내 전염병이 줄곧 대단한 규모로 창궐했음을 알 수 있다. 유행은 몇 해에 한 번씩 있을 정도로 잦았으며, 그 피해도 많을 때에는 몇십만 명, 적은 경우에도 몇백, 몇천의 사망자를 낸 무시무시한 것이었다.

어떤 역병이 많이 유행했을까? 소아전염병인 바이러스성 두창은 조선왕조 500년 내내, 아니 그 이전부터 친숙한 병이었다. 흔히 역려로 표현되는 바이러스와 세균의 중간격인 리케챠가 일으키는 티푸스 계통의 역병도 자주 유행했다. 민간에서는 발진티푸스, 장티푸스, 이질을 명확하게 구별하지 못하여 흔히 염병 또는 옘병이라 불렀다. "염병할 놈, 급살 맞아 뒈져라!"는 말은 우리가 표현할 수 있는 가장 심한 욕설의 하나였다.

17세기 초반에는 최초의 바이러스성 성홍열로 추정되는 당독역이 크게 유행했고, 허준이 그 병을 연구해『벽역신방』을 쓰기도 했다. 이 무렵부터 의서에서는 바이러스성 홍역을 삼씨 같은 구슬이 솟는다 하여 마진(麻疹)이라 부르면서 두창과 구별해내기 시작했으며, 홍역은 조선후기의 대표적인 유행병이 되었다. 정조는 이 병에 대처하기 위해 특별히 경험 의서를 지어 바칠 것을 명령했고, 여러 학자들이 책을 지어 바쳤다. 정조는 그것을 공포하여 병의 치료에 앞장섰다. 정약용도 어렸을 때 홍역으로 죽음의 문턱까지 간 적이 있었으며, 나이가 든 후에 홍역을 예방하기 위한 방대한 책인『마과회통』을 엮었다.

홍역 이후 최대의 역병은 앞에서 살펴본 괴질, 곧 콜레라였다. 이밖에 시기병(時氣病)이라 불린, 겨울에 유행하는 독감 인플루엔자 또한 주요 역병 가운데 하나였다.

조용한 아침의 나라, 거의 전멸할 운명에 처하다

역병의 유행은 조선후기에 더욱 심했던 듯하다. 그 이유는 당시 사회, 경제적 조건과 연관해 헤아릴 수 있다. 즉 농촌의 분해와 도시의 성장, 도시지역으로의 인구밀집 등이 전염병 대유행의 조건을 형성했다고 볼 수 있다. 도시의 성장은 환경악화를 가져왔고, 환경악화는 전염병 유행을 더욱 촉진시켰을 것이다. 게다가 상업 발달에 의한 전국적인 교역의 증가는 전염병의 전파를 한결 가속화시킨 요인이었을 것이다.

특히 인구 증가로 인한 환경악화는 주요인이었다. 서울의 환경상태가 극히 좋지 않았음은 18세기 말 박제가가 『북학의』에서 이미 지적한 바 있었다. 그보다 100년 후에 김옥균은 박제가보다 한 걸음 더 나아가, 이같은 환경불량을 전염병을 일으키는 주요원인으로 보아 "수십 년 이래로 괴질과 역질이 가을과 여름 사이에 성행해서 한 사람이 병에 걸리면 그 병에 전염되는 사람이 100명, 1,000명에 이르고, 죽는 자가 계속해서 생기고, 죽는 자의 대다수는 한창 일을 할 장정이었다. 이것은 비단 거처가 깨끗하지 못하고 음식물에 절제가 없는 것 때문일 뿐만 아니라 더러운 물건이 거리에 쌓여 있어 그 독한 기운이 사람의 몸에 침입하는 까닭인 것이다"(『치도약론』, 1882)고 개탄했다.

길거리의 더러운 오염물은 비가 오면 개천을 타고 서울 곳곳으로 흘러들어 전염병균의 전파 노릇을 했다. 1895년 선교의사인 에비슨은 복개되지 않은 하수구나 도랑으로 대소변이 방류되어 지저분한 모습을 띤 하천을 보고 서울을 "우중충한 도시"로 표현한 바 있다. 또한 러시아 대장성의 한 보고서는 "변소 안의 불결물이 모두 길 위로 유출하여 큰 도시에서는 이것이 복개되지 않은 구거(溝渠)로 흘러들어가 아주 적당한 장티푸스의 발생원이 되고 있는데 이것은 놀라울 바가 아니며 이러한 유기물이 음료수를 매개로 인체를 범하는 것 같다"라고 적었다.

서울을 비롯한 조선 전국의 상황이 이러했기 때문에 에비슨은 "조선 전역의 모든 읍과 촌락의 우물은 오물로 오염되어 있는 서울의 우물과 비슷했으며, 조선의 사망률이 출생률보다 높게 나타나게 한 여러 가지 질병의 주된 원인이 되었다. 이같은 비위생적인 상태를 개선시킬 조처가 없는 한 '조용한 아침의 나라'는 거의 전멸할 운명에 처해 있는 것 같다"라고 탄식을 자아내기도 했다.(『구한말비록』)

이같은 환경상태에 덧붙여 개인위생의 불결함도 지적할 수 있다.

당시 조선을 방문한 여행자들은 거의 이구동성으로 개인위생의 열악함을 언급했다. "조선 사람들이 옷을 거의 갈아입지 않는다든지", "목욕을 잘 안한다든지", "날 생선을 즐겨 먹는다든지", "식수 바가지를 방치해 둔다든지", "좁은 방에서 매우 많은 사람들이 함께 잔다든지" 따위가 그것이다. 환경위생, 개인위생 상태는 열악했지만, 한 가지 긍정적인 위생습관이 있었다면, 물을 숭늉의 형태로 끓여 먹었다는 점이다. 이는 우물물의 불결함을 상당정도 상쇄시켜주는 관습이었다.

역병환자가 급속하게 늘어난 또 하나의 중요한 요인은 조선 특유의 장례풍속이었다. 사람이 죽으면 다수의 문상객이 장사를 지낼 때부터 무덤에 묻을 때까지 같이 지내면서 음식을 나눠먹는 것이 조선의 미풍양속이었다. 전염병의 진원지인 시체 곁에 다수의 사람들이 머물러 있었고, 게다가 음식까지 집단으로 나눠 먹었다니! 끔찍한 결과는 당연한 귀결이었다.

환경위생과 개인위생의 열악함은 전염병이 크게 창궐하게 된 주요 요인이었지만, 다른 한편으로는 전염병의 부단한 감염이 각종 전염병에 대한 면역력을 길러주었다는 점 또한 지적될 수 있다. 그토록 많은 전염병이 유행했음에도 인구가 일정수준 이하로 떨어지지 않은 것은 바로 이 때문이었다. "부단히 감염되다 보니 어떤 사람에게는 어느 정도 면역이 생기게 되어 어린아이 때 죽지 않은 사람들 중 다수가 만년까지 살았는데 극심한 사망률은 유아기 때 나타났다"는 에비슨의 언급은 이를 말한다.(『구한말비록』)

역병의 다양한 이름들

조선시대의 기록물을 보면 오늘날 우리가 급성전염병이라 부르는 것들이 여러 가지 다른 이름으로 불리었음을 알 수 있다. 어떤 이름은 전염성을 중시했고, 어떤 이름은 병의 포학함을 드러냈다. 또 어떤 것은 병의 원인을 중시했고, 어떤 이름은 몸에 나타난 증상을 중시했다.

이를테면 '역(疫)' 또는 '역병(疫病)'이란 사람이 고된 일을 치르듯[役] 몸이 수고로운 상태를 말하며, 고대부터 집단적으로 그런 일이 벌어지는 것을 지칭하는 것으로 사용되었다. '역려(疫癘)' 또는 '여역(癘疫)'이란 이름에는 역에 '사나운' 또는 '모진[癘]'이라는 수식어가 하나 더 붙었다. 현재의 성홍열로 판단되는 당독역(唐毒疫)은 '오랑캐처럼 사납고[唐]', '독을 먹은 듯 고통스럽다[毒]'는 수식어가 덧붙었다.

'염병(染病)'은 전염성에 주목한 이름이고, 두창(마마)을 가리키는 '행역(行疫)'은 유행성에 포학함이 겹쳐진 이름이다. '윤행괴질(輪行怪疾)'은 수레가 돌아 옮겨다니듯 한다는 뜻으로 병의 전염성을 크게 강조한 이름이다.

'시기(時氣)' 또는 '시기병(時氣病)'이란 좋지 못한 기운, 보통의 경우에는 계절 때문에 생긴 기운이 여러 사람에게 동시에 씌워져서 생기는 병을 말한다. 병의 원인으로 나쁜 대기를 들고 있는 것이다. '온역(溫疫, 瘟疫)' 또는 '온병(溫病)'에 들어 있는 '온(溫)'도 계절적 요인을 암시한다. 이밖에 '두창'이나 '마진(麻疹)' 따위의 병명은 피부에 생긴 발진의 모습(콩 모양 또는 삼씨 모양)을 강조한 것이다.

같은 전염병이라도 좀더 구체적인 병을 뜻하는 이름이 있고, 훨씬 넓은 영역의 병을 지칭하는 이름도 있음을 알 수 있다. 구체적인 경우를 보면 두창, 행역, 역질, 마마는 천연두를 가리킨다. 단 마마라는 명칭은 조선전기 문헌에는 보이지 않는다. 마진은 홍역을 비롯한 피부발진성 질환, 당독역은 성홍열을 가리킨다. 또 조선후기의 윤질(윤행괴질)이나 여역(沴疫)은 콜레라를 지칭한다. 이에 비해 염병이나 역려(또는 여역)는 다소 모호하다. 일제시기에 조선의 질병을 관찰하고 그것의 명칭을 목격한 의학자들은 대체로 염병이 장티푸스 질환에 해당하며, 역려가 발진티푸스 질환을 말하는 것이라고 보았다. 아마도 그들의 해석은 그다지 틀리지 않을 것이다.

그렇지만 염병과 역려의 경우에는 특정 질환을 지칭하는 것 이상으로 급성전염병 전체를 통칭하는 전통이 강했기 때문에 조선의 기록물에 보이는 이 병명을 좁은 의미로만 한정해서 사용할 때에는 큰 오류를 범할 수 있다. '역' 또는 '역병'이란 가장 모호하게 쓰인 것이다. 이 이름은 특정 질환을 떠올리기보다 종류를 가리지 않고 집단으로 앓는 열병 전체를 가리킨다. 의학서적이 아니라 『조선왕조실록』 같은 역사책에서는 이 명칭을 가장 선호했다. 병 자체의 의학적 측면보다 그 병의 전반적인 피해규모에 일차적인 관심이 있었기 때문이다.

역병대책 1 : 피난과 구황

전염병을 피할 수 있는 거의 유일한 방법은 피난이었다. 글자 그대로 역병의 난을 피하는 것이다. 피난이 최선의 방법이었다는 점은 당시 의학수준이나 구료대책이 근본적으로 전염병에 대해 무력했음을 뜻한다. 특히 1821년에 처음 들어온 콜레라 같은 경우에는 의학적 한계가 더욱 뚜렷했다.

피난은 살아남기 위한 최선의 방법이었지만, 생활의 터전을 버리고 오랫동안 산간벽촌에서 살다 돌아오는 것은 굶어 죽는 모험을 무릅쓰고 결행해야 하는 조치였다. 피난에 드는 비용도 큰 문제였다. 피난처에서 끼니를 잇는 것은 그리 쉽지 않은 일이기 때문이다. 따라서 유민들은 당장 먹을 것이 없어 진제소(賑濟所) 근처로 모여들기도 하고 유개민(流丐民)이 되어 떠돌면서 다른 지방으로 전염병을 확산시키는 매개자 노릇을 했다. 전염원으로부터 탈출하는 것은 근본적인 전염병 방지대책이 될 수 없었고, 오히려 전염병을 더 확산시키는 구실을 하기도 했다.

서울에서는 역병이 돌 때 한성부에서 환자나 주검을 적발하여 성 밖으로 격리시키는 조치를 취했고, 혜민서나 바로 성 밖에 있는 동서활인서에서는 역병으로 생긴 기민들을 보살피는 임무를 맡았다. "영의정 김재찬(金載瓚)이 보고하되 윤질이 크게 유행하여 사망자가 매우 많다. 활인서, 혜민서에 구료를 맡겨 삼군문(三軍門)으로 움막을 짓도록 하고 진청(賑廳)으로 하여금 식량을 공급토록 하라"는 1815년도 『순조실록』의 기록은 당시 서울의 각 기관에서 어떻게 전염병 환자를 처리했는지 잘 보여준다.

동서활인서의 주요 기능은 병자에 대한 약물치료보다 기민들에게 죽의 형태로 최소한의 영양가를 공급하여 단지 사문(死門)을 넘지 않도록 하는 데 있었다. 전염병이 크게 유행하면 할수록 구휼 대상자가 많아지고 정부에서 줄 수 있는 곡식에도 한계가 있는 것이어서, 진제소 안에서는 기민들의 생존경쟁이 더욱 치열했다.

전염병을 전문적으로 담당하는 활인서나 혜민서의 구료기관이 늘 제대로 운영되었던 것은 아니다. 구료의관들은 태만했으며, 약을 횡령하기 일쑤였고, 제때에 약을 나누어주지 못하는 것이 다반사였다. 조선후기에 들어 이 두 기관의 유명무실함은 조선왕조실록에 여러 차례 걸쳐 등장하고 있으며, 여러 학자들의 비판의 과녁이 되고 있었다.

그러다 결국 1882년 중앙기구 재조정 때 혁파되고 말았다.

움막을 짓고, 환자나 기민을 수용해 죽을 주는 방법 말고도 정부에서는 구황서적을 인쇄해 민간에 배부하는 정책을 펴기도 했다. 구황서적에는 굶주림을 이겨낼 수 있는 구체적이면서도 실용적인 지식들이 담겨 있다. 구황법에서 반드시 명심해야 할 점은 "굶주려 노곤한 사람에게 바로 밥을 많이 먹이거나 뜨거운 것을 먹이면 안된다는 것"이었다. 왜냐하면 몸에 아무런 진기가 없는 상태에서는 이같은 음식을 소화해낼 수 없어 죽음에 이를 수 있기 때문이다. 따라서 기민에게는 "반드시 간장을 물에 타서 먹인 다음에 식은 죽을 먹여서 소행하기를 기다려 점점 죽이나 밥을 먹이도록" 하는 방법이 적용되었다.

곡식이 모자라는 경우에 대비해 여러 가지 구황식물들이 추천되었는데, 그 중 대표적인 것은 솔잎과 느릅나무껍질이었다. 이밖에 『구황촬요』에는 모밀꽃, 콩잎 등을 가루로 만들어 쌀가루와 섞어 죽을 만드는 방법, 칡뿌리, 도라지를 이용하는 법 등 많은 것들이 적혀 있다.

역병대책 2 : 역귀의 예방과 축출

도망을 친다든지 병에 걸려 죽은 자를 적발하여 성 밖에 묻는다든지 하는 방법들로 전염을 회피할 수 있다는 사실은 경험을 통해 어느 정도 파악된 것이었다. 그러나 역병을 일으키는 원인과 메커니즘에 대해 오늘날과 같은 과학적 인식이 있지는 않았기 때문에 설명하기 힘든 역병의 경우 귀신으로 인해 생기는 것으로 보았다. 따라서 가장 중요한 역병대책은 귀신을 달래거나 몰아내는 방법이었다.

1930년대에 조선의 풍습을 연구한 무라야마 지준(村山智順)은 『조선의 귀신』에서 역귀 쫓는 방법 15가지를 보고했다. 때려 쫓거나, 놀

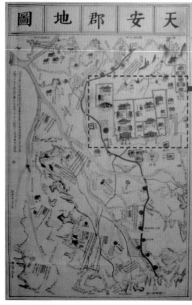

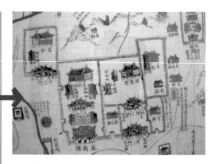

여단(厲壇) – 천안군 여제단 각 군현에서는 서울과 마찬가지로 동헌 북쪽에 여단을 두어 역병의 예방을 빌었다. 이 여단은 동쪽의 성황당, 서쪽의 사직단과 함께 관아에서 세우는 세 가지 필수 제단 중 하나였는데, 이는 여단이 얼마나 중요했는가를 말해준다.

여단지(厲壇址) 서울에 세워진 여단(厲壇, 여제단, 북단이라고도 부름)은 역병을 예방하기 위해 나라에서 세운 제단이다. 『신증동국여지승람』(1530, 중종25년)에서는 이에 대해 다음과 같이 기록하고 있다. "북쪽 문밖에 있으며, 제도는 영성단과 같다. 신좌(神座)를 보면, 성황신이 북쪽에 있어 남향이며, 무사귀신(원통하게 죽어 제사를 지내는 이가 없는 각종 귀신, 처녀·총각귀신도 이에 포함)된다. — 필자) 15신위 15위는 단하의 좌우에 있으며 서로 마주보도록 했다." 신위로 성황신과 무사귀신을 모신 것은 조선의 역병관과 관련이 있다. 이에 따르면 역병은 억울하게 죽은 각종 귀신이 황천으로 가지 못하고 인간 세계에 떠돌면서 역병을 일으킨다는 것이었다. 따라서 단상의 성황신을 앞세워 그들의 넋을 단하로 불러들여서 제사지내어 넋들이 역병을 일으키지 않도록 빈 것이다. 매해 봄·여름·가을에 정기적으로 제사를 지냈으나 역병이 돌면 수시로 제사를 올렸다. 그 단의 모양은 네모진 형태이며, 한쪽 면의 길이가 각 6.3m(2장 1척, 영조척 기준 1척 = 31.24cm)이며 높이 78cm(2척 5촌) 정도의 규모다. 네 쪽 모두 섬돌 하나씩 놓여 있었다. 네 방향 각각 약 30m(25보, 1보 = 약 1.2m) 떨어진 곳에 담을 둘렀다.(『신증동국여지승람』) 단의 크기는 현존하는 사직단의 그것보다 약간 작지만, 여단 전체의 규모는 사직단(담까지 사방 각각 25보)와 같아서 그것이 결코 작지 않았음을 알 수 있다. 이 단(壇)은 현재 북악터널 근처 북악파크호텔 자리에 있었다. 여단에서 지내는 여제는 조선의 국가 역병대책 가운데 가장 기본적인 것이었지만, 1908년 제도가 폐지된 이후 근대화의 거센 물결 속에서 철저하게 부정되면서 그 존재가 사라지고 잊혀졌다. 오늘날에는 서울시에서 세운 "여단터(厲祭壇)"라는 조그마한 표석이 산 밑에 있을 뿐이다. 그것도 설명이 잘못 되어 있어 "자손 없이 죽은 사람의 원혼을 달래기 위해" 세운 곳이라고 써 있다. 현재 이 북악호텔은 망해서 영업을 중지한 상태에 있다. 터가 역병을 달래기 위한 터라서 그런 것일까?

부_고통받는 몸의 역사

48

수륙재 모습 – 쌍계사 감로탱(1728) 금강령과 염주를 쥐고 의식 전반을 지휘하는 의자에 앉은 고승을 중심으로 뒤편 좌우에 소금(小金)과 질장구를, 그 뒤에 두 비구의 바라 작법과 나(螺)를, 맨 뒤에 큰북을 배치하여 수륙재를 지내고 있다. (사진 제공 : 예경)

라게 해서 쫓거나, 불과 연기로 쫓거나, 앓는 곳에 침을 찌르거나 상처를 내어 몰아내거나, 꽁꽁 묶어 힘을 못 쓰게 하거나, 좋은 물건을 바쳐 달래거나, 공손히 비위를 맞춰 달래거나, 부적을 써서 쫓거나, 성황신 같이 다른 강력한 존재의 힘을 이용하거나, 쓰거나 짜거나 매운 음식이나 약물로 못 살게 굴거나, 조상의 묘를 바꿔 화를 복으로 바꾸거나, 오행상극의 원리를 이용해 제압하거나, 더 기운이 센 존재에 접촉시키거나, 금줄을 쳐서 못 들어오게 하거나, 음양의 원리를 이용해 물리치거나 하는 방법이 그것이다.

　국가 차원에서는 역병 귀신을 쫓는 여제(厲祭)를 베풀었다. 여제는 역병이라는 재앙에 국가가 비상한 관심을 가지고 있다는 정치적 치장에 그친 것이 아니었다. 실제로 억울한 원혼 따위가 뭉쳐 원기(冤

색동옷도 역귀를 쫓기 위해서. 자수박물관 소장 어린이들이 즐겨 입는 색동옷은 아름다움을 표현한 것인 동시에 벽사(辟邪)의 의미를 지닌다. 색동에 표현된 원색 자체가 액을 막기도 하지만 각 색에 깃든 오행의 조화가 삿된 기운을 몰아낸다. 죽음을 뜻하는 흑색이 빠져 있는 것 또한 우연이 아니다.

역귀야 물렀거라(1885?, 1945?) "오색 깃발을 흔들어 오방신장(神將)을 지휘한다. 일체 사사로운 귀신과 잡신 제반 살격(殺格)을 없앤다. 최근에는 병 치성에 이를 많이 쓰는데 어느 시대에 비롯됐는지 모르겠다."(『무당내력』) 역병을 쫓기 위해 오방신장을 부르는 것은 중종 때 나온 『벽온방』에 보인다. 오방신장이란 "동방청제(東方靑帝), 남방적제, 중앙황제, 서방백제, 북방흑제"를 가리킨다. (출전 : 『무당내력』, 규장각, 가람 고 1430~18)

氣)가 된다고 믿었으며, 그것이 흩어져 재앙이 없어지면 좋겠다는 소망을 담았다. 전국에 역병이 크게 돌면 정부에서는 여제를 지낼 제관을 뽑아 축문과 향을 주어 유행지역에 파견했다. 유행규모에 따라 중앙에서 파견된 제관의 등급이 달랐으며, 많은 경우 그 지방의 수령이 직접 제사를 거행했다. 또한 유행이 매우 심할 때에는 왕이 직접 제문을 짓기도 했다. 여제는 귀신 섬기기에 가장 좋은 날을 택해 지내는 것이 보통이었으나, 다급한 경우에는 날짜를 따로 잡지 않고 즉시 제를 올렸다. "콜레라 귀신을 막으려는 제단이 준비되어 있었고, 그 위에 제물로 짐승들이 놓여 있었으며, 그 둘레에는 왕이 보낸 궁신(宮臣) 몇 사람이 제관 자격으로 와 있었다"(『구한말비록』)는 에비슨의 언급은 고종 말년 서울에서 행해진 한 여제의 모습을 보여준다. 여제는 조선 초부터 존재가 보이기 시작하며 일제강점 이전까지 존속했다.

『임원경제지』의 부적들 질병 수만큼이나 부적의 종류가 다양한 것은 당연한 것이다. 온갖 병에 걸렸을 때 낫기를 기원하는 만병통치 부적이 있겠지만, 특정 병을 위한 부적들이 있기 때문이다. 특히 난치병의 경우 의약이 소용없기 때문에 부적은 거의 마지막 희망이 된다. 조선후기 대학자 서유구(1764~1845)는 『임원경제지』의 「인제지」에 역병과 학질을 고치는 각종 약이나 비법과 함께 관련 부적을 다수 소개했다. 약이나 침과 함께 부적을 그리는 것은 의원의 큰 몫이었다.

적령부(赤靈符) – 역병과 온갖 병을 없애는 부적 "5월 5일에 붉은 글씨로 쓴다. 마음 속으로 군사를 물리치며, 온역을 없애며, 온갖 병을 물리치니 곧 백병부(百病符)라 할 수 있다."

벽온부(辟瘟符) – 온역을 쫓는 부적 도교의 진군(眞君)이 온역을 몰아내며, 역병을 물리치는 부적이다. "살귀"라 씌어 있다. 화는 열병이며 동그라미 안에 갇혀 있다.

천하 다섯 방위의 온역을 없애는 부적 다섯 방위에 깃든 온역 귀신을 몰아내는 방법은 각각 방위를 맡은 다섯 가지의 부적을 그려 문에 붙이는 것이다.

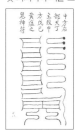    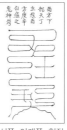 

중앙 오른쪽 천정 (天丁)이 중앙의 온역 귀신을 쫓는다. | 동쪽 위의 천정이 동쪽의 온역 귀신을 쫓는다. | 남쪽 가운데의 천정이 남쪽의 온역 귀신을 쫓는다. | 서쪽 아래쪽 천정이 서쪽의 온역 귀신을 쫓는다. | 북방 왼쪽 천정이 북쪽의 온역 귀신을 쫓는다.

북두부(北斗符) 북두부에는 "귀신 없애기를 율령처럼 빨리 해주소서"라는 주문과 함께 부적을 그린다. 부적은 노란 종이에 붉은 글씨를 쓰고, 그것을 모자 안에 넣어 쓴 의사가 역병이 든 집을 왕진하면 역병의 재앙을 막을 수 있다." 이는 북두칠성의 정기를 받아 역병을 막는 것으로 의사가 역병이 든 집을 찾아갈 때 사용하는 부적이다.

구온벽역부(驅瘟辟疫符) – 온역을 쫓고 역병을 물리치는 부적 열병과 역병을 쫓는 부적이다. 이 부적을 붙이고 "하늘의 신이 온역을 일으켰다면 온화한 빛으로 녹이고, 땅의 신이 온역을 일으켰다면 바로 앞에서 없애주시고, 시체 귀신이 온역을 일으켰다면 연기처럼 흔적을 없애주소서"라는 내용이 포함된 주문을 외운다.

두강부(斗罡符) "북두칠성을 생각하면서 주문을 외우고 글씨를 쓴다. 주문은 "그윽한 신령은 절도가 있고 영화스러우며, 길이 장생을 돕네. 태현의 도[太玄之一], 그것의 참된 것을 지키니 오장(五臟)의 신령이 모두 안녕해지네."이다.

제세부(濟世符) 태북두(太北斗)를 생각하면서 주문을 외우고 글씨를 쓴다. 주문은 "북두의 아홉 별인 중천(中天)의 대신(大神)이 위로는 금으로 만든 대궐에 조회하고 아래로는 곤륜산을 덮어 기강있게 정사를 펼쳐 하늘과 땅을 다스리니 온갖 별들의 정사가 잘 이루어져 재앙은 모두 소멸되고 복은 모두 다가온다"는 내용이다. 부적은 태위 마신다.

제당에서 병 낫기를 빌다(1919) 할아버지는 5일 밤낮을 제당의 축축한 바닥에서 지내며, 자신이 앓고 있는 신경통을 낫게 해달라고 빌었다. 문에는 병을 쫓는 무장이 그려져 있다.

여제 말고 널리 행해진 것으로 불교의 수륙재가 있다. 망자를 저승으로 고이 보내 극락왕생을 비는 이 불교의식은 조선후기 전염병 창궐을 겪으면서 표준형식으로 만들어졌다. 재공양(齋供養)의 시련(侍輦), 대령(對靈), 관욕(灌浴), 불공(佛供), 시식(施食), 봉송(奉送) 등의 절차가 이루어진 것이다.

시련이란 이승으로 보낼 영혼을 의식 도량에 모셔오는 의식이고, 대령이란 모셔온 영혼이 도량 가까이 있으나 아직 부정한 몸이기에 불단에 나아가지 못하고 불보살을 맞을 차비를 하며 잠시 대기하는 의례이며, 관욕이란 대령에서 모셔진 영혼이 불단에 나아가 불법을 듣기 전에 악업으로 인해 더럽혀진 몸을 깨끗이 목욕하는 것을 상징한다.

공식적으로 엄격한 유교를 지향했던 조선왕조는 정부에서 이같은 불교의식을 지내주어야 하는 문제를 가지고 심한 논쟁을 벌이기도 했으나, 민심을 수습하는 차원에서 관에서 직접 이를 거행하기도 했다.

수륙재 같은 불교의식에서는 역병으로 죽은 망자가 결코 불쌍하고 가없은 존재가 아니라고 가르친다. 복잡한 의식절차를 통해 이승에서의 죽음이 저승의 극락왕생으로 승화한다. 죽은 자의 가족이나 이웃은 이같은 의식을 통해 슬픔과 공포를 극복하게 된다. 수륙재나 영산재는 국가에서 지내주거나 그 지방 유력자의 공양으로 이루어지는 경우도 있었지만, 많은 경우 마을 사람들의 갹출로 베풀어졌다. 가난한 사람이건 부유한 사람이건 간에 공동체 전체의 재난을 극복하기 위해 각자 능력에 맞게 쌀이나 돈을 지출해 의식을 준비했던 것이다.

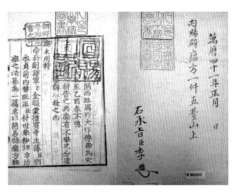

『간이벽온방』(1613년 중간본), 서울대 규장각 소장

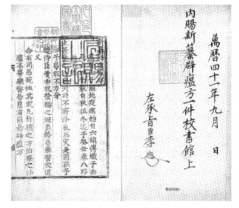

허준의 『신찬벽온방』(1613)

역병대책 3 : 한의학적 대응

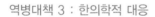

한의학적 대응은 조선정부에서 펴낸 각종 『벽온방(辟瘟方)』을 통해 확인할 수 있다. 이는 온역을 물리치는 처방 모음집이라는 뜻이다. '물리칠 벽[辟]' 자가 들어 있는 데서 알 수 있듯이 '벽온방'은 다분히 주술적인 느낌이 든다.

중국 수대에 손사막이 지은 『천금방』에 '벽온방'이라는 단어가 보이며, 그 안의 내용은 다분히 주술적인 성격을 띠었다. 이렇듯 중국 책에는 '벽온방'이란 단어가 보이지만, 중국에서 '온역'에 관한 부분만 따로 떼어 책으로 낸 흔적은 거의 보이지 않는다. 반면에 조선에서는 이미 세종 때부터 '온역'에 관한 내용만 따로 모아 책으로 만든 전통을 세웠다. 이후 중종 때 『간이벽온방』(1524)과 『분문온역이해방』(1542)이, 광해군 때 『신찬벽온방』(1613, 허준 편찬)이, 효종 때 『벽온신방』(1653)이 편찬되어 나왔다.

이 책들은 모두 역병의 유행이 심각할 때 찍은 것이다. 모두 몇십 쪽 정도에 불과했으므로 빠른 시간 내에 많이 찍어낼 수 있었으며, 급히 역병유행지에 보급되었다. 역병유행지의 의원들은 이 책의 내용을 참고해 의학적 조치를 단행했다. 사람들은 그 책의 내용에 따라 병을 예방하고, 병의 확산을 막고, 병을 치료하고자 했다.

『벽온방』의 내용들은 크게 두 부분으로 구성되어 있다. 의원들이 읽어서 처방을 내리도록 하는 부분과, 일반인들이 병을 쫓아낼 수 있도록 한 부분이다. 전자가 주로 순수 의학적 조치라면, 후자는 주로 주술적 비법과 관련되었다. 『신찬벽온방』을 제외하고는 모두 한글 번역이 딸려 있는데, 이는 일반인과 여성들이 역병대책을 읽을 수 있도록 하기 위해서였다.

우리가 알고 있는 많은 세시풍습은 이 책과 관련되어 있다. 『간이벽온방』을 보면, "동짓날 팥죽을 먹으면 역병을 피할 수 있다"고 나와 있다. 또 "단오날 창포주를 마시는 것"도 들어 있다. 창포주에 웅황을 타서 마시면 역병뿐만 아니라 온갖 벌레에도 해를 입지 않는다고 적었다. 이밖에도 붉은 팥·월경수·달래·풀·폭죽·오줌·솔잎·복숭아가지·쑥 따위를 이용하는 각종 방법(태우거나 허리춤에 차거나 마시거나 뜸을 뜨는 방법 등)이 실려 있다.

벽사(辟邪) 관련 내용이 많기는 하지만, 모든 것이 다 그런 것은 아니다. 그 중에는 병의 전염을 막을 수 있는 제법 합리적인 방법도 있다. 예를 들어 "병자의 옷을 깨끗이 씻어 밥짓는 시루에 찌도록 한 것"이 그것이다. 또 여러 처방은 병의 증상을 없애거나 완화시키기 위한 대증의학적 접근을 보인다.

이를테면 천궁·감초·마황 등 10개 약으로 구성된 십신탕(十神湯)

은 역병 때 생긴 감모(感冒)나 발열을 치료하기 위한 처방이며, 승마 · 백작약 · 감초 · 갈근 등 4개 약으로 구성된 승마갈근탕은 역병 때 수반된 두통, 증한(增寒), 장열(壯熱) 등을 치료하기 위한 처방이다. 이밖에 도소주를 비롯한 상당수의 처방은 그것이 의학적인지 주술적인지 잘 구별이 안될 정도로 복합적인 성격을 띠고 있다.

에필로그 : 우리 시대의 역병과 두려움

요즘 아이들은 영화 비디오테이프에 나오는 "호환 마마보다 더 무서운"이라는 글귀를 이해하지 못할 것이다. 마마, 호열자, 염병, 역질 등 많은 역병이름은 이제 옛것이 되었다. 현대의학과 근대적인 방역대책 덕분이다.

우리는 알고 있다. 조선후기에 도입되어 개항기를 거치면서 뿌리를 내린 종두법, 일제시기부터 시작된 전염병 예방접종, 우리 몸에 마구 뿌려대던 DDT 소독약, 담임선생님이 회초리 들고서 검사하던 손발톱의 때, 항구에서 펼쳐지는 검역, 크리스마스 씰과 BCG 백신, 병원이나 보건소에서 맞던 어린이 예방접종…… 이밖에도 깨끗해진 집안과 좋은 옷들, 그리고 제법 영양가 있는 음식들, 바로 이런 것 덕분에 100년 전까지 맹위를 떨쳤던 과거의 역병에서 자유로워졌음을. 전세계적으로 두창이 박멸되었다는 세계보건기구의 발표는 이 사실을 가장 상징적으로 보여준다.

이런 병에 걸리지 않게 되고, 그래서 오래 살게 되었다고 해서 현대인이 과거의 조상들보다 병의 고통에서 월등히 더 자유로워진 것은 아니다. 에이즈, 광우병 등 새로운 질병이 커다란 공포를 자아내고 있다. 이것은 내가 조심해서 안 걸리면 된다는, 아직도 저 멀리 강변

왜 그토록 역병이 유행했을까

55

의 불일 수도 있지만, 그렇지 않은 존재가 새로 크게 대두되었다. 바로 오래 살게 되고 그렇기 때문에 생기는 각종 만성적인 질병으로 인한 고통이다. 어떤 의학자들은 우스갯소리로 "옛날 같으면 다 도태됐을 사람이 오래 살아남아 별의별 병을 다 앓는 것"이라고 말한다. 암, 고혈압, 당뇨병, 교통사고를 비롯한 각종 사고 등으로 인한 현대인의 고통은 과거의 역병으로 인한 고통에 못지 않다. 많은 경우 신체의 부분들이 망가지면서 인간의 사회적 기능이 상실되고 매우 오랜기간 동안 앓는다.

의학의 발달이 이런 고통을 모두 없애줄 것이라고 믿었는데, 그 믿음 때문에 더 고통스럽다. 건강에 대한 기대가 증폭된 만큼 의학이 그것을 만족시켜주지 못하기 때문이다. 옛날에는 의학을 믿을 수 없었기 때문에 숙명론으로 비극을 접을 수 있었지만, 오늘날에는 과학과 의학에 대한 굳건한 믿음 때문에 더욱 건강에 집착하게 된다. 부풀어진 욕망을 따라잡지 못하는 의학의 시대, 그것이 현대의 아픔이다.

「조선시대의 역병과 방역」(『전통과 현대』 17호, 2001 가을호)을 보완하였다.

조선 사람들, 세균을 눈으로 보다

　몇 해 전 초등학교 학생들이 학교 변소를 이용하지 못해 변비가 생겼다는 기사를 읽고 웃은 적이 있다. 좌변기에 익숙한 세대의 쓰라림이다. 반대의 경우가 있었다. 20여 년 전 우리 아버지 세대의 이야기이다. 변기가 좌변기로 바뀌자 용변이 불편해졌다. 이 세대는 변기가 고약해서 변이 잘 안나온다고 불편함을 호소하곤 했다. 지금도 시골에서 올라온 노인이 좌변기 위에 올라가 쪼그린 자세로 용변을 본다는 이야기를 심심치 않게 들을 수 있다. 우리가 어렸을 때 그저 흔한 우스갯소리로 하는 것 중 하나가 시골 변소 경험담이었다. 뻥 뚫린 변소가 사기 변기로 바뀐 이후 달걀귀신 이야기는 한갓 전설이 되어버렸다. 아울러 수세식 변기로 바뀐 이후로 동네를 울리던 "똥 퍼…" 하는 낮은 음성도 추억의 저편으로 사라져버렸다. 요즘 어린이들은 새벽녘 긴 호스를 이용해 쳐가는 위생인부를 알지 못한다.

　변했다. 그 모든 것이 변했다. 지난 100년간 뒷간은 위생항아리가 묻힌 변소를 거쳐 샤워와 목욕시설을 갖춘 화장실로 바뀌었다. 바뀐 것이 어디 뒷간뿐이랴. 상투에 망건 쓰고 긴 담뱃대를 물고 있는 노

세균검사 모습, 경기도 개성 위생방역진이 콜레라 병균을 확인하고 있다. (출전 : 조선총독부, 『대정 8년 호열 자병 방역지』)

인네, 청계천 흐르는 물에 빨래하는 아낙네, 한복 도포자락 휘날리는 상인들, 땔감 짐을 가득 진 떠꺼머리총각, 밖으로 드러난 젖가슴 아래의 치마를 힘껏 조여 맨 부인들…… 사진첩에서만 볼 수 있는 풍경이다. 새로 뚫린 대로 가운데 난 전차길, 빡빡머리 아동, 서양식 모자에 하이카라 신사, 양산을 들고 산보하는 여인, 공중변소, 소독된 우물, 이발소와 목욕탕, 비누와 화장품, 집안의 옥도정기 등이 새로운 자리를 차지했다. 지난 100년간 의식주를 비롯한 일상생활의 변화가 빠르고도 깊게 이루어졌다.

비록 전부는 아니지만 이런 변화의 이면에는 세균설이 깔려 있었다. 세균설이 이 모든 변화를 이끌어낸 것은 아니지만, 변화를 추동한 세력이 이 세균설을 자주, 강하게 들먹였던 것은 엄연한 역사적 사실이다. 그렇기 때문에 프랑스의 과학철학자 부르노 라투어가 "세균설 혁명이 이전의 그 어떤 혁명보다 더 심원한 변화를 불러 일으켰다"고 주장한 것이다.

세균설은 파스퇴르의 조국인 프랑스에서도 맹위를 떨쳤지만, 영국이나 독일, 일본에서도 그에 못지않았다. 그것이 낡은 생활방식을 바꾸는 것과 밀접하게 관련되어 있기 때문에, 세균설이 일으킨 변화를 곧 '근대적인' 변화로 보아도 무방할 정도였다. 그 '근대적' 자장의 힘은 조선의 경우에도 예외가 아니었다. 하지만 조선의 경우 일본제국의 식민지라는 상황에 있었기 때문에 그 자력의 세기나 방향이 선진제국과 같지 않았다.

세균설은 과학, 권력, 일상생활의 변화 등 근대의 핵심영역에서 지형을 형성했다. 이 세 가지는 서로 연관되어 있기 때문에 셋 모두에 대한 세밀한 분석이 필요하다. 또 셋의 관계는 서양의 선진제국이나 일본, 식민지 조선에서 공통되는 측면이 있고, 그렇지 않은 측면이 있기 때문에 이 점을 주목해야 한다. 하지만 바로 이런 측면이 존재하기 때문에 세균설이라는 주제는 비록 작은 주제임에도 불구하고, 근대성과 식민지성을 논하기에 좋은 주제이다.

세균설과 가시성, 세균설과 식민지 위생경찰권력, 세균설의 성과와 그 의미, 세균설의 한계, 세균설과 한의학, 세균설과 조선의 세균학 연구 등 세균설이 포진한 지형의 여러 측면을 살펴봄으로써 식민지 조선사회의 근대성과 식민지성을 볼 수 있을 것이다.

조선 사람들, 세균을 눈으로 보다

1915년 9월 11일, 식민지 조선의 수도 경성에서는 대규모의 조선물산공진회가 열렸다. 이 공진회는 일본제국이 조선을 '병합'한 후 '시정 5년'을 기념하기 위한 행사였다. '공진(共進)'이라는 말은 글자 그대로 일본과 조선이 함께 '발전'해 나아가자는 뜻을 담고 있다. 이 행사에는 각종 근대 문물과 함께 조선 전국의 산물이 전시되었다. 농업, 수산업, 상업, 물산, 금융, 의학, 약업, 오락 등을 망라했다. 10월 31일까지 50여 일 동안 열린 이 행사에는 총 1,164,383명이 참관했다. 그 중 조선인 유료 입장객은 443,811명이었다.(『조선휘보』 1915년 11월호) 이 행사장에는 3개의 큰 진열관이 있었으며, 제2호관 한편에는 위생 및 의료와 관련된 물품과 표본이 전시되어 있었다. 조선인들은 그곳에서 이전에 보지 못하던 색다른 것을 구경할 수 있었다.

우선 소의 내장 모형이 한쪽 구석에 놓여 있었다. 다른 한쪽 구석에는 전염병 예방에 필요한 의료용구가 진열되어 있었다. 그 가운데에는 현미경, 해부기구, 분무기, 위생수세기, 메틸알콜 검사기, 휴대용 진찰기 등이 포함되어 있었다. 또 다른 한쪽에는 각종 기생충 표본과 함께 폐디스토마 기생충 표본과 그것의 중간숙주인 민물고기의 표본이 놓여 있었다. 또 다른 한편에는 임질균, 적리(이질)균, 흑사병균, 파라티푸스병균, 연쇄상구균, 장티푸스균은 물론이거니와 콜레라균, 디프테리아균, 결핵균, 뇌척수막균, 폐렴균, 파상풍균 등이 병을 예방하거나 치료하는 데 쓰이는 각종 혈청표본과 함께 놓여 있었다. 이밖에 콜레라환자의 장 모형, 적리와 아메바성 적리환자 모형, 디프테리아환자 모형, 수두 모형, 코에 매독이 침입한 제3기 매독 모형, 선페스트 모형, 두창환자 모형 등이 그 옆에 있었다(선우일, 『공진회 실록』, 박문사, 1916).

정교하게 만들어진 장기와 뼈는 인체의 구조도 그와 비슷한 식으로 해부될 수 있다는 암시를 주었다. 각종 병균의 모형은 인간을 끔찍한 공포로 몰아넣은 전염병이 바로 이 조그만 현미경을 통해서만 볼 수 있는 동물도 식물도 아닌 미생물에 의한 것임을 대변했다. 각종 병균의 모형과 병을 앓는 환자의 모습은 병과 환자의 인과관계를 설파했다.

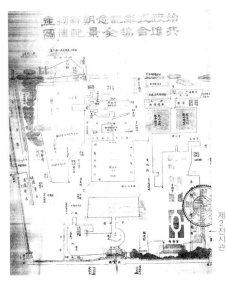

전시된 세균표본 목록

제2전시관 배치도

공진회 물품 배치도(1915) 공진회장을 들어서면 정면에 가장 중심 전시관인 제1호관이 위치했고, 오른편 끝 쪽에 위생 관련 물품이 전시된 제2호관과 참고관이 있다.

　이 전람회는 지난 50년간 세계 전염병 의학사의 눈부신 발전을 응축한 것이었다. 1865년 저 유명한 프랑스의 파스퇴르는 발효현상이 그 어떤 생물의 존재 때문에 생기는 것임을 밝혔다. 더 나아가 그는 1868년 누에고치에 생긴 전염병이 병원미생물체 때문에 생긴 것임을 밝힘과 동시에 그 병의 원인과 예방법을 제시했다. 1876년 독일 시골의 개업의사 코흐는 미생물이 질병의 원인이라는 확증을 제시했다. 그는 병원균을 채취해 인공적으로 배양한 후 그것을 다시 건강한 개체에 투여하여 그 병이 다시 생겨나는 것을 만인에게 보여주었다. 그 사건 이후 수많은 연구자가 전염병균 확인에 성공해 자신의 이름을 역사에 남겼다. 1880년 에베르트는 장티푸스균을, 한센은 나병균을 발견했다. 1882년에는 코흐가 결핵균을, 1883년 역시 코흐가 콜레라균을, 1884년 클레브스가 디프테리아균을, 로젠바흐가 연쇄상구균을 발견했다. 이어서 1885년 에쉐리히가 대장균을, 1886년 프렝펠이 폐

공진회에 몰려든 인파(1915) 조선부업품 공진회에 전국적으로 동원된 수는 연인원 116만 명이었다. 당시 서울 인구는 약 40만 이었다. 당시 광화문 밖에 운집했던 인파의 모습이다.

렴균을, 1894년 예르생(Alexandre Tersin, 1863~1943)과 기타사토 시부사부로(北里柴三郎)가 페스트균을, 1898년 시가 기요시(志賀潔)가 적리균을 학계에 보고했다. 이 모든 병원체가 20세기가 되기 전에 현미경 안에 포착되었다. 공진회 전람실에 놓인 표본은 바로 그것이었다. 아직 발견되지 않은 병원체도 과학이 더 발달하면 현미경 아래 모습을 드러낼 것이라는 낙관론이 넘쳐흘렀다. 아직 모습을 드러내지 않은 훨씬 작은 병원체인 두창바이러스가 결국 1935년 전자현미경 발명 이후 자신의 모습을 드러냈듯이.

훨씬 소수이지만 이전에 세균을 본 조선인이 있었다. 『황성신문』 1902년 10월 28일자는 다음과 같은 기사가 실려 있다.

> 근일에 한국 의사 1인이 호열자 병균 1개를 착득(捉得)하여 유리병 안에 두었는데, 아주 미세해서 눈으로 보기 어려웠으나, 4,000배 되는 현미경에 눈을 대서 본즉, 그 충(虫)의 형상이 머리부분은 까맣고 몸부분은 붉었으며, 몸 주변에 까만 털이 나 있었는데, 이 의사가 이를 병원에 두고 한성 내 친한 사람을 초치하여 관광케 하고 병균 때문에 병이 생기는 이유와 죽여 없애는 방법을 설명하였다더라.

여기서 한국 의사는 김익남을 가리킨다. 그는 1895년 관비유학생으로 일본에 건너가 의학을 전공한 두 명 중 한 명이다. 1899년 동경 자혜의원 의학교를 졸업한 후, 그는 대한제국의 부름을 받아 그 해에 설립된 관립의학교 교관으로 근무하고 있었다. 김익남은 약 20년 전

코흐가 봤던 콜레라균을 배양해 대중에게 보여주었다. 그도 '가시성'을 콜레라의 예방과 박멸계몽에 활용하려고 했다.

김익남보다 더 먼저 세균을 본 조선인은 서재필이다. 그는 갑신정변 실패 후 미국에 건너가서 의학을 공부했다. 갑오개혁 이후 한때 귀국해 『독립신문』을 발행했다. 서재필은 『독립신문』에서 자신의 전공을 맘껏 활용했다. 『독립신문』에는 위생에 관한 구체적인 정보와 논설이 유난히 많다. 미국에서 의학을 공부한 인물답게 서재필은 "박테리아"라는 원어를 즐겨 썼다. 그가 쓴 한 논설에는 병원체의 모습이 다음과 같이 묘사되어 있다.

일본유학을 다녀온 최초의 의사 김익남 김익남은 1899년 동경 자혜의원의학교를 졸업한 최초의 일본유학 의사이다. 1900년 4월부터 1904년 9월까지 의학교 교관으로 근무했으며 이후 대한제국 군대의 군의장(軍醫長)을 지냈다. 『황성신문』에서 말하는 한국 의사란 바로 이 김익남일 것이다.

> [박테리아가 있는] 그 물 한 방울을 현미경 밑에 놓고 보거드면 그득한 것이 버러지 같은 생물인데 그 생물 까닭에 대개 열 사람이면 아홉은 체증이 있다던지 설사를 한다던지 학질을 앓는다던지 무슨 병이 있던지 성한 사람은 별양 없고……(『독립신문』 1897년 9월 2일자, 「논설」)

이에 앞서 그는 현미경을 통해서만 볼 수 있는 '난견 생물'의 "종류가 여러 백만 종류이며 세계에 제일 많은 것이 이것이며", "이 생물 까닭에 초목과 곡식이 자라며 이 생물 까닭에 사람이 병도 나며 대저 세계에 무론 무슨 병이던지 100명에 99명은 이 생물 까닭에 병이 생기는 것이오, 이 생물 때문에 병이 전염되어 한 사람이 병을 앓게 되면 그 생물이 그 사람에게서 떨어져서 다른 사람에게로 들어가는 것"이라는 견해를 밝힌 바 있다(『독립신문』 1897년 7월 22일자).

"백문이 불여일견(百聞不如一見)"이라는 말처럼 가시성은 가장 설득

현미경에 잡힌 콜레라균의 모습 - 1천배 확대 (1912) 이런 모습의 콜레라균과 각종 세균 사진이 판넬에 붙어 전시되었을 것이다. (출처 : 기타사토 시부사부로, 『호열자예방법』, 가정지 위생사, 1912)

력 있는 방법이다. 앓는 환자의 모습도 볼 수 있고, 그에게서 채취한 병원균도 볼 수 있으며, 둘 사이의 인과관계도 도표로 볼 수 있다. 실체가 분명하기 때문에 비가시적인 그 어떤 설명보다 높은 설득력을 지닌다. 그것을 확인하는 순간, 500년도 넘는 전통을 가진 마마를 일으키는 두창의 존재나 역병을 일으키는 온갖 귀신은 센 부적을 본 것보다 더 힘을 못 쓴다. 병원체가 서식하는 불결한 몸과 환경, 그것을 그렇게 만든 무지와 관습이나 그것을 시정하려는 그 어떤 조치에 대한 저항 또한 강력한 비난의 대상이 된다. 서재필이나 김익남, 공진회 전시관에 자료를 제공한 조선총독부 경무총감부가 세균을 보여주었던 이유는 바로 여기에 있었다.

세균설로 무장한 식민지 위생경찰

위생경찰의 연원은 18세기 후반~20세기 초반 오스트리아와 독일로 거슬러 올라간다. 의사경찰은 오스트리아 의사 볼프강 토마스 라우(Wolfgang Tomas Lau, 1721~72)가 처음 창안했으며, 이후 요한 페터 프랑크(Johann Peter Frank, 1745~1821), 안톤 마이(Anton Mei, 1742~1814)가 이 개념을 더욱 정교하게 다듬었다.

의사경찰이란 말에 포함된 '경찰'이란 개념은 매우 폭넓은 것으로, 국가의 국민에 대한 가부장적인 배려 일반을 포괄하는 것이다. 유럽 대륙 특히 절대군주제인 독일에서는 지배자와 피지배자의 관계를 부자의 관계로 파악하고 이런 가부장적인 이념에 따라 국가가 신민의 건강을 돌봐야 한다고 생각했다. 프랑크는 그러한 돌봄이 경찰 활동을 통해서 실현될 수 있다고 주장하면서 9권으로 된 『완전한 의사경찰체계』라는 책을 썼다. 이 책에는 출산·임신·결혼문제, 영유아 건강문제, 식품위생과 의복, 오락, 주거 및 환경문제, 사고예방, 인구동태, 군진의학, 성병, 병원, 전염병의 문제가 망라되어 있었다. 이후 마이는 주택, 대기보존, 식품위생, 의복위생, 산업보건, 모자보건 등을 망라하는 종합적인 의사경찰 보건법안을 제시했다. 독일에서는 19세기 말까지 법에 따라 공무원들이 공중보건 행정업무를 수행했다.

1876년 이후 확립된 세균설은 위생행정에 막강한 힘을 부여했다. 모든 신민의 건강을 위해 요인을 감시, 감독하는 일은 세균설 이전에도 상당정도 발달해 있었다. 세균설이 확립되기 이전에는 "불결한 환경과 악취가 병의 원인이 된다"는 '장기설(瘴氣說)'로도 제법 효과적인 방역전선을 펼쳐왔다. 하지만 장기설은 불결한 모든 것에 대하여 넓게 전선을 드리운 막연한 전략이었다. 이에 비해 세균설은 눈에 보이는 세균의 박멸에 화력을 집중시킬 수 있는 전략이었다. 효과도 효과지만, 이 두 설의 차이는 돈을 끌어오고, 행정력을 빌려 오고, 대중을 설득시킬 수 있는 측면의 차이에서 하늘과 땅만큼의 거리가 있었다. 전염병의 원인을 눈에 볼 수 있고, 그것의 자연사(natural history)를 알 수 있고, 그것을 효과적으로 제압할 수 있는 수단을 갖게 된 것이다. 19세기 말 이후의 위생행정은 이 세균설로 무장했다. 그것의 권한행사는 확신에 찬 것이었으며, 집행은 다수의 행복을 위해 정당한 것이었다.

19세기 말 일본에도 위생경찰 개념이 도입되었다. 일본은 국가중심의, 경찰중심의 위생체제를 받아들였다. 일본은 의사경찰이라는 이름 대신에 위생경찰이라는 말을 썼으며, 그들은 보건, 의료, 방역, 가축방역에 관한 일체 사무를 담당했다.

콜레라 검역에 참여한 일본인 경찰과 헌병 보건의료행정과 학술 측면에서 독일의 영향을 많이 받은 일본은 의사경찰제를 도입해 위생경찰제도를 만들고 식민지 조선의 모든 위생사무를 경찰이 장악하도록 했다. (출전 : 조선총독부, 『대정 8년 호열자병 방역지』)

메이지 유신 이후 근대화의 길로 들어선 일본은 보건의료의 행정과 학술적인 양 측면에서 독일의 영향을 매우 강하게 받았다. 가와나미무(川上武)는 『의료와 복지』(1980)에서 일본이 채택한 천황제와 대일본헌법(1889)은 프러시아의 것을 모방하고 있으며, 개혁의 모든 방면에서 그 요소가 나타났는데, 보건의료 부문도 예외가 아니었음을 지적했다. 좀더 실용적인 이유로 바우어(Bower)는 『일본의 의학교육』(1965)에서 "독일의 의학수준이 당시 최고 수준이었다는 점", "독일의학이 이미 메이지 유신 이전부터 들어와 정착하고 있었다는 점", "독일 대사 지볼트가 일본정부의 의료정책에 상당한 영향을 끼쳤다는 점"을 들었다.

조선도 일본을 통해 이 위생경찰 개념을 도입했다. 최초의 시도는 1882년 김옥균이 저술한 『치도약론』과 1883년 박영효의 치도사업의 실시다. 김옥균은 "도로변의 불결을 없애 전염병을 예방하고, 소독된 분뇨를 활용해 농업생산성을 높이며, 교통을 편리하게 하여 물류유

통을 증대시키자"는 논리를 펼쳤으며, 거리 청결에 대한 감시와 처벌을 신제도인 순검(巡檢)에게 맡길 것을 주장했다. 비록 3개월이라는 짧은 기간 안에 좌절로 끝나기는 했지만, 박영효는 그 뜻을 한성에서 펼쳤다.

갑오개혁이 이루어지기까지 이 개념은 사장되어 있었다. 갑오개혁 이후 내무대신이 된 박영효는 훨씬 본격적으로 경찰의 업무에 이 위생경찰사무를 정착시켰다. 하지만 조선의 위생경찰은 1906년 통감부 설치 이후 사실상 무력해졌으며, 1909년 '경찰권 이양' 후 막강한 일본제국의 위생경찰이 그것을 대체했다.

식민지 위생경찰의 업무범위는 『위생경찰강의일반』(1913년 평안남도 경무부 발행)을 통해 그 전모를 파악할 수 있다. 이 책은 위생경찰 업무를 담당할 관리를 교육하기 위한 책이었다. 평양 헌병대장이자 평남 경무부장인 고자와(小澤壽)가 편찬했으며, 일본 군의와 경찰간부가 각론을 썼다. 이 책은 다음과 같은 내용을 망라했다.

- 식수 위생 관리, 분뇨 등 오예물 관리
- 콜레라 · 적리 · 장티푸스 · 파라티푸스 · 페스트 · 두창 · 성홍열 · 디 프테리아 · 발진티푸스 등 9종의 급성전염병 관리
- 임질 · 매독 같은 성병과 폐결핵 같은 만성 전염병
- 말라리아와 폐디스토마 같은 조선의 풍토병
- 전염병 예방을 위해 필요한 환자의 격리, 강제 입원, 강제 소독, 교통 차단
- 환가에 대한 호구조사, 위생 강화(講話), 소독청결방법, 하수(河水) 사용 금지
- 시장 폐쇄와 제례 및 집회 금지, 상업 제한, 기차와 선박에 대한 검역
- 가축 전염병 방역
- 의료인과 의약품 단속

- 물과 얼음, 온천, 육류와 육류제품, 우유와 유제품, 식물성 식품, 주류
  성 음료의 검사와 단속
- 세균의 생활과 사멸에 관한 사항

이런 내용은 식민지 내내 별로 변동이 없었으며, 당시 일본 등 선진
제국에서 관리의 대상으로 삼은 것과 거의 차이가 없다. 이런 측면을
'근대적'이라고 볼 수 있을 것이다. 그것이 이전 시대에 행해지지 않
았다는 점에서, 유례없는 효용을 가져다주었다는 점에서, 그 효용이
확실한 과학에 근거하고 있었다는 점에서, 개인과 집단의 생활양식
을 혁신시켰다는 점에서 그렇다.

이렇듯 식민지 조선의 위생경찰의 업무범위는 문명국가의 보편성을
띠고 있었지만, 그것의 집행방식까지 그런 것은 아니었다. 대한제국이
나 당시 일본과 비교해볼 때, 조선의 위생행정은 훨씬 불완전하고 억
압적이었다는 점이다. 이를 '식민지성'이라 부를 수 있을 것이다.

위생행정의 불완전성은 우선 행정기구의 편제에 잘 나타나 있다.
식민지 조선에서는 모든 위생사무를 경찰이 장악토록 했다. 중앙에
서는 경무총감부가, 지방에서는 도 경무국이 위생사무를 담당했다.
즉 일반적인 위생사무까지 집행을 위주로 하는 경찰의 권한에 복속
시킨 것이다. 이는 당시 선진제국이나 일본, 이전 대한제국의 그것과
크게 다른 것이다. 대한제국에서는 일반 위생사무는 위생국이, 집행
사무는 경찰이 담당토록 했었다. 또 일본의 경우에도 일반적인 위생
사무는 내무성 위생국에서 담당했고, 경찰은 위생사무의 집행과 관
련된 일을 맡았을 뿐이다. 이밖에도 학술영역인 위생시험소와 전염
병연구소가 독립적인 기관으로 설치되어 있었으며, 합의제 자문기관
으로 중앙위생회가 있었으며, 표준 약국방(藥局方) 제정활동을 하는
일본약국방조사회가 있었다. 사실, 일반 위생사무가 없고 경찰집행

우물 감독, 전남 영광 칼 찬 위생경찰이 전남 영광군 법성포 지역의 공동우물을 감독하고 있다. (출전 : 조선총독부, 『대정 8년 호열자병 방역지』)

하수사용 금지, 경남 산청군 생초면 (출전 : 조선총독부, 『대정 9년 호열자병 방역지』)

환가 소독, 강원도 통천 위생경찰이 소독약을 뿌려 콜레라 환가와 환자가 쓰던 물품을 소독하고 있다. (출전 : 조선총독부, 『대정 8년 호열자병 방역지』)

예방주사, 인천 위생경찰 입회하에 위생방역진이 콜레라 강제 예방접종을 실시하고 있다. 이때부터 본격적인 콜레라 예방접종이 실시되었다. (출전 : 조선총독부, 『대정 9년 호열자병 방역지』)

세균검사실, 경기도 개성 (출전 : 조선총독부, 『대정 8년 호열자병 방역지』)

야외 위생강습, 충남 보령 (출전 : 조선총독부, 『대정 9년 호열자병 방역지』)

만 있는 것은 식민지 상황을 반영하는 것이다. 일반 위생사무와 학술 사항은 일본본토에서 제공하면 되었기 때문이다.

경찰 위주의 위생행정 그 자체에도 억압성이 깔려 있지만, 식민지 법령과 실제 집행방식에 그것이 더 잘 드러나 있다. 전염병 예방법을 예로 보면, 조선의 법령은 일본의 그것보다 더 강제적이었고, 임의적 용이 가능했다. 1911년 3월 총독부령 제41호는 "전염병 예방에 관한 공무원의 지령명령에 따르지 않는 자에 대해서는 3월 이하의 징역, 100원 이하의 벌금을 부과한다"고 규정했다. 이 규정이 너무나도 모호하고 가혹했기 때문에, 1915년 6월, 총독부 제령 제2호 「전염병 예방령」에서는 징역형을 없애고 벌금을 50원으로 낮추는 한편 죄목을 더욱 분명히 했다. 죄가 되는 경우는 다음과 같았다.

- 환자와 환자로 의심되는 사람과 사망자가 있는 집안과 기관의 책임자가 이를 의사에게 검진을 요구하지 않는 자와 경찰관리, 헌병, 검역위원에 보고하지 않는 자
- 전염병환자 집안에서 의사와 해당 관리의 지시대로 소독을 하지 않는 자
- 전염병환자나 사체를 관리의 허가 없이 마음대로 이동한 자
- 전염병 병독에 오염되었거나 오염되었다고 의심되는 것을 해당 관리의 허락 없이 사용, 접수, 이전, 유기, 세척한 자
- 전염병환자의 사체를 해당 관리의 허락 없이 화장한 자
- 경찰관서의 허락 없이 전염병 사체를 2년 이내에 개장한 자
- 교통 차단을 위반한 자
- 의사에게 청탁하여 전염병환자 신고를 보고하지 않거나 방해한 자
- 해당 관원의 물음에 허위로 답변하거나 고의로 방해할 목적으로 기피한 자

위 규정은 대체로 전염병의 확산을 막으려는 '선한' 의도를 담고

있다. 또한 그것은 세균연구에서 얻은 과학적 지식에 바탕을 둔 것이었다. 하지만 위 조항은 모두 개인의 자유를 심각하게 제한한다는 성격을 강하게 띠고 있었다. 또 대상자에 대해 임의적 권력행사의 여지가 컸다. 비슷한 시기 일본의 경우 "전염병환자라 의심되는 경우"에 대한 의학적 판단의 신중성이 크게 고려되었고, 전염병환자라도 "고의적인 위해행위가 아닌 경우에는 처벌하지 않는다"는 1917년 대심원의 판결이 존중되었다.

하지만 조선에서는 전염병의 철저방역을 내세우며, 경찰과 헌병이 전염병 유행지의 조선인에 대한 삼엄한 단속을 실시했다. 그 과정에는 경찰의 '자의적' 판단이 크게 개입되었으며, '억울한' 다수의 조선인이 경찰의 단속대상이 되어 인권을 침해받을 수 있는 소지가 컸다. 또한 이 규정을 어긴 사람은 범죄자로 취급받았으며, 징역형을 살거나 많은 벌금을 내야 했다.

이처럼 위생경찰이 억압적인 이유는 두 가지 목적을 동시에 추구하기 위해서라고 생각한다. 하나는 비교적 값싼 방식으로 전염병을 통제할 수 있었다는 점이다. 이보다 더 큰 목적은 과학과 집단의 생명을 내세우며 식민지 권력이 모든 조선인의 몸과 생활을 통제할 수 있는 근거를 확보할 수 있다는 점이다.

실제로 식민지 조선에서는 위 조항에 대한 위생경찰의 업무집행이 강력하게 이루어졌다. 각종 위반행위에 대한 처벌이 줄줄이 있었으나, 가장 논란이 컸던 부분은 전염병환자 또는 의심되는 사람에 대한 신고거부와 은닉, 환자의 피병원 이송거부였다. 당시 열악한 시설의 피병원은 강제 격리 이외에 별다른 의학대책을 펼치지 않았다. 조선인은 그곳을 인격이 없는 죽음 대비소로 여겼기 때문에 기피하고 반발했다. 식민지 위생경찰은 밀고나 가가호호 방문을 통한 색출 등의 방법을 써서 환자를 적발해 피병원으로 옮기려 했고 이에 대한 조선인의 저항이 격렬했다.

　선진제국이나 일본에 비해 식민지 조선의 위생경찰이 더 억압적이어야 할 논리가 "전혀 없지는" 않았다. 총독부 관리나 일본인 학자는 한결같이 조선 위생시설의 열악함과 조선인의 미숙함을 그 이유로 들었다. 그들은 조선인 절대 다수가 전혀 깨어 있지 않고, 당분간 그럴 가능성이 없으며, 사사건건 무지몽매한 미신과 관습에 사로잡힌 미숙한 존재로 보았다. 아직 미숙하기 때문에 성숙한 근대인과 달리 취급해야 한다는, 취급해도 좋다는 논리가 가능했다. 왜냐하면 그들의 그릇된 위생관념과 행위가 자신이 해를 입는 데 그치지 않고, 선한 근대인에게까지 병을 전염시킬 수 있기 때문이다. 따라서 그들의 생명유지 차원에서 뿐만 아니라 집단 전체의 생명보호를 위해서 그들의 통제는 불가피하다. 그러므로 미숙한 조선인에 대한 일방적인 권력행사는 선할 뿐 아니라 정당한 것이다!

　식민지 조선인은 일본인이 가져다 줄 근대의 꿀맛이 어떨지에 대해서는 잘 몰랐지만, 세균설을 바탕으로 근엄한 제복을 입고 칼을 찬 경찰과 헌병이 집집마다 돌아다니며, 환자를 색출하고, 색출된 사람을 동의 없이 강제로 끌고 가고 그 모습에 본능적으로 저항했다. 그것은 불쌍한 가족을 지키려는 가족애였으며, 사자(死者)를 곱게 묻어야 한다는 천년의 관습이었으며, 이전 시대에 전혀 겪어보지 못한 "범죄 같지 않는 범죄"에 대한 부정이었으며, 그 무엇보다도 과학과 위생을 내세워 자신의 몸에 들이댄 과도한 권력에 대한 저항이었다.

　식민지 조선의 위생경찰은 일본이나 다른 선진제국의 위생행정과 사뭇 다른 방식을 띠었음을 알 수 있다. 20세기 초반 이미 대부분의 유럽에서는 의사경찰이라는 개념이 무너져 버렸다. 그것이 급속히 산업화하는 현대사회의 보건문제를 지도할 중심이념이 될 수 없었기 때문이다. 국민의 건강보호는 군주 또는 국가의 가부장적 배려라는

콜레라로 죽은 엄마 곁에서 울부짖는 아이, 강화도 금화군 기성리 역병이 돌면 많은 아이들이 죽었고, 부모의 죽음으로 인해 수많은 고아가 생겨났다. 이 사진에서는 콜레라로 죽은 엄마 곁에서 우는 아이의 모습을 잡았으나, 상황을 재현한 모방 사진일 가능성이 크다. 엄격한 검역 시스템하에서 어떻게 시체 곁에 아이를 그대로 둘 수 있었을까? 그래서인지 아이 곁의 엄마는 마치 자고 있는 듯하다. (출처 : 조선총독부, 『대정 9년 호열자병 방역지』)

차원에서 제공되는 것이 아니라 그들이 그것을 누려야 할 권리가 있기 때문에 수여받는 것이었다. 집단의 생명을 지켜야 한다는 공리주의적 행복 못지않게 개인의 자유가 중요하게 여겨졌다. 낡은 의사경찰을 대신해 인권에 기반을 둔 새로운 보건개념이 등장했다. 비록 이 의사경찰의 개념이 일본에서는 완전히 쇠퇴하지는 않았을지라도, 거기에도 새로운 보건개념이 흘러들어가고 있었다. 그러나 식민지 조선의 경우에는 그와 반대의 길을 걷고 있었다.

세균설의 성과 : 인구증가와 사망률 감소

통계학자에 따라 추계 정도가 다르기는 하지만, 일본의 식민통치기간에 조선인의 인구가 크게 증가했으며, 사망률이 크게 감소했다는

사실을 어느 누구도 부정하지 않는다. 석남국의 추계치를 기준으로 볼 때, 1910년에는 총인구수가 대략 1,380만 명, 1920년에는 1,680만 명, 1930년에는 1,970만 명, 1940년에는 2,290만 명, 1945년에는 2,440만 명이었다.(石南國, 『韓國の人口增加の分析』, 勁草書房, 1972) 이렇듯 일본의 식민통치 35년간 조선인의 인구가 무려 1,000만 명 이상 증가했다.

인구가 크게 증가한 것은 출생률이 상당히 높은 수준에서 유지되며 완만하게 낮아진 반면, 사망률이 상대적으로 급하게 낮아졌기 때문이다. 좀더 추계를 자세히 들여다보면 다음과 같다.

	평균출생률(인구 1,000명당)	평균사망률(인구 1,000명당)
1906~11년	53.02	40.38
1911~16년	52.09	37.61
1916~21년	48.82	34.36
1921~26년	48.53	32.19
1926~31년	47.89	30.28
1931~36년	46.97	26.45
1936~41년	42.79	21.28
1941~45년	43.18	19.32

여기서 출생률에서 사망률을 뺀 수치가 인구의 자연증가율이다. 그것을 보면 1906~11년의 인구 1,000명당 12.64명, 1921~26년에는 17.61명, 1941~44년에는 23.86명으로 나타난다. 인구증가와 함께 평균수명도 증가했다. 식민통치 35년 동안 갓 태어난 아이의 평균수명이 1906~11년 남자 22.61세, 여자 24.44세에서 1942년에는 남자 42.81세, 여자 47.07세로 늘어났다. 이렇듯 평균수명이 크게 늘어난 데에는 영유아사망률의 감소가 가장 크게 기여했다. 석남국이 낸 통계를 보면, 영유아사망률은 1932년 18.65명이던 것이, 1935년에는 16.08명, 1938년에는 12.54명으로 떨어진 것으로 추계된다.

위 통계는 분명히 일본통치 35년간 다산소사의 인구구조가 자리를 잡았으며, 특히 사망률 감소가 두드러졌음을 보여준다. 그 결과 집단적인 차원에서 식민지 조선 인구가 증가했고, 개인적인 차원에서 조선인이 오래 살게 될 확률이 높아졌다. 인구증가율, 사망률, 평균수명은 보건사업의 성공여부를 일러주는 중요한 지표이기 때문에 식민통치의 성과를 따지기 위해서는 반드시 이에 대한 논의가 필요하다.

　인구지표 해석의 주요 쟁점은 인구증가와 사망률 감소에 '경제적인 향상이 얼마만큼 기여했는가?', '위생, 의료의 발달이 얼마만큼 기여했는가?' 하는 점이다. 보통 이 두 가지 큰 요인이 근·현대 세계 각국의 인구지표에 큰 영향을 미쳤다. 여기에 장기간에 걸쳐 형성되는 미생물 – 인간 생태환경의 변화라는 요인을 덧붙일 수 있다. 이 각각의 요인을 정량적으로 따지는 것은 매우 어려운 일이다. 경제상태를 알기 위해서는 농업생산성과 영양섭취량, 가구의 임금수준, 주택 보유 실태 등을 파악해야 하고, 위생과 의료의 기여정도를 알기 위해서는 각 질병의 발생률, 사망률, 치명률과 그 질병의 예방과 치료에 투여된 자원에 관한 정확한 통계자료가 필요하다. 미생물 – 인간의 생태변화를 알기 위해서는 각 병원균의 시계열적인 역학(疫學)적인 정보가 필요하다. 이런 사항에 대해 정확하게 따지는 것은 거의 불가능한 듯 보이지만, 보건지표 해석과 관련해 쓰인 "발전"의 내용과 의미에 대해서는 근·현대 세계인구사의 모형을 통해 거친 추론이 가능하다.

　세계사적으로 볼 때, 19세기 이후 세계의 인구증가를 설명하는 것으로는 크게 두 가지 모델이 있다. 하나는 선진국형이다. 서유럽 제국의 인구증가를 이 모델로 설명한다. 이 모델에서는 위생과 의학 발전보다 미생물의 자연사적 요인과 경제적 요인이 더 중요한 요인이다. 토마스 메큐언의 『새로운 의학의 역할』에 따르면, 인구증가의 주요 변수인 사망률이 공중보건이나 의학제공 등의 급격한 발전 이전에 미생물의 독력감소와 경제·영양·주거상태의 호전에 따라 감소한 것으로 나타난다. 게다가 19세기 중반 이후 공중보건의 발달이 기여했으며, 20세기 중반의 치료의학 발전이 미미하지만 영향을 미쳤다. 경제적 향상을 전제로 거기에 근대위생과 현대의학이 어울려 낮은 사망률을 보이게 한 것이다. 다른 하나는 후진국형이다. 이 모델에 따르면, 경제적인 향상, 현대 치료의학의 큰 기여 없이 사망률이 낮아졌다. 이 모델에서는 근대 위생테크놀로지가 가장 중요한 인자이다. 세균설에 기반을 둔 위생테크놀로지는 병균이 생기는 곳과 전염을 통제함으로써 사망률을 일정한 수단 이하로 묶어둘 수 있었다. 가난을 내버려 둔 채로, 비싼 고급 약을 쓰지 않으면서도 인구를 증가시키고, 집단의 평균수명을 늘였다.

식민지 조선은 후자의 모델에 해당한다. 식민지 조선의 농업생산성이 향상되었지만, 그것이 일본으로 빠져나갔으며, 대다수 식민지 조선인은 궁핍했다. 총독부의원(경성제국대학부속의원), 도자혜의원(도립의원) 등 고급 의료기관은 소수 부유한 계급을 위한 것으로 문턱을 낮추지 않았다. 그럼에도 불구하고 인구의 증가, 사망률의 감소가 이루어진 것은 주로 위생테크놀로지 덕분이다. 정확한 원인을 짚어내는 세균학적 지식, 각종 조사보고, 환자 색출과 감시, 백신의 대량 제조와 투여, 정교한 행정체제, 강력한 경찰력의 행사, 신속한 교통통신망의 확보 등의 방식만으로도 충분히 사망률을 떨어뜨릴 수 있었던 것이다. 그러므로 식민지 통치에서 이룩된 "발달"은 주로 세균설에 바탕을 둔 위생테크놀로지의 "발달"이며, 그것도 주로 위생경찰을 통해 행사된 권력의 "발달"이었다.

세균설의 한계 : 위생보다 후생이 필요한 이유

결핵은 세균이 일으키는 병이지만, 인간에게 쉽게 길들여지지 않은 질병이었다. 콜레라, 장티푸스, 두창, 발진티푸스 등 9가지 전염병을 비롯한 급성감염질환은 식수나 음식 등 오염원 관리, 전파차단, 오염지역 소독, 위생습관의 변화, 예방접종 등의 방법을 통해 비교적 쉽게 관리되었지만, 결핵은 전혀 그렇지 않았다. 결핵이 세균에 의해 생기는 것임은 이미 1882년부터 알려진 사실이고, 결핵 양성반응을 알아내는 방법인 튜베르클린 반응이 1908년에 밝혀졌지만, 인류는 만성적인 형태로 체 내에서 발전해가는 질병인 결핵을 쉽게 통제할 수 없었다. 그런데 결핵균은 다른 급성전염병균보다도 훨씬 더 주거환경, 영양상태, 건강상태와 관련된 질병이었기 때문에, 도시가 불결할수록, 경제력이 낮을수록, 요양시설이 적을수록 더 많이 발생하고, 더 많이 고통을 겪고, 더 많이 사망했다.

식민지 조선에서 폐결핵은 놀라운 속도로 증가했다. 1920년 조선인 환자 수가 5,882명이던 것이, 1928년에는 9,041명으로 증가했다. 환자 수와 함께 사망자 수도 계속 증가했다. 1920년 조선인 사망자 수가 2,315명이던 것이 1930년에는 3,422명이 됐고, 1937년 5,973명, 1939년에는 6,101명으로 늘어났다.(조선총독부, 『방역통계연보』, 1939) 이 수치는 그 해 9종 전염병 환자 수 전부보다 높은 것이었다. 1937년의 경우 9종 전염병 사망자 수는 2,789명이었지만, 폐결핵 단일 요인에 의한 사망자 수는 그의 두 배가 넘는 5,973명이었다. 경성제국대학 부속의원의 환자 수 변동을 통해서도 폐결핵 환자의 급증을 실감할 수 있다.

지금(1935)으로부터 20년 전에는 100명에 대하여 6.7명에 불과하던 것이

10년 전에는 100명에 대하여 12인이 되고 그후 차차 증가하여 5년 전에
는 100명에 대하여 25인이라는 다수에 달했다. 그런데 작년 통계를 보니
이보담도 더 증가하여 100명에 28인이 폐결핵 환자이다.(김동익, "조선인
과 폐결핵", 『신동아』 42, 1935)

만성전염병인 폐결핵은 경제상태, 영양상태와 밀접한 함수를 갖는
질병이었기 때문에 계급적으로 차이가 있었으며, 그것은 다시 민족
구성원의 차이에 반영되었다. 위 대학병원 통계를 다시 보면, "일본
인 환자의 비율은 100명에 13.7명이었다. (이는) 조선인의 백분율의
약 1/2에 불과했다." 치명률에도 차이가 있어서 조선 내 일본인의 경
우, 1920년 16.9명, 1928년 26.7명이었으나, 조선인의 경우에는 같은
해에 각기 39.36명, 34.24명이었다.(신동원, 「일제하 보건의료정책 및
한국인의 건강상태에 관한 연구」, 서울대 석사논문, 1986, 부표XI) 1930년
대 일본의 결핵사정은 매우 심각해서 세계 제3위국에 있었으나, 식민
지 조선은 그보다 훨씬 더 심각한 상태에 있었다.

결핵이 가장 중요한 문제였음에도 불구하고 이 병에 대한 관심은
1930년대 후반이 되어서야 본격화했다. 1937년 중일전쟁으로 전선
이 확대되자 군과 산업현장에 투입할 건장한 인력의 확보가 크게 대
두했다. 전쟁이 격화하면서 일본인만으로 전쟁을 수행하기 어려운
상황이 되자 식민지 조선의 장정을 투입하게 되었다. 전쟁에 투입해
야 할 상황에 직면하자 대일본제국은 엄격한 단속으로 전염병을 막
고, 조선 내 일본인이 피해를 입지 않도록 한다는 소극적인 보건정책
에서 전쟁에 활용할 수 있는 '건강'한 체력을 확보하려는 후생정책에
관심을 갖게 되었다.

1930년대 말 『매일신문』 주최로 우량아 선발대회가 개최되었으며,
1941년 총독부는 경무국 위생과 사무를 후생국 사무로 전면 개편했

다. 후생국의 목표는 국민체위향상 시설확충, 국민체육운동단체의 이원화, 결핵과 성병대책, 의료기관의 일원화, 의약품 확보대책 강화, 군사원호사업의 강화, 사회사업 체제의 정비, 인적 자원의 증강, 주택의 증가, 노동자의 징용과 공출, 조선 내 노동자 수급조절 등이었다. 하지만 후생국은 전쟁상황이 나빠지면서 예산부족을 이유로 1년도 안되어 이전의 제도로 환원시켰다.

조선인 체력에 대한 관심은 1945년에 제정된 「조선 체력령」의 발표로 정점을

우량아선발대회, 『매일신문』 1940년 6월 15일자 1937년 중일전쟁으로 전선이 확대되면서 군과 산업현장에 투입할 건장한 인력의 확보가 대두되자 일본은 그간의 소극적 보건정책에서 벗어나 전쟁에 활용할 수 있는 건강한 체력을 확보하려는 후생정책에 관심을 가지게 된다. 우량아선발대회는 후생정책의 일환으로 실시한 행사다.

이루었다. 이 법령을 공포하면서 식민지 보건위생 실무책임자였던 조선총독부 경무국 위생과장인 아베(阿部泉)는 "조선의 보건위생에 관해서는 당국이 가장 힘을 들인 것이며, 병합 당시에 비해 완전히 면목을 일신했는데, 종래에는 병원을 세우고, 의자(醫者)를 양성하고, 전염병의 방역에 크게 힘을 기울였지만, 보건후생, 즉 적극적으로 반도 민중의 체위향상을 꾀하는 데 손이 미치지 못했다. 「조선 체력령」은 반도 민중의 체위현상을 파악하여 그 결함을 시정하고, 지도를 가해 체위향상을 꾀하여 반도인의 번영증식을 목적으로 하는" 것이라고 말했다.(武智春義, 『朝鮮體力令槪說』序文, 結核豫防會朝鮮地方本部, 1942) 이는 기존 방역 위주의 위생정책을 스스로 비판하는 것이다. 개개인의 건강향상 도모에 초점이 모아진 것이 아닌 세균설에 기반을 둔 집단적인 전염병 방지를 최우선으로 삼은 정책의 문제점과 한계를 시인한 것이다.

세균설과 한의학의 굴복

1915년 10월 23일 공진회 행사 가운데 하나로 제1회 전선의생대회(全鮮醫生大會)가 열렸다. 1913년 공포된 「의생규칙」에 따라 기존의 한의가 의학생도를 뜻하는 '의생(醫生)'으로 격하된 후 처음 열리는 행사였다. 총독부에서는 가능하면 많은 단체를 이 행사에 동원하고 싶어 했으며, 장래가 불투명한 '의생' 지도부는 이 공진회를 활용해 이익단체로서 전국의 '의생'을 결집하는 계기로 삼았다. 이 행사 이후 한의는 『동의보감(東醫報鑑)』이라는 잡지를 펴냈는데, 창간호에는 '우리 조약(條約)하옵시다'라는 '전선의생회'의 권유가 담겨 있었다. 모두 8조항으로 이루어진 권유문은 의원의 개인위생에 관한 것이었다.

한의의 위생 준수 다짐, 「동의보감」 제1호, 1916

- 세수시에 양치(이닦는 일)를 정히 하야 치의 본색을 노출하도록 할 일
- 삭발치 아니하신 이는 매일 반드시 유두(머리빗는 일)하야 백설(비듬)이나 한구(汗垢)가 없도록 할 일
- 이진(耳津)을 거제하야 청감도 민속하고 보기에 부정치 않도록 할 일
- 하체와 족부는 지(遲)하야도 1개월간 4, 5차씩 동온하냉수(冬溫夏冷水)에 씻을 일
- 전체의 목욕은 지하야도 1개월 1차를 행할 일
- 수족지갑(手足指甲)은 상당히 삭히 삭거할 일
- 구취나 액취가 유하신 이는 더욱 청결에 주의하시고 대인시에 미려의 향속을 신변에 휴대할 일
- 대소변후 여하간 반드시 수(手)를 세(洗)할지니 변소에 수통을 준비할 일

"의원이 타인의 병을 고치려고 하면서 내게서 남에게 병을 소개, 전염하는 것이 도리가 아니라"는 것이 그 이유였다. 또 병이 생기는 것을 현미경을 통해서 보니 그곳에 있는 병균 때문이니 우리 조약하자는 것이었다.

이처럼 세균설이 한의학과 가장 먼저 만난 부분은 의원의 청결위생 부분이었다. 병을 고친다고 하면서, 타인에게 병을 옮긴다면, 이는 역설이다. 대체로 한의는 상투에 망건 틀고 전통의복에 전통적인 몸가짐에 익숙해 있었으며, 그것은 몸 안팎 모두 세균의 온상임을 뜻했다. 따라서 한의에 대해서 보통의 조선인보다 더 세심한 신경을 썼던 것은 자연스러운 일이었다.

세균설이 한의학과 다음으로 만난 부분은 전염병환자의 진단과 관련된 부분이었다. 「의생규칙」에서는 '의생'도 질병의 진단과 신고를 규정했다. 물론 그 신고는 한의학의 진단명이 아니라 서양의학의 진단명이었다. 그렇기 때문에 한의는 서양의학에 관한 대요를 알아야 했고, 거기서 쓰는 질병 이름과 그 질병이 한의학에서 말하는 어떤 질병에 해당하는 것인지를 익혀야 했다. 총독부 경무총감부와 지방의 경무국에서 '의생'의 재교육을 담당했다. 그들은 '의생'을 모아놓고, 해부학, 생리학, 병리학, 전염병관리법을 가르쳤다. 한의는 시두(時痘) 대신에 두창, 홍역 대신에 마진, 양독 대신에 성홍열, 온역 대신에 장질부사, 괴질 대신에 곽란, 시기병 대신에 유행성 감모 등의 이름으로 자신이 진단한 전염병환자를 보고했다. 한의학의 질병범주와 서양의학의 질병범주가 일치하지 않는 부분이 많았기 때문에 이들의 진단에는 적지 않은 문제점이 있으며, 그것은 전염병 통계의 정확성을 떨어뜨리는 한 요인이었다.

세균설이 한의학과 마지막으로 맞닥친 부분은 병리학 부문이었다. 그것은 한의학의 존재이유와도 관련되는 중요한 부분이었다. 현미경에 보이는 실체인 세균이 병을 일으키는 것이라면, 한의학에서 말하는 기와 음양오행론적 병리학은 도대체 어떻게 받아들여야 하는 것인가? 한의학에서는 눈에 보이지 않는 사기 또는 정기의 부족과 막힘이 병의 원인이라고 주장하며, 더 나아가 그것이 실체를 입증할 수 없는 오장육부나 경락과 관련해서 설명하고 있지 않은가? 세균의 실체성과 그것을 얻기까지의 과학적 방법은 그러한 관념적인 설명방식을 받아들일 수 없었다.

궁극적으로 한의학은 부정해야 할 대상이며, 한시적인 생존을 허용한다 해도 그것은 한의학의 이론 때문이 아니라 역사를 통해 취사선택된 '경험' 또는 과학적 설명을 기다리고 있는 '생약'의 알려지지 않은 효능 때문인 것이다. 이처럼 다른 해부·생리학적 지식과 함께 세균설은 서양의학과 한의학을 차별짓는 준거로 작동했다. 거기에서는 상호교류의 통로가 막혀 있었고, 힘은 서양의학에서 한의학을 향한 방향으로만 흘렀다.

세균설과 낙후된 식민지 과학

1911년 2월 25일 대일본제국을 대표하는 세계적인 세균학자 기타사토 시부사부로(1852~1931)가 경성역에 도착했다. 그는 전 해 12월 북만주지방에서 유행한 페스트의 전염병학을 연구하러 그곳에 갔다. 만주에서는 페스트의 자연사를 밝히기 위해 선진 각국을 대표한 세균학자가 자신과 국가의 명예를 위하여 치열한 경쟁을 벌였다. 기타사토는 그곳에서 다른 세균학자와 함께 페스트에 관한 중요한 사실을 밝혔다. 이 연구를 끝낸 후 그는 의주를 거쳐 경성에 들어왔다. 기타사토는 동경대학을 졸업한 후 독일에서 세균설을 제창한 코흐에게

기타사토가 저술한
『호열자예방법』

여신과 함께 페스트균을 발견한 기타사토 시부사부로

서 세균학을 공부했으며, 앞에서도 언급했듯 기타사토는 여신과 함께 페스트균을 공동으로 발견한 페스트 연구의 최정상이었다. 당시 그는 일본 국가기관인 전염병연구소장직을 맡고 있었다. 경성에 도착하자 그는 "경성과 인천의 관민의 뜻을 위한다"는 명목 아래 '북만주지방의 페스트에 대하여'라는 주제의 강연을 펼쳤다. 요지는 북만주지방 페스트의 성격과 그것의 조선침입 가능성과 방역대책에 관한 것이었다.(『경무휘보(警務彙報)』 8, 1911]

기타사토의 방문 후 거의 10년이 지난 1920년 경성의학전문학교에 시가 기요시가 제3대 학교장으로 취임했다. 그는 1898년 적리균을 세계 최초로 발견한 바로 그 인물로 기타사토연구소의 부장을 지냈다. 그는 1926년 경성제국대학이 설립되었을 때 의학부장을 거쳐 총장을 역임했다. 기타사토의 경우와 달리 시가 기요시는 식민지 조선에 10여 년 머무르면서 병원과 의학교육의 총책을 담당했다. 즉 "고문격으로 중앙과 지방 의사위생의 개발 진운에 관해 총독에게 진언하는" 일을 했던 것이다.(佐藤剛藏 저, 이충호 옮김, 『朝鮮醫育史』, 형설출판사, 1993)

세계적 세균학자가 이처럼 식민지 조선과 인연을 맺고 있었는데 식민지 조선의 세균학 연구는 어떠했을까? 경성제국대학을 비롯한 여러 의학전문학교 교수진과 학생을 중심으로 한 세균학 연구수준은 동급의 일본의 의과대학에 비해서 뒤지지 않았다. 조선에서 이루어진 세균학 연구수준이 낮지는 않았지만, 일본이나 다른 선진제국과 비교할 때 몇 가지 측면에서 차이가 있었다.

　　첫째, 연구주제가 당연히 식민지 경영에 필요한 주제에 집중되었다는 점이다. 세균학 연구주제는 조선(과 만주)에서 유행한 성홍열, 콜레라, 두창, 발진티푸스, 디프테리아, 화류병, 폐결핵 등에 관한 주제로 집약되었다. 연구성과는 일본, 조선, 만주지역에서 발행하는 의학잡지에 실렸으며, 그 중에서 중요한 것은 『조선』 같은 총독부 기관지에 실려 홍보되었다. 둘째, 교육·연구기관의 수가 월등히 적었다는 점이다. 1930년 현재 인구 2,000여만 명의 지역에 의과대학이 1곳, 전문학교가 4곳에 불과했다. 셋째, 무엇보다도 거의 모든 연구가 일본인 학자에 의해 이루어졌다는 점이다. 사립인 세브란스의학전문학교를 제외한 나머지 의학교육 기관은 일본인 교수진이 장악하고 있었다. 이런 학교를 졸업한 후 학자의 길로 들어선 조선인이 소수 있었지만, 그들의 연구는 일본인 교수의 작업을 보조하는 범위를 크게 넘어서지 못했다. 이 세 가지 특징을 종합해볼 때, 조선의 세균학 연구는 일본 세균학자의 이식에 지나지 않았다.

　　세균학의 심각한 문제는 세균설의 과학이 대중에게 '블랙박스' 로 남겨져 있었다는 점이다. 세균과 전염병에 대해 식민지 경찰이 내세우는 논리, 신문과 잡지에 실린 논설이나 토막글, 초·중등교과서에 실린 내용은 위생학 교재에 실린 내용을 요약한 것이다. 그것은 과학적 법칙이나 진리의 술어로 표현되어 있다. 하지만 엄밀한 '과학' 의 눈으로 볼 때, 세균의 실체와 활동은 그처럼 단순하지 않다. 통제된 실험실에서 생겨난 세균학적 지식은 복잡한 실제상황에 모두 부합되는 것이 아니다. 방역을 위한 위생테크놀로지가 가장 핵심적인 부분을 공격하기 위한 방법임에는 틀림없지만, 자연과 미생물, 인체의 활동 일체를 그처럼 단순한 것으로 환원할 수는 없는 것이었다. 몸의 상태에 따라 세균에 대한 저항성이 달라지는 측면이 이미 알려져 있었지만 그것은 주목의 대상이 아니었다. 몸의 건강상태는 단지 청결하게 하고 위생습관만 바꾸는 것으로 해결되지 않는 경제상태나 영양상태와 밀접한 관련을 맺고 있었기 때문이다. 또한 세균이 몸 안에서 병을 일으키는 메커니즘은 논쟁적인 것이었으나 이 측면도 중시되지 않았다. 반면에 직접적으로 권력을 행사하는 영역에만 초점이 맞추어져 있었다.

세균설과 '근대'의 각인

그것은 근대였다. 세균설의 과학이 있었고, 잘 훈련된 경찰의 권력 행사가 있었고, 생활양식의 일대 변모가 있었다. 예방접종 증가나 사망률 감소 같은 수치가 이를 지지한다. 이런 현상의 변화를 근대라고 하자면 그것은 근대다. 그러나 선진제국이나, 정도는 덜하지만 일본의 경우처럼 수준 높은 연구와 그에서 비롯하는 과학적 합리성이 살아있고, 경제력의 향상과 중산층의 확대, 교육과 지식의 증가와 그로 인한 위생, 건강상태의 개선이 이루어진 사회를 '좀더 나은' 근대라고 한다면, 식민지 조선은 그것이 아니었다.

'양'을 다루는 학자는 그 양의 변동 자체에 큰 가치를 부여하는 경향이 있다. 하지만 적어도 20세기의 인구변동은 다른 중요한 가치(변수)의 변화 없이도 이루어질 수 있는 시대였다. 위생테크놀로지의 발달이 그것을 가능케 했다. 그것은 물리력을 통해 행사되었다. 그 '물리력'의 성격을 논한다면 식민지 조선의 경우는 푸코가 말하는 억압적이지 않은 권력의 미시적 형태의 그물망이 아니라 거대 식민권력의 노골적이면서도 억압적인 행사였다.

식민지 역사는 그것의 공과를 평가하기에 앞서 지워질 수 없는 분명한 사실이다. 갓 태어난 거위새끼가 처음 본 물체를 어미로 알고 따라다니는 것처럼, 조선인이 본격적으로 '근대문명'을 경험한 것은 식민지 상황에서였다. 그 경험은 해방 이후에도 무화(無化)하지 않고 오늘날까지 지속되는 측면이 있다.

아뿔싸! 천박하게 "과학, 과학"만을 외치면 근대인이라고 느끼게 된 것이 아닐까? 그 과학을 내세워 권력이 감시의 눈초리로 달려들면 그것을 감내하는 것을 '근대'로 각인한 것이 아닐까? 다른 근대를 경험하지 못한 식민지 조선인들에게는.

「세균설과 식민지 근대성 비판」(『역사비평』 59호, 2002년 여름호)을 전재하였다.

단발과 상투의 전쟁,
위생의 이름으로

1895년 단발령이 내려지다

개항 이후 사회적으로 위생의 막강한 힘을 가장 잘 보여준 예로 단
발령을 들 수 있다. 이전의 의약이라는 담론이 병든 자에 대한 치료
또는 인민에 대한 가부장적인 배려를 뜻했다면, 갑오개혁기의 위생
이라는 담론은 문명, 부국, 강병을 이룩하기 위한 조건을 뜻했다. 단
발령은 1895년 12월 30일에 단행되었다. 당시는 을미사변으로 왕비
가 살해당하고, 국왕이 사실상 연금상태에 있었으며, 조정에서 일본
의 입김이 쇠퇴하던 상황이었다. 즉 갑오년, 을미년의 개혁이 그다지
성과를 거두지 못한 상태에서 터져나온 것이다. 상투를 자른다는 청
천벽력 같은 조치가 단행된 과정을 이사벨라 비숍은 다음과 같이 적
었다.

상투를 사실상 폐지하는 1895년 12월 30일의 법령 제정은 청천벽력과
같은 것이었다. 사실 그 조치는 미국을 다녀온 한국인들에 의해서 이전

삭발하는 모습(1896) 단발령이 내려지자 서로 상투를 깎아주고 있다.

부터 주장되어 오던 것이었다. 일본인들도 지지하고 있었고, 내각에서 논의되어 오던 것이었다. 그러나 이 조치는 국민들로부터 거센 반발을 불러일으킬 것이기 때문에 정부는 이를 강행하는 것을 망설였다. 이 법령이 문제로 등장하기 얼마 전에 훈련대 세 명의 사령관들이 무기를 빼들고 궁성에 들어가 즉시 정부에 고용된 사람들에 대해서 단발을 하는 법률을 제정할 것을 요구했다. 그러자 목숨을 부지하기에 급급했던 대신들은 한 명을 제외하고 모두 승복했고, 이 한 명에 의해 왕비의 장례식 이후로 법령 제정이 미루어졌다. 그러나 얼마 안 있어 사실상 구금상태인 왕은 이를 승인하도록 강요받았다. 왕세자와 내각도 그들의 상투를 잘랐고, 장군과 경찰도 이들을 따랐다.(이사벨라 버드 비숍 지음, 이인화 옮김, 『한국과 그 이웃나라들』, 살림, 1994)

12월 30일(음력 11월 15일) 내부대신서리 유길준의 이름으로 발표된 단발령에 관한 고시 내용은 다음과 같다.

이번 단발함은 생(生)을 위(衛)함에 이롭고, 사(事)를 작(作)함에 편하기 위하여 우리 성상 폐하께옵서 정치 개혁과 민국부강을 도유(圖猷)하사 솔선 궁행하사 표준을 시하심이라. 무릇 무리 대조선국민인은 이와 같은 성의(聖意)를 앙체(仰體)하되 의관 제도는 다음과 같이 고시함. 개국 504년 11월 15일 내부대신서리내부협판 유길준.
1. 국복(國服)이 신(身)에 재(在)하니 의관(衣冠)은 국복 기한 전에 잉구(仍舊)하여 백색을 사용함.
1. 망건을 폐지함.
1. 의복제도는 외국제를 채용하여도 무방함.

여기서 단발과 의복제도 변화의 이유로 들고 있는 것은 넓은 차원에서 정치개혁과 민국부강임을 알 수 있다. 또한 그 개혁을 뒷받침하는 논리가 위생과 일하기 편리함 두 가지였음을 알 수 있다.

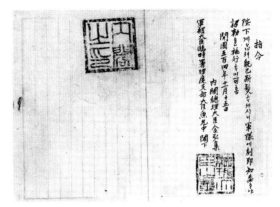

단발령(1895), 숭실대 부설 한국기독교박물관 소장 "폐하께옵서 이미 단발을 단행하셨으니 군대에 즉시 명령을 내려 이 칙령을 시행할 것. 개국 504년 11월 15일. 내각총리대신 김홍집, 군부대신임시서리 탁지부 대신 어윤중 합하께"

단발령, 위생의 이름으로

단발령은 구습 혁파와 철저한 개혁의 상징으로 선택되었다. 1896년 1월 11일자로 발표된 고종의 조칙(詔勅)이 이를 잘 말해준다.

> 짐이…… 정삭을 고치고, 연호를 세우며, 복색을 가꾸고 머리카락을 짜르노니…… 넓은 소매와 대관(大冠)이 유래(流來)한 구습이며, 추염(椎髥)과 망건이 일시의 편의로 그것이 처음 실시되었을 때에는 역시 새로운 법이로되…… 일하기에 불편하고 양생하기에 불리함은 고사하고 배와 차가 왕래하는 오늘날에 이르러서는 쇄국 독처(獨處)하던 구습을 집착해서 지킴이 옳지 않은 듯하다.…… 짐이 복색을 바꾸고 머리카락을 짜름은 국인의 이목을 일신케 하여 구(舊)를 사(捨)하고, 짐의 유신하는 정치에 복종케 함이니…… 짐의 부강하는 업을 협찬할지어다. 짐의 적자 되는 무리들아."

여기서는 단발령이 개력(改曆)과 동일한 차원에서 단행되었음을 밝히고 있다.

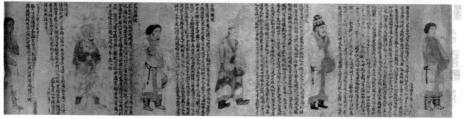

한국인 상투의 전통(양직공도) 양직공도(梁職貢圖)는 6세기 경 중국 양나라에 온 각국 사신을 그린 그림이다. 이 그림을 통해 백제 사신만 상투 틀었음을 알 수 있다.

상투를 자르는 것이 그토록 중요한 일이었더냐

단발령은 부강과 문명, 위생과 편리를 무기로 조선의 가장 강한 관습과 일전을 벌였다. 위생이라는 이름으로 이루어진 이같은 강압조치는 이전에 전무한 일이었다. 비록 1880년대 후반 위생이라는 이름으로 우두를 강제로 접종시키려 한 적이 있었지만, 그것은 훨씬 소규모였고 강도도 미약했다. 또한 1895년에 박영효가 일장 훈시를 내렸다고 해도 그것은 강령의 차원을 넘어서지는 않았다. 그렇지만 단발령의 경우는 달랐다. 지위와 계급을 불문하고 상투를 튼 남자의 머리에 가위를 들이댔다. 즉 위생과 편리의 이름으로 "권력의 힘이 조선인들의 머리카락에까지" 미쳤던 것이다.(『한국과 그 이웃나라들』)

상투는 남성, 성인, 결혼 등을 뜻하는 관념, 사회적 정체성과 관련되어 있으며, 중국인이나 일본인과 다른 조선인의 수백 년 또는 수천년의 역사성이 응축된 상징물이었다. 따라서 조선인들은 상투를 자르는 행위를 위생을 증진시키고, 편리함을 가져다주는 행위로 인식

상투의 전통 – 이현묘 사절도 통일신라 초기 당나라 사신의 상투 튼 모습이다.

양직공도의 백제사신 확대 모습

하기보다 사회적·역사적 정체성을 허물기 위한 사악한 의도로 파악했다. "단발은 조선사람을 일본인이나 중국인과 갈라 구분짓는 특징에 대한 재빠른 일격이었다. 우리는 그것을 조선의 민족주체성을 말살하고 일본과 동화시키려는 계획의 첫 중요한 부분으로 생각하지 않을 수 없었다"는 릴리어스 호튼 언더우드의 언급이 이를 잘 말해준다.(『언더우드 부인의 조선 생활』, 뿌리깊은 나무, 1984) 조선인에게 상투는 조선인을 오랑캐와 구별짓는 가장 중요한 전통 중 하나였다. 만주족이나 일본인, 더 나아가 서양인과 달리 존주(尊周)의 전통이 면면하게 이어져 있는 결정체가 조선인의 의관과 상투였기 때문이다.

생을 이롭게 하고 일하기 편하게 한다는 논리가 몸에 관한 근대 보편의 논리였다고 한다면, 오랑캐에 대한 문명국('주공과 공자의 이념을 실천한다'는 의미에서)의 자존, 여성에 대한 남성의 권위, 어린이에 대한 성인의 자부 등이 복합되어 있는 논리는 조선의 특수한 논리였다. 달리 말하면 단발을 하여 생물학적인 생명의 보호 유지가 향상되는 것이었다면, 단발을 하면 사회적·역사적 삶이 완전히 파괴되는 것이

조선인의 상투 왼쪽 위부터 시계방향으로 상류층 남자의 머리 모양, 하류층 남자의 머리 모양, 미혼남자의 머리모양, 기혼남자의 상투머리

었다. 릴리어스 호튼 언더우드는 후자의 내용을 잘 그려냈다.

일찍이 성년이 될 때에 겪었던 우아한 의식의 기억들, 명예로운 집안의 전통, 무시무시한 미신, 조상님들의 분노와 불쾌감, 철석같이 움켜쥔 오랜 관습, 나약하고 음탕스럽고 천한 중에 대한 혐오감, 이 모든 것들 때문에 머리를 깎는 그 모욕스러운 일을 할 수 없었다. 그들의 긍지와 자존심과 위엄은 모두 빼앗겨 발 아래 짓밟혔다. 어디에서나 잔뜩 찌푸린 성난 얼굴들이 보였고 집집마다 통곡 소리와 탄식 소리가 끊이지 않았다.(『언더우드 부인의 조선 생활』)

일시에 강제권력에 의해 사회적·역사적 삶이 부정되었기 때문에 일반 사람들로서는 치욕을 감수하거나 그에 강하게 저항하거나 둘 중 하나를 택해야 했다. 어떤 사람들은 단발을 당하여 스스로 목숨을 끊었고, 어떤 사람들은 관리의 눈을 피해 운둔했으며, 또 어떤 사람들은 총칼을 들고 일어섰다.

지방 곳곳에서 의병이 세차게 봉기했으나, 그것은 단지 단발을 반대하는 것을 넘어 단발을 자행한 정부와 일본에 대한 선전포고였다. 이같이 저항이 거세자 1896년 1월 말 총리대신 김홍집은 단발령은 단발을 강제하는 것이 아니며 개인의 의사에 따라 행하도록 한다는 내용을 발표했다. 또한 2월 초 아관파천이 있은 후 고종은 2월 11일자로 "상투를 자른 것에 대하여 짐이 무슨 할 말이 있는가? 그것이 그렇게 긴박한 문제였던가? 반역자들은 힘과 강압을 사용하여서 상투 사건을 일으켰다.…… 상투를 자르는 경우와 같이 어느 누구도 의복과 망건에 대해 강요할 수 없을 것이다. 백성을 괴롭히는 악은 정부에 의해 바로잡힐 것이다"라는 조칙을 발표해 일단락되었다. 발표 직후 집무실을 지키다 체포된 총리대신을 비롯한 대신들이 붙잡혀 거리에서 참수를 당했다. 즉 "상투가 승리한 것이다."(『언더우드 부인의 조선생활』)

1896년의 단발령 사건은 상투의 승리로 돌아갔지만, '위생'이라는 담론의 지위가 놀랄만큼 상승했다는 점이 크게 주목된다. 즉 수백 년, 수천 년 동안 내려오던 관습을 일거에 쓸어내고자 하는 일의 전위를 맡을만한 지위를 획득한 것이다. 그것은 문명, 부국, 독립 등의 개념과 얽혀 있으며, 갑오개혁 이후에 더욱 위력을 떨친다. 이같은 사실은 조선사회의 변화와 근대 보건의료제도의 탄생을 이해하는 데 크게 중요한 요소이다.

단발령, 그 이후 : 이발소 · 목욕탕 · 공중변소의 등장

상투의 승리는 일시적이었다. 1900년대 들어 관리와 학생, 기독교인, 개화에 찬동하는 인사나 시류에 영합하는 사람들이 다투어 단발을 단행했다. 단발은 새롭게 바뀌는 근대세상을 받아들이는지 아닌지를 가리는 강력한 리트머스 시험지가 되었다.

단발하는 사람이 늘어나면서 삭발조합소가 늘어났으며, 일본인이 독점하던 이 직업에 조선인도 참여하기 시작했다. 1908년에는 조선인

옛 **이발소 풍경, 김만희** 어려운 시절이었지만 웬만한 마을에는 이발관이 있었다. 그러나 어른이나 좀 여유가 있는 집 아이들만 그곳에 가서 머리를 깎았고 대부분은 집에서 깎았다. 아버지들은 일본어로 '바리깡'이라 부르는 기계를 사다가 아이의 머리를 깎아주었다.

수십 명이 삭발조합소 설립을 신청했고, 1909년에는 소비자를 둘러싸고 일본인 이발업자와 조선인 이발업자가 경쟁을 벌이기도 했다.

이발기구로 바리깡 같은 것이 등장하기도 했지만, 단발이 늘자 상투와 관련된 기존 상업에 적지 않은 타격이 예상되기도 했다. "여보 개화 이후로 못할 일도 많소. 철로가 부설되자 주막장이가 못 살게 되고 수도가 설치됨에 물통장사 없어질 것이요. 두발을 온통 깎게 되면 탕건장이 망건장이가 못 살게 되고…… 개혁시대를 당하여 신사업을 하지 않으면 굶어죽게 되는 일 없지 않으리오"(『대한매일신보』 1907년 7월 2일자)라는 촌평은 이러한 상황을 말한다. 그러나 결국 이후 단발은 시대적 추세가 되었으며 이발소는 '개화' 또는 '근대'를 상징하는 대표적인 기관으로 자리잡았다.

이발소와 함께 연상되는 것이 목욕탕이다. 조선인 중 양반은 목간통을 이용하여 목욕을 했고, 일반서민은 추운 겨울이 아닌 때에는 냇가나 강가에서 목욕을 했다. 그러나 그다지 자주 하지는 않았으며, 치료를 목적으로 하지 않고 단지 때만 씻기 위한 대중목욕탕도 없었다. 한말에 서양인이나 일본인들은 집 안에 욕조를 설치하기 시작했으며, 1920년대 들어 일본인이 조선 땅에도 대중목욕탕을 설치했다. 하지만 여러 사람이 모인 곳에서 목욕을 하는 것은 천민이나 하는 짓으로 여긴 조선인은

일제시대의 목욕탕 풍경, 김만희 일제시대에는 일본인이 목욕탕을 운영했다. 목욕탕에는 남탕으로 들어가는 출입구와 여탕으로 들어가는 출입구가 따로 있으며, 안으로 들어가면 남탕과 여탕의 가운데에 칸막이가 있고 그 칸막이 앞에 돈을 받는 할머니가 앉아 있었다. 남탕과 여탕은 높이가 일곱자 가량 되는 널빤지로 담장처럼 구분해 놓았다.

거의 대중목욕탕을 이용하지 않았다.

대중목욕탕과 달리 비누는 한말부터 대단한 인기를 누렸다. 미용이나 빨래를 위한 전통적인 세정제가 있기는 했지만, 비누는 그것들에 비해 때가 잘 빠지고 사용이 간편할 뿐 아니라 향기도 좋고 오랫동안 보관할 수 있다는 장점이 있었다. 그렇기 때문에 비누는 대단한 사치품이어서 청일전쟁 직후에는 비누 한 개 값이 쌀 한 말 값을 훨씬 능가했다.

이발소는 머리를 단정히 하기 위해, 목욕탕은 몸의 때를 씻기 위해 설치되었듯이, 가옥과 거리, 개천의 더러움을 없애기 위해서는 공중변소가 설치되었다. 우리나라 최초의 공중변소 설치 논의는 1882년

에 있었다. 공중변소의 설치는 한성 거리의 전반적인 정비계획 중 하나에 포함되었다. 그러나 한성 주민들의 강력한 반발에 부딪쳐 성공을 거두지는 못했다.

공중변소 설치 논의는 10여 년이 흐른 1897년에 다시 부활했다. 『독립신문』에서는 길거리를 깨끗이 하기 위해 나라에서 '공립 뒷간'을 설치해야 한다는 주장을 폈다. 하지만 경무청에서 어른, 아이를 막론하고 일체 길가에서 똥을 못 누게 하는 칙령을 내렸을 뿐, 공중변소가 설치되지는 않았다. 그러다가 1904년 한성의 대대적인 청결법이 시행되면서 비로소 조선 땅에도 공중변소가 생겨났다.

내 박사논문 『한국근대보건의료사』(한울)의 일부 내용(186~194쪽)을 중심으로 한 후 에필로그를 보완하였다.

전녀위남법, 아들을 얻기 위한 오랜 욕망의 역사

전녀위남법이란 뱃속의 딸을 아들로 바꾸는 비법을 말한다. 그것은 2,000년 이상의 오랜 역사를 지니며 한국과 중국, 일본 등 동아시아 지역에 걸쳐 존재했다. 이 전녀위남법은 의학문화와 태산민속이 겹치는 공간에 위치하며, 둘 사이의 상호 관련성을 잘 말해줄 수 있는 좋은 사례이다.

전녀위남법의 역사적 지반은 한국과 중국, 일본지역을 대상으로 하는 여러 개의 다른 지층으로 구성되어 있다. 나는 그 지층을 파헤쳐 들어가면서 전녀위남법의 기원과 갈래, 그리고 변이에 대해 이야기하려고 한다.

우리가 당연한 풍습으로 알고 있는 것도 파헤쳐 들어가면 그 기원이 매우 오래되고, 넓은 지역이 공유하기도 한다. 우리는 전녀위남법을 통해 그것을 확인할 수 있다.

다소 엉뚱해 보이는 하찮은 이 방술을 위해 왜 의학이 그토록 봉사한 것일까? 의학은 그것에 이론을 부여하고 그 행위를 정당화하는 데 앞장섰다. 심지어 더 나은 방법을 찾아 소개하려고 노력했다. 아들을

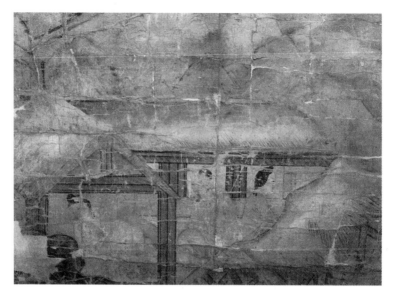

여아를 낳은 산실의 비통함 - 관룡사 감로탱(1791) 갓난아이를 안은 여인이 반쯤 누운 자세로 묘사되어 있다. 시어머니는 기대하던 아들을 낳지 못한 며느리가 보기 싫어 등을 돌리고 있고, 지아비는 문 밖에서 안쓰러운 표정으로 안을 들여다 보고 있다. 남편과 시어머니 보기가 미안한 산모는 울음을 삼킨 채 애써 아이를 외면하고 있다. 가부장 중심인 전근대사회의 한 단면을 반영한 장면이다. (사진 제공 : 예경)

얻겠다는 욕망은 가부장제 질서유지의 핵심이었기 때문이다. 이처럼 의학은 단지 병을 고치는 학문만이 아니라 한 사회의 이데올로기를 지키기 위한 통치도구이기도 했다.

17~20세기 조선에서 : 관습으로 굳어진 전녀위남법

오늘날에도 아들을 얻기 위해 간혹 은도끼를 임신부 이부자리 아래 깔아두라고 한다. 최근 한 연구에 따르면 전녀위남법의 가능성을 믿고 임신중에 아들로 바꾸는 한약을 복용했던 경험이 있는 노부인은 국졸 이하 50세 이상 572명 중 32명이었고, 방술을 썼던 부인은 387명이나 되었다. 또한 손자를 얻기 위해 며느리에게 한약을 먹였거나 다른 한두 가지 이상의 방술을 사용케 한 부인은 무려 96% 이상 되었다.(유안진, 『한국의 전통 육아방식』, 서울대출판부, 1994)

전녀위남법의 존재를 최초로 공식 조사한 문헌은 조선총독부에서 펴낸 『조선위생풍습록』(1917)이다. 조선총독부는 식민지 조선을 효과적으로 통치하기 위해 각종 관습을 조사했는데, 그 가운데는 위생풍습도 포함되어 있었다. 조사결과 조선 전역에서 다음 세 가지 형태의 전녀위남법이 보고되었다.

다산을 비는 여인상 토우?(신라시대) 장식 없는 머리와 길게 찢어진 두 눈이 볼품없다. 풍만한 유방과 지나치게 과장된 음부는 다산을 기원하는 주술적 의도라 생각된다.

 - 아들을 얻고자 한다면 수탉의 가장 긴 꼬리깃털 3개 또는 남편의 머리카락 또는 손발톱을 잘라서 임신부 모르게 이불 아래 두면 효과가 좋다.(충북)
 - 쌀을 찧어 만든 떡으로 사내의 모습을 만들고 절에 알려서 부처님 전에 참배한다면 반드시 아들을 낳는다.(함북)
 - 버드나무로 만든 도끼를 임신부 모르게 이불 아래 두면 아들을 낳는다.(전남)

이 중 함북지방의 방법은 부처님의 힘을 빌어 아들을 얻기 위한 것이지만, 나머지 둘은 이 글에서 말하는 전녀위남법과 관련된 내용이다.

이 둘은 19세기 조선의 대표 의서라 할 수 있는 황도연의 『의종손익』에 실려 있던 것이다. 『의종손익』에는 효험을 입증하는 방법까지

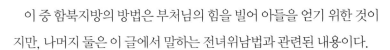

쇠도끼 패용(조선시대) 이 쇠도끼(7×4.5cm)는 아들 낳기를 원하는 여성이 차고 다니던 것이다.

친절히 설명되어 있다. "만일 그 효과를 믿지 못하겠거든 암탉이 알 품기를 기다려 도끼를 닭 둥지 아래에 걸어 두어라. 모두 수탉을 깔 것"이라고 말했다. 아울러 다음 세 가지 방법을 더 소개했다.

- 석웅황 1냥을 비단 봉지에 싸서 임신부의 허리에 두르게 하라.
- 활줄을 허리에 둘렀다가 3개월을 채운 후 풀도록 한다.
- 원추리꽃을 패용한다.

여기서 주목할 점은 "3개월을 채운 후"라는 구절이다. 『조선위생풍습록』에서는 보이지 않는 대목이다. '전녀위남법'과 임신중 3개월과 밀접한 관련이 있음이 암시되어 있지만, 『의종손익』에서는 그 이유를 설명하지 않았다.

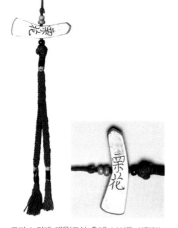

도끼 노리개 패용(조선 후기) 남성을 상징하는 도끼는 뱃속의 딸을 아들로 바꾸는 전녀위남법 방술에 아주 효과적이라고 생각했다. 이부자리 아래에 몰래 깔거나 이렇게 노리개를 만들어 패용하기도 했다. (사진 제공 : 서울역사박물관)

『의종손익』의 전녀위남법 내용은 빙허각 이씨 부인이 편찬한 가정백과전서라 할 수 있는 『규합총서(閨閤叢書)』(1869)에도 실려 있으며, 한 세기 전에 편찬된 의서인 강명길의 『제중신편(濟衆新編)』(1799)에도 그대로 실려 있다. 『규합총서』에 이런 내용이 실렸다는 것은 의미심장하다. 왜냐하면 이 책은 한글로 씌어져 철저히 부인의 교화를 목적으로 한 것이었기 때문이다.

조선에서 전녀위남법의 이론적 근거를 최초로 말한 책은 허준의 『동의보감』(1613)이다.

임신한 지 3개월 된 때를 시태(始胎)라고 말한다. 이때에는 혈맥이 흐르
지 않아 [보고 느끼는] 모습에 따라 변하게 된다. 이때에는 남녀가 정해져
있지 않기 때문에 약을 먹거나 방술을 써서 아들을 낳을 수 있다.

여기서 비로소 "석 달"의 의미를 알 수 있다. "석 달"이 임신중 남녀
의 성별이 바뀌는 갈림길이라 보고 있는 것이다. 『동의보감』에서는
그 내용을 좀더 상세하게 설명했다.

3월째는 수심주심포락맥(手心主心胞絡脈)이 태(胎)를 기른다. 삼구(3×9)
27일이 곧 3월의 수이니 이후 백일간 변하여 남녀의 모습을 갖추어 나아
가게 된다. 마치 묽은 콧물 같은 것 가운데 흰 비단실 같은 것이 사람의
모습을 이루게 된다. 코와 남녀의 생식기가 먼저 분명해지며 이어 나머
지 신체의 모습이 은연중에 다 갖추어지게 되며 이를 일컬어 태라고 한
다. 태극의 건도(乾道)가 남자를 이루고 곤도(坤道)가 여자를 이루게 한다.

이를 보면 "석 달 이내"가 중요함을 알 수 있다. 석 달이 되면 남자
냐 여자냐 성별이 결정된다. 그렇기 때문에 아들을 얻고자 한다면 이
때 손을 써야 한다. 이 논리를 음미하면, 엄밀히 말해 전녀위남법이
란 이미 결정된 딸을 아들로 바꾸는 것이 아니다. 성별이 결정되지
않은 상태에서 자칫 딸이 생길지 모르는 가능성을 원천봉쇄하는 것
이다.

허준은 "석 달"의 논리는 밝혔지만, "딸을 아들로 바꾸어주는" 약
과 방술의 논리는 제시하지 않았다. 아마도 양기를 강하게 해주는 것
일텐데, 그 이치가 너무나 당연해서 생략한 것이리라. 어떻게 해서
이런 약이나 방술이 양기를 강하게 하는 것일까? 이 점에 대해서 『동
의보감』도 아무 말도 하지 않았다. 다만 원추리꽃에 대해서만 "이를
달리 의남(宜男)이라 한다"는 주석을 달았을 뿐이다. 솟아오른 원추리

101

기자석(祈子石) - 온양박물관(충남 아산군 배방면에서 이전) 사내 아이를 낳지 못한 이들은 아들을 얻기위해 산천을 찾아 제사를 올리고 빌었는데, 그 대상은 주로 남자의 성기를 닮은 바위였다.

원추리꽃, 노숙자 원추리꽃은 야산에서 흔히 볼 수 있는 여름 꽃 이다. 활짝 피지 않은 꽃망울이 꼭 아이의 성기 같이 생겼다.

의 꽃대궁과 붉은 고추처럼 생긴 꽃망울이 사내의 성기를 닮았기 때 문이리라.

『동의보감』보다 두 해 앞서 허준은 『언해태산집요(諺解胎産集要)』라 는 책을 펴낸 바 있는데, 그 책에도 위에서 언급한 동일한 내용이 실 려 있다. 다만 그것이 한글로 번역되어 있다는 점이 다를 뿐이다.

한글 번역이 주목된다. 당시 한글 번역의 주목적은 가장 기초적인 한의학 지식의 보급과 확산이었으며, 주로 한문을 잘 모르는 계층인 부녀자를 대상으로 삼았기 때문이다. 허준은 언해 이유에 대해 "처방 과 약을 언해하여 그 묘함을 곡진히 하야 규방과 부녀들이 모두 잘 알 수 있도록 하기 위한 것"이라고 밝혔다(허준, 『언해두창집요』 발문). 따 라서 태산에 요긴한 내용을 간추려 언해를 붙인 소책자인 『언해태산 집요』에 담긴 내용은, 부녀들 손에 들어가 훨씬 널리 퍼질 수 있는 조건을 갖추게 되었다. 이는 전녀위남법이 소수만이 관심을 가진 의 학지식의 차원에서 벗어나 기층문화로 확산될 수 있는 한 계기가 되 었음을 뜻한다.

20세기부터 17세기 초반까지 우리나라 전녀위남법의 변천에 대해 살펴보았다. 이 시기에는 허준의 『언해태산집요』와 『동의보감』에서 기술한 내용이 주류를 이루었다고 할 수 있다. 특히 후대의 의서들이 그 전통을 분명하게 확립했다. 이 과정에서 그 내용이 좀더 단순하게 간추려졌다. 이론적 설명이 완전히 생략되어 "아들을 원한다면 어떤 약 또는 방법을 써라"라는 내용만이 남게 된 것이다. 그 내용은 대체로 민간에서 채록된 방법과 비슷하다.

이러한 과정은 무엇을 말하는가? 나는 전녀위남법이 매우 익숙한 기층문화의 하나로 자리잡았기 때문에 이런 일이 생긴 것이라고 본다. 전녀위남법은 17세기 이후 차츰 별도의 설명이 필요하지 않을 정도로 민간에 뿌리를 내린 것이다. 그것은 조선사회의 가부장제 강화 및 확산과 관련되어 있다. 제사를 지내고 족보를 이어나가는 일이 소수 지배층만이 아닌 거의 모든 조선사람이 실천해야 할 일상이 된 것이다.

허준 같은 의학자도 전녀위남법의 뿌리내리기에 한몫 했다. 그들은 의서에 이런 내용을 싣고 언해를 붙임으로써 자신들이 속한 사회의 지배적 이데올로기를 의학적 차원에서 정당화하고 그것의 실천을 추동했다.

15세기 조선에서 : 아들을 딸로 바꾸는 방술도 있었다

허준 이후 전녀위남법의 서술이 모두 허준의 것을 따랐다면, 그 이전의 의서는 모두 『향약집성방』(1433)의 내용을 따랐다. 『태산요록(胎産要錄)』(1434), 『의방유취』(1476)에는 『향약집성방』의 그것과 거의 똑같은 내용이 실려 있다.

『향약집성방』의 전녀위남법 부분은 이론과 방법 두 측면에서 모두 이후의 의서보다 상세하다. 먼저 아들을 얻을 수 있는 비법의 가지 수가 많고 다양하다. 『동의보감』에 실린 원추리꽃을 쓰는 비방 이외에도 누에똥을 정화수에 개어 먹이는 방법, 숫말을 타는 법, 활과 화살을 만지는 법, 수탉 고기를 먹는 법 따위의 모든 비방이 실려 있다. 이와 함께 방술이 아들을 얻게 하는 이치를 다음과 같이 장황하게 설명했다.

> 태화(胎化)하는 법에는 이른바 '전녀위남'하는 법이 있나니, 역시 모두 그 이치가 자연스러운 것이다. 이를테면 닭의 고기를 먹어 양의 정기를 온전히 취하는 것은 '하늘이 낳은 것'에서 [취하는 것이요], 웅황을 [허리춤에] 차서 양의 정기를 취하는 것은 '땅이 낳은 것'에서 취하는 것이다. 『천금방』의 단삼환(丹蔘丸) 처방에서는 동쪽 문 위에 [앉은] 수탉 머리를 쓰라고 하며, 웅황 1냥을 비단주머니에 넣고 차라고 한다. 『본초』에서는 "붉은 수탉이 허한 것을 보충해주고 몸을 따스하게 해주며 정신을 통하게 하고 독을 없애며, 수탉의 간이 신장을 보해주고, 수탉 벼슬의 피가 양기를 더해준다"고 하였으며, "웅황을 사람이 차게 되면 귀신이 가까이 붙지 못하고 독물이 사람을 상하게 하지 못한다"고 했다. 활과 화살을 만지고 도끼를 [침상 밑에] 까는 것은 사람이 만든 것에서 물질의 강함을 취하는 것이다. 비슷한 기가 서로 몰래 통해 조화로움이 몰래 옮겨가니 반드시 3월에 형체가 완전히 갖추어지지 않은즉 양기가 음기를 이기게 되면 여아가 변하여 남아가 되는 것은 당연한 이치라 할 수 있다.

이를 보면 우선 임신중에 딸을 아들로 바꾸는 각종 방법이 하늘과 땅, 그리고 인간에게서 보이는 양기를 취하는 것임을 알 수 있다. 수탉은 하늘, 웅황은 땅, 활과 화살, 도끼는 인간세상의 강한 양기의 응집물이다. 이런 물질의 기운이 산모 뱃속의 태아에 영향을 끼쳐 양기가 강한 태아, 곧 아들이 되도록 한다. 따라서 여러 방술이 산모의 배와 허리에 집중된 것이나 또 2개월간 계속 차도록 한 것은 쉽게 이해할 수 있다. 효과의 집중과 지속을 얻기 위함이다.

전녀위남법이 태교와 밀접한 관련을 맺고 있다는 점이 『향약집성방』의 또 다른 특징이다. 다음 구절을 보도록 하자.

> 3월에는 혈맥이 흐르지 않아서…… 아들을 낳을 수 있다. 수태한 지 3월이 지나 물건을 좇아 [태아가] 변해 나아가므로 옛 사람이 태교를 세워 자식으로 하여금 선량하고 장수하며 충효스럽고 인의가 있으며 총명하고 질병이 없도록 하였다. 모름지기 열 달 이내에 [산모가] 늘 좋은 광경만 보며 나쁜 것을 멀리 하는 것이 진실로 좋은 가르침이다.

여기서 전녀위남법은 태교논리와 동일한 지평에 있다. 전녀위남법은 양기의 정화가 태아의 성별에 영향을 끼친다고 말한다. 같은 논리로 산모의 좋은 태도와 마음가짐이 태아의 품성에 영향을 미친다고 말한다. 그러나 전녀위남법은 임신 3개월 이전에 집중되지만 태교는 임신 전기간에 걸쳐 이루어진다.

"임신중 아들을 딸로 바꾸는 방법", 곧 전남위녀법(轉男爲女法)도 있었다. 『향약집성방』은 "…… 아들을 원하는 자는 웅황 반냥을 옷 가운데 차며, 딸을 원하는 자는 자황(雌黃)을 차라"고 말한다. 또 "아들을 얻고자 한다면 활과 화살을 만지거나 숫말을 타고 딸을 얻고자 한다면 귀걸이를 걸라"고 말한다. 여기서 자황이란 무엇인가? 석웅황 가운데 양지바른 데서 나는 것은 웅황이라 부르며, 음달에서 자라는 것은 자황이라 한다. 즉 음의 기운을 강하게 간직한 웅황을 말한다. 귀걸이는 여성성이 강한 물건이다.

전남위녀법 담론은 조선초기 의서에는 존재했으나, 17세기 『동의보감』 이후 의서에서는 자취를 감추었다. 『동의보감』을 비롯한 후대의 의서가 조선초기의 의서를 참고하지 않은 것이 아니다. 그렇기 때

『향약집성방』의 "아들을 딸로 바꾸는" 전남위녀법이 제시된 부분

문에 분명히 의식적으로 삭제한 것이라고 할 수 있다. 이러한 사실은 무엇을 뜻하는가? "방술로 아들을 얻겠다"는 담론은 자연스러운 것이 된 반면, "방술로 딸을 낳겠다"는 담론은 필요없는 것이 된 것이 아닐까?

나는 이런 변화의 이면에는 아들을 주체로 하는 성리학적 가부장제의 심화가 깔려 있다고 본다. 17세기를 전후하여 김장생(金長生)의 『가례집요』 등 성리학 이념을 추종하는 가례의 편찬이 잇달았는데, 여기서 중요한 사실은 아들만이 제사의 중심에 서게 되었다는 점이다. 이는 딸도 제사의 주체가 될 수 있었던 조선 전기와는 사뭇 다른 것이다. 17세기 전남위녀법의 퇴출은 이런 변화와 궤도를 같이하는 것이다.

7~16세기 중국과 일본에서 : 다양한 비법의 모색, 그리고 이론화

『동의보감』이나 『향약집성방』의 전녀위남법 내용은 모두 중국 의학책에서 인용한 것이다. 중국책 가운데 송나라 때 진자명(陳子明)이 편찬한 『부인대전양방(婦人大全良方)』(1237)은 가장 중요한 위치를 차지한다. 진자명은 이전의 전녀위남법 내용을 종합하는 한편, 그것에 확실한 논리를 부여했다. 이 책은 중국 고대 의서인 손사막(孫思邈)의 『천금방(千金方)』(652)과 소원방(巢元方)의 『제병원후론(諸病源候論)』의 전녀위남법 내용을 계승했다.

『천금방』은 수나라 때 나온 의서로 이전의 의학내용을 종합한 대표적 의서이다. 이 책은 전녀위남법의 의학적 이론과 여러 방법을 싣고 있다. 이 책이 제시한 이론은 앞서 살핀 『동의보감』이 들고 있는 것과 동일하다. 처방으로는 수탉머리, 누에똥 처방, 활줄, 웅황, 도끼 등 다양한 방법을 제시했다.

『제병원후론』(610)은 『천금방』보다 40여 년 앞선 의서로 중국의 종합의서 가운데 최초로 전녀위남법의 내용이 실려 있다. 이 책은 전녀위남법을 다음과 같이 태교와 관련지어 파악했다.

> "임신 3월에…… 외물(外物)을 보아 성별을 바꿀 수 있다"는 점에서는 『천금방』과 같지만 이어서 고귀한 공주나 호인의 단정함과 장엄함을 보도록 하며, 꼽추 광대나 추악한 얼굴을 가진 사람이나 원숭이 따위를 보지 않아야 한다. 생강과 토끼고기를 먹지 않으며 칼과 새끼를 품지 않는다. 아들을 얻고자 한다면 활과 화살을 만지며 수탉을 쏘고, 너른 들에서 살찐 말을 타며, 범과 표범 및 달리는 개를 보라. 만일 딸을 얻고 싶다면 귀걸이를 걸거나 노리개를 차거나 구슬을 가지고 놀아라.

『부인대전양방』은 이 두 책의 내용을 모두 실었으며, 한 걸음 더 나아가 방술이 효력을 보이는 이유를 하늘, 땅, 인간의 양기 또는 음기와 태아의 감응으로 이해했다. 이렇게 함으로써 이 책의 저자 진자명은 전녀위남법이 신비스럽거나 억지스러운 것이 아니라 자연의 이치를 본받는 것이라고 주장했다.

7세기에 편찬된 두 의서인 『천금방』과 『제병원후론』은 '전녀위남법'을 서술할 때 매우 과감한 선택을 한 듯하다. 당시 중국에는 태아의 성별을 바꾸는 비방이 꽤 많이 있었는데, 이 두 책에 실린 내용은 그 가운데 일부분에 불과하다. 그것을 어떻게 알 수 있는가? 10세기 말 중국의 주변부라 할 수 있는 일본에서 편찬된 『의심방(醫心方)』

(984, 丹波康賴)과 당 무렵에 전사된 돈황 발굴문서를 통해 이를 확인할 수 있다. 이런 책에는 정말로 수많은 전남위녀법 방술이 실려 있다. 『의심방』에는 다음과 같은 내용이 실려 있다.

동쪽으로 향한 버드나무 가지를 착용하라.
오가(五茄)를 침상 밑에 두라.
석남초(石南草)를 패용하라.
큰 칼을 차라.
마치현(馬齒莧)을 복용하라.
배꼽 아래에 석 장 뜸을 떠라.
남편의 허리띠를 태워 복용하라.
오계 왼쪽 날개를 이불 아래에 두라.
숫오리 날개를 패용하라.

이런 내용은 『제병원후론』과 『천금방』에는 보이지 않는 것들이다. 『돈황의서』에서도 마찬가지이다. 여기에는 "남편의 손톱, 머리카락을 침상 밑에 두는 방법", "수탉의 날갯죽지를 패용하는 방법", "활줄을 두르는 방법", "잉어 두 마리를 먹는 방법", "캄캄한 밤 부인이 머리를 북쪽으로 두고 자는 방법", "마자(馬子) 수컷을 먹는 방법" 등이 실려 있다.

이렇듯 다양한 방법 가운데 『제병원후론』과 『천금방』은 몇몇 것만을 가려 실었다. 그 기준을 '효과'를 중심으로 했는지는 알 수 없지만, 닭의 경우처럼 비슷한 것을 통폐합하고 잉어고기나 머리를 북쪽으로 두는 방법 등 앞에서 제시한 이론 틀로 설명하기 힘든 방법 등은 배제한 듯 보인다. 『제병원후론』과 『천금방』 등 정통 의서에서 일차적으로 그런 일을 담당했으며, 이후에는 더욱 간추려지는 경향을 띠었다.

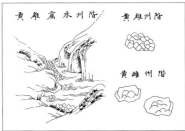

마치현 『돈황의서』에 전녀위남법의 약물로 소개되어 있다. (출처 : 『경사증류대관본초』, 사고전서본)

여지 이규경의 『오주연문장전산고』에 전녀위남을 위한 약재로 소개되어 있다. (출처 : 『경사증류대관본초』)

원추리(훤초) (출처 : 『경사증류대관본초』)

웅황과 자황 (출처 : 『경사증류대관본초』)

한대 이전의 중국에서 : 민속에서 의학지식으로

전녀위남법의 기원은 최소한 600년을 훌쩍 뛰어넘어 기원전 1세기 이전으로 거슬러 올라간다. 1970년대 초반 중국에서 발굴된 마왕(馬王)의 무덤은 놀랄만한 기록을 간직하고 있었다. 『노자』, 『역경』 등은 물론이고 당시의 사회·문화를 일러주는 각종 문물과 두루마리들이 무더기로 출토되었다. 그 가운데에는 많은 의학내용이 담겨 있었으며 이를 마왕퇴 의서라 부른다.

마왕퇴 의서에는 중국 의학경전인 『황제내경』과 비슷한 내용이 원초적인 형태로 존재하고 있었으며, 후대의 의서들이 간과했던 수많은 주술적 처방도 간직되어 있었다. 그 가운데 「태산서(胎産書)」라 이름붙인 데는 후대 산부인과와 관련된 내용의 단초를 이루는 것들이 담겨 있다. '전녀위남'의 범주에 속하는 것도 여럿 있으니, 우선 이론과 관련된 것으로는 『제병원후론』에서 보았던 것과 거의 똑같은 내용을 볼 수 있다.

3월은 시태(始胎)이다. 이때를 맞이하여 형체가 정해지지 않아 외물을 보아 모습이 변한다. 그렇기 때문에 임금, 공경대인을 보려 하고, 난쟁이 광대를 보지 말며 원숭이를 보지 말며, 파와 생강을 먹지 않으며 토끼 죽을 먹지 않는다. 아들을 얻고 싶다면 활과 화살을 두며, 수꿩을 [쏘며], 숫말을 타고, 수펌을 보라. 딸을 얻고 싶다면 귀걸이를 차고 구슬을 허리에 둘러라. 이를 일컬어 형상을 보아 자식이 만들어진다고 말한다.

'전녀위남' 하는 방법으로는 다음 네 가지 방법이 적혀 있다. 그것은 "임신 3개월 이내에 등이 푸른 벌레를 삼키는 방법", "주술을 펼칠 때 쑥(蒿), 팔배(杜), 사마귀알(螵蛸) 등을 섞어 다스려 먹는 방법", "벌집의 벌새끼와 개의 성기 등을 말려서 다스려 먹는 방법", "오계의 털을 뽑아 산모의 이부자리 아래에 까는 방법" 등이 그것이다. 이 가운데 닭을 쓰는 방법은 이후에도 계속 나타나고 있으나, 다른 방법은 사라졌거나 벌집, 개의 성기처럼 정력을 세게 하는 방법의 조항만 남았다.

중국 고대의 전녀위남법은 임신 달에 따라 태가 형성되는 이론, 태교이론, 변화의 힘을 가진 각종 방술 등 세 가지로 이루어져 있다. 이는 여러 문헌 또는 문물에서 확인할 수 있다. 초자연적인 비법에 의지해서 사물과 사건을 변화시키고자 하는 욕망은 여러 방술에서 나타난다. 연단술, 신선술, 전쟁의 주술 등에서도 이런 특징이 나타나는데, 전녀위남법은 그 가운데 하나이다.

임신이론은 서한의 유안(B.C. 180~123) 등이 편찬한 『회남자(淮南子)』에서 찾을 수 있다. 이 책은 우주론, 생명론, 정치론, 도덕윤리 등을 혼용하여 하나로 정리하려고 했다. 이 책에서는 음양론을 바탕으로 생명의 근원을 논하면서 태(胎)가 자라나는 과정도 서술했다. "1월에 고(膏)가 만들어지고, 2월에 질(胅, 뼈마디)이 만들어지고, 3월에 태가 만들어진다"는 이 책의 내용은 마왕의 무덤에서 발굴된 「태산서」의 내용과 하등 다를 바 없다.

태교의 역사는 매우 위로까지 거슬러 올라간다. 가의(B.C. 200~168)의 『신서』, 유향(B.C. 79~8?)의 『열녀전』, 대덕의 『대대례기』, 그리고 『소학』 등에도 그 자취가 보인다. 이 글은 모두 태교를 주나라 왕실에서 실행하던 방법이었다고 말한다. 이 책에서는 직접적으로 전녀위남법과 태교의 관련성을 짚고 있지는 않다. 바깥의 물질이 산모 뱃속의 태아에 영향을 끼친다는 생각의 단초를 담고 있을 뿐이다.

이상의 세 가지 요소는 중국의 전국시대 무렵에 확실하게 기틀이 잡혔다. 방술과 태교의 전통은 그보다 훨씬 오래 전에 생긴 것임에 틀림없지만, 임신에 관한 우주론적 · 생명론적 이론과 결합됨으로써 전녀위남법은 획기적인 전환을 맞게 되었다. 즉 그것이 소박한 민속의 차원을 넘어 의학의 일부분으로 자리잡게 된 것이다.

여전히 지속되는 '전녀위남'의 문화

전녀위남법의 탄생은 중국 상류사회의 가부장제 문화와 관련된다. 가문을 잇고 조상을 섬길 주체로 아들을 더 선호했기 때문이다. 의학은 그 문화의 형성과 확산에 크게 기여했다. 각종 방법을 고안해내고 그것을 이론화하거나 다시 정리해냈으며 그것을 많은 사람들에게 확산시켰다. 의서의 수입과 새 의서의 편찬이라는 과정을 통해 '전녀위남법'은 중국, 한국, 일본을 아우르는 광범위한 의학문화를 형성했다.

전녀위남에 관한 담론은 16세기를 기점으로 크게 두 시기로 나누어 볼 수 있다. 마왕퇴에서 발굴된 것, 『제병원후론』과 『천금방』, 『돈황의서』, 일본의 『의심방』, 송대의 『부인대전양방』, 조선의 『향약집성방』 등의 책은 모두 전녀위남법을 주로 하면서도 형식상이나마 전남위녀법에 관한 담론을 같이 실었다. 그러나 16세기 말 중국의 『의학입문』과 17세기 초 조선의 『동의보감』에서는 '전남위녀'에 관한 내용을 빼버렸다. 특히 이후 조선의 의서에서는 '전남위녀법'에 관한 내용이 전혀 보이지 않는다. 가부장제의 심화가 느껴지는 대목이다.

전녀위남법은 가문, 족보, 제사를 중시하는 동아시아 가부장제 문화와 긴밀히 연결된 지식이자 실천이다. 이 방법이 2000년 또는 그 이상 동안 변하지 않고 지속되어 온 사실이 놀랍기도 하지만, 그보다는 그것을 지탱해주는 문화가 여전히 지속되고 있다는 점이 더욱 놀랍다.

오늘날에는 이 전녀위남법에 관한 내용이 많이 잊혀졌다. 전녀위남법을 회의하는 새로운 지식체계가 등장하면서 그렇게 된 것이다. 과학적 의학에 토대를 둔 새로운 문화에서는 '임신중 양기를 조절하여' 남아를 얻는다는 방법을 받아들이지 않는다. 아울러 활을 둘러맨다든가 손발톱을 산모의 이부자리 아래 깐다든가 하는 방법은 터무니없는 미신으로 치부한다. 현대사회에서 이 방법은 일부 사람들에게서 확신이라기보다 소망 차원에서 겨우 명맥을 유지할 뿐이다.

전녀위남법은 거의 사라지고 있지만, '전녀위남' 하겠다는 담론은 우리 사회에서 여전히 맹위를 떨친다. 태아감별과 낙태라는 새로운 방법과 그것을 지탱해주는 현대의학 이론을 통해 미증유의 전녀위남을 실제 세계에서 이루어내고 있는 것이다. 가문, 족보, 제사에 대한 집착과 그 잔재가 여전히 생생하게 살아있기 때문이다.

「전녀위남법의 고고학」(『역사민속학』 9, 1999)을 정리한 것이다. 이 주제는 나의 다른 책 『조선사람의 생로병사』(한겨레신문사, 1999)에도 훨씬 간결한 형태로 실려 있었으나, 여기서는 원 논문에 가깝도록 했다.

변강쇠가로 읽는
성 · 병 · 주검문화의 수수께끼

강쇠의 세 가지 뻣뻣함 : 성기 · 무모함 · 시체

변강쇠가에서 강쇠의 이미지는 세 가지로 표상된다. 뻣뻣한 성기, 장승을 뽑아버리는 무모함, 장승처럼 뻣뻣하게 굳은 시체가 그것이다. 강쇠라는 이름 안의 '굳셀 강' 은 강장 정력의 '강' 이며, 강포함의 '강' 이며, 강시(僵屍)의 '강' 이기도 하다. 성에 들어간 '변' 은 똥 · 오줌의 변(便)과 이름이 같으며 '성질이 더럽다' 는 은유를 띤다. 그래서 춘향전에서 학도의 성이 변이다. 마찬가지로 변강쇠가에서 강쇠의 성도 변이다. 변은 또한 오줌발을 떠올리므로 성 능력을 은유하기도 한다.

강쇠의 정력은 절륜하다. 청상과부살을 타고난 천하의 우물인 옹녀와 쌍벽을 이룬다. 강쇠는 정말로 무모하다. 감히 장승을 뽑아 장작으로 쓴다. 그 결과 장승의 보복으로 머리끝에서 발끝까지 온갖 악병을 쳐발려 죽게 된다. 장승에게 당한 강쇠의 시체는 뻣뻣하며 독기를 뿜어댄다. 그의 처 옹녀에게 음심을 품은 남정네를 즉사시키거나 몸

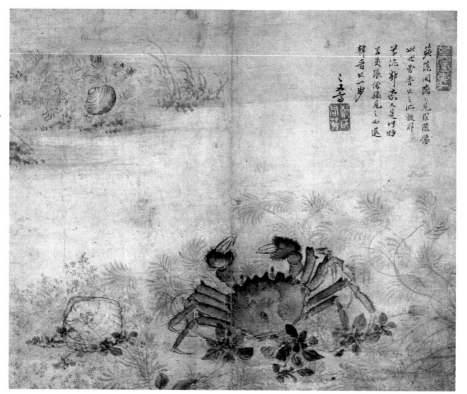

게와 조개(조선 후기), 지본 담채, 27.8×34.3cm, 개인소장 이는 정수영(1745~1831)이 그린 그림이다. 조그만 게는 조그만 조개와 희롱하고, 큰 게는 큰 조개와 희롱한다. 게의 집게는 남자의 성기처럼 털이 수북하고 조개는 화초에 묻혀 움찔한다. 이는 남녀의 교합을 은유한다.

또는 땅에 달라붙도록 만든다.

이러한 내용으로 이루어진 변강쇠가를 읽는 가장 대표적인 방식은 하층민의 삶과 애환을 드러내는 작품으로서 이를 바라보는 것이다. 변강쇠가에는 점쟁이, 중, 떠돌이 초라니, 가객과 유랑악사, 마종(馬從), 각설이패, 사당패 등 온갖 하층민의 군상이 등장한다. 다른 문학 작품에서 이처럼 하류인생을 다수 등장시킨 작품은 찾아보기 힘들다. 다음은 민속문화적 관점의 접근이다. 성과 속, 부정(不淨)과 죽음, 금기 위반과 처벌의 관점에서 변강쇠가의 주검문화를 살핀다. 성문화, 병문화, 치유문화도 이런 관점에 포함시킬 수 있을 것이다. 이를 통해 전근대 사회의 성문화, 치병문화, 주검문화의 형식과 논리를 헤아릴 수 있다. 여성차별 이데올로기적 접근도 흥미를 끈다. 이런 접근은 옹녀와 강쇠의 몸과 삶에 조선사회의 가부장제 특성이 반영되어 있다는 점을 일깨워준다. 옹녀로 대표되는 여성은 '유혹하는 몸'과 '위험한 욕망'을 가진 존재로 규정되었으며, 옹녀의 고단한 삶에는 조선여인의 비참함이 담겨 있다고 본다.

나는 의학의 문화사라는 측면에서 변강쇠가를 독해하려고 한다. 변강쇠가가 담고 있는 세 가지 중요 요소인 성과 성애, 발병과 치료, 독기의 전염과 시체처리는 모두 의학적 관심의 영역 안에 속한다. 이런 접근은 다른 어떤 접근보다 변강쇠가의 정곡을 찌를 수 있다. 왜냐하면 그것이 이 셋을 관통하는 논리를 통일적으로 바라볼 수 있게 해주기 때문이다. 변강쇠가에서 시체는 병과 무관하지 않으며, 병과 죽음은 성과 무관하지 않다. 이 셋은 서로 밀접하게 연결되어 고리를 이룬다.

이 접근은 단지 작품을 잘 감상하기 위한 것만은 아니다. 나는 가장 구체적인 전염병의 기억에서 시작하여 사회의 의료생활을 드러내고, 치병문화의 논리와 송장처리문화의 양상, 성문화의 특징을 더듬어낼 것이다. 이런 논의를 통해 우리는 조선후기 사회의 성문화, 치병문화, 주검문화의 한 자락을 움켜잡을 수 있을 것이다.

변강쇠가는 19세기 중엽 무렵의 자료로, '변강쇠타령', '가루지기타령', '횡부가(橫負歌)', '송장가' 등의 이름으로 불렸지만, 소설로 전해지는 것은 없으며 모두 잡가나 판소리용이었다. 춘향전이나 심청전처럼 이본이 많지 않으며 내용의 편차도 그다지 크지 않다. 변강쇠가 내용 중 "신사년(辛巳年) 괴질"이라는 말이 나오는 것으로 보아 저작 연대는 아무리 빨라도 괴질이 대유행했던 신사년인 1821년 이전은 아니다. 내용 중 그때 시체를 치우는 일을 했던 초라니가 반백

의 모습으로 설정되어 있는 것으로 보아 아무리 늦어도 이보다 30년
은 넘어가지 않을 것이다. 대략 1850년 전후의 상황으로 보면 무리가
없을 것이다. 신재효가 1884년에 세상을 떴으니, 저술 연대의 하한은
아무리 늦어도 이 해를 넘기지는 않는다.

신사년 괴질에 대한 기억

"시체가 마주보며 누었다." "시체가 산을 이루었다." "시체가 개울
을 메워 물이 흐르지 못할 정도이다." 『조선왕조실록』에 등장하는 상
투적 표현들이다. 하기야 지천에 무수히 널린 시체를 본다면 다른 어
떤 말로 형용할 수 있겠는가. 대역병이 돌면 가장 흔해빠진 게 시체
다. 줄초상이 난다. 집안에 송장이 하나 둘 나와야 말이지 일가가 전
몰할 정도가 되면 시체를 치울 사람조차 없게 된다. 송장을 치운다
해도 예를 갖춰 장사를 지내고 입관하여 산소에 묻는 것은 진짜로 호
사스러운 일이다. 시체를 가로지고 가서 산기슭이나 개울에 갖다버
리거나 겨우 웅덩이를 파서 묻어주는 것이 고작이다. 너무나도 위기
상황이어서 시신에 대한 존엄을 생각할 겨를조차 없다.

조선 의학사에서 볼 때, 그 많은 시체더미 가운데 가장 끔찍했던 것
중 하나를 꼽으라고 한다면 나는 망설임 없이 딱 하나를 고를 수 있
다. 1821년(辛巳年, 순조 21) 괴질 곧 콜레라의 대유행이 바로 그것이
다.

변강쇠가는 그 신사년 괴질의 추억을 가지고 있다. 등장인물인 초
라니는 "신사년 괴질통에 험악하게 죽은 송장 내 손으로 다 쳤"다고
한다. 일반적 상황을 기술하고 있는 문학작품에서 자신이 겪은 최근
의 일을 탁 꼽아 말한다는 것은 이례적인 일이다. 변강쇠가에서는 옹

녀의 자색을 말하면서 중국 고
대의 미인인 포사, 말희, 달기,
서시, 양귀비, 초선 등을 언급
하기도 하나, 이들은 모두 오
랜 고사(故事) 속의 인물이다.
최근의 사건이 고사와 맞먹는
지위를 얻기 위해서는 역사의
누적에 필적할만큼 기억의 강
도가 세어야 한다. "신사년 괴
질"은 보통의 염병이 아니었

괴질로 죽은 시체를 나무에 매달다(20세기 전후) 괴질로 병사한 시체를
나무에 묶어두고 상당한 시일이 지난 뒤에 매장하는 기습이다.

다. 살아생전 도저히 잊을 수 없는 고통을 끼친 존재였다. "아 그놈의
신사년, 신사년 괴질!"이었던 것이다. 다산 정약용은 신사년 괴질을
다음과 같이 기억했다.

> 도광 원년 신사년 가을(백로·추분 무렵부터)에 이 병이 유행했다. 10일 이
> 내에 평양에서 죽은 자가 수만 명이요, 서울 성중의 오부에서 죽은 자가
> 13만 명이었다.(상강 이후부터 점차 고개를 숙였다) 그 증상은 혹 교장사(攪
> 腸沙) 같기도 하고 전근곽란(轉筋癨亂) 같기도 한데 그 치료법은 알 수 없
> 었다. 그 해 겨울에 엽동경이 유리창 각본 처방문을 보내왔기로 이에 기
> 록한다.(『목민심서』, 「애민 6조」, 관질)

이 괴질은 나이와 계급을 가리지 않고 희생의 제물로 삼았다. 또한
감염력이 뛰어나서 "불똥 튀듯" 이웃 사람들에게 전염되었다. 독력이
강해서 감염자는 순식간에 죽는 경우가 많았다.

나는 이 괴질의 즉사 이미지가 변강쇠의 즉사 이미지에 반영되어
있다고 본다. 변강쇠가에서는 시체를 치우려했던 중, 초라니, 악사들
이 시체를 접하는 순간 독기를 맞아 바로 즉사한다. "속으로 진언치

변강쇠가는 고전문학의 수수께끼 · 성 · 병 · 주

며 방문 열고 들어서서 송장을 얼른 보고 고개를 푹 숙이며 중의 버릇 하노라고 두 손을 합장하고, 문안 죽음으로 요만하고 열반했제.” 이 는 중의 즉사 장면이다. “보드랍던 장고 채가 뒤마치만 소리하여, ‘꽁 꽁 꽁.’ …… 한출첨배(汗出沾背) 가쁜 숨이 어깨춤에 턱을 채여 한 다 리는 오곰 죽여 턱 밑에 장고 엎고 망종(亡終) 쓰는 한 마디 목 하염없 이 구성이라. 뒤마치 꽁 치며 고사(告祀) 죽음 돌아가니.” 이는 초라니 의 죽음 장면이다. “방에서 찬 바람이 스스로 일어나며 쌍 창문이 절 로 열려 온몸이 으슥하며 독한 내가 코 찌르니, 눈뜬 식구들은 송장 을 먼저 보고 제 맛으로 다 죽는다.” 이는 악사들의 죽음 장면이다. “시체의 독한 내가 콱 찔러 죽게 되었다”는 말은 악기(惡氣)의 신속한 전염을 뜻한다. 마치 신사년에 괴질이 “불똥 튀듯” 번진 것을 연상케 하는 재빠름이다.

염불도, 나례도, 굿도 다 소용 없다네

송장이 된 변강쇠를 처리하려는 인물로 변강쇠가에서는 중, 초라 니, 악사들, 마종, 각설이패 등이 나온다. 이들은 변강쇠가의 극을 이 끌고 나가기 위한 임시적 존재인 동시에 당시 사회에서 실제로 그런 일을 떠맡았던 대표격의 존재들이다. 이들은 모두 천민(賤民)이라는 공통점을 가지고 있다. 시체를 치우는 일이 허드렛일이었기 때문이 다. 초라니는 스스로 밝히고 있듯이 전문적으로 시체 치우는 일을 했 다. 극락왕생 염불을 외우는 중 또한 주검을 처리하는 직업이었다. 넋풀이 소리를 읊어대는 악사도 마찬가지이다.

변강쇠가에는 송장을 치우는 초라니의 의식이 생생하게 묘사되어 있다. 강쇠 시체를 쳐달라는 옹녀의 부탁을 받은 초라니는 장고를 치면서 한바탕 의식을 펼친다. 우선 액막이 노래를 시작한다. "초상이 났사오면 중복(重服)막이 오귀물림 잡귀 잡신을 내 솜씨로 소멸하자. 폐. 당 둥당. 정월 2월에 드는 액은 3월 3일 막아내고…… 시월 동지에 드는 액은 납월 납일 막아내고, 매월 매일 드는 액은 초라니 장고로 막아내세. 폐. 당 둥당." 이어서 신명나게 시체 치우는 노래로 접어든다. "사망(횡재)이다, 사망이다. 발부리가 사망이다. 불리었다. 불리었다. 좋은 바람 불리었다. 폐. 둥둥 당. 재수 있네, 재수 있네. 흰고리눈 재수 있네. 복이 있네, 복이 있네. 주석(朱錫)코가 복이 있네. 폐. 둥 동 당. 어제 저녁 꿈 좋기에 이상히 알았더니 이 댁 문전 찾아와서 송장 사망 터졌구나. 폐. 당 동 당." 이윽고 강쇠 시체 앞에 다가선 초라니는 춤을 추면서 강쇠의 넋을 달래는 고사를 읊는다. 그 내용은 "시체의 뻣뻣함이 억울한 원통 때문이니, 그 원통 풀고 뻣뻣함 풀라"는 것이다.

여보소, 저 송장아. 이내 고사 들어 보소. 폐 당 동 당. 오행 정기 생긴 사람 노소간에 죽어지면 혼령은 귀신 되고, 신체는 송장이되, 무슨 원통 속에 있어 혼령은 안 헤치고, 송장은 뻣뻣 섰노. 폐 당 동 당. 이내 고사 들어 보면 자세 원통 다 풀리리. 살았을 제 이생이요, 죽어지면 저생이라. 만사 부운되었으니 처자 어찌 따라갈까. 훼파은수(毁破恩讐) 자세 보니 옛사람의 탄식일세. 폐 당 동 당.

초라니는 나례(儺禮) 치르는 재인(才人)이다. 나례란 고려 때부터 민가와 궁중에서 음력 섣달 그믐날에 묵은해의 마귀와 사신(邪神)을 쫓아내려고 베풀던 의식이다. 이 의식은 왕의 행행이나 인산 때도 행해졌으며 조선후기에는 궁중과 민간에서 하나의 놀이로 정착했다. 나례가 시작되면 초라니는 기다란 깃발을 흔들면서 춤추며 노래한다. 그는 기괴한 계집의 탈을 쓰고 붉은 저고리와 푸른 치마를 입고 있는

데, 탈의 눈은 흰고리눈 같고 코는 주석 같다. 초라니의 기괴한 탈, 붉은 저고리, 푸른 치마와 그가 휘두르는 긴 대의 깃발은 모두 주변에 도사리고 있는 악귀를 물리치기 위한 장치들이다.

변강쇠의 시체를 치우는 일에 중이 가장 먼저 등장하는 것은 우연이 아니다. 해학을 위해 부처되기를 원하는 자가 계율을 지키지 않고 음심을 품는 것으로 설정되어 있지만, 승려는 어디까지나 주검 치르는 일을 주업으로 삼았다. 이승의 넋을 저승으로 고이 인도하는 것은 살아생전 자비심을 베푸는 것만큼이나 중요한 일이었다.

수륙재(水陸齋)는 대표적인 불교의식이다. 물과 땅에서 헤매는 외로운 영혼과 아귀를 달래며 위로하기 위해 불법을 강설하고 음식을 베푸는 이 장례의식은 고려 때부터 시작해서 조선시대 내내 성행했다. 조선이 유교국가를 표방하면서 유생들이 이 수륙재를 없애고자 부단히 노력했지만 성공을 거두지 못했다. 민간에 뿌리가 깊었기 때문이다. 심지어 역병이 돌면 국가에서도 희생자를 위해 수륙재를 베풀었다.

억울한 주검을 저승으로 고이 인도하는 일에는 음악이 한몫 한다. 나례에도 음악이 있고, 수륙재에도 음악이 있다. 음악은 삿된 기운을 물리치기도 하며 고혼의 넋을 달래기도 한다. 변강쇠가에서 가객은 "내 노래 한 곡조는 읍귀신(泣鬼神)하는 터요, 가얏고 의논하면 진국미인 허청금(虛聽琴)에 형장사(荊壯士)도 잡았으며…… 내 또한 상심곡을 처량히 타거드면 맛(멋)있는 저 송장이 날 괄시할 수 없제"라 장담한다. 통소장이도 지지 않고 "내 통소 부는 법은 여읍여소(如泣如訴) 슬픈 소리 계명산 추야월에 장자방의 곡조로다. 8,000제자 흩어질 제 우미인은 목찌르고, 항장사도 울었거든 제까진 송장이야 동지섣달 불강아지"라 내지른다. 북치는 이는 북소리로 송장을 쓰러뜨린다 하고 칼춤 추는 아이놈은 양 칼로 쳐낸다고 한술 더 뜬다.

초라니가 뒤집어 쓴 벽사(辟邪)의 탈과 깃발, 중의 설법, 악사들의 음악, 이 셋은 19세기 조선사회에서 마귀를 쫓고 억울한 혼을 달래는 강력한 수단이었다. 그렇지만 이 모두 강쇠 시체 앞에서는 무력했다. 강쇠 시체를 치우기는커녕 시체가 뿜어내는 독기에 당해 강시가 되어버

나례의 방상씨(方相氏) 주석코가 눈에 띄는 방상씨의 탈을 쓴 사람이 수레에 앉아 있다. 건을 쓴 사람이 보이는 것을 보니 양반의 장례이다.

렸다. 고혼의 넋을 달래는 자가 도리어 당하다니! 이 역설은 강쇠 시체 독의 막강함을 말해준다.

변강쇠가에서는 주검을 처리하는 또 하나의 강력한 수단이 남아있다. 무당굿이 그것이다. 마종 뎁득이와 각설이들이 시체를 가로로 지고 가던중 시체가 등에 붙고, 시체를 진 사람과 시체를 만진 사람이 모두 시체와 땅에 달라붙는 일이 발생한다. 그러자 큰 무당굿을 펼치는 계대(繼隊)패를 청한다. 이어서 한바탕 무당굿이 벌어진다. 계대패는 시체의 넋을 달래기 위해 넋두리 춤을 춘다.

어라 만수, 저라 만수. 넋수야 넋이로다. 백양청산 넋이로다. 옛 사람 누구누구 만고 원혼되었는고…… 어라 만수 저라 대신. 넋일랑은 넋 반(盤)에 담고, 신첼랑은 화단에 모셔 밥 전(奠), 넋 전(奠), 인물 전(奠)과 온 필 무명, 오색 번(幡)에 넋을 불러 청좌(請坐)하자.…… 지장보살 장한 공덕, 보도중생하려 하고 지옥문 닫아 놓고, 서양길을 가르칠새 불쌍한 여덟 목숨 비명에 죽었으니 어느 대왕께 매였으며, 어느 사자 따라갈까. 어라 만수 저라 만수. 지하에 맨 데 없고, 인간에 주인 없어 원통히 죽은 혼이 신체 지켜있는 것을 무지한 인생들이 경대할 줄 모르고서 손으로 만져보고 걸터앉기 괘씸쿠나. 어라 만수 저라 만수.…… 사당, 걸사, 명창, 가

떠돌이 예인(20세기 전후)

객, 오입장이 너의 행세 취실(取實)할 수 왜 있으리. 비옵네다. 여덟 혼령 무지한 저 인생들 허물도 과도 말고, 갖은 배반(杯盤) 진사면(陳謝免)에 계대춤에 놀고 가세. 어라 만수 저라 만수.

계대패의 넋두리춤은 온갖 음식 갖춰놓고 시체의 넋을 달랜다. 그러자 사람들이 모두 땅에서 떨어진다. 무당 굿풀이의 효력은 여기까지이다. 뎁득이와 각설이패 3명이 지고 있던 8구의 시체는 달라붙어서 꼼짝하지 않는다. 원통함의 강도가 셌기 때문이다.

이어서 직접 결자해지 차원에서 마종 뎁득이의 간절한 기도가 펼쳐진다. 그는 여덟 넋의 외로움과 원통함을 일일이 해원한 후, 자기가 부귀하게 되면 "당신네 신체들은 청산에 터를 잡아 각각 후장한 연후에 연연기일 돌아오면 내가 봉사할 것이니 제발 덕분 떨어지오"라고 부탁한다. 후장시켜주고 제사지내준다는 말이 떨어지자 그때서야 각설이패가 지고 있던 6구의 시체가 등에서 떨어진다.

이제 남은 것은 마종 뎁득이 자신이 진 강쇠와 초라니 시체 2구이다. 이 둘에 대해서는 그 모든 시도가 다 소용이 없었다. 조선문화가 쓸 수 있는 모든 것을 다 썼다. 천주님, 예수님의 힘이 남아있을 거나. 이제는 할 수 없다. 오히려 분이 난 뎁득이는 마지막으로 물리적 방법을 택한다. 시체를 훼손하는 방법이 그것이다. 두 소나무 사이로 냅다 달려들어 목 위와 다리부분을 떨어낸다. 남아있는 몸통부분은 절벽에 갈아 흔적을 없앤다.

역신을 쫓는 처용의 춤 – 「정리의궤첩」 중 14면, 판본 채색, 24.6×16.7cm, 김홍도, 개인소장 "서울 밝은 달 아래 밤들이 노니다 들어와 자리를 보니 다리가 셋이로다. 둘은 내 것이지만 둘은 누구의 것인가. 본래 나의 것이지만, 빼앗긴 것을 어찌하리."(『삼국유사』) 서역에서 온 인물인 처용은 자신의 아내와 동침한 역신(疫神)을 관용으로 굴복시켰다. 처용은 신라 때부터 역신을 쫓는 상징이 되어 조선 말까지 그 전통이 지속되었다. 처용 무는 동서남북, 중앙의 다섯 방위에서 몰려오는 역신과 잡귀를 춤사위로 물리친다.

이러한 시체 훼손은 "혼은 하늘로 날아들고, 백은 땅으로 흩어져야 한다"는 조선의 일반 관념을 따르지 않는 것으로 참말로 엽기적인 일이었다. 조선후기 사회는 시체 그 자체를 혐오하지는 않았지만, 시체 훼손은 비난의 대상으로 삼았다. 성호 이익은 "임진왜란 때 전유형이라는 자가 시체를 해부하여 의술이 밝아졌다"는 사실을 논하면서, 이괄의 난에 연루된 그의 참형을 시체 훼손에다 혐의를 두었다(『성호사설』,「인사문」, 오장도). 뎁득이의 시체 훼손 방법은 칼로 배를 째서 오장을 들여다보는 것보다도 한결 잔인한 방법이었다.

음심의 희생자들

음욕의 희생자는 모두 11명이다. 이 가운데 중, 초라니, 가객과 악사 등 7명은 죽어 송장이 되었고, 마종 뎁득이와 삯을 받고 시체 치우는 일에 나선 각설이 3명은 등에 송장이 달라붙는 일을 겪었다. 이런 일이 발생한 까닭은 무엇인가? 여기에는 몸과 영혼, 도덕의 세계가 하나로 어우러진 병인론이 작동하고 있다. 또한 그것은 신분적, 경제적 처지와 무관하지 않다.

7명이 죽게 된 직접적인 원인은 강쇠의 시체가 뿜는 독기였다. 나쁜 독기가 죽음을 불러온다는 사실은 경험으로 익히 알고 있던 것이다. 『동의보감』의 「온역」조에서도 나쁜 악기가 역병을 일으킨다고 하지 않았던가. 또 황도연의 『의종손익』의 「온역」조에서도 "역기에 걸리면 병 증상이 심하고 반드시 전염된다"고 말하고 있다. 다만 의학은 여기까지만 말하고 있을 뿐이다. 변강쇠가에서는 한걸음 더 나아간다. 강쇠의 강한 저주가 작동하여 독기를 뿜어 그들을 죽인 것이라 한다. 이는 영혼과 산 자의 관계이다. 강쇠는 상부(喪夫)한 처지에 있

간음남녀의 처벌—선암사 감로탱(1740년 전후) 간음한 남녀를 발가벗겨 묶어 놓고 활을 쏘아 죽이는 모습을 그렸다. (사진 제공 : 예경)

는 자신의 아내를 탐한 그들에게 그런 저주를 내뿜는다. 이는 도덕의 세계이다. 변강쇠가는 음심(淫心)을 도덕적 처벌대상으로 삼는다.

따라서 처벌강도는 음심의 강도에 비례한다. 결혼약속을 전제로 시체를 치우려 했던 초라니는 즉사했을 뿐더러, 죽어서도 시체가 갈리는 수난을 겪었다. "여인의 등덜미에 손도 쓱 넣어보고, 젖도 불끈 쥐어보고, 허리 질끈 안아보고, 손목 꽉 잡아본" 중은 강쇠 시체를 보자마자 즉사했다. 옹녀의 미색을 탐했던 가객과 악사 다섯 명도 즉사했다. 옹녀의 유혹에 홀리기는 했지만, 일정한 선을 넘지 않은 마종 뎁득이는 가까스로 죽음을 면했다. 그렇지만 마지막까지 시체가 등에 붙어있는 수난을 겪었다.

이러한 인과관계를 통해 변강쇠가가 전하려는 메시지는 분명하다. "남의 여자를 함부로 탐하지 말라"는 것이다. 강쇠의 시체를 갈면서 마종 뎁득이는 참회의 눈물을 흘린다. "어기여라 갈이질 먼저 죽은 여덟 송장 전감(前鑑)이 밝았는데, 철모르는 이 인생이 복철(覆轍)을 밟았구나. 어기여라 갈이질. 네번째 죽은 목숨 간신히 살았으니 좋을 씨고 공세상(空世上)에 오입(誤入) 참고 사람 되세 어기여라 갈이질." 남의 여자를 함부로 탐하다간 송장되기 딱 알맞고, 송장 되지 않아도 그 저주 덮어 쓴다는 교훈이 그것이다. 자기 허물이 병 되고, 죽게 된다는 관념은 전근대시대의 뿌리 깊은 병인론이었으며, 변강쇠가는 그 허물에 유교적 관념을 덧씌웠다.

음심의 징계라는 병인론은 도덕적인 동시에 신분적, 경제적인 성격을 띤다. 음심에 빠진 인물은 한결같이 하층천민이다. 초라니와 가객, 악사의 삶에 대한 변강쇠가의 묘사는 매우 사실적이다. "출첨지 자네 정경 동냥 고사 천업(賤業)이라, 낮에는 탈을 쓰고, 목에는 장고 메고, 돈푼 쌀줌 얻자 하고 이집 저집 다닐 적에 따른 것이 아이들과 짖는 것이 개소리라. 탄 분복(分福) 이러한데 가량(可量) 없는 미인 생각 제 명대로 못다살고 남의 집에 붙음송장." 이는 초라니의 모습이다. "가객이 앞을 서고, 가얏고, 심방곡 통소 소리 봉(鳳)장취 연풍대 칼춤이며, 서서 치는 북 장단에 주막거리 장판이며, 큰 동네 파시평(波市坪)에 동무 지어 다니면서 풍류로 먹고 사니 눈치도 환할 테요, 경계도 알 터인데 송장을 쳐 낸대도 계집은 하나 뿐, 누구 혼자 좋은 꼴 뵈자 한꺼번에 달려들어 한날 한시 뭇태 송장." 이는 가객과 악사의 모습이다.

하층의 생활 때문에 그들이 옹녀같은 미인을 얻는다는 게 '가량' 없는 일이었고, '분복'에 넘치는 것이었다. 힘깨나 쓰는 마종 뎁득이나 각설이패도 비슷한 경우이다. 여색의 희생이 되는 것은 성에 주려 있는 중의 경우에도 마찬가지였으니, 변강쇠가는 "주 동지 자네 신세 부처님의 제자로서 선공부 경문 외어 계행을 닦았더면 흰 구름 푸른

뫼에 간 데마다 도방이요, 비단 가사 연화탑에 열반하면 부처될새 잠시 음욕 못 금하여 비명횡사"라 읊는다. 이처럼 미색을 얻을만한 신분적, 경제적 위치에 있지 못한 온갖 군상들에게 옹녀의 유혹은 참기 힘든 것이었다. 그것을 횡재로 여긴 그들은 음심의 발동을 억제하지 못했고, 그 벌로 비명횡사와 수난을 겪게 되었다.

뭇 사내와 달리 옹녀는 심한 벌을 받지 않았다. 계속 딴 마음을 품고 남자를 홀렸음에도 불구하고 죽는다거나 시체를 짊어진다거나 하는 벌을 받지 않았다. 다만 난처한 상황에 빠져 곤혹스러웠을 뿐이다. 시체 치우다 사람이 다 죽고, 여러 사람이 시체 옮기다 땅에 붙자 내 "안장을 한 후에 수절시묘(守節侍墓)하여 줌세"라며 짐짓 입발림만 할 뿐이다. 그리고는 사라져버려 다시 등장하지 않는다. 이를 보면 변강쇠가의 지은이는 남자의 오입에 대해서는 경고를 날리지만, 열녀 정신을 크게 고취하려고 하지 않았음을 알 수 있다.

똑같이 음탕한데 변강쇠는 죽고 옹녀는 살았다는 게 모순이라 생각해서인지, 박동진이 새로 지은 판소리본은 옹녀가 죽는 것으로 마무리한다. "북망산 당도하여 송장 짐 바쳐놓고, 땅을 길어 깊이 파더니만 여덟 송장을 묻을 적에, 그때에 강쇠 부인 밥을 지어 손에 들고, 강쇠 송장 바라보고 그 자리에 뻣뻣 서서 장승 죽엄 하는구나."(이국자, 『판소리연구』, 정음사, 1987) 박동진 창은 강쇠와 옹녀의 시체를 합장하는 것으로 끝맺음한다.

변강쇠가 온갖 악병에 걸린 까닭은

변강쇠가 죽게 된 원인은 음욕의 희생자들과 다르다. 그는 장승의 동티 때문에 죽게 되었다. 왜 강쇠의 병이 불치병이 되었는가? 그 원인은 음욕의 희생자들의 사인(死因)과 흡사한 구조를 가진다. 영혼적인 것과 도덕적인 것이 혼재되어 있다.

강쇠가 불치병에 걸리게 된 것은 전국의 모든 장승이 한 가지씩 병을 강쇠의 몸에 발라놨기 때문이다. 의원 이진사는 "약은 백 가지요 병은 만 가지니, 말질(末疾)이라 불치(不治)외다"라고 말한다. 즉 병이 많아 못 고친다는 것이다.

장승들의 분노는 강쇠가 장승을 뽑아 땔감으로 썼기 때문에 생긴 것이다. 장승의 분노로 표현되는 병인론은 영혼, 귀신의 세계와 관련된다. 본래 귀신의

변강쇠와 장승?(20세기 전후) "이게 어디 째려 봐. 나무하기 싫은데 장승으로 대신할까."

세계에 속한 장승은 사특한 귀신을 막아주고 몰아내주는 일을 하는 인간에게 유익한 존재이다. 조선사람은 인계와 귀계가 연결되어 있으며, 장승을 세우면서 그것이 악귀를 쫓는 인간의 소망을 실현해주리라 믿었다. 그런데 인간을 위해 악귀를 막아주는 장승을 도리어 패어서 화장을 시키다니! 뽑혀 불에 타버린 장승의 혼령은 억울하기 짝이 없다. 그래서 국내 최고의 장승을 향해 "저는 산길을 지킨 장승으로 신기(神祇) 처리한 일 없고 평민 침학(侵虐)한 일 없어, 불피풍우(不避風雨)하고, 각수본직(各守本職)하옵더니" 강쇠가 달려들어 무고하게 자신을 패어 불에 땠다고 원통함을 호소한다.

강쇠가 장승을 땔감으로 쓰게 된 것은 게으름과 무모함 때문이었다. 한바탕 잠을 자고 난 후 나무하기 꾀가 나서 장승을 선택한 것이다. 아무리 그런 상황이라도 제대로 정신이 박힌 자라면 감히 장승을

땔감으로 쓴다는 생각을 할 수 없는 일이다. 중세적 세계관으로서는 절대 용납하기 힘든 상황이다. "나무 암만 귀(貴)타 하되 장승 패어 땐단 말은 언문책 잔주(註)에도 듣도보도 못한 말. 만일 패어 땠으면 목신동증(木神動症) 조왕동증(竈王動症) 목숨 보전 못할 테니"라는 옹녀의 기겁에는 장승을 범했을 때의 두려움이 잘 드러나 있다. 게으름과 무모함은 도덕과 관련된다. 게으름과 무모함을 병의 원인으로 보는 도덕적 병인론은 심지어 의학에도 존재한다. 이제마(1838~1900)는 『동의수세보원』에서 "비루하고 천박하고 탐욕하고 게으른 것," 이 네 가지는 체질적인 것으로 만병의 근원이 된다고 말하고 있다.

독경과 문복, 의원과 명약 다 소용 없다네

강쇠가 걸린 병은 만 가지가 넘는다. 그것도 악병만 골라서 덧씌웠다. 장승들은 강쇠가 고통을 당할만큼 당한 후 죽이기로 작정했기 때문에 온갖 악병을 덮어쓴 강쇠는 바로 죽지 못한다. 이때 옹녀는 남편의 병을 고치기 위해 여러 시도를 해본다. 이웃마을에 사는 소경을 찾아가 문복(問卜)하는 것이 첫번째 시도다. 옹녀는 점치는 값 1냥을 품에 품고, 이웃마을 송봉사 집을 찾아가 병을 묻고 독경을 부탁한다.

송 판수가 하나 둘 셋 산통을 흔들자 "나무 같으나 나무는 아니고, 사람 같으나 사람이 아니도다. 나무라 할까 사람이라 할까, 어허 그것 괴이하다"는 점괘가 나온다. 그는 강쇠의 악병이 목신(木神)이 발동하고 주작(朱雀) 신령이 발동하여 생긴 것이므로 살 수 없다는 판단을 내린다. 또한 어차피 죽을병이니 원이나 없이 독경이나 할 것을 권한다.

문복에 이어 독경이 이어진다. 문복자는 상을 차리고 몸가짐을 정

결히 하여 정성스러운 마음으로 상 앞에 앉는다. 그러면 소경 점쟁이
는 북방망이와 요령을 들고 경전을 읊는다.

문복과 독경이 효력이 없자, 옹녀는 의원을 청한다. 의원은 함양 지
바지의 명의로 소문난 이진사(進士)이다. 이진사는 왕진 와서 강쇠를
진맥하고 나서 불치병이라는 판단을 내린다. 하지만 "암만해도 죽을
테나 약이나 써 보게. 건재로 사 오너라"고 말한다. 인삼, 녹용, 우황,
주사 등 40여 종의 귀한 약재를 사가지고 오자 이진사는 우선 이 약
으로 탕약을 만들어 먹인다. 형방패독산, 곽향정기산, 십전대보탕 18
종의 탕약 만들어 써보지만 "암만 써도 효험이 없자" 이제는 환약을
만들어 써본다. 소합환, 청심환, 포룡환 등 13종의 구급명약을 만들
어 약을 썼지만 아무 효험도 없다. 이제는 민간요법이다. 지렁이즙,
굼벵이즙, 우렁이탕, 오줌찌기, 월경수, 올빼미 등 14종의 단약(單藥)
을 써보지만 효과 없다. 마지막 수단으로 침을 찔러 본다. 삼릉침을
뽑아들어 만신을 다 쑤셨지만 효험이 없다.

변강쇠가는 난치병, 불치병을 치료하는 수순을 잘 보여준다. 우선
보약, 첩약, 탕제를 쓴다. 가장 일반적인 방법이다. 이것이 안 들자 특
효구급약인 환약을 쓴다. 우황청심환, 소합환 같은 납약이 그것이다.
이런 약은 죽는 자를 바로 소생시키는 명약 중 명약이다. 그것이 듣
지 않자 단방(單方) 민간요법으로 들어간다. 지렁이즙, 굼벵이즙 따위
가 그것이다. 오늘날에도 말기암 환자는 양약, 한약, 안수기도 따위
가 다 부질없을 때 이런 약을 복용한다. 침은 마지막 수단으로 활용
된다. 침이 이따금 절명의 순간에 위력을 발휘하기 때문이다.

이상에서 살펴본 내용에서 조선후기 의료생활사의 여러 측면을 읽을 수 있다. 우선, 문복 독경과 의약이 병을 고치는 두 가지 유력한 방법이었다.

조선후기 사회에서는 신분과 경제력에 따라 의료이용에 차이가 있음을 알 수 있다. 경제적 능력이 있는 양반은 고급의술인 의원과 약을 쉽게 이용할 수 있었지만, 돈없는 서민은 장님 또는 점쟁이를 이용했다. 장님과 점쟁이는 변강쇠가의 송봉사처럼 문복과 독경을 위주로 했다. 송봉사가 점쳐 주고 한바탕 독경 해주고 받은 경채(經債)는 1냥이었다. 1880년대 중반 질나쁜 쌀 한 되 값이 한 냥이었으니, 이 정도면 일반서민이 어렵지 않게 질 수 있는 비용이다.

의약의 경우는 그렇지 않았다. 특히 고가약의 경우 약값이 만만치 않았다. 18세기 후반 약 한 첩 값은 저가의 경우 3문에서 수십 문, 고가 보약의 경우 수천 문에 달했다.(김호, 「18세기 후반 거경 사족의 위생과 의료 – 『흠영』을 중심으로」, 『서울학연구』 XI, 1998) 1냥이 10전, 1전이 10문이므로 싼 약은 1냥에 수십 첩을 지을 수 있지만, 보약은 훨씬 많은 돈이 필요했다. 서울에 거주한 사족인 유만주(1755~1788) 집안을 예로 들면, 심신환이라는 환약제조에 무려 3,455문(34냥 5전 5문) 이상이 들었다. 이렇게 약값이 많이 든 것은 이 환약에 녹용 등 고가약이 들어갔기 때문이다.

변강쇠가에서 온갖 약재를 다 쓰는 것은 크게 과장되어 있다. 의원이 사오라고 시킨 약재에는 녹용, 우황 등 온갖 고가의 약이 다 섞여 있다. 옹녀는 이런 약을 다 살만한 경제력이 없었다. 또 그 약 중 상당수는 시골에서 구하기 힘든 것들이었다. 그렇기 때문에 변강쇠가의 이 대목은 강쇠가 걸린 병의 심각함을 강조하기 위한 것으로 봐야 한

죽을 병 걸린 모습 – 자수박물관 소장 **감로탱(18세기 중엽)** 묵은 병이 온 몸을 둘러 살 가망이 없다. 오만 가지 병에 걸린 강쇠의 모습이기도 하다. (사진 제공 : 예경)

다. 그의 병이 조선의 의술과 약재 그 어떤 것으로도 고칠 수 없는 중병이었다는 것이다. 사정이 이러하기 때문에 변강쇠가에서는 어떤 돈으로 약을 샀는지에 대해서는 해명하지 않는다.

들어간 약재 종류에 따라서 약값은 천차만별이었다. 그래서 서민이 매양 지어먹을 수 있는 것은 패독산이나 쌍화탕 같은 저가의 약들이었다. 이런 약은 전문 의학지식을 갖춘 의원이 아니더라도 약방에서도 쉽게 처방했다. 이런 약방은 읍 면 규모의 지역에 있으면서 싼 약을 팔았다. 이런 데서 약을 지어주는 부류는 의원이 아니라 약종상이었다.

판수 송봉사는 경채 1냥을 받았지만, 의원 이진사는 아무런 대가도 받지 못하고 집으로 발을 돌렸다. 이 사실은 조선후기 사회의 약값지불 방식의 관행을 반영한다. 의원은 보통 처방을 내리며, 환가에서는 그 처방을 들고 건재약방에 찾아가 약을 짓는다. 요즘 식으로 말하면 의약이 분업되어 있었다. 의원은 보통 의학지식만 갖추고 있었으며, 환자가 찾아오면 단지 처방만 적어줄 뿐이었다. 이는 의원이 약방이 딸린 관에 소속되어 있거나, 개인적으로 약방을 차릴만한 경제력이 없었기 때문이다. 의원은 자신이 적어준 처방이 효과가 있을 때만 대가를 받았다. 1885년 제중원 의사였던 알렌은 당시 민간의 의료비 수수관행을 다음과 같이 적고 있다.

> 조선사람들은 병이 낫지 않으면 약값을 치르지 않는다는 원칙을 따르는 것 같았다. 더구나 돈으로 지불하는 경우는 드문 것 같다. 나는 고맙다는 환자들로부터 몇 백 개의 계란, 많은 고기, 생돈(生豚), 닭, 꿩 기타 모든 음식물을 치료비로 받았다.(알렌 지음, 신복룡 옮김, 『조선견문기』, 평민사, 1986)

의원이 내린 처방의 값은 그가 들인 지식이나 시간으로 결정되는 것이 아니라 병의 회복여부에 따라 결정되었다. 이는 의원의 의학지식이 아직 사회 안에서 높은 신뢰를 받지 못했기 때문이다. 또한 직접적으로 지불되는 약값과 달리, 병 회복의 대가가 오로지 환자의 성의에 따르고 있다는 점은 의술의 상업화가 높은 수준에서 이루어지지 않았음을 말한다. 이러한 약값 관행은 이후 지속되었으며 오늘날까지도 남아있다. 의료비나 처방비는 여전히 낯선 개념이며, 약값이 친숙한 개념이다. 개항기 선교의사들은 가짜 약이라도 주어서 의료, 처방비를 그 안에 담아내려고 했으며, 요즘에도 많은 한국인들은 약을 받아야만 시술받았다고 생각한다.

의원 이진사의 존재는 의원 신분을 어느 정도 짐작케 해준다. 진사라는 호칭이 약방의 주부처럼 다소 평가절상 된 것임을 인정한다 해도 의원 수의 증가가 이 몰락양반과 관련된 것만은 분명한 사실이다.

주부는 전의감이나 혜민서에서 약을 다루는 직책이었으며, 그렇기 때문에 약 다루는 사람을 부르는 호칭이 되었다. 진사는 초시에 붙은 사람을 뜻하지만, 글깨나 읽었지만 벼슬길로 나아가지 못한 양반을 부르는 호칭이 되었다. 대한제국시기 정부가 세운 의학교 졸업자에게 의학진사(醫學進士)라는 학위를 수여한 것을 보면, 아직 관직을 얻지 못한 의학교 졸업자를 진사급으로 생각하고 있음을 알 수 있다. 조선후기에 몰락양반과 신흥양반이 많이 생겨났으며, 이들 대다수는 관직을 얻지 못했다. 양반이기 때문에 농·공·상 등 천업에 종사하기를 꺼렸으며, 지식을 바탕으로 하는 '훈장질'이나 '의원질'을 업으로 삼는 경우가 많았다. 아마도 변강쇠가의 이진사도 그런 인물 축에 속할 것이다.

성과 성애는 음란한 것인가

성과 성애는 송장, 병과 함께 변강쇠가의 가장 중요한 소재이다. 비록 해학의 맥락에서 펼쳐지는 것이기는 하지만, 변강쇠가는 성기와 성행위를 대담무쌍하게 묘사한다. 아무런 거침이 없다.

변강쇠가의 남녀 성기 묘사는 국문학사상 가장 적나라한 것이다. "천생음골 강쇠놈은 여인 양각(兩脚) 번듯 들고 옥관문(玉關門)을 굽어보며" 여성의 성기에 대해 다음과 같이 읊는다.

> 이상히도 생겼다. 맹랑히도 생겼다. 늙은 중의 입일는지 털은 돋고 이는 없다. 소나기를 맞았던지 언덕 깊게 파이었다. 콩밭 팥밭 지났던지 돔부 꽃에 비치었다. 도끼날을 맞았던지 금 바르게 터져있다. 생수처 옥답인지 물이 항상 괴어 있다. 무슨 말을 하려관대 옴질옴질 하고 있노. 천리 행룡 내려오다 주먹바위 신통하다. 만경창파 조갤는지 혀를 빼쭘 빼었으

며, 임실 곶감 먹었던지 곶감 씨가 장물이요, 만첩산중 으름인지 제라 절로 벌어졌다. 연계탕을 먹었던지 닭의 벼슬 비치었다. 파명당(破明堂)을 하였던지 더운 김이 그저 난다. 제 무엇이 즐거워서 반쯤 웃어 두었구나. 곶감 있고, 으름 있고, 조개 있고, 연계 있고, 제사장은 걱정 없다.

여기서는 여자의 성기가 생긴 모습, 주변모습, 음액, 성기의 움직임까지 상세하게 묘사되어 있다. 남자 성기 묘사 또한 강쇠의 입심 못지 않다. 옹녀는 "강쇠의 기물(己物)"을 가리키며 다음과 같이 읊조린다.

이상히도 생겼네. 맹랑히도 생겼네. 전배사령(前輩使令) 서려는지 쌍걸낭을 느직하게 달고, 오군문(五軍門) 군뢰(軍牢)던가 복덕이를 붉게 쓰고 냇물가에 물방안지 떨구덩떨구덩 끄덕인다. 송아지 말뚝인지 털고삐를 둘렀구나. 감기를 얻었던지 맑은 코는 무슨 일꼬. 성정도 혹독하다 화 곧 나면 눈물 난다. 어린아이 병일는지 젖은 어찌 게웠으며, 제사에 쓴 숭어인지 꼬챙이 궁기 그저 있다. 뒷 절 큰 방 노승인지 민대가리 둥글린다. 소년인사 다 배웠다, 꼬박꼬박 절을 하네. 고추 찧던 절굿댄지 검붉기는 무슨 일꼬. 칠팔월 알밤인지 두 쪽 한데 붙어 있다. 물방아, 절굿대며, 쇠고삐, 걸랑 등물(等物) 세간 걱정 없네.

여기서는 남자 성기가 발기된 모습, 고환, 주변모습, 사출된 정액, 귀두, 성기의 움직임 따위가 묘사되어 있다.

성행위 묘사도 여러 차례 등장한다. "재행턱 삼행턱을 당일에 다한 후에", "이 방아 저 방아 다 버리고 칠야삼경 깊은 밤에 우리 님은 가죽방아만 찧는다", "유정 유부 훨썩 벗고 사랑가로 농탕치며, 개폐문 전례판(傳例板)을 맛있게 하였구나" 등이 그것이다. 변강쇠가의 성애 장면은 춘향전보다 훨씬 농도가 짙다. 청춘남녀로 첫 부부연을 맺는 아직 어수룩한 이도령과 춘향의 은근한 성애와 달리 성적으로 산전수전 다 겪은 강쇠와 옹녀는 농염한 성애를 펼쳐 보인다. 또한 양

135

남근과 여근의 비유 – 수성노인도, 지본 채색, 98×54cm, 에밀레미술관 소장 수성노인은 아이를 점지하는 일명 삼사랑 신으로 머리는 남근을, 손에 든 복숭아는 여자의 성기를 상징한다.

반신분의 이도령과 달리 천민인 강쇠와 옹녀는 도덕적 시선에 한결 자유롭다. 아예 강쇠와 옹녀는 만나자마자 부부인연을 맺고 멀쩡한 대낮에 야외에서 일을 치른다.

그들의 신분과 성품이 그러하기에 변강쇠가에서는 비속어 사용을 주저하지 않는다. "우리 두 도내에 좆단 놈 다시 없고", "속곳 아구대에 손김을 풀쑥 넣어 여인의 보지 쥐고 으드득 힘주더니 불끈 일어 우뚝서며"라는 대목에서는 '기물' 과 '옥문관' 대신에 '좆' 과 '보지' 라는 표현을 쓰고 있다. 이처럼 비속어를 사용함으로써 변강쇠가는 해학과 강조의 효과를 만들어낸다. 앞의 예의 경우는 "남자가 씨를 말랐다"는 것을 희화하고, 뒤의 예는 "내 죽은 후 수절하라"는 강쇠의 강한 의지를 나타낸다.

변강쇠가에 나타나는 성과 성애에는 어떤 굴레도 씌어져있지 않은 듯하다. 그것이 사적 영역에서 은밀하게 행해지는 비밀이라는 생각이 별로 없다. 금기시하거나 죄악시하는 것은 더욱더 느껴지지 않는다. 강쇠가 병으로 죽게 된 것은 오로지 장승을 패어 땔감으로 쓴 것 때문이다. 장승들은 "옹녀가 장승을 패는 것을 극구 말렸다"는 것을 인정해서 그에게는 벌을 내리지 않는다.

변강쇠가의 노골적인 성기와 성행위 묘사를 담은 내용이 판소리공

연을 통해 대중을 향해 노래로 불리어졌다는 점을 주목할 필요가 있다. 이는 19세기 조선사회가 성적으로 상당히 개방적인 사회였음을 시사한다.

미인 박복, 호색한 박명의 도덕학

그럼에도 불구하고 변강쇠가에 나타나는 옹녀와 강쇠의 성이 도덕과 무관한 것이라고 볼 수는 없다. 오늘날과 같은 성 금기는 아니지만, 그들에게는 또 다른 형태의 성도덕이 씌워져있다. 옹녀의 미모와 요염한 유혹은 박복(薄福)과 관련되어 있으며, 강쇠의 정력과 호색은 박명(薄命)과 무관치 않다. 또 그들은 성행위를 왕성하게 펼치지만, 그것이 임신이나 다산으로 이어지지는 않는다.

변강쇠가의 작자는 강쇠가 강한 물건을 가지고 있고 하루에 몇 차례씩 성행위를 할 수 있는 능력을 지닌 인물로 설정함과 동시에 그의 성격이 무모해서 사려 깊지 못한 것으로 그렸다. 왜 지나친 정력 소모가 무모한 것인가. 서유구(1764~1845)의 『임원경제지』, 「보양지」를 보면 그 이유를 어느 정도 짐작할 수 있다. "사람의 정은 매우 귀하나 적어서 모두 한 되 여섯 홉에 지나지 않는다. 한 번 성교할 때마다 반 홉씩 손상되어 더함이 없으니 정이 말라 몸이 고달프게 된다. 오호라. 정은 사람 몸의 지극히 귀한 보배가 아니던가." 서유구는 "일생에 정액이 한정되어 있기 때문에 그것의 소모가 어리석은 일"이라는 입장을 보이고 있다. 절욕을 중시하는 선비의 양생술의 관점에서 봤을 때, 강쇠의 행위는 정말로 절제를 잃은 과도한 행위라 할 수 있다. 또한 성호 이익은 색욕의 나쁜 결과를 다음과 같이 경고했다.

변강쇠가로 읽는 성·병·주검문화의 수수께끼

오직 사람은 남녀가 서로 따라서 혹 밤낮을 가리지 않으니 금수에도 미치지 못하는 것이다. 그러므로 덕을 잃고 복을 망치고, 명예를 무너뜨리고 자신을 죽이고, 아름다운 얼굴을 망치고 몸에 병을 가져오고, 목숨을 재촉하고 마음의 영각을 둔하게 하고, 이목의 총명함을 어둡게 하고 평생의 학업을 폐하고, 선조의 산업을 파괴하는 등 거기에서 미친 환해를 이루 다 헤아릴 수 없다.(『성호사설』, 「인사문」, 색욕)

강쇠의 지나친 호색은 도박벽과 무위도식의 연장선에 있는 것이다. 주색잡기(酒色雜技)와 가사탕진, 신세망조는 각각의 것이 아니라 같이 붙어 다니는 것이다. 정력이 센 강쇠는 온갖 도박잡기를 즐기는 인물이며, 끝내 옹녀가 어렵사리 모은 돈을 도박으로 다 날린다. 강쇠와 옹녀가 지리산으로 숨어든 까닭은 여기에 있다. 나무하러 갔다가 한잠 늘어지게 자고 나무 대신 장승을 팬 까닭도 이러한 성품에서 비롯한다. 지나친 정력은 무모하고 지나친 호색은 도박벽과 마찬가지로 타락과 무능의 또 다른 표현이다.

옹녀가 지닌 성 능력과 유혹 능력은 여성의 몸 자체에 내재된 것이다. 강쇠의 경우 특정 인물인 '변강쇠라는 잡놈'이 그런 행각을 벌인 것이지만, 옹녀의 경우 "청상살이 겹겹이 쌓인" 여성의 존재가 그러한 것이다. 즉 이 둘의 존재는 대칭적이지 않다. 남성은 어쩌다 튀어나오는 잡놈이지만, 여성은 청상살을 타고 난 숙명의 굴레이다. 여성에게만 청상살이란 낙인을 찍었다는 점에서 여기에는 조선사회의 가부장제 이데올로기가 씌워져있다고 말할 수 있다.

청상살로 형상화한 여성의 용모는 바로 변강쇠가에서 옹녀를 그린 것과 같다. 뇌쇄적인 아름다움은 갖추었으나 그에 합당하는 덕이 없다. 음탕함을 감출 수 없어 뭇사내를 유혹하여 그들을 죽음으로 내몬다. 그렇기 때문에 옹녀의 성에는 늘 불안함과 위험스러움이 도사리고 있다.(정지영, 「『변강쇠전』 - 조선후기 성 통제와 하층여성의 삶」, 『역사비평』 2003년 겨울) 『동의보감』의 「부인문」에서는 "얼굴이 곱게 생긴 여자"는 박복하기 때문에 임신을 잘 하지 못한다고 한다. 이는 미모의 청상살이라는 개념과 어울리는 것이다.

절제되지 않은 두 남녀 옹녀와 강쇠의 성은 한데 어울려 불안함이 폭발한다. 둘의 성행위는 즐겁지만 살림살이는 파탄이 난다. 지리산에 숨어 정착하는 듯 싶지만 게으르고 무모한 강쇠는 장승을 패어 땐 후 온갖 병에 걸려 고통스럽게 죽는다. 강쇠는 옹녀에게 음심을 품는 사내를 즉사시키거나 시체를 등짝에 붙이는 수난을 겪게 한다. 끝내는 강쇠와 초라니의 시체가 바위에 다 닳도록 갈린다.

강쇠와 옹녀가 벌이는 성행위 그 자체가 악으로 그려져 있지는 않다. 하지만 절제할 수 없는 성의 이면에 깔린 불온함은 변강쇠가에 강하게 배어있는 비극성의 원천이다. 변강쇠가에서 강쇠와 옹녀는 비참한 최후가 예견되어 있기 때문에 그에 걸맞은 음탕함이 전제되어야 했다. 나는 변강쇠가가 당시 사회에서 용인할 수 있는 최고 수위의 음담패설을 등장시킨 이유는 여기에 있다고 본다. 그들이 그런 일을 겪어도 '싸다'는 청자의 공감을 끌어내기 위해서였다.

에필로그 : 근대의 독기 맞고 쓰러진 변강쇠가

현대의 독자들은 변강쇠가가 오입쟁이를 경고하는 메시지를 담은 것임을 잘 알지 못한다. 변강쇠가의 성과 성애는 잘 알고 있지만, 그 것은 성인등급 딱지가 붙은 비디오를 통해서이다. 사실 변강쇠가 전체에서 성애를 다룬 부분은 그다지 많지 않다. 많은 부분이 치병과 송장 치우는 내용이다. '변강쇠가'라는 제목보다 '가루지기타령', '횡부가', '송장가'라는 제목이 많은 것을 볼 때, 변강쇠가의 핵심주

젖가슴을 드러낸 여인들(1900년대)

제가 송장을 가로로 져 쳐내는 일임을 알 수 있다. 그럼에도 불구하고 이런 내용이 잘 드러나있지 않은 까닭은 무엇일까? 그것은 19세기 작품인 변강쇠가가 20세기 근대를 만나면서 겪은 세 가지 엄청난 시련과 관련되어 있다.

변강쇠가가 처음으로 겪는 일은 이 사회가 성담론을 금기시하는 사회로 바뀌었다는 점이다. 19세기에는 길 가다가 똥이 마려우면 적당한 곳에서 바지춤 내리고 급한 일을 봤다. 골목이나 냇가에서 물건을 내놓고 오줌을 싸는 일도 흔한 일상이었다. 우리는 젖먹이 엄마가 젖을 드러내놓고 다니던 19세기 여인네의 사진도 볼 수 있다. 그때는 성과 관련된 신체부위의 노출에 딱지가 붙어있지 않았다. 성애의 표현도 상당정도 용인되었다.

20세기 100년 동안 상황이 달라졌다. 근대적 에티켓은 성과 관련된 신체부위의 노출에 야만이라는 딱지를 붙였다. 이와 함께 근엄한 기독교 서양문명은 새로운 성도덕을 심기 시작했다. 성기와 성애를 공식적으로 논하는 것이 금지되었다. 새로 등장한 청소년계층은 '성의 죄악'에 물들지 않게 보호되어야 할 대상이 되었다. 성담론은 쉬쉬하는 대상이 되었다. 각종 감시체계와 법제도를 두어 그것을 어기는 작자들을 철퇴로 물리쳤다. 이는 조선 유교사회의 성담론 규제와 차원을 달리 하는 것이다. 다루는 범위가 한결 넓고, 감시는 훨씬 끈질기고, 처벌의 강도는 더욱 셌다.

두번째로 겪은 일은 병을 이해하는 세계관이 완전히 거꾸로 바뀌었다는 점이다. 변강쇠가에서는 장승을 뽑은 강쇠의 행위는 오만 가지 악병의 보복으로 응징당했다. 아니, 이런! 20세기의 병리학은 도리어 강쇠의 행위를 칭송한다. "참 사람이 타 죽어도 아무 탈이 없었는데 나무로 깎은 인형을 가졌은들 패어 때어 관계(關係)한가. 인불언귀부지(人不言鬼不知)니 요망한 말 다시 말라." 이 얼마나 당당한 태도인가. "병은 세균 때문에 생기는 것이지 귀신 때문에 생기는 것이 아니다"라는 근대 병리학 정신과 일통하지 않는가. 20세기의 병리학은 병의 영역에서 귀신을 몰아내는 것을 본업으로 삼았다. 장승은 미신풍습의 상징물로 전락했으며, 그것의 제거는 근대화가 이루어지고 있다는 증거로 여겨졌다.

세번째로 겪은 일은 시체의 취급과 시체에 대한 관념이 완전히 바뀌었다는 점이다. 시체의 취급은 강력한 권력의 감시 아래 놓이게 되었다. 특히 역병사망자의 경우 시체를 함부로 처리하는 것이 법으로 금지되었다. 1895년 콜레라 유행 때 발표된 「콜레라소독규칙」을 비롯한 여러 법령들은 콜레라 사망자는 물론이거니와 병자와 환가를 감시대상으로 규정했다. 또한 시체와 오염물은 소독대상이 되었다. 일제 때에는 전염병 관리 규정이 더욱 엄격해졌다. 사망자와 환자는 반드시 신고하게 했으며, 경찰은 환자와 시체를 찾기 위해 집집마다 뒤졌다. 법을 어겼을 때에는 신체형 또는 벌금형을 물렸다. 역병환자를 빼돌리는 행위는 강력한 처벌의 대상이 되었다.

게다가 20세기의 과학은 송장을 돌같이 여긴다. 이 과학은, 이 세상은 물질과 진공으로 이루어져 있으며, 그곳에서는 물질의 기계적 운동만 있을 뿐이라고 설파한다. 생명체도 마찬가지여서 정신활동도 물질적 영역의 연장에 불과하다고 말한다. 생명이 끊기게 되면 영혼이라는 것은 없고 오직 시체만이 남아 해체의 길을 겪게 되는 것이 진리라고 한다. 이것은 종말론적 세계관이다. 죽어 시체가 된 후 그 이후가 없다. 진공처럼 공허하다. 이 세상과 저 세상이 넋으로 연결되어 있다고 보던 중세사회의 믿음이 깨지고, 종말적인 죽음에 대한 두려움은 훨씬 더 커진다. 이런 세계관 안에서 시체담론은 엄청난 금기가 되었다. 시체는 의학과 병원의 영역으로 치워지고, 그 공간에서 오직 의학도만이 시체 해부를 통해 죽음과 삶을 매개할 뿐이다. 조선사회처럼 모든 사람에게 시체는 더이상 친숙한 존재가 아니다.

나는 다른 판소리와 달리 변강쇠가 노래가 더이상 불리지 못하고 책자 속에 박제되어 남게 된 것이 이런 연유 때문이라고 본다. 혹자는 유교의 가부장적 질서가 변강쇠가의 노골적인 성 표현을 마뜩찮게 여겼기 때문에 변강쇠가가 자취를 감춘 것이라고 본다. 혹자는 천민이 난무하는 모습을 불편하게 생각했기 때문에 그런 것이라 한다. 나는 그렇게 생각하지 않는다. 오히려 엄격한 유교문화가 완화하여 개방된 성을 수용한 징표가 변강쇠가라고 생각한다. 19세기 중후반이 변강쇠가의 전성기였다. 판소리의 가왕(歌王)이라 칭송하는 송흥록과 장자백이 이 변강쇠가를 잘 불렀고, 신재효가 다른 작품이 아닌 이것을 춘향전, 심청전과 함께 채록했다. 20세기 초반만 해도 변강쇠가는 그 명성을 유지했다. 근대 5명창 중 한 사람인 전도성과 익산 출신 명창 유공렬 등이 이 노래를 잘 불렀다. 또 1930년대에는 창극으로 만들어져 공연이 되기도 했다.(최동현, "박동진 창 변강쇠가 사설 및 주석", 「변강쇠가 - 가루지기전」, 신나라, 1990) 그 이후에 변강쇠가는 판소리로서 명맥이 끊겼다.

변강쇠가는 하나도 아니고 둘도 아니고, 셋 모두 근대가 강하게 부정하는 것들로만 이루어져 있었다. 이렇듯 온몸으로 근대와 맞부딪친 작품은 단연코 없다. 성기와 성행위의 낄낄거림, 병들고 병고치는 행위의 호들갑, 송장놀음의 우스꽝스러움, 이 셋 중 어느 하나도 근대의 검열을 통과해 살아남기 힘든 종자들이었다. 뒤바뀐 근대 세상에서 변강쇠가의 인기를 뒷받침하던 중세적 세계관에 대한 공감대 또한 크게 엷어졌다.

명창 박동진은 이 점을 분명하게 의식했다. 그는 1971년 새로 가락을 붙인 창작 판소리 〈변강쇠가 – 가루지기전〉을 발표했는데, 신재효본 사설을 토대로 가락을 붙이면서도 마무리 대목은 슬쩍 새 사설로 바꿔치기 했다. 그는 뎁득이가 시체 가는 부분을 삭제하고, 대신에 옹녀가 죽어 강쇠와 합장하는 모습으로 상황을 설정했다. 아주 짧은 바꿔치기인데도 그 효과는 놀랍다. 우선 시체를 칼처럼 갈아대는 지극히 혐오스러운 대목을 피할 수 있었다. 또 강쇠 못지않게 음탕한 옹녀까지도 죽음으로 몰아세움으로써 성문란 행위자를 모두 징계했다. 여기서는 강화된 성통제 의지가 엿보인다.

결정적으로 박동진은 변강쇠가의 내용을 송두리째 부정하는 사설을 슬그머니 집어넣었다. "이 모든 사설이 웃자고서 한 일이라. 더질더질 살아보자"는 내용이 그것이다. '웃자고서 한 일'이란 내용이 황당무계하니 신경 쓰지 말고 그냥 웃고 즐기라는 뜻이다. 이렇듯 그는 혐오스러운 송장놀음, 낯뜨거운 성애장면, 황당한 치병놀음 모두를 현실로부터 떼내려고 한다. 여기에는 근대의 자기검열적 시선이 묻어 있다.

이러한 태도는 19세기 신재효본과 거리가 멀다. 신재효본은 비장하며 진지하다. 그것은 다음과 같이 끝맺고 있다.

월나라 망한 후에 서시가 소식 없고, 동탁이 죽은 후에 초선이 간 데 없다. 이 세상 오입장이 미혼진(迷魂津)을 모르고서 야용회음(冶容誨淫) 분대굴(粉黛窟)에 기인도차오평생(幾人到此誤平生)고. 이 사설 들었으면 징계가 될듯하니 좌상에 모인 손님 노인은 백년향수 소년은 청춘불로 수부귀다남자(壽富貴多男子)에 성세태평하옵소서. 덩지 덩지.

변강쇠가가 황당무계하고 어수선하며 체계가 잘 짜여져 있지 않은 것처럼 보이는 이유는 다른 데 있지 않다. 19세기 세계관과 20세기 세계관 사이에 양립할 수 없는 엄청난 단절이 있기 때문이다. 그들은 공감했는데, 우리는 공감하지 못한다.

「변강쇠가로 읽는 성·병·주검의 문화사」(『역사비평』 67호, 2004년 여름호)를 일부 수정하였다.

심청전으로 본
맹인과 장애의 사회사

  문학작품은 좋은 사료이다. 문학작품은 그것이 출현한 시대의 시대
상을 반영하고 있기 때문이다. 공감을 불러일으키는 주제의식이나
소재로 활용된 갖가지 자료들은 대체로 그 시대의 현실이나 시대적
상상력의 범위 안에 있다. 이런 사료는 특히 한 시대의 사회나 문화
를 설명하려고 할 때 톡톡히 효과를 발휘한다. 역사가는 문학작품에
서 때로는 한 구절 때로는 한 단어를 낚아챈다. 그것은 사회의 단면
을 읽어내고 문화의 심층을 드러내기 위한 실마리가 된다.

  심청전은 조선후기, 일러도 18세기에 등장하여 발전한 것으로 추
정되며, 유일본이 아니라 다양한 이본이 존재한다. 기술 시기는 19세
기 초반에서 20세기 후반까지 폭넓게 펼쳐져있다. 현재 박이정 출판
사에서 펴낸 『심청전전집』에는 무려 100여 종의 이본이 있어 심청전
의 인기를 실감할 수 있다. 어떤 것은 간행본이며 어떤 것은 필사본
이다. 어떤 것은 판소리 가창집이며 어떤 것은 읽을거리 소설용이다.
어떤 것은 길고 어떤 것은 소략하다. 어떤 것은 비장함에 무게를 두
었고 어떤 것은 해학을 강조했다. 어떤 것은 심봉사에 초점을 두었고

지팡이 짚은 맹인의 행렬(盲扶杖士) – 남장사 감로탱(1701) 맹인 여럿이 지팡이 짚고 길을 가고 있다. 맹인잔치에 참가하기 위해서인가? (사진 제공 : 예경)

어떤 것은 심청의 활동에 중심을 두었다. 수많은 이본의 존재는 심청전의 자료활용을 넓게 해주는 이점이 있다. 이본마다 대목대목 강조점이 다르기 때문에 특정 부분에 대해 좀더 구체적인 사료를 얻을 수도 있다. 나는 소설이나 판소리에 드러난 사회상이 프랑스의 대표적인 사회사학자 브로델이 말하는 '장기지속적' 상황을 반영한다고 본다. 따라서 소재로 활용된 대다수가 조선후기, 적어도 19세기의 사회상을 크게 벗어나 있지 않다고 가정한다.

　심청전의 수많은 이본은 '심청'으로 묶일만한 커다란 공통분모를 가지고 있다. 영락하고 가난한 맹인과 그의 딸, 맹인 부인의 출산시

사망, 맹인과 딸의 고생, 눈병을 치료하기 위한 대규모 쌀 공양, 공양미를 마련하기 위한 인신희생과 환생, 황후가 된 딸, 전국적인 맹인잔치와 그 잔치에서 딸과 맹인 아버지의 극적인 만남과 개안(開眼), 맹인 아버지의 출세 등이 그것이다. 이런 내용에는 조선후기 사회의 신체장애, 사회적 장애, 장애자에 대한 국가대책, 인신희생을 바탕으로 한 치유문화 등이 반영되어 있다. 그러나 이 각각의 구체적 상황을 이본들은 각기 다르게 표현하고 있다. 여러 이본에 존재하는 구체적 언급과 묘사 등을 실마리로 하여 나는 조선후기 맹인의 사회사 또는 장애의 사회사를 꾸려볼까 한다. 맹인의 수, 발병 원인, 맹인의 직업, 맹인의 호칭, 맹인의 점복과 독경 모습, 장애등급과 국가의 대책, 인신희생과 치유문화 등을 짚어볼 것이다.

전국에 맹인은 몇 명 정도 있었을까

맹인잔치에 참여한 전국 각지의 맹인 수를 언급한 것은 신재효 창본 심청가이다. 여기서는 "대궐문밖 당도하니 봉사 누만 명이 모두 다 모였구나"(52장 앞)라 하여 전국에서 누만 명이 올라온 것으로 표현했다. '누만'이란 수만을 뜻하는 것인 동시에 매우 많다는 것을 말하므로 정확한 수치는 아니다. 그래도 어림잡은 이 수치는 현실을 반영한다고 본다.

조선에서 맹인에 대한 통계는 일제강점기인 1921년에 처음으로 8,972명(일본인 93명 포함)으로 집계되었고, 1927년과 1928년에 좀더 엄밀한 조사가 이루어졌다.(조선총독부 제생원, 『조선 맹아자 통계요람』, 1921년, 1927년, 1928년) 이 중 맹인 비율이 가장 높은 1927년도 조사를 참고하면 조선 전체의 맹인 수는 11,206명(일본인 121명 포함)으로 집계된다. 이 가운데 남자 맹인이 7,188명, 여자는 4,018명이다. 인구가 크게 증가한 일제시기의 통계이므로 액면수치보다는 인구비례당 맹인 수가 더 의미있을 것이다. 인구 1만 명당 5.91명 규모이다. 1921년과 1928년의 경우는 인구 1만 명당 5.1명 정도의 규모이다. 당시 일본과 비교하면 인구 1만 명당 1인 이상이 많은데, 이는 맹인 발생이 위생사상의 보급이나 빈곤수준과 밀접한 함수관계에 있기 때문이다.

한 고을에는 맹인이 대략 어느 정도 있었을까. 1927년도 경기도를 예로 들어 보면, 경기도 전체의 조선인 맹인 수는 1,103명이다. 이를 세부적으로 들여다보면, 서울 95명, 인천 21명, 고양군 63명, 광주군 53명, 양주군 58명, 연천군 53명, 포천군 40명, 가평군 27명, 양평군 63명 등이다. 이 중 임의로 고양군을 살펴보면 여섯 면으로 이루어져 있었으므로 1면당 평균 10명 남짓의 맹인이 존재했음을 알 수 있다. 이것으로 한 동네에 맹인이 한 명 정도 있었음도 추정할 수 있다. 심청전은 소경 한 명이 리 정도 규모의 도화동(비록 중국을 무대로 하고 있지만)에 살고 있었다는 것으로 시작한다.

심봉사는 꽤 나이든 축에 속했다. 맹인잔치에 참가했을 때 심봉사의 나이는 63세 또는 70세 정도로 기술된다. 40세 이후에 심청을 낳았는데, 심청이 15살 무렵에 죽었고, 맹인잔치가 그 후 몇 년 안에 이루어졌기 때문이다. 1927년도 맹인의 연령별 통계표를 보면 조선인 맹인 10세 이하가 574명, 11~20세가 1,285명, 21~30세가 1,571명, 31~40세가 1,688명, 41~50세가 1,611명, 51~60세가 1,612명, 60~70세가 1,512명, 70세 이상이 960명, 연령 미상이 21명이다. 여기서 심봉사 정도 나이는 상위 10% 안에 속한다. 하지만 이것은 평균수명이 크게 늘어난 시기의 통계이므로 19세기 초중반의 심봉사는 이보다 훨씬 좁은 범위 안에 들었을 것이다. 여기에서 심봉사의 늙은이

타령이 그냥 나오는 것이 아니며, 뺑덕어멈이 젊고 예쁜 봉사 따라갈 일을 크게 걱정하는 것이 기우가 아니었음을 헤아릴 수 있다.

심봉사는 왜 눈이 멀게 되었을까

심청전 이본 어디에도 맹인이 된 까닭을 명시적으로 밝힌 대목은 없다. 그저 여러 이본에 등장하는 여자 안씨가 눈이 멀게 된 맥락 정도를 언급하고 있을 뿐이다. 심봉사가 맹인이 된 과정은 거의 모든 본에서 대동소이하다.

대표적으로 신재효본을 살펴보면, "누대 잠영지족으로 무명이 자자하더니 가운이 영체하여 조년에 안맹(眼盲)하니 낙수청운의 발조차 끊어지고 금장조수의 공명이 부여씨니 향곡의 곤한 신세 강근한 친척 없고 겸하여 안맹하니"(1장 앞)라 하고 있다. 특정한 발병원인을 말하지 않으나 영락하고 가난한 가운데 눈이 멀었음을 암시한다. 맹인 안씨의 경우(필자 미상인 정명기 소장 65장본), "나는 본디 포대중에 안맹하고"(58장 뒤)라고 하여 갓난아기 때 눈이 먼 것으로 되어 있다.

1613년에 초간본이 발행된 『동의보감』에서는 눈이 멀게 되는 경우를 다음과 같이 적고 있다. 소년시 간의 기운이 허하고 혈(血)이 적게 되어 때때로 눈에 꽃이 피거나 두통이 오래된 경우(외형편), 태(胎) 안에서 풍(風)을 받아 오장이 불화하여 노란즙을 구토하는 경우(외형편), 몸속의 진기가 완전히 빠져나간 경우(외형편), 여름에 양의 기운이 솟구친 경우(잡병편), 소아의 감질 때(잡병편), 두창을 앓을 때 금기의 음식을 먹은 경우(잡병편), 침을 잘못 놓은 경우(침구편) 등이다. 이런 사례에 비추어볼 때 안씨 맹인은 어머니 태 안에서 오장이 풍을 받아 생겼으며, 소년시절에 맹인이 된 심봉사의 경우는 가난 때문에 기운이 허해져서 생긴 것으로 추측된다.

1938년 경성제국대학 의학부 안과에서 맹인이 된 원인을 조사했는데, 그것이 조선시대의 안맹 원인을 추측하는 데 많은 도움을 준다. 이 연구에 따르면, 선천성 질환에 비해 후천성 질환이 많으며 이런 병이 생기게 된 가장 중요한 원인으로는 영양실조, 말라리아성 각막염, 홍역, 두창, 아이 감질로 생긴 눈병[疳目], 농루안(膿漏眼), 홍채모양체염(虹彩毛樣體炎) 등을 들었다. 병에 걸린 나이는 1세부터 4~6세가 가장 많았는데 특히 농가에서는 가정빈곤이 가장 중요한 요인이었다(田中藤次郎, 『朝鮮に於ける盲人小史』, 朝鮮盲啞協會, 1942).

이상에서 이러저러한 요인을 제시했지만, 맹인이 생기는 가장 중요한 요인은 가난으로 인한 영양부족이다. 조선후기에는 상습적 기근과 그로 인한 빈곤 때문에 수많은 맹인이 발생했을 것이다. 특히 영유아에게 발육기의 영양상태 악화는 치명적이다. 각종 악병과 역병에 더 민감하며, 행여 살아났다 해도 안맹과 같은 장애를 지니게 된다. 조선후기 사회에서 빈곤으로 인한 영양부족과 함께 주의를 기울여야 할 또 다른 요인은 두창 후유증으로 인한 안맹이다. 1938년의 조사에서는 두창으로 인한 안맹이 축소되어 나타날 수밖에 없는데, 이는 한말 이래로 종두법이 큰 효과를 거두었기 때문이다. 하지만 개항 이전까지는 두창이 단일 종으로서 가장 끔찍한 질병이었다. 모두가 걸린다 하여 백세창이라 불리었으며, 발병자 10명 중 2~3명은 죽었고, 살아남은 경우 얼굴이 얽거나 눈이 머는 후유증을 앓는 경우가 많았다.

맹인의 직업

신재효본 심청가에는 여러 이본 중 드물게 맹인의 직업을 읊는 대목이 있다. "황후가 보실 적에 직업이 다 달라 경 읽어 사는 봉사, 점하여 사는 봉사, 계집에게 얻어먹는 봉사, 아들에게 얻어먹는 봉사, 딸에게 얻어먹는 봉사, 풍각장이로 사는 봉사, 걸식으로 사는 봉사, 차례로 보아 가니 그 중 한 봉사는 도화동 심학규 63세 직업은 밥 먹고 잠자기 뿐이요"(52장 뒤)라 하여 모두 여덟 가지 맹인의 직업이 소개되어 있다. 여기서 현대적 의미의 직업뿐만 아니라 호구지책으로 삼는 모든 유형을 직업으로 분류한 것이 이채롭다.

1921년도 8,792명 맹인의 직업별 통계를 보면, 점복·기도·독경·무녀 등으로 활동하는 사람이 1,737명(이를 따로 구분하지 않은 것이 아쉽다), 농업 1,203명, 무직 5,305명, 침구·안마·마사지에 종사하는 사람이 97명, 기타 550명(머슴 39명, 상업 40명, 각종 교사 및 학생 34명, 돗자리 세공 146명, 방적 22명, 기타 세공 38명, 금대 3명, 숙박업 3명, 일용 58명, 자유업 67명) 등이다. 절대다수가 무직이었고 이들 중 상당수는 유소년으로 가족의 도움 속에 살아가는 존재였을 것이며, 일부는 걸식으로 살아갔을 것이다. 농업으로 분류된 사람들로 대부분 농업 일손을 거드는 정도였을 것이다. 점복과 독경으로 살아가는 사람이 1,737명으로 전체 맹인의 20% 정도를 차지하는데, 이같은 행위를 하기 힘들었을 20세 이하 조선인 1,843명과 이런 직업에 종사하지 않은 일본인 93명을 합한 1,936명을 제외하면 그 비율은 25%로 올라간다. 성인 맹인의 4분의 1 정도가 점복과 독경에 종사했다고 볼 수 있다.

신재효본 심청가의 내용과 비교할 때 이 통계는 두 가지 점이 눈에 띈다. 첫째 "풍각장이" 즉 악공이 분류되어 있지 않다는 점이다.

151

1927년도 통계에는 맹인 악사 수가 나와있는데 고작 5명에 불과하다. "풍각장이", 정식으로 "관현맹"이라 불리우는 장악원 소속 관원이다. 그러나 장악원 자체가 쇠퇴하면서 몰락 일로를 걸었다. 판소리 변강쇠가에 등장하는 퉁소잡이는 맹인으로 설정되어 있다.

둘째는 침구·안마활동을 하는 맹인의 등장이다. 1914년 조선총독부에서는 일본에서처럼 이들에 대한 규칙을 제정했으며, 맹·농아를 학습시켜 이 분야의 직업으로 삶을 영위하도록 하는 정책을 펼쳤다. "미신적인" 점복술 대신에 맹인을 침구·안마업으로 유도했다.

맹인의 직업은 오랜 전통 속에 확립된 것이다. 독경과 점복, 악공의 등장은 모두 관(官)과 밀접한 관련이 있는 것으로 관아에서부터 시작하여 조선후기에 민간에까지 분명하게 정착했다. 그들은 어떤 일을 했는가? 조선총독부 제생원 맹농부장 다나카 도지로(田中藤次郎)의 『맹인소사(盲人小史)』(1942)에서 맹인 직업이 관현맹(管絃盲), 명과맹(命課盲), 도류맹(道流盲), 복도맹(卜禱盲) 등으로 나누어 자세히 정리되어 있다.

관현맹의 기원은 중국 은나라 때까지 거슬러 올라가며, 우리나라에서는 조선초기에 비로소 제도로 정착했다. 고대 중국에서는 맹인 악사를 고사(瞽師)라 불렀으며, 『예기』에는 "음악을 연주하는 고(瞽)가 은나라 때부터 시작한다"고 했다. 『모시』에서는 "눈으로 볼 수 없기 때문에 음악과 소리를 환히 안다[審]"고 하여 맹인을 악공으로 쓰는 이유를 밝혔다.

고려 이전의 음악 관련 기록에는 맹인을 악사로 썼다는 명시적인 언급이 없으며, 조선 세종 때 박연의 언급이 최초이다. 세종 때 음악개혁을 이끈 박연은 "옛날의 제왕은 모두 맹인을 악사(樂師)로 썼는데, 그들이 눈으로 볼 수 없기에 음에 밝기 때문이며, 또한 천하의 그 누구도 버릴 사람이 없기 때문"이라고 하면서 맹인 악공의 필요성을 언급했다. 이 무렵 관현맹은 관습도감의 체아직으로 규정되었다. 그러나 법전에서 맹인 악공의 존재는 정조 때 『대전통편』(정조 8)에서 처음 명시되었다. 이 책의 「이전(吏典)」 장악원(掌樂院) 조에서 종9품 체아직으로 관현맹의 관직을 규정했다. 관직을 지니는 관현맹의 숫자는 시기에 따라 8명에서 20명 정도 규모였다. 악공으로서 맹인은 특히 재이(災異)인 일식이나 월식 때 지내는 의식이었던 구식(救蝕) 때 특별한 의미가 있었다. 『증보문헌비고』에는 이때 "관현맹 3인이 타고(打鼓)를 담당한다"고 적었다. 갑오개혁 이후 관제의 대변혁 이후 관현맹은 몰락의 길을 걸었다.

맹인 악사?(1900년대), 견본 석채, 80×51cm 창부는 노래를 불러 액을 쫓는 신을 말한다. 눈을 지긋이 감고 음악에 몰입해 있는 듯하다. 일반적으로 무신도에서 멀쩡한 눈을 감은 것으로 표현한 예가 없는 것을 보면 혹 맹인악사를 표상한 것인지도 모르겠다.

　도류맹이란 소격서(昭格署)에 소속된 맹인을 뜻한다. 소격서는 하늘과 땅, 별에게 지내는 도교의 초제(醮祭)를 맡아보는 기관으로 고려 때의 소격전을 세조 12년(1430)에 고친 것으로, 폐지논란이 끊이지 않다가 임란 이후 폐지되었다. 그런데 중요한 사실은 새해에 복을 빌거나 건물을 새로 짓거나 재앙을 물리치는 도교의식에서는 반드시 맹인을 썼다는 점이다. 서거정의 『필원잡기』에서는 이것을 당시 조선의 고유한 풍습이라고 했다. 이런 사실에 기초하여 다나카 도지로는 "현재 기도하는 사람이 불교경전과 함께 도교경전을 독송하는 것은 아마 도교에 속한 맹인 등에 전하는 유풍 때문인 것"으로 추정했다.

판수독경 - 기산풍속첩(김준근, 19세기 말) 어느 민가에서 판수가 병귀를 내쫓기 위해 치성을 드리는 모습이다. 둘러친 병풍에는 넋전 (넋종이)이 걸려 있고, 안쪽으로 신령을 위한 제상이 차려져 있다. 한 옆에는 자그마한 기(旗) 다섯 개를 꽂아 놓은 쌀을 담는 그릇이 있는데 이 자그마한 기가 오방신장기(五方神將旗)이다. 오방신장기는 판수의 신령인 오방신장을 상징한다. 판수는 한 손으로는 공중에 매달아 놓은 북을 두드리고 다른 손으로는 왼발에 기대어놓은 징을 치면서 독경을 하고 있다. (사진 제공 : 조흥윤)

복도맹의 전통은 오래전으로 소급된다. 『고려사』에는 충렬왕 때 "맹승(盲僧)으로 하여금 저주하도록 했다"는 기록이 있고, 충혜왕 때 맹인이 기도주수(祈禱呪壽) 한다는 내용이 있다. 조선 초에는 국가기관에서 맹인에게 점복과 독경을 맡기는 것이 제도적으로 정착했다. 세종 때 박연은 맹인을 악공으로 쓸 것과 함께 "그들에게 복서(卜筮)의 일을 맡겨 처자를 부양하도록 할 것"을 임금에게 건의했다. 그러면 "총민(聰敏)이 모두 음양학을 학습하게 될 것"이라고 했다. 이는 맹인의 호구책으로 국가기관에서 적극적으로 맹인을 음양학 전문가로 육성했음을 뜻한다. 이런 내용은 곧바로 제도화한 듯하다. 중종 때

성현의『용재총화』에서는 "우리나라에서는 명과류(命課類)는 모두 맹인에게 맡긴다"(권 8)고 하였다. 갑오개혁 이후 무격과 기도를 엄격히 금지하면서 국가기관의 복도는 크게 쇠퇴했다.

이상에서『맹인소사』를 중심으로 맹인의 직업을 두루 살펴보았는데, 이 중 여러 법전을 통해 국가에 소속된 명과맹(命課盲)의 육성과 활동을 좀더 자세히 알아보자. 관의 명과학은 관상감에서 담당했다. 고려의 서운관을 이어 조선 초에 확립된 관상감은 정3품 아문으로서 천문 · 지리 · 역수(曆數) · 점주(占籌) · 측후 · 각루 등의 일을 맡았다. 조선의 법령이 반듯한 모습을 갖춘 성종 때『경국대전』「이전」에서 점치는 일을 담당하는 명과학을 천문학, 지리학과 함께 규정했다. 담당관리로 명과학 교수 1명(종6품), 명과학 훈도 1명(정9품)을 두었다. 이런 내용은 고종 때의『대전회통』에서도 동일하다.

이 규정만 보면 명과학 담당관리가 겨우 2명 있었던 것으로 착각하기 쉽지만, 이들은 행정실무직 관리에 지나지 않으며 실제 전문관리는 별정직으로 두었다. 이는 내의원에서 어의와 내의 30~40명 정도를 당상관, 당하관으로 구별하여 따로 둔 것과 동일한 조직원리이다. 관상감 명과학에는 추길관(諏吉官), 수선관(修善官), 별선관(別選官), 총민(聰敏) 등의 관원이 따로 있었다. 1867년에 발간된『육전조례』의 「관상감」 조에서는 일진을 선택하는 업무를 담당하는 추길관을 7원 두도록 했으며, 수선관 6원, 별선관 4원, 총민 2원 이상을 규정했다. 이런 직에는 정 몇 품, 종 몇 품 하는 식의 직품이 주어지지 않았으며, 정해진 임기도 없어서 특별한 일이 없는 한 더 상위의 관직으로 오를 때까지 계속 맡았다.(허윤섭,「조선후기 관상감 천문학 부문의 조직과 업무 – 18세기 후반 이후를 중심으로」, 서울대 석사논문, 2002)『서운관지』를 보면 정원이 정해져있지 않은 전함이 있었고, 명과학 생도가 10명 있었다.

관상감에서 맹인 관리는 궁중의 택일, 택지, 운명점 등의 일을 폭넓게 보았으나, 특히 일식과 월식의 소멸을 비는 구식(救蝕)과 비내리기를 비는 기우제에서 중요한 구실을 했다. 이는 하늘의 눈으로서 해와 달이 사람의 눈과 관련이 있다는 사고에 바탕을 둔 것이다.

조선후기에 복도술의 수요가 크게 늘어났다. 아직 분명한 연구로 밝혀진 것은 아니지만, 민간에서 풍수지리가 성행하고 의약이용이 크게 확대되는 것과 맥락을 같이 하는 것 같다. 사주팔자를 보는 당사주 책이 민간에서 널리 찍혀나오게 된 상황도 이를 반영한다. 다수의 맹인들이 복도술에 생업을 의존할 정도가 되었다. 이는 조선 초기 박연이 음악과 복술에 맹인 활용을 건의할 때의 상황과 천양지차의 모습이다. 민간에서 맹인 점복자들은 길흉을 점치기도 하고 재앙의 소멸을 기도하기도 하며, 안택(安宅)을 위한 독경은 물론 병의 치유를 위한 기도를 맡았다. 17세기 후반 조선에 표류했던 하멜은 기행문에서 "조선인 하층계급은 병이 났을 때 맹인을 주로 찾는다"고 기록하고 있다. 무라야마 지준(村山智順)은 『조선의 점복과 예언』(1933)에서 조선의 점복자 조사결과 남성 점복술자의 8할 정도가 맹인이었다고 밝혔다.

맹인은 전문으로 복도술을 행했기 때문에 일찍부터 이들의 동업조직이 존재했다. 서울에 있었던 명통사(明通寺)가 그것이다. 눈이 보이지 않는데 "밝게 통한다"는 어휘를 쓴 게 역설적이다. "눈은 보이지 않지만 그래서 신(神)이 통한다"는 속뜻을 담은 것이다. 명통사의 존재는 조선 초 태종 때부터 기록이 보이는데, 이를 "5부의 맹인이 모이는 곳"이라 했다.(『태종실록』 17년 6월 16일자) 『용재총화』(권 5)에서는 "5부의 맹인이 모이는 곳으로 초하루와 보름에 모임을 가져 독경과 축수(祝壽)를 일로 삼는다. 신분이 높은 자는 방안으로 들어가고 낮은 자는 문을 지킨다. 깃발과 창으로 문을 지키는데 사람이 들어갈 수 없다"라 쓰고 있다. 명통사 조직은 계속 이어지다가 일제 강점 이후 폐지되면서 사적인 조합 형태로 변화했다. 이 조합에서는 자신들의 지식 향상을 도모했다.(『맹인소사』) 명통사는 맹인 조직의 결속력이 매우 강하고 규율이 엄격했음을 보여준다.

맹인의 여러 직업을 고려했을 때 심봉사가 아무런 직업도 갖지 않은 점은 의아하다. 아니 심봉사는 직업이 있었는데 그것은 "밥 먹고 잠자기"라고 했다. 특정 직업도 갖지 않았을 뿐 아니라, 누구 덕을 입어 사는 존재도 아니었으니 진짜로 무능력한 인물이었다. 그렇기 때문에 혹자가 심봉사를 "후천적 실명이라는 점을 감안해도 부인에게 의지해 살아가는 나약한 인물"로 평가한 것은 지당하다.(신병주·노대환 지음, 『고전소설 속 역사여행』, 돌베개, 2002) 하지만 나약함으로 다 설명하기 힘든 측면이 있음도 이해해야 한다. 우선 독경이나 점복은 어려서부터 배우는 것이 일반적이었다. 장가 든 후에 눈이 멀어 마누라 덕에 40여 세까지 살아온 이미 '늙은' 맹인 심봉사는 독경이나 점복을 배울 시기를 놓쳤고, 설사 배운다 해도 그 권위를 인정받기 힘들었을 것이다. 더군다나 그 일은 '천한' 부류의 직업에 속했기 때문에 아무리 영락한 가문이라고는 하지만 글 깨나 배운 양반의 후예로서 비록 동냥을 할지언정 '천직'에는 빠지지 않은 것이다.

맹인의 점복과 독경

맹인이 점을 치는 장면도 신재효본 『심청가』에는 나오지 않는다. 그러나 많은 이본에는 심봉사와 연을 맺는 여자 맹인 안씨가 등장하고 그가 점복하는 모습이 소개되어 있다. 안씨 맹인은 점을 치기 전에 몸을 씻고 향을 피우고 몸을 단정히 하여 경건한 자세를 취했으며, 산통을 이용하여 점괘를 뽑았다(완판본 71장본). 어느 심청전에도 맹인이 독경하는 모습은 그려져있지 않다. 단지 여러 본에서 심청 어미인 곽씨 부인이 죽게 되자 의약과 함께 독경했다는 대목이 보일 뿐이다.

맹인이 점치는 모습은 신재효본 변강쇠가에 잘 그려져 있다. 강쇠가 장승을 땔감으로 쓴 후 온갖 악병에 걸려 죽게 되자 그의 처 옹녀는 점치는 값 1냥을 품에 품고, 이웃마을 송봉사 집을 찾아가 병을 묻고 독경을 부탁한다. 점치는 모습은 다음과 같다.

세수를 급히하고 의관을 정제한 후에 단정히 꿇어앉아 대모 산통을 흔들면서 축사를 외치는구나. "하늘이 무슨 말을 하시고, 땅이 무슨 말을 하실까마는 간곡히 빌면 그 뜻을 일러주시나니, 성인의 덕이 하늘과 땅의 덕과 하나로 되며, 해와 달과 함께 밝으며, 네 계절의 질서에 부합하며, 귀신의 길흉과 합치하나니, 신통하기 짝이 없도다. 감동하시어 들어주소서. 지금 을유년 2월 갑자삭 초6일 기사일 경상우도 함양군 지리산에 사는 여인 옹씨가 삼가 물었더니, 남편 임술년생 강쇠가 우연히 득병하여 사생의 갈림길에 있다하니 점괘로 밝혀주소서. 밝혀주소서. 하나 둘 셋."

산통을 이용해서 점치는 방법은 맹인 점술의 가장 일반적인 형태이다. 『조선의 점복과 예언』에 따르면 맹인은 대개 산통이나 솔잎을 이용해서 육효점을 쳤다. 육효점이란 주역의 6효(爻)를 뽑아 상하 두 개의 괘(卦)를 지어 얻는 방식이다. 이렇게 얻은 괘는 64괘 중 하나를 차지하며 그것의 효상(爻象), 괘상(卦象)을 해석하고 변역(變易)을 풀이하는 것이다. 효와 괘를 얻기 위한 방식에는 산통, 솔잎, 동전던지기[擲錢] 등이 쓰인다. 산통 안에는 금속 또는 향목으로 만든 산목이라는 가느다란 막대기 8개가 있는데, 점복자가 경건한 상태에서 산통을 흔들다가 산대를 뽑는다. 맹인이 쓰는 산대에는 눈금이 새겨져 있어 그

눈금으로 효를 판단한다. 산대는 세 차례 고른다. 첫째 산대로 상괘(上卦)로 삼고, 둘째 산대는 하괘(下卦)를 삼으며, 셋째 산대로는 변역(變易)을 헤아리기 위한 동효(動爻)를 얻는다. 솔잎 점은 심지 뽑기와 비슷하다. 점복자가 수십 개의 솔잎을 쥐고 있으며 문복자가 한 개에서 여러 개까지 임의로 뽑는데, 그 뽑힌 숫자로 작괘(作卦)한다. 산통을 이용하는 방법과 마찬가지로 세 차례 뽑으며, 그렇게 만든 괘로써 운수를 점친다.

맹인의 독경 역시 변강쇠가에 생생하게 묘사되어 있다.

저 계집 거동 보소. 한 걸음에 급히 와서 사면에 황토 놓고, 목욕하며 재계하고, 빤 의복 내어 입고, 살망떡

점치는 남녀 맹인(1800년대), 견본 석채, 106×60cm 여자 맹인은 손가락으로 간지를 짚고 있고, 남자 맹인은 방울을 흔들고 있다. 지팡이가 있는 것으로 보아 아이 또한 맹인임을 알 수 있으며, 이 의식에 참여하고 있다.

과 실과 채소 차려 놓고 앉았으니 송봉사 건너온다. 문 앞에 와 우뚝 서며, "어디다 차렸는가." "예다 차려 놓았소." "그러면 경 읽제." 나는 북 들여놓고 가시목 북방망이 들고, 요령은 한 손에 들고, 쨍쨍 퉁퉁 울리면서 조왕경(부엌신에 대해 읊는 경전 – 인용자), 성조경(집 지을 때 읊는 경전 – 인용자)을 의례대로 읽을 후에 동진경(동토경?, 흙 다질 때 읊는 경전 – 인용자)을 읽는구나. "나무동방 목귀살신(木鬼殺神), 나무남방 목귀살신, 나무서방 목귀살신, 나무북방 목귀살신." 삼칠편(三七篇)을 얼른 읽고 왼편 발 턱 구르며, "엄엄급급(奄奄急急 : 숨끊어질 듯 다급하게 – 인용자) 여율령(如律令 : 명령이 떨어지기 무섭게 – 인용자) 사바하 쒜."

점치는 기구(조선), 연세대 박물관 소장

『맹인소사』에서는 맹인의 기도방식에 대해 다음과 같이 기록했다. "조선에서 맹인의 기도는 안택(安宅), 연수(延壽), 구병(救病), 축사(逐邪) 등 각종 경우에 시행한다. 보통 먼저 방안에 단을 설치하여 밥과 떡, 과일, 술, 물, 조화 등을 올려놓고, 먼저 좌고를 치면서 청정도량진언(淸淨道場眞言)·구업진언(口業眞言) 등을 읊조리고, 다음에는 제천존(諸天尊), 신장(神將), 진군(眞君) 등의 내왕을 청하고, 옥추경(玉樞經) 따위의 경전을 외우면서 사악을 쫓는다." 이처럼 맹인의 기도에는 불교와 도교가 서로 섞여있었다. 또한 의식의 규모에 따라 동원되는 맹인의 수에도 차이가 있었다. 이런 독경의 전통은 오래되었으며, 조선 초기의 경우 맹인들은 대개 삭발했고 사람들은 그들을 선사(禪師)라 불렀다(『용재총화』, 권 8). 물론 맹인의 송경 전통은 고려로부터, 아니면 그 이전부터 물려받은 것이다.

점 값으로 받는 돈은 한 냥이었다. 1880년대 하급미 한 되 값이 한

냥이었으니, 그 수입이 보잘것 없음을 알 수
있다.

장애에도 등급이 있다

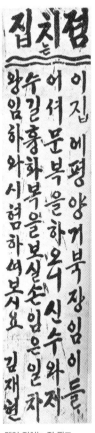

맹인 점치는 집 광고

심청전에서 흔히 등장하는 표현으로 "천지
인간 중에 앞 못 보는 소경이 가장 불쌍하다"
는 구절이 있다. 어떤 때는 "허다한 병신 중에
소경이 제일 불쌍하다"는 표현을 쓰기도 한
다. 이런 구절을 통해 사람 가운데 심지어 장
애자 가운데 맹인이 가장 비참하다는 세간의
인식을 읽을 수 있다.

어떤 본에서는 황성 길 가던 심봉사가 목욕
하다가 옷을 도둑맞고 한탄하는 대목이 있다.
"귀먹장이 절놈다리 각색 병신 섧다 하되 천
지일월과 흑백장단 분간하고 대소분별 하건
마는 어찌한 놈 팔자로 소경이 되었노 한참 이
리 탄식할 제"(경판 20장본, 18장)라는 부분이다. 어떤 본에서 황성 길
동행자인 뺑덕어미가 도망치자 심봉사는 이렇게 신세를 한탄한다.
"이내 팔자 어쩐 일인고. 온갖 병신 다 섧다 해도 이 설움 같을손가.
앉은뱅이 섧다 해도 온갖 음식 바로 먹고 곱사등이 섧다 해도 처자를
골라 얻고 벙어리 섧다 해도 길은 바로 찾아가고 조막손이 섧다 해도
삼강오상 알아 있고 고자가 섧다 해도 지자벼슬 하여 있고 누운 방 섧
다 해도 청홍흑백 알아있고 이내 팔자 어이하여 소경이 되었는고."(국
립도서관소장 59장본, 52장) 여기서 귀머거리, 절름발이, 앉은뱅이, 곱

사등, 벙어리, 조막손, 고자, 누운 방 따위의 각색 '병신'의 이름이 다 보이는데, 그 중 소경이 가장 비참하다는 것이다. 왜냐하면 먹기 불편하고 사람을 구별 못 하고, 따라서 부모자식 얼굴도 몰라 삼강오륜을 모르며 벼슬을 할 수 없기 때문이다.

맹인이 이상에 보이는 장애자들보다 훨씬 심각한 장애임은 단지 세간의 인식에서 뿐만 아니라 법적으로도 확립되어 있었던 모양이다. 『경국대전』(「병전」 면역 조)에도 장애자와 중병자를 독질(篤疾) · 폐질(廢疾)로 구별하여 군역을 면제한다고 나온다. 독질로는 악질(惡疾 : 즉 나병), 전광(癲狂 : 조울증과 광증), 양쪽 눈이 먼 맹인, 사지 중 둘이 절단된 경우가 폐질로는 백치 · 벙어리 · 난쟁이 · 꼽추 · 사지 중 하나를 못 쓰는 경우 등이 규정되었다. 이런 방식은 『대전회통』에도 변함이 없으며, 멀리 신라시대까지 소급되는 전통이다.(이현숙, 「몸, 질병, 권력 : 통일전쟁기 신라의 군진의학」, 『역사와 문화』 6, 2003)

매우 심한 중병을 뜻하는 독질은 고칠 수 없는 병인 폐질보다 한 등급 높은 장애이다. 양쪽 눈이 다 먼 맹(盲)은 천하의 악병으로 간주되어 벙어리 · 난쟁이 · 꼽추보다 중한 병으로 분류되었다. 폐질보다 한 등급 낮은 장애로는 잔질(殘疾)이 있다. 당의 제도를 규정한 『당령습유보(唐令拾遺補)』에 따르면, 몸에 병이 남아있다는 뜻의 잔질에는 한쪽 눈이 안 보이는 경우, 양쪽 귀가 안 들리는 경우, 손가락 2개 또는 발가락 3개가 없는 경우, 손이나 발에 엄지가 없는 경우, 머리에 부스럼이 생겨 머리카락이 없는 경우, 구루병, 배에 덩어리가 진 병, 목과 발에 혹이 난 경우 등이 해당한다. 당대에는 이런 잔질의 경우에도 역을 면제했지만, 조선에서는 잔질을 면제대상에서 제외하여 그 대상을 한결 엄격히 했음을 짐작할 수 있다. 당대에 확립된 독질 · 폐질 · 잔질의 분류법은 신라, 고려, 조선시대 내내 적용되었다.

심봉사의 처지는 단지 맹인이라는 신체적 장애에만 그치는 것이 아니다. 심청전을 자세히 들여다보면 심봉사는 맹인일 뿐더러 환(鰥)과 독(獨)이라는 사회적 장애에도 처해 있다. '환'이란 늙어서 아내가 없는 사람을 뜻하고, '독'이란 늙어서 자식이 없는 사람을 일컫는다. 이 둘에 젊어서 남편 없는 사람인 과(寡)와 어려서 어버이 없는 사람인 고(孤)를 합쳐 환과고독이라 부르며, 이를 통칭하여 사궁(四窮)이라 한다. 조선사회에서는 사궁을 사회생활에서 비참한 존재로 규정했다.

사궁에도 순서가 있다. 네 가지 모두 서열을 따지지는 않아도 그 중 가장 불쌍한 것이 홀아비[鰥]이며, 이를 사궁지수(四窮之首)라 한다. 정광수 창본 심청가에는 아내가 죽자

눈 뜬 맹인(1900년대), 면본 담채, 82×53cm 눈은 뜨고 있지만 앞 못 보는 맹인을 청맹과니 또는 당달봉사, 눈 뜬 장님으로 불렀다.

40대의 심봉사가 "노이무처환부(老而無妻鰥夫)라 하니 사궁중(四窮中)의 첫째라"하는 구절이 있다. 지금도 마찬가지이지만, 조선사회에서도 아내 잃은 홀아비는 과부보다 훨씬 힘든 생활조건에서 살아야 했다. 독(獨)이란 자식 없는 것을 뜻하지만, 특히 대 이을 아들자식이 없는 것도 독이나 다름없었다. 그래서 비록 딸이 있음에도 불구하고, 심봉사는 "아들자식이 없고 앞 못 보니 몇 가지 궁이 되겠는가"(정광수 창본 심청가)라 한탄한다. 10여 년 후에는 그 딸마저 잃는다. 완전한 독의 신세로 전락한 것이다. 아내를 잃고, 심청 또한 잃을 상황이 되자 심봉사는 "어떤 놈의 팔자로서 아내 죽고 자식 잃고 사궁지수가

병신 동냥하는 모양 동냥을 위해 병신춤을 추는 것이 아닐까 (사진 제공 : 민속원)

된단 말인가"(심정순 창본)라고 외친다. 사궁 중 넷 또는 셋을 동시에 갖출 수는 없다. 남녀가 갈리고 노소가 갈리기 때문이다. 따라서 홀아비이면서 딸자식마저 없는 심봉사는 사궁 중에서 있을 수 있는 가장 비참한 경우에 해당한다.

국가에서 장애와 중병자를 독질·폐질·잔질로 구분하고, 사회적 취약자를 환·과·고·독 등으로 나눈 데는 이들의 불행한 처지를 헤아리는 관심 이상의 중요한 의미가 있다. 국가는 '비정상적인' 몸을 규정함으로써 '정상적인' 몸을 가려내기 때문이다. 신체적으로 정상적인 몸은 국가의 철저한 관리대상이 된다. 국방을 위한 군역이나 일동원을 위한 요역, 또 납세와 공물을 매기기 위해서는 반드시 그들이 필요하다. 따라서 신분에 따른 구분, 나이에 따른 구분과 함께 신체상태에 대한 구분은 매우 중요했다.

이러한 분류가 실제로 작동하는 방식을 보면, 양쪽의 경계에서 적지 않은 논란이 있음을 알 수 있다. "군대에 가지 않기 위해 팔뚝을 자르는 행위"(『세종실록』 19년 1월 갑오)나 "불에 데어 손발을 못 쓰게 된 아이의 병역을 면제해달라는 청원에 대한 수령의 거부"(『목민심서』, 「애민육조」, 관질) 등은 일상에서 벌어지는 수많은 일 중 하나였을 것이다. 정상인이 병역을 면하기 위해 비정상상태의 경계로 넘어서며, 비정상으로 분류되어야 마땅할 사람을 관에서는 "허수아비를 세워 놓는 것보다" 낫다고 말하면서 이를 거부한다. 지금도 병역을 둘러싸고 흔히 벌어지는 일이다.

나라의 장애자대책은 적절했을까

심청전에서는 나라에서 맹인을 위해 잔치를 연다. 맹인 잔치는 황후가 된 심청이 아버지를 만나기 위해 설정된 공간이지만, 단순한 만남만을 위해서 배설된 것은 아니다. 관리를 시켜 찾아나서기 보다 맹인을 위한 나라의 특별한 잔치를 베풀어 한결 넓은 틀에서 불쌍한 백성을 어루만지는 형식을 빌린 것이다.

맹인 잔치를 여는 논리로 심청은 "주 문공이 늙은이를 보살폈고, 한 문제가 사궁을 진휼하는 정신을 이어 백성 중의 가장 불쌍한 존재인 맹인을 위무하면 어떨까"하는 견해를 제시한다. 구체적인 방법으로 "맹인에게 경전을 외게 하고, 늙고 병들고 자식 없는 맹인에게는 집을 마련해주고 음식을 주자"고 제안한다. 이렇게 하면 그들의 목숨이 구덩이로 빠지는 것[轉壑之患]을 면케 하여 황제의 지극한 덕을 만방에 떨칠 수 있다는 것이다.

조선시대의 복지대책은 "궁민을 구제함으로써 왕의 덕을 펼친다"는 인정(仁政)의 이념에 기초했다. 독질·폐질자에게는 요역과 군역을 면제하였고, 그들이 중죄를 지었을 때 감해주기도 하고, 때로 돈과 곡식을 베풀어주었다.

조선시대에는 복지의 차원에서 나라에서 잔치를 여는 전통이 존재했다. 조선 초부터 왕은 노인을 위한 양로연(養老宴)을 베풀었다. 『경국대전』「예전」연향(宴享) 조에는 "매년 계추(季秋)에 양로연을 베푼다"고 규정되어 있다. 단, 80세 이상의 대소원인(大小員人), 즉 경직(京職)·외관직·현직·전직·산관(散官) 등의 관리와 함께 생원·진사

등을 지냈던 자를 대상으로 했다. 서울에서는 남자의 경우 국왕이 직접 잔치를 베풀었고, 부인들에 대해서는 왕비가 베풀었다. 지방에서는 수령이 별도로 남자와 부인을 나누어 잔치를 베풀었다. 비록 80세 이상 양반 노인에 한정되는 것이었지만 잔치라는 형식을 통해 그들을 위안한 것이다. 이 양로연보다 더 성대한 잔치가 기로연(耆老宴)이다. 왕이 베푸는 이 잔치는 나이는 70세 이상으로 더 적지만, 벼슬은 정2품 이상 실직을 지낸 고위관리만을 대상으로 하여 봄과 가을에 열렸다.

기로연이나 양로연은 관직을 지냈거나 초시라도 합격한 일부 양반을 대상으로 한 것이었다. 이런 잔치의 성격을 감안할 때 전국의 맹인들을 한데 모아 잔치를 베푸는 것은 정말로 파격적인 일이다. 사회의 가장 언저리에 있는 사궁과 독질·폐질자를 위한 거국적 잔치라니 상상하기 힘들다. 실제로 이들을 위해 잔치를 열었다는 기록은 어디에도 없다. 심청전도 이 사실을 의식하고 있다. 따라서 심청전에서는 맹인 잔치가 사상 처음으로 배설된 것임을 강하게 풍긴다. 아버지를 만나는 수단으로 맹인 잔치를 열고자 하는 심황후의 즉흥적 아이디어가 인정(仁政)의 연장선에서 '통 크게' 수용된 것이다.

사회적 취약자에 대한 국가의 일반적인 복지대책은 휼전(恤典)에 망라되어 있다. 『대전회통』「예전」'휼전'에서는 노인, 노처녀, 고아, 병자, 기민(飢民), 역병환자, 행걸아(行乞兒) 등에 대한 사항을 규정했다. 1품 이상 품계로 70이 넘어 벼슬을 사양한 노인에게 지팡이 하사할 것, 70세 이상 당상관이나 공신 당사자 및 그 부모와 처를 대상으로 매달 술과 고기를 지급할 것, 30세 되도록 시집 못 간 빈곤한 사족의 여인에게 자재(資財)를 지급할 것, 친족 없이 추위를 견디지 못하고 걸식하는 자와 부양할 사람이 없는 늙은이에게 옷감을 지급할 것, 버려진 아이를 양육하는 사람에게 옷감을 지급할 것, 가난한 병자에

기로 잔치 – 이원기로회도(1730), 지본 담채, 34×48.5cm, 국립중앙박물관 소장 70세 이상 관리를 위한 나라 잔치가 풍성하게 열렸다. 술과 안주가 차려진 상을 각각 받고 있으며, 재인들이 처용무를 추고 있다.

게 의약을 줄 것, 흉년에 버려진 아이를 타인이 거두어들여 구휼하여 자식으로 삼는 일을 허락할 것 등이 그 내용이다.

이 법전은 특히 고아와 행걸인에 관심을 집중하고 있는데, 그 가운데는 '갓난아이 심청이'를 연상할 수 있는 흥미로운 규정도 있다. 버려진 갓난아이의 경우 떠도는 걸인 여자 중에 젖 있는 사람을 골라 먹이도록 하며 그 여자에게 쌀, 장, 국, 미역, 옷 등을 제공하도록 할 것, 버려진 아이는 7세 이전까지는 나라에서 재정지원을 하도록 할 것이라는 내용이 그것이다. 물론 심청에게는 아비가 있어 버려진 아이가 아니었다. 그래서인지 심청전에서는 심봉사가 아이를 안고서 젖동냥 다니는 모습으로 그려져있다. 또한 심청이가 아비 대신 동냥을 시작하는 나이가 7세인데, 이 나이는 휼전이 최소한의 자립기준으로 세운

고아들(유소무의) – 용주사 감로탱(1790) 죽음이 흔했기 때문에 고아들이
많이 생길 수밖에 없었다. (사진 제공 : 예경)

나이와 무관하지 않을 것이다.

이와 같은 휼전의 내용은 없는 것보다 한결 낫기는 하지만, 대체로 무엇에도 의지할 데 없는 극한상황만을 배려한 혹독한 것이었다. 만일 가족이나 친지가 있는 경우에는 어떤 혜택도 받을 수 없었다. 약간의 경제적 능력만 있어도 구호대상에서 배제되었다. 이런 경우 국가는 가족과 친지 심지어 마을에다 그들의 구호를 떠넘겼다. 정약용은 『목민심서』, 「애민육조」, 관질(寬疾)에서 다음과 같이 말한다.

장님, 절름발이, 손발병신, 나환자 같은 이들은 사람들이 천하게 여기고 싫어하는 바이다. 또한 육친(六親)이 없어서 떠돌아다니며 안주할 곳이 없는 이들에 대해서 그들의 종족들을 타이르고 관에서 보호하여 그들이 안주할 곳을 마련해 주어야 한다. 그들 중 친척이 하나도 없어서 어디 의지할 곳이 전혀 없는 자에게는 그 고향마을의 유덕한 이를 골라 보호해주도록 하며, 잡역을 덜어주며 그 비용을 대신케 해주도록 해야 할 것이다.

가족과 친지, 더 나아가 마을의 유력자가 감당할 수 없는 한계적 상황에서만 국가가 나선다는 것이다. 심청전에서 맹인 잔치 외에 어떤 국가의 시혜도 보이지 않는다. 심봉사는 이에 해당하지 않기 때문이다. 그는 한동안은 처에게, 한동안은 마을 주민에게, 한동안은 딸에게, 한동안은 딸의 죽음으로 생긴 재산에 기대 연명한다. 재산이 있을 때에는 뺑덕어멈 같은 여자가 주변에 빌붙기까지 한다.

치병과 살신성효 문화

조선사회에서 안맹은 난치병이다. 눈이 막 멀기 시작할 때는 의학적 조치가 있었다. 『동의보감』에서는 눈이 멀기 시작할 때 여러 치료법을 쓰고 있다. 하지만 이미 안맹이 다 진행된 경우나 태어날 때부터 눈이 먼 경우에는 치료법이 없다. 어느 본 심청전에도 심봉사의 눈병을 고치기 위한 어떤 의학적 시도는 없다. 이를 불치병으로 인식했기 때문이다. 반면에 심봉사 처의 산후별증에 대해서는 의원을 찾아가고 약을 쓰는 행위가 보인다. 이 병은 고칠 수 있는 질병의 범위 안에 있기 때문이다. 어떤 본에서는 의약이 안 듣자 기도도 하고 굿도 한다. 이 역시 고칠 수 있다는 실낱 같은 희망에 바탕한 것이다. 그렇다면 이미 고질이 되어버린 심봉사의 안맹은 영영 고칠 길이 없는 것인가.

조선의 민간에서는 고질 불치병에 "사람의 살"을 쓰는 풍습이 존재했다. 안맹과 함께 대표적 독질로 분류된 나병의 경우 "사람의 생간을 먹으면 낫는다"고 하여 아이를 살해하는 일이 흔히 벌어졌으며, 이런 전통은 일제강점기 때까지도 지속되었다. 병이 불치이기 때문에 극단적 치료약을 구상하기에 이른 것이다. 당연히 조선사회에서는 살인하여 신체의 일부분을 먹는 것을 금기시 했으며, 관에서도 이를 엄격히 다스렸다.

하지만 신체 일부를 잘라내는 행위, 곧 손가락을 깨물어 잘라 환자에게 피를 먹이는 행위와 엉덩이 살을 베어 약으로 쓰는 일은 금지하지 않았고, 오히려 '장려' 하는 분위기였다. 특히 여자의 경우 죽은 남편을 따라 죽는 것을 정절을 지키는 행위로 칭송했다. 조선 초 국가에서 펴낸 『삼강행실도』나 이후 여러 종류의 행실도 책에서는 이런 행위를 효자와 열녀의 모범적 행위로 수록했다. 목숨이 경각에 달린 순간 무슨 수를 써서라도 죽음을 막으려는 자식의 갸륵한 정성이나, 남편을 따라 세상을 등질만큼 깊고 깊은 사랑이 있을 수 있다. 이는 전혀 이해 못할 바 아니지만, 그것이 효자와 열녀 상으로 칭송되고 조장되는 순간, 그것은 따라야 할 일상적 규범이 되어버린다. 그런 일은 수없이 벌어지고 관에서는 일일이 효성비와 열녀비를 세워 그 뜻을 기린다. 심지어 그런 일이 사회적으로 강요되었다. 이러한 단지효양(斷指孝養), 할고효양(割股孝養)과 순절(殉節) 전통에 대해 정약용은 유학의 본뜻에 어긋난 것이라 하여 맹렬하게 비판했다.(『여유당전서』 제1집 「효자론」과 「열녀론」)

불치병자가 최후로 기댈 곳은 종교적 영역이다. 그곳은 기적의 영역이기 때문이다. 모든 종교가 병자의 기적적 치유를 자랑한다. 심청전에서는 공양미 300석을 부처님께 시주하라고 한다. 그럼으로써 전생의 죄악 때문에 생긴 안맹을 고칠 수 있다는 것이다. 만일 300석을 낸다고 했다가 부처님과 한 이 약속을 지키지 않으면 덤으로 앉은뱅이가 되고 저승에서는 더 나쁜 삶을 받는다고 한다. 어떤 본에서는 심봉사가 덜컥 약속을 하기도 하지만, 어떤 본에서는 심청이 소원을 빌어 화주승을 만난 것으로 되어 있다. 어찌되었든 공양미 300석 시주로 '눈' 을 뜨는 거래가 성립된 것이다.

심청전에서 심봉사의 개안과 심청의 살신(殺身)은 직접적인 관계에 있는 것이 아니다. 화주승은 어디까지나 큰 재물의 시주가 필요하다고 말했을 뿐이다. 돈을 마련할 방도는 여러 가지 있을 수 있다. 그러나 결과는 목숨을 내놓는 것으로 나타났다. 백미 300석은 엄청난 비용이기 때문이다. 빌리거나 종살이를 해서 쉽게 마련할 수 있는 액수가 아니다. 1731년 한영이란 극빈자가 12살 난 딸 분절이를 노비로 넘길 때 돈 한 푼 안 받았으며, 1832년에는 30살 된 업이와 그 딸이 단돈 8냥에 팔리고 있다.(최승희, 『한국고문서연구』, 지식산업사, 1989) 『속대전』(1745)에서 노비 1명 면천하는 비용이 쌀 13석 또는 돈 100냥이라 했는데, 이를 보면 여자노비 값이 헐값이었음을 알 수 있다. 이런 점을 감안할 때 심청이 쌀 300석을 생기게 해달라고 정성을 다해 비는 대목은 충분히 이해가 된다. 심청은 정말 운이 '좋았다.' 요행히도 제물거리를 찾아다니는 뱃사람을 만나 몸값으로 300석 이상을 받았으니까.

석진단지 – 『오륜행실도첩』 중(1797), 지본 채색, 22×15cm, 김홍도, 호암미술관 소장 조선시대 때 고산현의 아전 유석진은 아버지가 악질에 걸려 날마다 발작하여 기절하니 차마 볼 수 없을 지경이었다. 석진은 밤낮으로 의원과 약을 구하다가 그 병에 산 사람의 뼈를 피에 섞어 마시면 낫는다는 말을 듣고 자신의 무명지를 잘라 약을 쓰니 아버지의 병이 씻은 듯이 나았다."

　아버지의 개안을 위해 심청은 살신성효(殺身成孝)했다. 심청의 효심을 일부러 깎아내릴 필요는 없다. 맹인이지만 정성껏 자신을 길러준 아버지의 은혜를 뼈에 새기고 있기 때문이다. 가장 소중한 사람을 위해 목숨을 바치는 것은 인간사랑의 극치이다. 맹인 아버지의 앞 못 보는 고통을 보는 것은 커다란 고통이었을 것이다. 한낱 희망이 있다면 무엇인들 못 할 손가. 심청의 절박한 심정은 "심청 팔자 무상하여 강보에 어미 잃고 맹인 아비 뿐이온되 아비의 평생 한인 눈 뜨기가 원이온데"(신재효본, 15장 뒤)라는 말로 표현된다.

그 마음 지극하다 해도 심청이 옛 사람의 효행을 의식하고, 마을사람이 효행비를 세운 사실은 이를 문화적으로 해석할 여지를 남긴다. "왕상은 얼음을 뚫어 잉어를 얻고, 맹종이 대나무 앞에 눈을 떨구어 눈 가운데 죽순 나니 그런 일을 생각하면 출천대효 사친지절 옛사람만 못하여도 지성이면 감천이라 아무 걱정 마옵소서"(심정순 창본)라 말한다. 한 여름에 얼음 뚫고 빙어를 얻고 한 겨울에 죽순이 난 옛일처럼 자신의 효행으로 아버지가 눈을 뜰 것이라 소망한다. 심청이 인당수에 빠져 죽자 마을사람들은 그의 효행을 기리고자 일종의 효행비인 타루비(墮淚碑)를 세운다. "어버이 두 눈이 없는 것을 근심으로 여겨(心爲其親雙眼瞎) / 효를 이루고자 자신을 바쳐 용궁을 달랬네(殺身成孝謝龍宮) / 멀고먼 안개 낀 물 늘 깊고 푸른데(烟波萬里深深碧) / 강가의 풀은 해마다 다시 피어나건만 맺힌 한 끝이 없네(江草年年恨不窮)".(심정순 창본)

심청이 효심으로 몸을 희생하여 얻은 대가는 엄청났다. 우선 그 자신 다시 살아났다. 살아난 정도가 아니라 여자로서 이룰 수 있는 최고 지위인 황후가 되었다. 맹인 아버지를 다시 만났다. 만남의 순간 극적으로 아버지가 눈을 떴다. 그는 딸의 얼굴을 봤고 아름다운 풍경도 봤다. 사궁지수를 면했을 뿐더러 황제의 장인이 되었다. 또한 벼슬을 받아 영락한 가문을 다시 세웠다. 다시 결혼하여 홀아비를 면했다. 대를 이을 아들도 낳았다. 또 무엇이 있을 거나. 아, 그렇지! 심청의 효행 덕분에 다른 맹인들도 모두 눈을 떴다. 뺑덕어미와 눈맞아 달아난 황봉사만 빼고. 이처럼 치유는 아버지 눈을 뜨게 하는 데 그치지 않는다. 사회적, 경제적, 신분적 모든 장애, 심지어 모든 맹인의 장애를 치유한다. 심청의 영웅적 행위로 심봉사는 최악의 삶의 존재에서 최상의 존재로 일약 인생역전 한다. 신체장애의 몸, 사회적으로 버려진 몸, 그 몸이 효심어린 몸으로 해서 구원받은 것이다. 덩달아 맹인없는 세상이 된다.

이런 사실 "영주각 학사시켜 언문으로 번역하여 세세승전 하게 하니 이 소설 들으신 후 남녀간의 본받으면 가가효열이 아닌가 더지 더지 더지."(신재효본) 심청전은 이렇게 끝을 맺는다. 이리하여 심청의 '살신성효'는 가가효열(家家孝烈) 효행록의 새로운 한 장을 장식하며 인구에 회자한다.

에필로그 : 역사사설 길다한들

규방에서 소설로 읽거나 난장에서 소리로 듣거나 수없는 굴레 속에 고통받는 조선여인과 남정네들, 어린이와 늙은이들, 심청전 읽으면서 심청가 들으면서 때론 눈물짓고 때론 해방감을 맛보는구나! 이제 내 사설일랑 그만 접고 참소리 하나 듣자꾸나.

"심황후 기가 막혀 산호주렴을 걷어버리고 보신발로 우루루루루루루루루루루" 정권진 명창 자진모리 몰아친다. "에? 아니, 심청이라니, 청이라니? 이게 웬말이여? 에이? 이게 웬말이여? 내가 지금 죽어 수궁을 들어왔느냐? 내가 지금 꿈을 꾸느냐? 죽고 없난 내 딸 청이, 이곳이 어디라고 살아오다니 웬말이냐? 내 딸이면 어디 보자. 어디, 내 딸 좀 보자! 아이고, 내가 눈이 있어야 내 딸을 보지, 아이고 답답허여라! 어디, 내 딸 좀 보자! 심봉사가 눈을 끔쩍끔쩍 허더니마는, 부처님의 도술로 눈을 번-쩍 떴-구나!" 역사사설 길다한들 이런 감동 다 못풀어내니 그것이 원통하구나.

「심청전으로 읽은 맹인의 사회사」(『역사비평』 63호, 2003년 여름호)를 일부 수정하였다.

2 부
역사 속의 의료생활

내의원 · 전의감 · 혜민서는
어떤 곳이었을까

내의원(內醫院), 전의감(典醫監), 혜민서(惠民署)가 조선시대를 대표하는 의료기관이었음은 중등교육 이상 받은 사람이면 다 아는 사실이다. 그렇지만 실제로 어떤 곳이었으며, 어떻게 운영되었는지 아는 사람은 거의 없다. 심지어 전문학자들도 원론적 수준밖에 말하지 못한다. 그렇게 된 이유는 이 의료기관들이 돌아가는 모습을 생생하게 그리려는 데 목적을 두지 않고, 기관의 목적과 관원의 수 정도를 확인하는 것만으로 연구결과가 충족되었다고 생각했기 때문이다. 자, 그러면 내의원, 전의감, 혜민서를 찾아가 어떤 일을 하는지 알아보도록 하자.

내의원 : 나라 최고의 의료기관

내의원은 조선 최고의 의료기구로 흔히 '약방' 이라 불렀다. 궁궐 내 약방이 있는 곳이라는 뜻에서 이렇게 부른 것이다. 궁궐 안에 약

의원의 **진료 — 불암사 감로탱(1890)** 피골이 상접한 환자가 침을 맞고 있다. 환자 오른쪽 사람은 건을 쓴 것으로 보아 약을 전문으로 하는 의원인 듯하다. 약을 써도 안되어 최후로 침을 맞는 것일까. (사진 제공 : 예경)

방을 두는 전통은 삼국시대까지 거슬러 올라간다. 왕을 우두머리로 하는 사회조직이 갖추어지고, 약이나 침을 써서 병을 고치는 의학방법을 사용하게 된 때부터 약방이 생겨났다고 볼 수 있다. 약방에는 약재가 쌓여 있고, 의원은 왕과 고위 신하의 질병을 돌보았다.

조선 초기에 궁궐의 약방은 고려 때와 마찬가지로 전의감에 소속된 특별한 약방에 지나지 않았으나, 세종 이후 독립기구로 떨어져 나와 내의원이 되었고, 국가의료기구의 정점에 위치했다. 왕과 고위층의 의료를 과점하던 전의감에서 왕의 진료를 앞세운 내의원이 독립된 사실은 조선 초 왕의 권력이 안정적인 기반을 획득했음을 뜻한다.

지금도 그렇겠지만 왕조사회에서 최고지도자의 건강은 매우 중요한 의미를 띠었다. 왕이 아파서 정사를 잘 보지 못하는 상황이나 왕의 유고시 상황을 상상하면 그 일의 중요성을 실감할 수 있을 것이

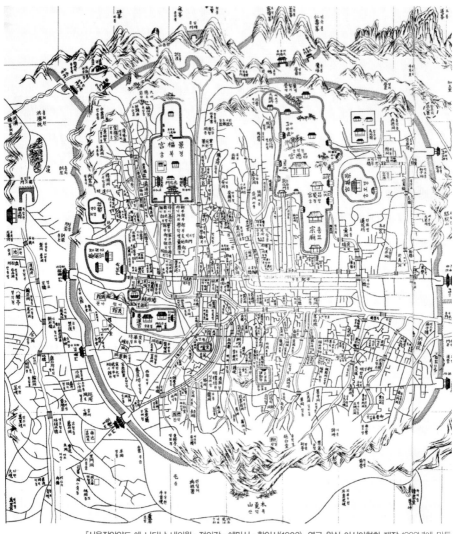

『서울장안약도』에 나타난 내의원·전의감·혜민서·활인서(1902), 영국 왕실 아시아협회 제작 1902년에 만들어진 이 지도에는 전의감·혜민서·동활인서의 위치가 표시되어 있다. 김정호의 청구도를 보면, 동활인서의 위치는 이 지도에 표시된 곳이 아니라 성문 밖 광희문과 동대문 사이였다. 서활인서는 이 지도의 영역을 넘었기 때문에 표시되어 있지 않은데, 서쪽 소의문을 지나 현재 아현동과 공덕동 사이에 위치했다. 내의원은 창덕궁 안 인정전 왼편에 위치했다.

다. 결재를 맡아야 할 서류가 밀리고, 중요한 정치적 결단을 제 때에 내리지 못하면 나랏일이 순조로울 수 없다. 그렇기 때문에 안정적인 왕의 정사를 위해 왕의 건강을 지키는 일은 막중하며, 그 일을 위해 나라 최고의 의료기관을 만들고, 최고의 약과 의사를 곁에 두어 최고의 의학을 누리도록 한 것이다.

이 최고의 의료기관은 왕의 진료를 주목적으로 했지만, 많은 인원과 약재를 왕이 혼자 독점하지는 않았다. 임금이 총애하는 대신이나 존경하는 학자가 병에 걸렸을 때 임금은 내의원의 어의에게 왕진하여 질병을 돌보도록 하고, 약재를 하사하기도 했다. 나랏일에 중요한 인물의 건강을 돌보는 목적과 함께 왕의 관심과 특전을 통해 시혜의 감사함을 느끼도록 하는 군의신충(君義臣忠) 이념의 실현을 위한 목적 때문이었다.

내의원이 임금이 정사 보는 곳 가까이에 있어야 하는 것은 당연한 일이었다. 그렇기 때문에 내의원은 내의사(內醫司), 궁 밖에 있는 두 의료기관인 전의감과 혜민서를 외의사(外醫司)라고 불렀다. 명칭에 의원(醫院)이라는 말이 들어 있듯 내의원은 의사가 소속된 의료기관의 성격을 띠었다. 그렇다 해도 오늘날의 병·의원과 다른 점이 있다. 의사와 약을 갖추고 있되, 진료가 이루어지는 공간은 아니었다. 왕이나 대신의 진료가 이루어진 곳은 그들이 거처하는 곳이었으며, 내의원에서는 의원을 파견하고 약재를 제공했다. 이런 왕진 방식은 비단 내의원뿐만 아니라 조선 전체의 관행이었다.

내의원의 이모저모는 『대전회통』과 『육전조례』의 내용을 통해 비교적 상세히 알 수 있다. 1865년(고종 2) 새 법전 편찬의 필요에 따라 『대전회통』이 만들어졌고, 그것을 보충하기 위해 육조의 실제 사무를 보완한 『육전조례』가 부록으로 덧붙여졌다.

내의원의 핵심부에는 약을 담은 커다란 약장을 갖춘 약방, 각종 의원이 근무하는 청사(廳舍), 서책을 보관하는 곳 따위가 있었고, 약재를 보관하는 창고, 의녀·약 달이는 시종·각종 노비들이 거처하는

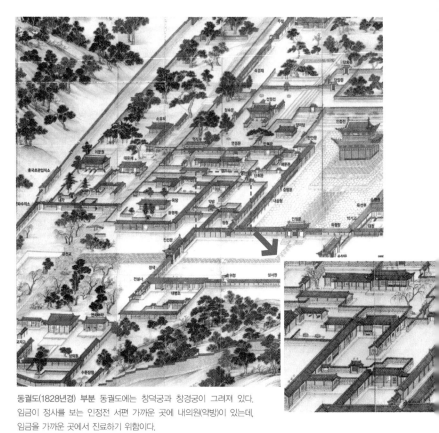

동궐도(1828년경) 부분 동궐도에는 창덕궁과 창경궁이 그려져 있다. 임금이 정사를 보는 인정전 서편 가까운 곳에 내의원(약방)이 있는데, 임금을 가까운 곳에서 진료하기 위함이다.

약방을 자세히 들여다보면, 세 개의 대청이 있는데, 중앙이 본청, 좌·우가 각각 의약동참청과 침의청이었을 것이다. 그림 왼편의 조그만 청 하나는 실무를 보는 청으로 짐작된다. 약방에 인접한 왼편 별채, 그 뒤의 건물, 또 그 뒤의 신농씨, 제사지내는 억석루(憶昔樓)도 약방 소속이었을 것이다. 내의원은 관원과 어의 이외에도 수십 명의 의녀가 있으므로 많은 방이 필요했을 것이다. 마당에는 약을 만드는 데 필요한 기구가 있으며 별채에는 약재인 듯 한 것이 놓여 있다.

공간이 이에 부속되어 있었다. 오늘날 창경궁의 외벽 가까운 곳에 내의원이라는 현판이 붙은 조그마한 청(廳)이 있는데, 그것은 상징적 의미만 있을 뿐 실제 크기를 제대로 반영한 것이 아니다. 『육전조례』 내의원 조를 보면, 내의원에 근무하는 인원은 고위대신, 의관, 의녀, 시종과 노비를 합쳐서 무려 140명이 넘었는데, 지금의 규모로는 이들을 수용하기에 턱없이 부족한 것이다.

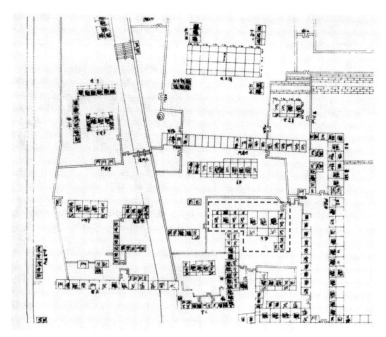
동궐도 배치도 표시 부분이 약방이다.

　내의원 약방은 전국에서 가장 훌륭한 약방이었다. 이곳에는 전국
각지에서 올라온 국산 약재 237종과 중국에서 수입해온 당약재 68종
을 합해서 305종이 갖추어져 있었다. 산삼, 녹용, 우황, 사향 등 국산
명약과 용뇌, 침향, 계피, 육두구 등 수입 향료를 망라하는 것이었다.
향약재는 각 도에서 나오는 산물로 바치도록 되어 있었는데, 17세기
대동법 실시 이전에는 직접 공물로 바쳤으나 대동법 이후에는 쌀과
베로 받은 세금으로 약재를 구입하는 식으로 바뀌었다. 수입 약재는
중국에 파견되는 사행의 공무역으로 충당했다. 우황, 사향, 산삼 등
지방 공물의 할당량이 지나치다는 기록이 『실록』에 적지 않게 보이는
것으로 보아, 그것이 지방민에게 과중한 부담이 되었음을 알 수 있다.
각 도에서는 약재를 직접 구하지 못할 경우 사서라도 바쳐야 했다.
　내의원 소속 인원을 보면, 내의원의 원장과 부원장이라 할 수 있는

내의원·전의감·혜민서는 어떤 곳이었을까

현재 창덕궁 안의 내의원 일제시기 이후 내의원은 옛날의 위치가 아닌 성정각 쪽으로 옮겨졌다. 왕조의 몰락과 서양의학의 도입으로 큰 규모의 약방이 필요 없게 되어 순종이 살던 근처인 이곳으로 옮겨진 것으로 추측된다. 이곳에는 예부터 전해온 "임금님 약을 잘 지어 임금님의 몸을 잘 지킨다(調和御藥, 保護聖躬)"이라는 글자가 쓰인 액판이 붙어 있다. (사진 제공 : 홍순민)

도제조 1, 제조 1, 부제조 1 등 3명이었으며, 행정업무를 보는 의관이 10명, 진료를 전문으로 하는 의원이 38명, 정원이 정해지지 않은 최고위급 의원인 어의 대략 서너 명, 문서의 작성과 도서관리를 하는 서리 23명, 약재를 관리하는 서리 2명, 대청 문지기 2명, 사환업무를 맡은 노비 15명, 내의원을 지키는 군사 20명, 의녀 22명, 물 긷는 여인 2명, 동변군사(童便軍士) 3명 등 140여 명이나 되었다. 동변군사란 약재를 쓸 아이로 추정하기도 하나, 그 구실이 분명치 않다.

내의원에서 38명(+알파)을 정원으로 하는 의원이 근무하는 곳으로는 세 개의 청이 있었다. 그것은 의술의 전문영역과 관의 소속 여부에 따라 구분되었다. 본청 또는 대청에는 약을 전문으로 하는 의관이 근무했으며, 의약동참청(醫藥同參廳)에는 외부에서 초빙되어 진료에 참여하는 의원이 머물렀고, 침의청(鍼醫廳)에는 침을 전문으로 하는 의원이 머물렀다. 본청에는 3품 이하 벼슬을 가진 당하 의관 곧 내의(內醫)가 14명과 이른바 어의라 불리는 3품 이상의 당상 의관이 있었다. 실록을 보면 왕에 따라 어의 수가 다름을 알 수 있는데, 3품 이상 올라간 어의 수는 그다지 많지 않았으며, 대략 3명에서 7명 정도가 왕의 진료에 참가하고 있었다. 의녀도 일종의 의료인이었지만 의관의 반열이 아닌 노비의 반열에 속했다.

내의원의 의원을 볼 때 우리가 헷갈리지 말아야 할 사항은 내의원의 업무가 행정직과 의원직으로 이원화되어 있었다는 점이다. 이전에는 학자들이 이 점에 주의를 기울이지 않아서 관직에 대한 세밀한 부분을 읽어내지 못했다. 심지어 성종 때 출간된 『경국대전』에 기록된 내의원 관직 수를 내의원 실제 의원 수로 착각하는 경우도 많았다. 그래서 내의원 관직은 정3품 정(正), 종4품 첨정(僉正), 종5품 판관(判官), 종6품 주부, 종7품 직장, 종8품 봉사, 정9품 부봉사, 종9품 참봉 등 고작 10명 정도이고, 이 10명의 의원이 진료에 참가한 것처럼 오해하곤 했다. 하지만 이들의 주업무는 행정이었다. 진료기록부 작성, 약재관리, 첩약과 환약 제조, 외부의 의원 파견 및 관리, 허드렛일을 하는 인원관리, 의학책자 발간 따위의 사무가 그것이다.

내의원의 의원이 내의, 침의, 의약동참 등 셋을 포괄한 것은 약과 침 분과에 걸쳐 관과 민간을 통틀어 최고의 의원을 확보하기 위한 것이었다. 어의는 이 세 종의 의원 가운데 치료 성적이 좋아서 벼슬이 당상관으로 올라간 의원을 뜻하며, 그 가운데 으뜸을 수의(首醫)라 불렀다. 내의는 주로 내과 치료를 전담했으며 탕약을 의술의 수단으로 썼다. 침의는 여러 종류의 침을 수단으로 해서 내·외과 질환 모두에 관여했다. 특히 종기를 째는 외과적 처치도 침의의 영역에 속했다. 등급을 놓고 따진다면, 침은 매우 우수한 치료수단이었지만 침을 전문으로 하는 침의는 약을 전문으로 하는 내의보다 한 등급 아래였다. 침의의 전통은 고대부터 존재해온 것이지만, 조선에서는 세종 때부터 본격적인 침구전문의를 양성하기 시작했다.[손홍렬, 「한국의료제도

사 연구(고대~조선초기)」, 경희대 사학과 박사논문, 1986]

　의약동참은 외부에서 초빙해온 의원으로 의술에 용하다는 평판이 있으면 신분 고하를 가리지 않고 궁궐로 뽑아 올렸다.(이규상, 『병세재언록(幷世才彦錄)』) 하지만 이들의 대다수는 유의(儒醫)였다. 국가의 의업(醫業)이 서얼과 중인 출신으로 고착되지 않은 중종 이전까지만 해도 의약동참이라는 말이 없었다. 사족 출신이 의관 노릇을 하는 것이 관행이었기 때문이다. 하지만 의학이 특정 신분의 직업으로 한정되면서 사족 출신의 의원 곧 유의를 구별할 필요성이 강하게 대두되었고, 이들을 신분적으로 구분하여 전문직에 동참(同參)한다는 뜻을 내세웠다. 『동의보감』 저술에 참여한 정작과 그의 형 정렴은 매우 유명한 유의였으며, 다산 정약용도 순조의 세자가 병에 걸렸을 때 의약동참으로 불려온 바 있다(『순조실록』 31, 30년 5월 5일자). 내의원 원장과 부원장급인 종2품 이상의 벼슬아치인 도제조, 제조, 부제조의 경우에도 의학에 밝은 인물이 그 직을 맡는 것이 일종의 관례였기 때문에 이들 다수도 유의의 범주에 든다고 할 수 있다.

　내의원에서는 매달 닷새마다 정기적으로 왕을 진찰했다. 문안대상에는 왕비, 때로는 상왕과 대자비까지도 포함되었다. 문안 때에는 제조가 각 관리와 여러 의관을 대동하는 것이 일반적이었으며, 사안에 따라 관리의 등급과 인원에 제한이 있었다. 정기 문안 이외에 특별한 행사 때에는 별도의 문안이 이루어졌다. 특수 문안은 탄신일, 말복 전날, 대한 전날, 친제(親祭)와 친경(親耕) 때, 행차, 국휼, 천릉(遷陵) 등 각종 중요 행사 때마다 행해졌다. 특히 임금과 왕비가 행차할 때에는 제조 3명과 의관 5명이 수행하면서 유사시의 일에 대비했다.

　왕에게 병의 징후가 나타날 때에는 내의원은 비상체제로 돌입하게 된다. 왕의 병을 진찰하는 입진(入診)은 매우 중요해서 3명의 제조와 의관이 같이 입시(入侍)했다. 제조가 증상을 물은 다음 의관이 들어와 진료했으며, 약을 쓸 때에도 3명의 제조, 어의들, 의약동참이 함께 의논한 후 처방을 결정했다. 또한 약을 짓고 끓일 때에도 침이나 뜸을 놓을 때에도 제조와 어의가 전 과정을 매우 세심하게 감독했다. 중요한 것은 이상과 같은 과정을 모두 기록하여 문서로 남겼다는 점이다. 『약방등록』이 그것이다. 이를 보면 왕의 진료가 얼마만큼 철저하게 이루어졌는지 알 수 있다. 그것은 오진이나 진료사고가 발생했을 경우 추궁의 근거가 되었다.

내의원의 의원은 진료에 공을 세우게 되면 쌀이나 콩, 말 등을 상으로 받기도 했지만, 특별한 경우 승진의 기쁨을 누릴 수 있었다. 허준의 사례가 대표적이

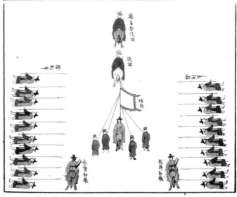

어의, 약방 도제조와 제조, 의관의 모습 — 『영조정순왕후가례도감의궤의 반차도』(1759), 서울대 규장각 소장 영조의 혼례 행렬을 보면, 임금의 가마 후미 얼마 떨어지지 않은 곳에 어의 3명이 뒤따른다. 이어서 조금 뒤에 내의원 총책임자인 약방도제조와 약방제조가 뒤따른다. 이들은 의식의 순서에 따라 관리의 일원으로 자신의 자리를 지키는 동시에 일이 생겼을 때 진료하는 업무를 맡았다.

라 할 수 있다. 그는 『경국대전』이 규정한 서자 출신이 올라갈 수 있는 한계인 당하관을 깼을 뿐만 아니라 종1품 숭록대부에까지 올랐다.(신동원, 『조선사람 허준』, 한겨레신문사, 2001) 조선 후대에 갈수록 다른 잡관과 달리 내의원 의관의 품계는 크게 높아져 정3품 당상관직과 당상품계가 높게 나타나는데, 이는 병을 고친 공로를 인정받았기 때문이다.(이규근, 「조선후기 내의원 의관 연구 —「內醫先生案」의 분석을 중심으로」, 『조선시대사논집』 3, 1998) 또한 조선후기에 많은 내의원 의

관이 현관(縣官) 실직에 제수되어 지위가 상승되었다. 조선전기에 비해 상당히 많은 수가 지방의 수령으로 진출했는데, 중인 수령 가운데는 의관 수령이 75.5%인 74명이 201자리를 차지한 것으로 밝혀졌다.(김양수, 「조선후기 사회변동과 전문직 중인의 활동」, 『한국 근대이행기 중인연구』, 신서원, 1999)

상이 큰 반면 왕이 죽게 되거나 의료사고를 냈을 경우에는 가혹한 처벌을 받았다. 선조가 죽은 책임을 물어 당시 수의였던 허준은 의주 귀양길에 올랐으며, 효종을 죽게 한 어의 신가귀와 정조의 죽음과 관련된 어의 강명길은 모두 사형을 면치 못했다.

전의감 : 의약의 중추

내의원과 전의감이 어떻게 다른지 구별하지 못하는 사람들이 많다. 글자 뜻만 놓고 보면 전의(典醫)라는 말이 어의와 더 비슷하게 느껴진다. 하지만 여기서 전의란 나라의 의약행정을 뜻한다. 내의원이 왕과 왕비, 상왕과 대비 등의 건강을 책임졌다면, 전의감에서는 혜민서와 함께 정부 각 기관에 설치된 약방의 운영, 병든 관리에 대한 약제 하사, 공무활동에 필요한 의료활동, 각 지방 약재의 진상 감독을 맡았다. 무엇보다 혜민서와 함께 의원의 양성을 책임졌는데, 전의감은 고등교육을, 혜민서는 하등교육을 담당했다.

전의감은 의약행정과 의학교육기관으로서 다수의 의료자원이 있었다. 총 책임자인 제조는 종2품 문관으로 2명이 있었고, 그 아래 행정관원이 11명, 교육담당 의관인 교수 1명과 훈도 1명, 종기 전문 의원 1명, 침의 3명 등이 있었다. 의학을 공부하는 사람들로는 사족 출신으로 문과 초시에 붙은 자 가운데 의학을 학습하는 의서습독관 30

명, 의관 지망생인 생도 56명이 있었다. 생도 수는 원래 50명이었으나 영조 22년 이후 6명이 더 늘었다. 이밖에 하급 인력으로 문서를 작성하는 서원 1명, 약 창고를 관리하는 고직 1명, 대청직 1명, 사령 5명, 말 시종 2명, 군사 2명 등이 있었다.

전의감에서는 혜민서와 함께 각종 공무에 구료관을 지원했다. 구료관은 의관과 등제한 생도 중에서 직분에 따라 차출했다. 이를테면 능을 만드는 산릉도감의 일, 중국의 사신을 맞는 원접사와 사신을 배웅하는 반송사의 수행은 특히 중요한 일로 취급되었기 때문에 정3품 이상의 당상관 구료관을 보내도록 했다. 이밖에도 중국이나 일본에 사신을 보낼 때, 왕의 행차 때, 연회 때, 칙사를 보낼 때, 추국(推鞫) 때, 제사를 지낼 때, 전염병이 돌 때, 검시를 할 때, 관아를 지을 때, 굶주린 사람을 돌볼 때, 동서빙고 얼음을 관리할 때, 가마꾼의 건강을 돌볼 때, 군졸의 병을 돌볼 때, 과거시험을 볼 때 구료관을 파견하였다. 대궐 안의 기관인 승정원, 홍문관, 예문관, 시강원, 익위사(翊衛司)에서 구급상황이 벌어졌을 때에도 전의감에서 구료관을 파견했다.

전의감에서는 혜민서와 함께 여러 국가기관에 설치된 약방의 관리와 지방에서 올려 보내는 약재의 감독을 맡았다. 고위대신이 국가 최고의 정사를 담당하는 의정부, 왕실 종친을 관리하는 종친부, 국가 유공자와 그 자손을 관리하는 충훈부, 노인 관직자를 관리하는 기로소, 국가 행정을 집행하는 육조 등의 중앙기관과 훈련도감·금위영·수어청·총융청 등의 군대 등에는 그곳의 관리를 위한 약방이 별도로 설치되어 있었으며 2년 임기의 의원을 파견하였다.

지방에서 올라오는 어용 약재의 관리는 전의감과 혜민서에서 파견한 심약이 책임졌다. 심약은 생도들 중 시험성적이 좋은 자 가운데서 뽑았으며 각 도의 감영과 병영에 각각 1명씩 배치하였다. 제주의 경우 감영이나 병영이 없었음에도 불구하고 특산물 때문에 특별히 1명

조선통신사를 수행한 의관들 − 인조14년통신사입강호성도(仁祖十四年通信使入江戶城圖), 국립중앙박물관 소장
수행 의관 중 우두머리인 양의(良醫)는 가마를 타고 있고, 그 아래 의원 3인이 말을 타고 있다. 이 의원은 전의감과 혜민서에 소속되어 있다.

이 배치되었다. 심약의 전체 숫자는 15명이었다.

전의감에서는 고등의학교육을 실시했다. 정식 품계를 가진 종6품 교수 1명과 정9품 훈도 1명이 교육을 맡았다. 교수와 훈도는 특별히 의학에 밝은 자 가운데서 임명했으며, 교육의 임무가 막중했기 때문에 다른 관직과 달리 수시 교체 대상이 되지 않고 임기가 보장되었다. 전의감에서 의학을 공부하는 학생은 두 부류였다. 하나는 전문직 의관이 되기를 원하는 의생으로 50여 명 있었다. 사족은 이를 기피하는 경향이 있었기 때문에 의생은 주로 중인이나 서얼 신분의 차지가 되었다. 다른 하나는 초시에 합격한 자들로 문관을 지향하지만, 의학을 공부하게 된 의서습독관으로 30명이 있었다. 나라에서는 외국어·의학·법률학·음양학 등 잡학 지식을 아는 문관이 많아야 한다는 시책을 펼치면서 여러 장려책을 당근으로 주어 사족의 잡학 공부를 장려했던 것이다. 이들은 일반 관직을 얻기 위한 방편으로 의서습

독관을 지망했으며, 경우에 따라서는 계속 의학을 공부해서 의관으로 이름을 떨친 자도 있었다. 이들이 계속 의학에 정진할 경우 내의원에서는 의약동참이라는 제도로 이들을 포괄했다.

의학생도가 의관으로 출세하기 위한 길은 험난했다. 의학공부를 시작하기 이전 경전과 역사서에 대한 공부는 필수적이고, 공부를 시작해서는 진맥학, 침구학을 기본으로 하고 의학기초이론, 내과학, 본초학, 방제학 등을 공부했다. 교재에는 중국의서인 『찬도맥』, 『동인경』, 『소문』, 『동원십서』, 『의학입문』, 『의학정전』, 『인제직지방』, 『대관본초』 등이 포함되어 있었는데, 공부의 양과 수준으로 짐작하건대 뜻을 이해하여 자기 것으로 만드는 일은 결코 녹녹치 않을 것이다. 중요한 책인 『찬도맥』·『동인경』·『소문』은 통째로 외워야 했으며, 나머지 책에서도 뜻이 막히는 곳이 있어서는 의관이 되기 힘들었다.

의관이 되는 시험으로는 일종의 승진고과시험인 취재와 정식 시험인 과거 곧 의과가 있었다. 취재는 생도를 대상으로 했다. 생도는 1년에 네 차례 치러지는 취재에서 계속 우수한 성적을 받아야 심약이나

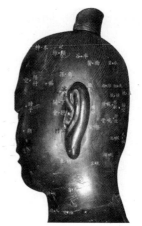

침구동인 머리의 측면부 명대 정통년간 (1439~1446)에 제작된 침구동인으로 국내 동인도의 모범이다. 자세히 보면 침 놓는 혈자리와 혈이름이 표시되어 있다.

침구동인(鍼灸銅人)의 앞 뒤 모습, 궁중유물전시관 소장 침구동인은 구리로 만든 인체 모형에 경락과 경혈을 새긴 것이다. 중국 송나라 때(1030) 왕유일이 처음 제작했으며, 조선 태종 때(1415) 명나라에서 동인을 하사받음으로써 국내 동인의 전통이 시작되었다. 침구동인은 경락과 침을 놓는 혈자리를 학습하기 위한 것으로 시험용으로 중요했다. 궁중유물전시관에 소장된 이 침구동인은 국내 유물로는 유일한 것으로 내의원 소장품으로 주로 내의원 소속 의녀의 학습용으로 사용되었을 것이다.

약방 파견 의원, 본청의 의원이 될 수 있었다. 관직을 얻었다 해도 더 나은 관직을 얻기 위해서는 취재 성적이 좋아야 했다. 오로지 공부, 또 공부를 해야만 하는 시스템이었다. 아무리 취재 성적이 좋다 해도 의과에 합격하지 않으면, 원칙적으로 고위 관직인 6품 참상관 이상 오를 수 없었다.

의과는 전의감에서 치렀으며 3년마다 정기적으로 치르는 식년시, 나라에 경사가 있었을 때 베풀어지는 증광시, 경사가 겹쳤을 때 베풀어지는 대증광시가 있었다. 모두 초시와 복시 두 번의 시험으로 이루어졌다. 초시에서는 18명(대증광시 22명)을 뽑고, 복시에서는 초시에 붙은 자를 대상으로 해서 9명(대증광시 11명)을 뽑았다. 이 9명 중 처음

의관이 된 자로 1등 급제자에게는 종8품, 2등에게는 정9품, 3등에게는 종9품의 관직을 내렸다. 이미 벼슬이 있는 자는 한 계급씩 올려주었다. 의과시험은 취재와 달리 문호가 개방되어 있었다. 전의감이나 혜민서의 생도와 의관뿐만 아니라 민간에서 의학을 공부한 양인 이상 신분이면 누구나 응시할 수 있었다.

전통적인 관의 의학교육은 1876년 개항 이후 커다란 변화를 겪었다. 1882년 혜민서가 혁파되면서 관의 의학교육은 전의감이 전담하게 되었고, 1894년 과거가 폐지되면서 국가 차원에서 한의학을 시술하는 의원을 양성하는 일이 중단되었다. 대신 1885년 제중원이 설립되면서 1886~1890년 사이에 서양의학을 공부하는 생도 16명을 뽑아 교육시킨 적이 있지만 실패로 돌아갔다. 1895년 의학교 설립 계획을 세웠고, 1899년 서양의학을 위주로 한 관의 의학교가 설립되어 한 해 50여 명 규모의 의학생을 양성하기 시작했다.

혜민서 : 서민을 위한 기관?

많은 사람들은 혜민서를 일반 서민을 위한 의료기관으로 알고 있다. 부분적으로는 맞는 말이다. 혜민서는 일반 서민을 위해 약을 제공하는 기관이었음은 분명하다. "병에 걸린 환자가 돈이 없어 약을 청구하면 이에 응해 약을 제공해야 한다"는 내용이 『경국대전』에도 실려 있다. 혜민서는 고려 때의 혜민국을 이은 것이며, 혜민국은 송나라 때 비로소 처음 실시되었던 대민의료기관인 혜민국의 전통을 본받은 것이었다. 하지만 조선후기 혜민서의 실제 운영을 보면 주로 한 일은 그것이 아니었다.

우리는 규장각에 소장된 『혜국지』(1778) 덕택에 혜민서 운영의 전

내의원·전의감·혜민서는 어떤 곳이었을까

모를 생생하게 알 수 있다. 이를 보면, 혜민서의 주요 업무는 대민의
료가 아니라 전의감과 함께 각종 공무의료였다. 전의감과 마찬가지
로 외국사신을 수행하는 일이나 각종 공무에 구료관을 파견하는 일,
지방에 심약을 파견하는 일, 여러 기관에 설치된 약방에 의원을 파견
하는 일, 역병이 돌았을 때 구료관을 파견하는 일, 의학생도를 교육
하는 일 등을 하였다. 활인서에 의원을 파견하는 일, 감옥에 월령의
(月令醫)를 파견하는 일, 의녀를 교육하는 일 등이 혜민서의 고유 업무
였다. 일의 많은 부분에서 전의감과 중복되었기 때문에 국가기관의
통폐합이 있을 때 이 두 기관이 합쳐졌다. 인조 때 잠시 전의감과 합
쳐졌으며, 1882년에 혜민서는 아예 폐지되어 전의감에 흡수되었다.

혜민서에는 문관의 고위 대신인 제조 2명, 그 아래 행정직 의관이
7명 정도 있었으며, 그외 의학교관 2명, 종기전문 의원 1명, 월령의
3명, 침의 1명이 있었다. 의학 생도는 62명이었다. 원래『경국대전』
에서는 의학생도 수를 30명으로 규정했으나,『속대전』에서는 그 수
를 두 배 이상 늘려 62명으로 했다. 또한 31명의 의녀가 소속되어 있
었다.

이밖에 하급인력으로 문서를 작성하는 서원(書員) 1명, 약 창고를
관리하는 고직 1명, 사환 일과 삼계(蔘契) 관리 등을 맡은 분발사령 3
명, 군사 1명, 관삼(官蔘) 관리를 맡은 색구(色丘)와 구종(丘從) 각 2명,
공물을 갖다바치는 공인 다수와 노비 14명 등이 있었다. 이 가운데
약 창고를 관리하는 고직이 주목된다. 이는 원래 2명이었는데, 그 중
1명만이 "만민을 구료하는 창고지기"라는 명칭을 지녔던 직이다. 이
름으로 보아 이 직책이 서민에게 약을 판매하거나 무료로 제공해주
는 일을 맡았음직한데, 18세기 말에는 이미 없어진 상태였다.

『혜국지』는 의료기관에 근무하는 행정직이 무슨 일을 하였는지 분
명하게 일러준다. 종6품 주부(主簿)는 인장과 서무를 맡았고, 종7품

192품

직장(直長)은 노비를, 종8품 봉사(奉事)는 서책관리를, 종9품 참봉(參奉) 중 2명은 당약 관리를, 2명은 향약을 맡았고, 교수는 고급교육을, 훈도는 하급교육과 의녀의 교육을 맡았다. 이런 행정직무는 내의원, 전의감의 경우에도 동일했을 것이다. 이로써 그간 의료기구 내 행정직과 전문의원직을 혼동했던 문제가 완전히 풀렸다. 다만 내의원에는 이 관원 이외에 정3품 정, 종4품 첨정, 종5품 판관 등의 관직이 더 있었는데, 이들의 주요 업무는 일반적인 행정이 아닌 왕의 진료와 관련된 행정이었음을 짐작할 수 있다.

혜민서의 의학교육은 전의감과 거의 비슷했다. 『혜국지』를 통해 좀 더 자세히 알 수 있는 부분은 생도의 선발방식이다. 생도의 선발은 오늘날처럼 한 해에 정해진 인원을 뽑는 것이 아니라 결원을 보충하는 방식이었다. 취재나 과거를 통해 관직이동이 있게 되면, 생도 가운데서 관직에 발탁되어 나가는 인원이 생기게 된다. 그러면 그만큼 결원을 채우게 되는데, 그 방식이 좀 독특하다. 우선 혜민서 생도가 되려고 하는 자는 6품 이상 관직을 가진 세 사람의 추천이 있어야 한다. 이들은 또 심사를 맡은 하급관리 20명 중 다수의 찬성을 받아야 했다. 반대자는 2명까지 허락되었고, 3명 이상인 경우에는 탈락되었다. 이를 보면 혜민서의 생도 뽑기 전형은 매우 까다로웠음을 짐작할 수 있다. 한두 명이 입학을 좌우할 수 없도록 한 것은 그만큼 특권이 있었기 때문일 것이다.

사실 혜민서나 전의감의 생도가 되었다는 것은 관직진출의 가능성이 그만큼 높아졌음을 뜻한다. 우수한 교관에게서 의학을 학습받을 수 있었고, 매년 네 번 있는 취재에 응할 수 있는 자격을 얻을 수 있었다. 의관은 비록 문관이나 무관보다 낮기는 해도 지배계층의 말단에 위치한 어엿한 관리였기 때문에 결코 우습게 볼 수 없는 지위였다.

혜민서 생도의 학업 권장과 징벌도 흥미롭다. 네 차례 시험을 봐서 성적이 좋으면 붓, 종이, 먹을 상품으로 받았다. 요즘 학교에서 상을 주는 것과 비슷함을 알 수 있다. 하지만 성적이 좋지 않은 경우에는 벌로 이런 물품을 갖다바쳐야 했다. 심지어 여러 차례 성적이 좋지 않으면 생도 수준에서 탈락시켜 허드렛일을 하는 위치로 떨어뜨리고 학업의 진척을 보이면 원래의 생도 자격을 회복해 주었지만, 그렇지 않으면 퇴출시켰다. 요즘 학교와 달리 벌을 쓰는 것치고는 매우 가혹했음을 짐작할 수 있다. 하기야 오늘날 학교에서도 성적으로 낙제와 퇴학이 있었던 것이 그리 먼 옛날의 일은 아니다.

이제 혜민서 구경을 가도록 하자. 『혜국지』에서는 혜민서의 전체 크기와 그에 소속된 각 건물과 드나드는 문, 연못, 측간까지도 상세하게 기록했다. 혜민서에는 10칸 규모의 대청, 2칸 반 규모의 창고와 2칸 규모의 말루방(抹樓房), 4칸 규모의 전함청(前衘廳), 3칸 규모의 사당, 집 3칸·초가 3칸 규모의 의녀청(醫女廳), 측간 1칸, 가로 3칸 반, 세로 4칸 반 규모의 연못 등이 있었고, 문으로는 대문, 협문(夾門)이 딸린 중문, 공사문 등이 있었다.

대청은 제조를 비롯한 녹관이 사무를 보는 곳이었을 테고, 말루방에서는 서원과 창고지기가 근무했다. 전함청은 품계는 있으나 관직이 없는 각종 구료관과 파견 의원인 전함들이 사무를 보는 곳이었다. 전함청에서 생도의 입속을 맡은 것을 보면 생도에 관한 전반적인 사무도 이곳에서 봤을 가능성이 높다.

의녀청은 의녀들이 머무는 곳이었다. 의녀는 각 지방에서 뽑아 올린 관비를 대상으로 했기 때문에 집 3칸, 초가 3칸에서 기숙하게 하였다. 하지만 혜민서의 전반적인 규모나 전함청의 규모를 볼 때 의학 생도의 경우에는 기숙하지 않고 등하교식으로 공부했을 것으로 추측된다.

문에 특기할만한 것은 대청으로 통하는 중문에 참상관, 참하관 등

혜민서는 서울 오부 중 남부 대평방에 있다네. 대청은 열 칸으로 이루어져 있다네. 남상방 한 칸, 남협마루방 한 칸, 서퇴 두 칸, 청이 여섯 칸 술좌 신 향이라네. 언제 지었는지는 모른다네. 창고가 두 칸 반이요, 말루방이 두 칸인데, 한 칸은 서원이 쓰는 방이오, 다른 한 칸은 고자(庫子) 방이니 대청의 북쪽에 있도다. 전함청은 대청 남쪽에 있으매, 청이 네 칸 반이오 방이 한 칸이고, 부엌이 한 칸이라네. 부군사는 세 칸짜리 사당으로 대청의 서북방향, 연꽃 연못 북쪽에 있다네. 측간은 한 칸인데 대청 서남쪽에 있구료. 마굿간 중 한 칸은 측간 동쪽에 있었는데 지금은 없어져 텅 비었다네.

중문 한 칸은 대청의 동쪽에 있고, 협문이 중문의 남쪽에 붙어 있다네. 옛적에는 협문이 없었

혜민서 1907년 옛 혜민서(1882년 혁파됨)를 찍은 사진이다. 혜민서 일부분만 나와 있기 때문에 본청과 전함청 등의 건물을 볼 수 없다.

는데 이제 생겨 참상, 참하 관리들만 이곳으로 드나든다네. 공무간 한 칸은 대청 동남쪽, 전함청 동쪽에 있으니, 강희 갑신년 신지재민상서진후 제거 때 관삼 값 400냥과 사모서 쌀 아홉 가마니를 내어 보수한 것이라네. 대문 한 칸은 좌·우로 복도를 끼고 있다네. 두 칸이 대문 좌·우에 길가를 끼고 있다 했는데, 이제는 인가만이 있도다. 언제부터 그런지는 모른다네.

전매청은 옛날에는 호조가 당재를 무역하여 받은 은으로 만민을 구료하기 위해 청을 지어 이 일을 맡았다네. 언제부터 이런 일이 없어졌다네. 청은 세 칸, 방이 한 칸 반이오, 전함청 남쪽 대로변에 있었다네. 건륭 갑신년 건물과 지붕을 새로 할 때 팔아 썼다네.

의녀청은 대문 안 북쪽 꼬리에 있으니, 집이 세 칸, 초가가 세 칸이라네. 옛 기록에는 공인 곽지견이 갖다바친 것이라 하고 있다네.

혜민루는 연꽃못 남쪽, 대로 북쪽에 있었다네. 옛적부터 전해오길 "정자가 대로변 층층 높이 솟았도다" 했는데, 임진년 왜란 때 없어졌다 하네.

연못은 대청 서쪽에 동서방향으로 세 칸 반, 남북 방향으로 네 칸 반 크기라네.

터 자체를 말한다면, 예부터 전하기를 터가 1,000칸으로 중국 사신 맞을 때 오른쪽 산에 수레가 와서 앉은 곳 밖으로 빈 터가 200여 칸이라 했으니 그 광활함을 짐작코도 남으리. 이제는 관사 밖에 빈 터 200여 칸인데, 민가가 175칸을 범접해 들어왔고, 그 나머지 곳도 여러 차례 병화를 겪어 이전에 얼마나 좋았는지를 알 수조차 없도다. 애석하도다. 마지막으로 직방을 말하노니, 중부 우린방에 있었더니 건륭 갑신년 건물을 고칠 때 팔아 썼다네.(『혜국지』)

관직들만 다니는 문이 따로 만들어져 있었다는 점이다. 요즘에도 사장 전용, 교수 전용 엘리베이터가 따로 있는 곳이 많으니 신분이나 계급에 따른 문의 구분은 그리 이상할 일은 아니다.

사실 18세기 말 혜민서의 이런 구조는 이전 시기보다 많이 위축된 모양이다. 『혜국지』 작성자는 그것을 안타까워하고 있다.

전체 규모도 훨씬 더 컸을 뿐 아니라 혜민루라 하는 2층짜리 정자도 우뚝 솟아 있어 경관을 돋우었다. 이뿐만이 아니다. 혜민서 바깥쪽으

로는 4칸 반 규모의 전매청이 있어 만민을 구료했다. 호조가 당재로 무역하여 받은 은을 자금으로 이런 시설을 운영했다. 하지만 혜민서가 위축되면서 일반서민을 대상으로 약을 파는 일을 중지했을 뿐만 아니라 건륭 갑신년에 건물마저도 팔아 혜민서 전체를 보수하는 데 써버렸다. 마굿간도 없어졌고, 한성 중부 우린방에 있었던 부속건물인 직방(直房)도 관아 수리 때 팔아서 보수하는 데 썼다.

조선후기 『실록』에는 혜민서가 서민구료에 유명무실해졌다는 탄식이 많이 등장하는데, 혜민서 건물의 위축을 통해 이를 확인할 수 있었다. 이는 곧 관의 대민의료가 축소되었음을 뜻한다. 왜 이런 일이 생겼는가? 일차적으로는 국가기구의 효율적인 배치의 일환으로 이루어진 것이다. 좀더 근본적인 이유는 관의 직접적인 대민의료 제공의 중요성이 떨어졌기 때문이다. 18세기 이후 민간부문 의료가 성장했는데, 특히 한성에서 두드러졌다. 종로와 구리개 부근에 건재약방이 많이 생겨서 구태여 관 약방인 혜민서에 가지 않아도 되었던 것이다.

활인서 : 기민과 역병 환자의 수용기관

활인서는 글자 그대로 굶주린 사람을 살려내고, 도성 안의 전염병 환자를 구료하는 기관이었다. 활인서는 도성의 동쪽 성문 밖, 서쪽 성문 밖에 위치해 있었기 때문에 동서활인서라 했다. 고려 때의 동서 대비원을 이은 것으로, 대비(大悲)의 불교이념 대신에 활인(活人)의 유교이념을 내세웠다. 엄밀히 말해 활인서는 내의원, 전의감, 혜민서처럼 온전한 의료기관이라고 할 수는 없다. 의관은 혜민서에서 파견한 의원 두 명만이 근무했을 뿐이다.

활인서에서는 한성부와 함께 도성 안의 전염병환자를 관리했으며,

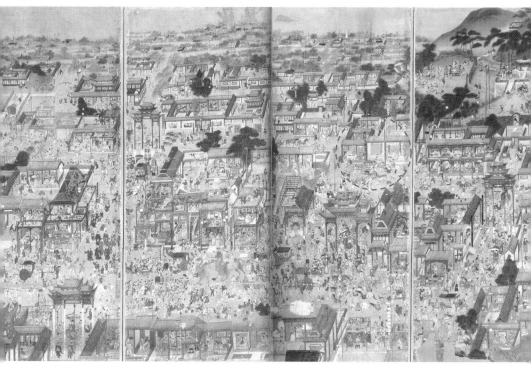

성 안의 약방 – 태평성시도(18세기 후반), 견본 채색, 각 113.6×49.1cm, 국립중앙박물관 소장 태평성시도는
이상정치의 실현으로 태평성대가 이루어질 것을 염원하며 그린 것이다. 중국의 성시도를 모방했지만 조선의
풍물을 담았다. 태평성시도 안에서 약방은 제법 번듯하다. 약방은 안팎 두 채로 이루어져 있다. 앞 건물에는
큰 약장이 놓여 있으며 약을 사러 온 사람 셋이 있고, 의원인 듯 보이는 사람이 약재를 달고 있다. 뒤의 건물
에는 약방 점원인 듯 보이는 두 사람이 있다. 한 명은 약연으로 약을 갈고 다른 한 명은 작두로 약을 썰고 있
다. 마당에서는 여러 약재들을 말리고 있다.

진료에 필요한 약물을 전의감과 혜민서에서 보급받았다. 이와 함께
환자를 수용하기 위해 움막을 지어 환자를 격리하는 일도 했다.

조선후기에는 활인서도 유명무실한 상태에 빠졌기 때문에 1882
년 국가기관을 재편할 때 혜민서와 함께 폐지되었다. 하지만 1899
년에 설립된 내부의원(광제원)은 스스로 활인서의 전통을 이은 것이
라 했다.

신농유업 간판이 있는 한약방(20세기 전후) 한약방들은 신농유업 간판을 달았다. '신(神)' 자는 사진이 짤려서 보이지 않는다.

지방의 의원들

전의감과 혜민서에서는 전국 팔도에 종9품 외관직으로 심약을 파견했으며, 이들은 각 도의 감영 또는 병영에 머물면서 각 관아의 의료와 그 지역에 할당한 약재수급을 책임졌다. 각 도의 감영과 병영에는 심약당(審藥堂)이라는 일종의 약방이 설치되어 있었으며, 그곳에는 의생이 딸려 있었다. 1590년에 작성된 『평양읍지』를 보면, 평양읍에는 34명의 의생이 있었다.

각 군·현에도 수령의 건강을 책임지는 약방이 설치되어 있었으며, 의학을 학습하는 생도가 딸려 있었다. 『경국대전』 이후 조선 법령에서는 각 지역의 규모에 따라 의생 수를 규정했다. 부(府)에는 16명, 대도호부와 목(牧)에는 14명, 도호부는 12명, 군에는 10명, 현에는 8명을 두도록 규정했다. 조선초기에는 중앙에서 의학교유를 파견하여 지방의 의학생도를 가르치기도 했고, 그곳의 학생을 뽑아 전의감과 혜민서에 소속시켜 의학을 가르친 후 자기 지방에 돌아가 의원 노릇을 하도록 했으나 원활하게 잘 이루어지지 않았다. 조선후기에는 자체 학습이 이루어진 듯하며, 관찰사가 순행하면서 이들의 시험을 주관했다.

지방 관아에 딸린 의원과 의생은 의학을 학습하는 생도인 동시에 지방의 의술을 책임지는 하급의원이라고 할 수 있다. 정식 관직을 받은 것은 아니지만, 관에 소속되어 있으면서 관아와 관아주변 더 나아가 그 고을의 의료를 책임졌다. 『대전회통』이 제시한 규정대로 다 채워져 있다고 했을 때, 각 지방의 의생 수는 총 3,286명으로 경기도 350명, 충청도 488명, 경상도 688명, 전라도 534명, 황해도 234명, 강원도 260명, 함경도 296명, 평안도 436명이 될 것이다.

　지방의 의원을 논하면서 약종상을 빼놓아서는 안될 것이다. 약종상은 주로 약을 팔면서 간단한 처방을 조제했다. 이들은 17세기 이후 약계(藥契)를 맡으면서 성장한 듯 보인다. 19세기 후반쯤에는 각 지방마다 신농유업(神農遺業)이라는 깃발을 내걸고 영업하는 자가 다수 확인되며 한의학의 대중화에 이들이 끼친 영향이 지대하다.

박사논문에서 간결하게 다뤘던 것을 이 책을 위해 확대, 심화하여 새롭게 쓴 글이다. 이 주제와 관련해서 조선 전기의 경우 손홍렬의 「한국의료제도사 연구(고대~조선초기)」(경희대 사학과 박사논문, 1986)라는 좋은 글이 있고, 조선 후기의 경우에는 이규근의 「조선시대 의료기구와 의관 - 중앙의료기구를 중심으로」(『동방학지』 104, 1999)의 충실한 연구가 있다.

의녀 이야기

의녀제도를 둔 까닭

  남녀칠세부동석(男女七歲不同席). 조선의 여성을 논할 때 제일 먼저 떠오르는 구절이다. 우스갯소리로 요즘에는 '남녀칠세지남철'이라고도 한다. 시대가 바뀌었음을 실감케 하는 반어법이다.

  옛날에는 남자의원이 여자환자를 진맥할 때 실을 이용했다고 한다. 남녀칠세부동석의 응용사례이다. 생명을 다투는 의술행위에서마저 내외법이 엄격하게 지켜졌음을 뜻한다. 이보다 예법의 중요성을 잘 나타내는 상징이 또 있을까.

  그런데 정말 여자환자는 실로 진맥했을까? 『세종실록』을 보면 그 개연성을 알 수 있다.

> 『예기』에 이르기를 사람이 일곱 살이 되면 같이 자리하지 않으며, 같이
> 음식을 먹지 않는다고 하였습니다. 이는 성인께서 남녀를 삼가 분별하심
> 입니다. 그러나 사람의 기질에 병이 없을 수 없으므로 급할 때를 당하여

연회에 참석한 의녀들 – 기영회도(1584), 견본 채색, 163×128.5cm, 국립중앙박물관 소장 나이 많은 관리를 위한 잔치에 의녀가 관기와 함께 춤추러 나왔다. 왼쪽 남색 옷에 검정 가리마를 한 무리가 의녀이고, 오른쪽 황색 옷을 입은 무리가 관기이다.

비록 종실의 처자라도 의원을 구하여 치료를 해야 합니다. 그리하여 남자의원으로 하여금 살갗을 문지르도록 하니 어찌 남녀의 분별이 있다 하겠습니까?

남녀칠세부동석 – 『여사수지(女士須知)』(1907),
삼성출판박물관 소장 '7살이 되면 남녀가 한 자
리에 앉지 아니하며, 함께 밥을 먹지 말 것이
라.' 이는 『예기』에서 규정한 말로 강력한 유교
사회였던 조선사회의 주요 이념이 되었으며, 의
녀 탄생의 배경이기도 하다.

조선시대에 부인은 풍습상 내방에 있어 외계와 교섭할 수 없었으며, 특히 자기 몸을 남편 외의 남자에게 보이는 것이 금단시되었다. 그래서 부인이 병에 걸려 남자의원이 진찰할 때에는 방 입구에 장막을 쳐 얼굴을 가리고 진맥했다. 이것이 더 나아가 귀부인의 경우 실을 사용하여 진맥한 것으로 과장된 것이다.

지금부터 100년 전인 한말에 태어난 양반댁 할머니의 인터뷰 결과는 그 잔재를 보여준다. "의원은 웃방에서, 여자환자는 아래칸에서 사이에 휘장을 치고 손목만 내밀고서 진맥을 보았지. 휘장에는 구멍이 뚫려 있어서 맥 짚을 자리만 내놓고 흰 명주로 싼 손목을 내놓지. 밖에는 사방침이 놓여 있어 받치게 되어 있었고 곁에 있던 몸종이 손을 받들어 주었지."(김용숙, 『한국여속사』, 민음사, 1990)

의술에서도 내외법이 존재했음을 확인할 수 있다. 하지만 그것이 이 땅에 살았던 모든 여성의 일이 아니었다는 점을 잊어서는 안된다. 의술에서 내외법은 조선사회 이전에는 없었다. 유교규범의 확립과 관련하여 생겨난 것으로 소수 양반계층 여성의 경우에만 해당된다. 양반계층은 유교에 따른 예의범절을 확립코자 했으며, 그것으로 자신들의 지배자적 위치를 정당화했다. 이는 지배층 전체의 생존과 관련되었기 때문에 내외의 예절을 개개의 목숨보다 더 중시했던 것이다.

여성들의 장옷은 내외법의 극치이다. 얼굴을 마주하는 정도가 아니라 살갗의 접촉까지 금기시한다. 신분계급의 구분은 이중으로 중첩된다. 남녀의 얼굴 안 보기에는 양반 상놈을 가르는 규범이 작동한다면, 살갗 안 대기에는 계급서열을 매기는 원리가 덧붙어 작동한다. 지체 높으신 귀부인은 아예 살갗대기를 피한다. 따라서 귀부인과 남자의원의 거리는 더 멀어진다.

의녀의 고객들

진맥이야 팔뚝 한 번 잡는 일이지만, 의료행위를 하다보면 그보다 더 깊숙한 부위를 접촉해야 할 상황도 부지기수다. 부인병을 예로 들면 여성의 가장 은밀한 곳을 노출해야 한다. 진맥하는 데도 그 야단이었는데, 은밀한 부위의 노출에 있어서야! 『태종실록』에는 이런 기록이 있다.

> 부인이 병이 있어 남자의원으로 하여금 진료케 하니 어떤 사람은 수치스러이 여겨 자신의 질병을 잘 보이려 하지 않아 사망에 이르기까지 한다.

"자신의 질병을 잘 보이려 하지 않았다" 함은 단순한 내외의 문제만이 아니다. 신체의 일부분을 노출해야 하는 상황을 말한다. 죽음까지 감수하려 한 것을 보니 정말로 드러내고 싶지 않은 곳과 관련되었기 때문이리라!

이런 특수한 상황까지 고려한다면, 휘장 두르고 실을 쓰는 행위는 시술에서 내외 문제를 해결하는 근본적인 방법이 아니었을 것이다. 그래서 생각해낸 것이 여자의술인이다. 이를 의녀 또는 여의(女醫)라 명했다.

의녀제도는 유교국가를 표방한 조선의 기틀이 닦이던 시절인 태종 때 처음 만들어져서, 조선시대 내내 존재했으며, 심지어 서양의술 병

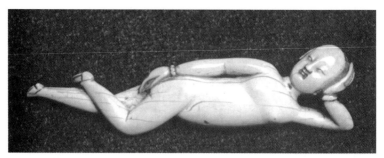

중국의 **진맥용 여성 인형** 상류층 부인들이 의사에게 자신이 아픈 곳을 가리키기 위해 사용하던 진단 목적의 상아 인형이다.

원인 제중원에도 부인의 병을 돌보기 위해 의녀를 두었다.

의녀의 주된 고객은 누구였을까? 『조선왕조실록』 등 정부의 공식 사료에 나타난 의녀 활동에 관한 통계를 보면, 전체 259건 중 243건이 궁중의 여성이었다. 나머지는 왕 등 궁중남성´진료가 7건, 사족여성이 5건, 사족남성이 1건, 기타 2건이었다.(박선미, 「조선시대 의녀교육연구」, 중앙대 박사논문, 1994) 이를 보면 의녀의 주된 고객은 궁중의 여인이었음을 짐작할 수 있다. 하지만 왕이나 친족의 동태는 사료편찬자에게 중요한 일이었으므로 이를 가지고 딱 잘라 말하기는 힘들다. 지체 높은 관리 집안에 병이 생겼을 때 파견한 기록까지 치면, 사족 관련 진료활동은 크게 늘어나기 때문이다. 또한 의녀는 지방에서도 지방사족을 대상으로 활동했다.

그렇다고 보면, 대략 의녀는 주로 궁중과 높은 관리 집안의 여성질병을 담당했다고 정리하면 틀림없을 것이다. 법령집에는 품계에 따라 의원과 약물을 보내는 규정이 있다. 의녀도 비슷하게 적용되었을 것이다.

여자환자와 남자의원의 관계가 껄끄러운 것은 조선시대만이 아니라 동서고금의 역사를 통해 확인된다. 하지만 그 문제를 푸는 방식이 동일했던 것은 아니다. 높은 신분을 가진 여자환자의 진료를 위해 의녀와 같은 제도를 두어 500년 정도 계속 운영된 것은 조선밖에 없다. 그 이유는 주자성리학의 발상지인 중국보다 더 엄격하게 '남녀유별'의 이념을 사회에 실천하려 했던 조선 지배자의 문화적 의지를 빼놓고 설명하기 힘들다.

의녀 대장금

장금, 소비, 백이, 귀금, 장덕, 분이, 영로, 사랑, 개금, 강금, 신비, 은비, 계금, 열이, 의정, 선덕, 애종, 송월, 수련…… 이런 이름을 불러본다. 의녀가 되지 않았으면, 이름 모를 관비로 역사의 뒤안길로 사라졌을 사람의 이름들이다.

이 가운데 장덕은 세종의 충치를 고쳐 이름을 날렸으며, 선조 때 애종은 의술이 특별히 뛰어난 의녀로 평가받았고, 영조 때 송월은 침술로 이름을 떨쳤다. 누가 이들의 의술을 가볍게 여기겠는가. 대장금은 다른 남자 어의 못지않게 자주 『실록』에 이름을 남겼으며, 오늘날 드라마의 주인공으로 되살아나 자신의 행적과 의녀의 삶을 일깨워주었으니, 그의 넋이 있다면 얼마나 감격스러울까.

대장금은 실존인물이다. 중종 때 의녀로 명성이 자자했다. 실록에는 중종 10년(1515)에 첫 기록이 실려 있으며, 중종 39년(1544) 마지막 기록이 보인다. 실록에는 장금이라는 이름과 대장금이라는 이름이 동시에 보이는데, 이 둘은 동일인물일 가능성이 농후하다. 장금이라는 이름이 흔했기 때문에 큰 몸집의 장금이를 따로 대장금이라 했다는 주장도 있기는 하지만, 나는 이보다 이 둘이 동일인물일 가능성에 더 점수를 주고 싶다. 실제로 『실록』에서 장금이라는 이름을 검색해보면, 다른 시대에는 거의 보이지 않고 이 시기에만 집중해서 나타나고 있기 때문이다.

대장금은 궁중의 의녀로서 최소한 29년 정도 의료활동을 펼쳤다고 할 수 있다. 그가 한 일은 해산을 돕는 일, 다른 의관과 함께 대비의 병을 돌본 일, 역시 다른 의관과 함께 왕의 감기를 돌본 일, 왕의 소·대변 불통을 진료한 일 등과 같다.

이 기록에서 중요한 것은 그가 직접 왕의 병에 대한 약을 결정하는 논의에 참가했다는 점이다. 이는 그가 단순히 간호 보조업무만을 맡은 것이 아니라 당당히 의학지식과 의료경험을 시술로 옮겼음을 뜻한다. 즉 전문지식을 갖춘 의사로서 자기구실을 했다는 것이다. 물론 다른 남자 의관과 비교할 때 대장금의 의학지식이

인목대비의 의녀 대령 편지(1603), 서울대 규장각 소장
선조의 계비인 인목왕후(1584∼1632)가 딸의 병세 때문에 편지를 낸 듯하다. 돋은 것, 역질이라는 말로 보아 두창을 앓고 있음을 짐작할 수 있다. 여인의 병이기 때문에 의관과 함께 의녀를 대령시켰다. 이 무렵 궁중에는 두창의 신의로 평판이 자자한 『언해두창집요』(1601)의 저자 허준이 있었는데, 의관은 혹시 그가 아닐까?

현저히 뛰어났다고는 볼 수 없겠지만, 그는 근거리에서 직접 왕의 병을 간호하는 위치에 있었다는 장점이 있었다.

내의원의 의녀들

의녀로 이름을 남긴 이는 모두 궁중 내의원의 의녀들이다. 조선후기 내의원에는 모두 22명의 의녀가 있었다. 이 가운데 10명이 상급의 의녀 곧 차비대령의녀로 뽑혔다. 나머지 12명의 의녀는 침을 전문으로 놓는 침의녀 11명, 맥을 전문으로 보는 맥의녀 1명이었다.

차비대령은 등급이 높은 의녀이다. 차비대령이라는 말에서 알 수

있듯이, 즉각 현장에 투입할 수 있는 의녀를 뜻한다. 차비대령의녀 중 특별히 뛰어난 자는 어의녀(御醫女)가 되었다. 침과 맥이 분화되어 있는 것은 이것이 모두 부인의 몸에 손을 대야 하는 것과 관계가 있었기 때문이다. 특별히 약을 전문으로 하는 의녀를 일부러 양성하지 않은 것도 이와 관련된다. 맥보다 침이 더 많은 것은 치료수단으로 침의 수요를 확보하는 것이 더 중요했기 때문이다.(문성희, 「조선후기 의녀의 활동과 사회적 지위」, 숙명여대 석사논문, 1997)

내의원의 의녀 시스템은 의원 시스템과 동일한 구조를 보인다. 내의원 침의에 해당하는 것이 침의녀와 맥의녀이고, 내의(內醫)에 해당하는 것이 차비대령의녀이며, 어의에 해당하는 것이 어의녀라 할 수 있다.

차비대령이 되려면 수시로 치러지는 각종 시험의 성적이 좋아야 했다. 『대전회통』에 따르면, 이들 12명은 매월 숙직하는 내의원 의원의 주관 아래 여러 차례(2일, 6일, 12일, 16일, 22일, 26일) 시험을 치렀다. 시험과목은 진맥학 책인 『찬도맥』과 침구학 책인 『동인경』이었다. 한 달 시험성적을 합쳐서 10분 만점에 6분 이상을 받으면 쌀을 지급했다. 또 내의원 제조가 한 달에 한 번씩 치르는 임상시험이 있었다. 이 때는 실제로 맥을 잡고, 혈을 짚는 시험을 봤다. 수석 의녀는 면포 2필을, 차석은 1필을 상품으로 주었다. 이런 시험에서 우수한 자가 차비대령의녀 후보가 되어서 결원이 생겼을 때 승차되었다.

조선후기 의녀의 활동은 당연히 의료가 주된 일이었다. 그 중에서도 궁중과 사족여성의 맥을 보거나, 그들에게 침을 놓거나, 애 낳는 것을 돌보거나 약을 상의하는 것이 대표적인 활동이었다. 이와 함께 병을 간호하는 활동을 펼쳤으며, 왕의 수발을 드는 일도 포함되었다. 하지만 이들의 활동은 의료영역에만 국한되지 않았다. 국가에서는 관비 출신인 이들에게 여성의 손길이 필요한 다른 공무를 맡겼다. 각종 사건에서 여성피의자를 살피고 수색하는 일을 하거나 때로는 각

산실청 편액 "산실을 두어 산모와 아이의 건강을 돕는다(産室具奉安)"이라는 이 편액은 영조의 친필로(1773) 산실청에 붙어 있던 것이다. 산실청은 왕비나 빈의 출산을 위한 궁내의 임시관청이었다. 궁중이나 사족여성의 출산을 보는 것은 의녀의 주요 업무 중 하나였다. (사진 제공 : 예술의 전당 서울서예박물관)

종 연회에 불려가 취흥을 돋우는 약방기생 노릇까지 했다. 이는 여성 의료의 전문화가 그만큼 철저하지 않았음을 뜻한다.

하지만 의녀는 전문직으로 특히 사람의 목숨을 다루는 직업이었기 때문에 다른 관비보다 유리한 점이 있었다. 치료성적이 좋을 경우, 다른 관비들이 세운 공로보다 더 나은 대우를 받을 수 있었다. 때에 따라서는 쌀과 옷감을 받았고, 더 크게는 면천의 기회도 주어졌다.(박선미, 「조선시대 의녀교육 연구」, 중앙대 박사논문, 1994)

혜민서의 의녀 양성

누가 의녀가 되었을까? 의녀 양성은 주로 지방 각 도에서 총명한 관비를 뽑는 방식을 택했다. 『혜국지』에서는 "삼남, 강원, 4도(都) 열읍(列邑)의 관비 가운데 어리면서 합당한 자를 골라 정하도록" 했다. 뽑힌 후보는 번호가 매겨지며 결원이 생길 때 충원되었다. 원래는 예조에서 의녀 후보생을 뽑아 혜민서로 보냈으나, 1750년부터는 혜민서에서 직접 뽑아 올릴 수 있도록 했다. 천한 신분의 노비에서 의녀 후보생을 뽑은 것은 이 신분이 남녀의 내외에 저촉되지 않고 양쪽을 매

개할 수 있었기 때문이다. 또 관
비 중에서 뽑은 것은 관에서 쉽
게 통제할 수 있었기 때문이다.

　여러 지방에서 뽑혀온 의녀
후보생은 일단 혜민서에 소속되
었다. 1778년 현재 혜민서의 의
녀 (후보생) 정원은 31명이었다.
『경국대전』에서 70명이던 것이
1750년(영조 26)에 40명으로 줄
어들었으며, 1778년(정조 2)에
또다시 31명으로 줄어든 결과이
다. 여기에다 내의원 의녀 22명
을 합치면 조선후기 관에 소속
된 의녀 수는 모두 51명이었다.

　혜민서에 들어온 의녀 후보생
은 우선 의학을 공부하기 전에
배워야 할 일, 즉 문자와 기초경
전을 학습했을 것이다. 그것이

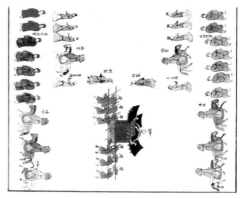

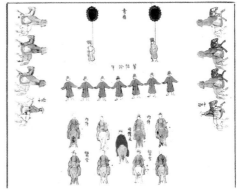

반차도 중 의녀의 모습 – 『영조정순왕후가례도감의궤의 반차도』(1759),
서울대 규장각 소장 왕의 가마 한참 뒤에 왕비의 가마가 따르고, 왕비
의 가마 바로 뒤쪽 좌우에 의녀 1명씩이, 바로 뒤쪽 중앙에 의관 4명이
뒤따른다.

어느 정도 궤도에 오르면 장래의녀(將來醫女) 대열에 합류했다. 장래
의녀의 정원은 31명 가운데 11명에 불과했다. 이들은 혜민서 교수와
훈도에게 진맥학 교재인 『찬도맥』과 침구학 교재인 『동인경』을 집중
적으로 배웠다. 내의원의 의녀처럼 교수와 훈도 주관하에 매월 여섯
번 시험을 치르고, 제조 주관하에 한 달에 한 번 시험을 치렀다. 이들
가운데 시험성적이 좋은 4명은 쌀 또는 베를 차등있게 상으로 받았으
며, 내의원에 올라가는 의녀 대기자 명단에 올랐다. 장래의녀의 공부
를 장려하기 위해서 상사(上司)에서는 약 짓는 일을 돕거나 연회 · 혼

례에 차출하는 것을 금했으며, 특히 장래의녀 가운데 5명은 차출하는 자체를 일절 금했다.

혜민서의 의녀는 좌·우번 둘로 나누어 부녀의 병을 돌보는 한편, 내의원과 다른 상급기관의 약 짓는 것을 도왔다. 또한 혜민서에서 왕에게 납약을 진상할 때 약을 바치는 것은 의녀가 맡았으며, 나라의 잔치인 풍정(豊呈)이나 가례(嘉禮)에도 차비(差備)되었다.

여기서 잠시 장금이의 행적을 그려본다면, 일단 그는 관비 출신으로 혜민서에 들어왔고, 거기서 장래의녀에 뽑혔으며, 장래의녀 가운데서도 성적이 좋아 내의원 의녀가 되었으며, 거기서도 성적이 좋아 차비대령의녀가 되었고, 그 가운데서도 특출한 재능을 발휘하여 왕의 진료에까지 참가한 것이다. 대단한 행운을 잡은 것이지만, 그것을 이루기까지 과정은 결코 쉽지 않았음을 알 수 있다.

이름난 여성의술자

의녀 이외에 여성의 의료시술은 거의 알려진 바 없다. 조선시대 여성의술자로 이름을 떨친 사람에 관한 정보는 매우 적다. 그 이유는 세 가지 측면에서 살필 수 있다. 첫째, 의학과 의술을 남성이 독점하고 있었기 때문이다. 둘째, 여성의료에 대해서는 기록자가 큰 관심을 두지 않았기 때문이다. 셋째, 요즘의 학자들 또한 여성의료에 특별한 주의를 기울이지 않았기 때문이다.

이능화의 『조선여속고』(1927)를 뒤져보니 "순조 때 승지를 지낸 홍인모의 부인이며, 유명한 학자이자 재상을 지낸 홍석주의 어머니인 서씨 부인이 배움이 넓어 의학에까지 정통하였다"는 한 대목이 있었다. 이로써 사대부 집안의 여성 중에도 의학을 배운 사람이 있었음을 확인할 수 있다.

이와 비슷하게 정조 때 사주당 이씨 부인은 태교 전문서인 『태교신기』를 집필했으며, 순조 때 빙허각 이씨는 『규합총서』 가운데 의약 관련 내용을 실었다.

정조 때 저명한 종기전문의사인 피재길의 모친은 양반이 아닌 의가의 아내로서 높은 의학지식을 갖추고 있었다. 『청구야담』에서는 "피재길이라는 사람이 종기에 능한데, 그 아비가 일찍 죽으매 재길의 나이가 어려 미쳐 아비의 의술을 다 전하지 못하였더니 그 어미가 문견으로 익힌 모든 의술을 가르쳤다"고 했다. 이는 중인인 의가집 부인의 의술 수준을 말한 것이다.

박씨 부인에 관한 야담(野談)은 좀더 적극적인 모습을 보인다. 일찍 과부가 된 박씨 부인은 약상이 된다. 약방의 감초라는 말처럼 약제에 빠질 수 없는 감초를 시세 좋을 때 매점매석하여 값을 올린 후 떼돈을 번다. 박지원의 허생전과 똑같은 구조이나 약이 그 대상이 되었다는 점에서 다르다. 전문의술은 아니지만 약재와 관련하여 여성의 적극적 상행위를 일러주는 야담이다.

별 관심을 두지 않아서 그렇지, 여성의술자 자료도 꽤 풍부하게 존재하리라 본다. 이후 이런 자료들을 발굴하여 해석함으로써 한국의학사의 남성적 편향을 시정할 수 있을 것이다.

이 책을 위해 새롭게 쓴 글이다. 의녀에 관해서는 박선미의 「조선시대 의녀교육연구」(중앙대박사논문, 1994)의 충실한 연구가 있다.

구급명약 우황청심원

납월에 우황청심원을 짓는 까닭

우황청심원이란 약은 많이 들어봤을 것이다. 아이가 놀라거나 어른이 갑자기 쓰러졌을 때 반 알 또는 한 알을 물에 풀어 먹인다. 많은 경우 놀랄만한 효과를 경험한다. 언제 그랬냐는 듯이 깨어난다. 이런 신기한 효과 때문에 오늘날 스트레스 심한 회사원들은 우황청심원을 지니고 다니며 힘들 때마다 한 알씩 먹기도 한다. 심지어 그 효과의 범위가 부풀려져 정력에 좋다고 믿는 사람까지 생길 정도다. 우리는 여기서 약의 약리학적 기능과 함께 주술적 기능을 볼 수 있다.

우황청심원은 대표적인 가정상비약이었다. 그것은 동지가 지난 후 세번째 미일(未日)인 납일(臘日)에 짓는다고 해서 오랫동안 납약(臘藥)이라는 이름으로 통칭되었다. 납일에 나라에서는 종묘에 제사를 지냈고, 민간에서도 여러 신들에게 제사를 지냈다. 이날 중국과 조선에서는 여러 신하들에게 약과 향을 하사하는 풍습이 있었다. 납일은 벽사(辟邪)와도 관계가 깊어서 『후한서』에서는 납일 하루 전날에 대대적인 귀신 쫓기 행사인 나례(儺禮)를 베풀었다고 한다. 납일에 내린 눈을 곱게 받아 만든 물을 납설수(臘雪水)라 불렀으며, 이는 열성 전염병인 "온역(瘟疫)을 쫓는 특효약"으로 알려졌다.

우황청심원

납약의 정치학 : 상하의 관계를 돈독히 하다

조선후기에 편집된 김매수(1776~1840) 『열양세시기』(1819)에서는 조선조의 납약에 대해 다음과 같이 기록하고 있다.

> 내의원과 각 영문(營門)에서는 이날 각종 환약을 만들어 공사가(公私家)와 경향의 각지에 나누어준다. 그 중에서도 청심환(淸心丸)과 소합환(蘇合丸)이 가장 특효가 있다.

이 책보다 30년 정도 늦게 나온 홍석모의 『동국세시기』에도 비슷한 내용이 실려 있다. 또한 내의원, 각 관청과 함께 노인 문관들의 모임인 기로소(耆老所)에서도 이 약을 지어 나누어주었음을 기록하고 있다.

우리는 이상의 사실에서 납약을 통한 군신간, 상하간의 유대관계를 볼 수 있다. 납약에 들어가는 재료는 사향, 우황, 용뇌, 산삼, 녹용 등으로 일반재료와 달리 비싼 약재가 많았으며, 그 중 상당수는 국내에서 생산되지 않는 것들이다. 따라서 납약을 만들 수 있는 곳은 내의원 등 몇몇 관청에 한정될 수밖에 없었다. 내의원에서는 납약에 들어갈 재료를 각 지방에서 공물로 받는 한편, 중국 사신을 통해 외국약재를 수입했다. 모든 재료는 내의원과 다른 몇몇 관청에 나누어져 그곳의 의원들이 제조했다. 이렇게 제조된 납약은 왕이 대신들에게, 관청의 책임자가 하급 관리들에게 몇 알씩 나누어주는 식으로 보급되었다.

관청들, 다투어 납약을 짓다

납약을 만드는 곳은 시대의 흐름에 따라 계속 확대되었다. 1493년(성종 29)의 한 기록은 궁내 내의원에서만 담당하던 납약 제조를 육조(六曹) 등 여러 기관에 확대하는 문제에 대한 논의를 보여준다.

> 육조에서는 어전세(漁箭稅)에 의지하지 않더라도 납약을 지어온 지 오래되었습니다. 또 의정부·종친부(宗親府)·충훈부(忠勳府)에서 이를 본떠 청하는 자가 어지러이 많아지면 막기 어려울 것이니, 예전대로 하는 것이 어떠하겠습니까? 하니, 또 승정원(承政院)으로 하여금 의논하게 하였다. 조위(曹偉)는 의논하기를, "약을 짓는 것은 사람에게 이익이 되는 것이 많습니다. 이제 육조에서 약을 짓는 것은 단지 육조의 당상(堂上)·낭청(郎廳)의 병만을 치료할 뿐만이 아닙니다. 지은 것이 많으면 사람들에게 베푸는 것도 또한 많은 것입니다. 육조의 납약 값은 삼베[麻布] 15필일 뿐인데 당약(唐藥) 값은 비싸 무역하기 어려우니, 아뢴 대로 어전을 적당히 주어서 그 비용에 보태게 하고 사람을 구제하는 길을 넓히는 것이 어떠하겠습니까?······(『성종실록』 1493년 5월 18일자)

이 기록을 보면, 내의원에서만 관장하던 납약 제조가 육조에까지 확대되었고, 또 종친부와 충훈부 등에서도 납약을 제조하려고 했음을 알 수 있다. 앞에서 인용한 19세기의 『열양세시기』에서는 "각 관

납약에 들어가는 주요 당약재 (출전 : 『경사증류대관본초』, 사고전서본)

우황, 사향, 주사

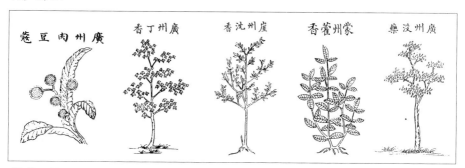

각종 향료 : 침향, 정향, 육두구, 곽향

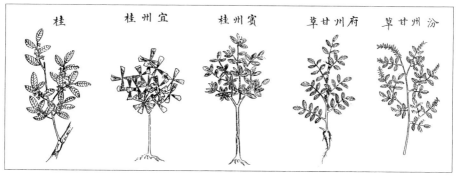

감초와 계피 : 약방의 감초와 계피도 수입품이며 납약에 쓰인다

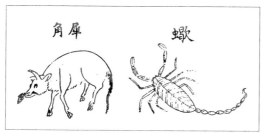

서각(물소뿔)과 전갈 : 역시 납약 제조에 꼭 필요한 당약재

청과 영문에서도 납약을 만든다"고 했으며, 『동국세시기』에서도 "각 관청에서도 많이 만들어 나누어주기도 하고 선물하기도 했다"고 말하고 있어 납약의 제조와 보급범위가 조선 초보다 훨씬 넓어져 있음을 확인할 수 있다. 그렇다고 해도 관리와 부유층을 넘어 일반 민가에까지 보급되었다고 보기는 힘들다. 우황청심원 등을 일반 백성들이 집안에 두고 쓰게 된 것은 비교적 최근의 일이다.

『언해납약증치방』은 허준의 저작일까

각종 납약을 그것이 잘 듣는 병증을 연결해 기술한 책인 『언해납약증치방』은 편찬자 미상의 것으로 알려졌다. 현존하는 책의 그 어느 곳에서도 책의 저자를 일러주는 부분이 없을 뿐더러, 허준과 관련된 다른 기록에서도 이 책을 언급하고 있지 않기 때문이다. 다만 현존하는 책의 언해표기법이 영조 무렵인 것으로 확인되었기 때문에 영조 때의 저작으로 추정할 뿐이다.(三木榮, 『朝鮮醫學史及疾病史』, 1962) 그런데 최근에 중국에서 입수된 『태의원선생안』(고종 초기 저술된 것으로 추정됨)의 '허준' 조에 다음과 같은 기록이 있다.

> 허준. 본관 양천. 자는 청원. 정유년생. 영의정에 추증됨. 양주(楊洲)에 묻힘. 숭록호성공신 양평군. 호는 구암. 『동의보감』, 『두창집』, 『구급방』, 『태산집』, 『벽온방』, 『납약증치방』을 편찬함.(이우성, 『서벽외사(栖碧外史)해외수집본』, 78, 아세아문화사, 1997)

『태의원선생안』의 정보는 한 군데를 제외하고는 모두 옳다. 한 군데 틀린 곳이란, 허준의 출생년이 정유년(1537)으로 되어 있는 점이다. 최근에 밝혀진 확실한 기록에 따르면 허준은 기해년(1539)에 태어났다. 그러나 이는 족보를 비롯한 다른 기록들이 모두 1546년 또는 1547년으로 표기된 것에 견주어볼 때 허준의 실제 출생연도에 훨씬 근접해 있다. 이를 제외한 나머지 정보는 모두 옳으며, 특히 책에 관한 정보는 정확하다. 여기서 『두창집』은 『언해두창집요』를, 『구급방』은 『언해구급방』을, 『벽온방』은 『신찬벽온방』을 지칭하는 것으로 모두 『동의보감』과 함께 허준이 편찬한 책들이다. 따라서 나

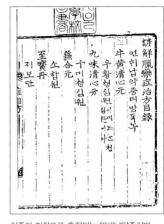

허준의 저작으로 추정되는 언해납약증치방

는 『납약증치방』도 허준의 저작일 가능성이 많다고 생각한다.

그렇다고 해도 다른 책과 달리 『언해납약증치방』에는 편찬자의 이름이 적혀 있지 않고, 『태의원선생안』 이외에 다른 문헌에서 이 책이 허준의 저작이라고 말한 것이 없기 때문에 '확정'에는 좀더 신중해야 할 것이다. 하지만 나는 『언해납약증치방』에 실린 37종의 납약이 모두 『동의보감』에 보인다는 점, 또 납약이 적합한 병증을 설명한 내용의 90퍼센트 이상이 『동의보감』의 것과 비슷하다는 점, 언해의 양식이 허준의 다른 언해본과 상당히 비슷하다는 점에서 일단 이 책을 허준의 저작으로 간주한다. 아울러 이 책의 저술이 허준의 다른 언해본이 나오던 시기인 1600년대 초반에 같이 이루어진 것으로 추측한다.

서문 또는 발문이 없기 때문에 『언해납약증치방』을 쓴 목적에 대해서는 분명하게 알 수 없다. 하지만 책의 성격을 보아 누구를 위해 썼는지는 제법 분명하게 알 수 있다. 이 책의 가장 큰 특징은 납약을 어떠할 때 쓰고, 납약을 먹을 때 어떤 음식을 조심하라는 내용으로 구성되어 있다는 점이다. 우황청심원을 예로 들면, 이 약은 중풍 때 말을 못하거나 발열이 심해 정신이 아득할 때 사용하라고 하며, 금기음

우황청심원을 담은 목제 약통(조선시대) 목제통 왼편에는 우황청심원의 핵심 약재인 우황, 사향, 영사(주사)라는 글자가 씌어 있고 오른쪽에는 청심원이라는 글자가 씌어 있다. (사진 제공 : 국립문화재연구소)

식으로는 붕어, 더운 국수, 복숭아, 오이, 참새, 참조개, 참새, 마늘 따위를 조심해야 한다. 반면에 납약을 어떻게 만들라는 내용은 적혀 있지 않다.

이런 내용으로 볼 때 이 책은 납약을 소장하고 써야 하는 환자를 위해 쓴 일종의 처방전임을 짐작할 수 있다. 한글로 번역되어 있다는 점도 이런 추측을 뒷받침해준다. 아마도 이 책의 출간은 납약의 보급정도와 관계가 있을 것이다. 납약의 수요가 늘어나면서 병증을 정확하게 구별하지 않고 함부로 납약을 쓰거나 금기를 지키지 않고 납약을 먹는 사례가 많아졌을 것이며, 이 책은 그런 상황을 바로잡기 위해 편찬된 것이다.

어떻게 보면 의학적으로 자잘한 내용이라 할 수 있는 납약에 관한 내용까지 정리함으로써 허준은 『동의보감』이라는 종합적인 의학에서부터 전염병학(성홍열 · 발진티푸스 · 두창), 태산의학, 구급의학, 진단학 등 기초의학을 망라한 저술을 낸 셈이 되었다.

명약 중의 명약 – 청심원, 안신원, 소합원

『언해납약증치방』에 실린 37종은 모두 명약 중의 명약이다. 비싼 재료를 아끼지 않고 다 들여 만든 약이다. 이 약은 모두 응급상황에 쓴다. 이를테면 갑자기 쓰러지거나, 놀라서 가슴이 울렁거리거나, 심하게 열이 나거나, 갑자기 사지를 쓰지 못하게 되거나, 심하게 어지럽거나, 갑자기 발작을 한다거나, 목의 통증이 심하거나, 설사가 멎지 않거나, 심하게 구토하면서 피똥을 싸거나, 가슴이 답답해 꽉 막힌 듯하거나, 배가 땡땡해져 불편하거나, 대변이 나오지 않거나, 학질에 벌벌 떨거나, 귀신이 씌운 듯하거나, 아이가 잘 나오지 않아서 고통스럽거나, 아이를 쉽게 낳게 하거나, 아이가 경기를 한다거나, 마마 때 병이 악화되지 않도록 하거나, 피부가 얼어터져 잘 낫지 않거나 하는 것이 응급상황이다.

우황청심원, 포룡환, 우황포룡환 등 37종의 납약은 각각의 병증에 대응한다. 이를테면 중풍에는 우황청심원, 어지럼증에는 목향보명단, 가감박하전원, 목이 막혔을 때에는 해독웅황산, 가슴앓이에는 구통원, 대변이 통하지 않을 때는 설보단, 학질에는 귀곡단, 태를 편안하게 하는 것은 안태환, 아이의 경기가 심할 때는 안신환 등 하는 식이다.

이 가운데에서 좀더 평판이 좋은 것이 있다. 이른바 우황청심원, 용뇌안신원(龍腦安身元), 사향소합원(麝香蘇合元)이 그것이다. 줄여 청심원, 안신원, 소합원이라고도 한다. 청심원은 가슴이 울렁거리는 증상에, 안신원은 열을 내리는 데, 소합원은 학질을 고치는 데 특효가 있는 것으로 평가받았다.(홍석모, 『동국세시기』)

이 중에서 한 가지를 고르라면 단연 청심원이다. 청심원 처방은 중국에서 유래했지만, 조선의 청심원은 좋은 재료를 써서 잘 지었기 때문에 중국에서도 크게 인기가 있었다. 김매순은 『열양세시기』에 이를 다음과 같이 썼다.

중국 북경 사람들은 청심환이 다 죽어가는 병자를 다시 소생시키는 신단(神丹)이라 하여, 우리 사신이 북경에 들어가기만 하면 왕공 · 귀인들이 모여들어 구걸하지 않는 자가 없었다. 왕왕 들볶이는 것이 귀찮아 약방

서역에서 수입하는 소합향 납약에 쓰이는 소합향의 이동을 그렸다. 서역사람이 등장하는 것으로 보아 이 약이 서역에서 오는 것임을 알 수 있다.

문을 전해주어도 만들지를 못하는 것이 약밥의 경우와 같다. 참 이상한 일이다. 어떤 이는 말하기를 "북경 안에는 우황이 없어서 타황(駝黃, 낙타쓸개)을 대용하므로, 비록 약방문대로 만들었으나 복용해보면 영묘한 효력이 없다"고 한다. 사실 여부는 모르겠다.

청심원에 들어가는 약재의 핵심은 우황과 사향이다. 우황은 소의 쓸개 속에 병으로 생긴 덩어리이며, 사향은 사향노루의 사향샘이 건조되어 생긴 약재이다. 이는 모든 소와 사향노루에게서 얻을 수 있는 것이 아니었기 때문에 존재 자체가 귀하였다. 나라에서는 이 우황과 사향을 지방 공물로 받아들였다. 『육전조례』 내의원 조를 보면, 우황 173부, 사향 113부를 각 지역에 할당했다. 우황은 값이 매우 비싸서 1부 값이 무려 쌀 15가마니 값과 같았다. 사향 값은 이보다 쌌지만 1부에 쌀 2가마니 값이었다. 이렇게 비싼 약이었기 때문에 우황 대신에 유사품을 사용하는 경우가 생겼고, 조선의 진품과 중국 유사품 사이에 약효의 차이가 벌어졌던 것이다.

「납약, 『언해납약증치방』, 그리고 허준」(『한국의사학회지』 13권 2호, 2000)을 수정보완하였다.

해괴하고도 망측하도다

서양의술을 접한 첫 인상 : 해괴하고도 망측하도다

"사람이 죽어가는 데 정성껏 고칠 생각은 하지 않고 죽음을 기뻐하니 이 얼마나 망측한 일인가. 서양 오랑캐와 달리 우리는 황제와 기백이 물려준 의술로 있는 힘껏 환자를 살리고자 한다." 조선 말 위정척사의 거두 이항로의 『화서집(華西集)』에 나오는 대목으로, 천주교의 치병의식을 비판한 것이다. 죽어서 기꺼이 "천당에 가기"를 비는 기도 치병술을 유교적 합리성에 근거하여 비판한 것이다.

개항 이전 천주교의 치병술은 대체로 천주께 기도하는 형태를 띠었다. 숭실대학교 박물관에는 종기와 복통을 앓는 환자의 쾌유를 비는 2점의 기도문이 전시되어 있다. 종기와 복통의 고통을 안타깝게 호소하면서 천주의 자비를 빌고 있는 것이다. 예수와 함께 마테오리치의 이름으로 천주께 기도하는 형식이 이채롭다.

서양의학의 정교한 해부도는 19세기 중반에 조선에 알려졌다. 중국에 온 영국 선교사 홉슨이 1851~1857년에 서양의학의 핵심내용을

일본의 사형자 시체해부(1808)

한역(漢譯)한 책들이 조선에 수입된 것이다.

혜강 최한기(1803~1872)의 『신기천험(身機踐驗)』은 이 책들을 바탕으로 자신의 생각을 덧붙여 편찬한 것이다. 혜강은 우리나라 '최초의' 동·서의학 절충론자였다. 그는 해부학에 바탕한 서양의학의 정교함을 극찬하면서 그것으로 "건강부회를 일삼는" 한의학 이론을 대체해야 한다고 했다. 반면에 서양의 치료술은 보잘것 없다고 하면서 중국과 조선의 풍부한 약재로 서양의술의 단점을 메울 수 있다고 했다. 홉슨의 해부학책인 『전체신론(全體新論)』을 보면서 그것이 전혀 해괴망측하다고 생각하지 않은 혜강, 그는 진정으로 시대를 앞서 있었다.

개항이 되자 1876년, 1879년, 1882년에 수교를 기념하는 사절들이 일본으로 향했다. 일본측에서는 조선 사절에게 자신들이 조금 일찍 받아들인 근대 문물을 맛보도록 유도했다. 박물관, 동물원, 조폐국 등이 단골메뉴였으며, 그 가운데에는 서양의술 병원도 꼭 포함되었다. 일본에서 서양의술을 견학했다는 몇몇 기록이 남아 있다. 1881년 어윤중(魚允中)의 『종정연표(從政年表)』, 송헌빈(宋憲斌)의 『동경일기(東京日記)』, 조준영(趙準永)의 일본의학교 시찰 관련 기록 등이 그것이다.

이 중 송헌빈의 『동경일기』 기록은 매우 재미있다. 다른 사람들의 저작이 단지 견학 사실만 언급한 데 반해, 이 글은 견학한 내용과 자신의 인상까지 담고 있다. 송헌빈은 일본의 병원을 구경한 후 소감을 다음과 같이 적었다.

> 병원인즉 좌우에 긴 복도가 있었고 병을 고치고자 하는 사람이 무려 수백 명이었으며 의자(醫者) 역시 이와 같았다. 치병하는 기구는 많은 것이 껍질을 벗기고, 째고, 막힌 것을 뚫는 것이었다. 이를테면 체증의 경우에는 긴 실을 가지고 입으로부터 아래로 뚫었으며, 대변이 통하지 않는 경우에는 조그만 통을 항문 안으로 집어넣었다. 병 걸려 죽은 자는 그 병이 생긴 곳을 입증하기 위하여 장부와 폐를 해부한다. 그 술이 매우 정교함을 알 수 있으나 그 마음씀이 진실로 잔인하기 짝이 없다. 이 어찌 인술을 펼치는 사람이 할 수 있는 짓일까. 괴이하고도 통해한 일이다.

이 기록은 당시 서양의학의 모습을 잘 전해준다. 즉 막힌 곳을 물리적으로 뚫어내는 의료, 탕제 대신에 알약과 가루약을 쓰는 의료, 몸에 칼을 대는 의료의 모습을 말해주고 있는 것이다. 그것은 매우 정교한 것이었다. 그럼에도 불구하고 송헌빈은 서양의술을 유쾌하게 생각하지 않았다. 이는 얼마만큼은 송헌빈 자신이 이같은 의술에 낯설었기 때문이겠지만, 좀더 근본적으로는 사람 몸에 마구 칼질을 하는 행위가 당시 조선의 규범과는 일치하지 않았기 때문이다.

대체로 한말 조선인은 해부학에 바탕한 서양의술을 '잔인한 것'으로 생각했다. 이는 유길준의 『서유견문』(1895)에서도 확인할 수 있다.

이 책은 "어떤 사람들은 말하기를 시체해부를 참을 수 없는 잔인한 처사라고 하지만, 죽은 한 사람의 몸에 가하는 잔혹함은 후세의 수많은 생명의 행복을 위하는 길이 된다"고 하였다. 정교함과 잔인함 사이의 괴리! 이 점이 바로 개항 전후 이른바 서양의술을 접한 사람들이 가졌던 솔직한 느낌이었을 것이다.

제중원의 신화와 현실

"갑신년(1884) 12월 김옥균, 박영효 등 급진세력이 정변을 일으켜 수구세력을 거세코자 했으며, 그 가운데에는 민비의 사촌동생인 수구파의 실력자 민영익이 포함되어 있었다. 칼에 난자당해 피를 뚝뚝 흘리는 민영익, 도저히 살아남을 가능성이 없었다. 그러나 마침 조선에 들어와 있던 서양의사 알렌의 수술 덕택으로 생명을 건지게 되었다. 알렌은 조선정부에게 병원 설립을 요구했고, 조선정부는 그의 요구를 들어주었다. 그 이름이 광혜원이었다. 이후 비로소 서양의학의 개명이 이루어졌다."

이 이야기는 한편의 드라마처럼 너무 극적이다. 나는 이 이야기를 '알렌 신화' 라 부르고자 한다. 알렌 신화는 다음 세 가지 심각한 문제를 내포한다. 첫째, 조선인 또는 조선의 것을 무지하거나 무력한 것으로 본다. 둘째, 서양의술을 전통의술보다 월등히 뛰어난 것으로 간주한다. 셋째, 알렌의 영웅적 행위가 한국의학 발전의 원동력이었다고 생각한다.

물론 제중원 설립과 서양의학 도입에는 알렌의 기여가 결코 적지 않았다. 마찬가지로 서양의술이 외과술에서 큰 장점을 가지고 있었다는 점과 서양문물에 대한 조선의 소극적 태도도 인정한다. 하지만

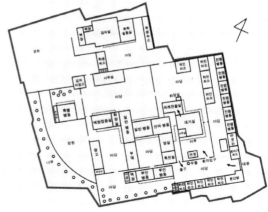

제중원 모형과 배치도 제중원은 갑신정변을 주도했다가 죽은 홍영식의 집을 수리해서 지었다. 환자실, 외래 진찰소, 수술실, 약국, 일반 병실, 외과 병실, 여자 병실, 특등실이 있는 것으로 보아 그 규모가 아주 크지는 않지만 종합병원의 축소판 형태를 갖추었음을 알수 있다. 제중원은 약 40개의 침대를 수용할만한 방을 갖춘 시설이었으며 각종 병실과 마당, 정원이 적절하게 결합된 병원이었다. 제중원의 배치와 규모는 알렌이 남긴 제중원의 도면을 통해 비교적 상세히 알 수 있다. 제중원은 크게 여덟 부분으로 이루어져 있었다.

① 대략 16개 방과 마당으로 구성된 하인과 조수가 상주하는 공간
② 널찍한 외래 진찰실(들어가는 문과 나오는 문이 따로 설치되어 있음), 수술실, 약국, 샤워실, 마당으로 이루어진 외래 병실
③ 커다란 외과 병실 한 동, 병상 한 곳, 창고, 마당으로 이루어진 외과 병실
④ 두 개의 좁지 않은 병실, 창고, 부엌으로 이루어진 여자 병실
⑤ 큰 병실 두 개와 주방, 벽장, 창고, 화독 등이 자리한 많은 환자들을 수용하기 위한 일반 병실
⑥ 7개의 병실과 마당 넷으로 이루어진 독방 병실
⑦ 다른 곳과 완전히 격리된 마당을 갖춘 특실
⑧ 정원수가 심어져 있는 정원

제중원 설립과 운영을 하나의 신화로 단순화하여 이해해서는 곤란할 것이다. 그것은 역사적 현실을 잊게 하기 때문이다. 신화에 대한 흥분을 가라앉힌다면 우리는 제중원에 대해 몇 가지 측면을 좀더 따져 들어갈 수 있다.

먼저 제중원의 설립배경을 살펴보도록 하자. 알렌의 수술이 있기 전 조선정부의 상황을 보면, 1882년에 혜민서·활인서가 폐지된 점과 개항 이후 줄곧 있어온 서양병원 설립의지가 주목된다. 대민의료 기관인 혜민서·활인서를 없앤 후, 그것을 왕정의 부담으로 느껴왔다. 또한 『한성순보』를 통해 서양의술에 큰 관심을 보였고, 묄렌도르프는 의학교 설립계획을 가지고 있었다. 이런 상황에서 '민영익 수술

제중원 초대 의사 알렌의 의료기구(1880년대)

사건'이 벌어졌고, 그것은 "병원설립을 주제로" 조선정부와 미 선교회가 만나는 계기가 되었다.

1884년 조선에 알렌을 파견한 미 선교회는 나름대로 포교의 거점을 확보할 필요가 있었다. 국왕과 조선정부의 선심을 사기 위해 미 선교회 측에서는 의사의 무료봉사를 약속했고, 조선정부로서는 막대한 인건비를 절약하면서도 서양의술 병원을 설립할 수 있었다. 이렇듯 제중원은 수술 성공의 대가로 하사된 것이 아니라 서양병원을 갖고 싶다는 조선정부의 욕망과 선교 확대를 꾀한 미 선교회의 이익이 서로 절충된 고도의 정치적 타협에 따라 탄생한 것이었다.

다음으로 병원으로서 제중원의 성격에 관한 것이다. 내가 보기에 제중원은 근대적 병원이라기보다는 전통 병원에 더 가까웠다. 정치적으로 혜민서의 부활을 선언했을 뿐만 아니라 병원의 관리와 운영 또한 혜민서의 운영과 흡사했다. 병이 나은 후에만 약값을 받기로 한 것, 약만 파는 행위, 학도의 의술보조, 병원의 인사체계 등 모든 측면에서 공통점이 나타난다. 그래서 알렌도 "조선에는 이미 오래 전부터 병원이 있었기 때문에 제중원을 특별히 여기지 않는다"고 할 정도였다. 즉 제중원은 동도서기(東道西器)에 입각한 병원으로 규정될 수 있다. 전통적인 의료정책과 병원 틀을 유지하면서 그 공간에 서양의사를 초빙하고 외과수술대를 설치한 셈이다.

마지막으로 정부병원으로서 제중원의 성취와 한계에 관한 것이다. 병원으로서 제중원은 성공했는가 실패했는가? 설립 의도에서는 '성공했다'이지만 기대효과의 충족에서는 '실패했다'이다. 설립 후 5년

이 흐른 1890년 이후 의료활동이 지지부진해졌으며, 제
중원 의학당은 1명의 졸업생도 내지 못한 채 서양의술 재
생산의 기틀 확립에 완전히 실패했다. 왜 실패했는가? 좁
게는 상황변화에 따른 미 선교회의 의사 공급 파행이 병
원의료를 마비시킨 것으로 나타났지만, 더 넓게는 조선
경제의 전반적인 파탄, 청의 종주권 심화에 따른 정치적
위기에 따라 소극적이나마 추진되었던 개혁의지의 실종
때문에 그렇게 되었다.

제중원의 이모저모

　제중원 운영의 면모는 1885년 4월 4일자 알렌의 일기
에 실린 「광혜원규칙」과 1886년 2월 1일자 『한성주보』에
실린 「공립의원규칙」을 통해 상세히 알 수 있다.

　제중원의 이용시간은 오전 11시에서 오후 1시 두 시간
동안이었다. 제중원 진료를 받기 위해서는 문 입구에서
환자의 성명을 기록하고 진찰패를 받아 그것을 접수해야
했다. 접수료는 원래 규정에는 없었지만 제중원 의사 알
렌은 "공연한 구경꾼을 제한하기 위함"이라는 명목으로
환자 1인당 20전씩 받았다.

　제중원 환자는 크게 외래, 입원, 왕진 등 세 가지로 구
분되었다. 외래환자는 수술실, 약국, 목욕실을 갖춘 외래
병실을 이용했다. 입원환자는 경제적 능력에 따라 네 등급으로 나뉘
었다. 경제적 능력이 가장 높은 상등객은 독방에 입원했는데, 1일 입
원료가 1,000전(10냥)이었다. 중등객은 입원료가 500전으로 2~3인

선교의사이면서 어의노릇을 했
던 에비슨(1860~1956)이 고
종에게서 하사받은 족자(1900
년대 초) "에비슨 대인 합하, 양
약을 투약하는 것이 요임금 때
역귀를 물리친 무함과 같다."

227

학질 특효약 금계랍(키니네) 약병(20세기 초)
제중원에서 가장 인기있는 약은 금계랍이라
는 학질 치료약인 키니네였다.

실에 입원했고, 하등객은 입원료 300전에 3명
이상의 병실에 입원했다. 의탁할 곳이 없는 빈민
환자는 무료였으며 이들은 많은 환자를 수용하
는 일반실에 입원했다. 당시 쌀 한말 값이 80전
정도였던 것을 감안한다면 하등실이라도 입원비
가 녹녹치 않았음을 알 수 있다.

이밖에 환자는 남녀로 서로 구별되어 여자환
자의 경우 여자병실에 입원했다. 또한 제중원에
는 상등객보다 더 높은 지위의 환자를 수용할 수
있는 특실이 따로 마련되어 있었다. 지체가 매우
높은 계층은 제중원을 직접 찾기보다 의사의 왕
진을 요청했다. 왕진료는 상등객 1일 입원료보다
5배나 비싼 50냥(5,000전)이었다.

왕진료나 입원료를 제외한 약값은 무료였다. 또한 모든 진료비는
단지 회복된 경우에만 지불했다. 이는 당시의 일반 의료관행을 그대
로 따른 것이다. 알렌은 이를 가리켜 "조선 사람들은 병이 낫지 않으
면 약값을 치르지 않는다는 원칙을 따르는 것 같다"고 기록한 바
있다. 이처럼 새로 세운 서양의술 병원에서 기존 의료관행을 채택한
점은 매우 흥미롭다. 제중원이 전통 의료관행과 전혀 단절된 기관이
아니었음을 뜻하기 때문이다.

병원에는 의사, 실무운영자, 하급직원이 있었다. 병원장은 외아문
독판이 겸임했지만 병원의 실무는 병원에 상근하는 직원인 주사, 서
기와 회계, 접수직원, 주방직·청소직·사환·물긷는 사람 등 허드
렛일꾼 등 10여 명이 담당했다. 병원의료는 의사가 담당했다. 1885~
1886년도에는 알렌과 스크랜튼 또는 헤론 등 2명이 진료를 보기도
했지만 거의 대부분 1명의 의사가 진료했다. 의사의 진료보조는 전국

에서 뽑은 10여 명의 의학당 학도가 맡았다. 이들은 의사를 보조하면서 의학을 배웠다. 한편 여자환자의 경우 1885년의 경우 기생 출신의 의녀 5명이 간병을 보조했으나, 이해 12월 이들이 원세개에 팔려가는 바람에 중지되었고, 1886년 7월 이후에는 여성선교의료 인력이 보조했다.

제중원의 서양의술은 호기심거리였지만 병원 자체가 새로운 것은 아니었다. 이미 오래 전부터 대민진료기관이 존재해왔고, 제중원 또한 그러한 전통을 계승한 형태를 띠었기 때문이다. 그렇기 때문에 알렌도 「보고서」에서 "원래 조선에는 병원 유사한 기관이 수백 년래 존재하고 있어서 내가 현재 계획하는 병원은 별로 신기하다고 할 수 없다"고 했던 것이다.(알렌, 「보고서」)

제중원은 1885년 4월 9일 외래환자 20명, 수술환자 3명으로 진료를 시작했다. 샌프란시스코에 주문한 병원 소용 비품과 의약품은 4월 18일에 도착했으며, 진료를 시작한 지 채 열흘도 되지 않아 단골손님이 생기는 등 후원자가 많아서 영업은 순조롭게 잘 풀려 나갔으며, 하루 평균 50명의 환자를 맞았다. 개원 후 시일이 갈수록 외래환자수가 증가하여 매일 100여 명을 진찰하게 되었으며, 그 결과 1년 동안에 7,000명 이상을 진료하기에 이르렀다.

이상의 진료활동은 알렌의 기록을 토대로 한 것인데, 이는 약간 과장된 느낌을 주며 환자로 통계잡힌 이들을 모두 순수한 진료환자로 보기는 곤란할 듯하다. 왜냐하면 초창기 환자 중 상당수는 진짜 환자가 아니라 외국인의 의술을 보러온 호기심 많은 구경꾼이었기 때문이다. 『한성주보』에서는 "매일 와서 문병하고 가는 사람이 혹 20여 명 혹 30여 명도 되고 원중에 입원해 치료하는 사람이 혹 10여 명 혹 20여 명도 된다" 하여 매일 100여 명 진료라는 알렌의 집계보다 적게 보고하고 있다. 초창기 환자의 이모저모를 보면, "조선 사람의 각 계

신축한 세브란스병원(1904) 제중원은 세브란스 씨의 희사로 남문밖 복숭아골에 새 병원을 지었으며, 얼마 안 있어 세브란스병원이 되었다.

급을 망라하여 아래로는 걸인, 나병환자부터 위로는 궁중의 귀인까지 있는 상태"로 매우 다양한 편이었다.

개항장의 일본의원 : 일본에 호감을 가져라

제중원은 조선 땅에 세워진 최초의 서양의술 병원이 아니었다. 개항 이후 일본은 부산, 원산, 인천, 한성의 문호를 열어젖히면서 차례대로 병원을 세웠다. 부산의 제생의원(1877), 원산의 생생의원(1880), 인천의 인천의원(1883), 한성의 일본공사관 부속의원(1883)이 그것이다. 조선에 들어온 일본인 거류민의 진료를 목적으로 건립한 것이다.

그러나 이 병원들은 조선인으로 하여금 일본에 호감을 갖게 하고, 근대 문물의 우수함을 느끼게 하는 도구로도 이용되었다. 초대 제생

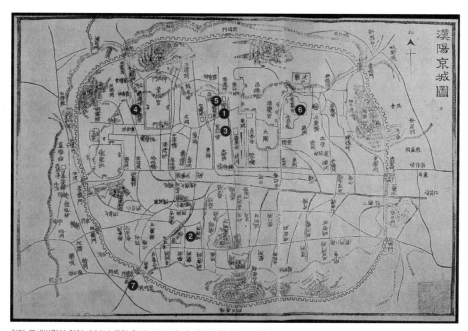

의원 원장을 지낸 야노(矢野義徹)가 개항 직후 일본 외무성에 보낸 보
고서에는 그 내용이 잘 드러나 있다.

> 대저 인정은 누구나 생을 사랑하고 몸을 아끼는 정이 있기 때문입니다.
> 그러므로 하루아침에 그들이 고수하던 썩어빠진 한의술과 무당의 폐해
> 를 버리고 우리 의술을 앙망하기에 이르렀습니다. 이는 특히 황국의 위
> 엄스러운 덕을 감격스럽게 떨칠 수 있을 뿐만 아니라 그들이 조선 것과
> 우리 것의 장단점을 비교하는 마음이 생겨서 개화에 유도하는 데 큰 도
> 움을 주는 계기가 되리라는 것은 당연합니다.

1890년대 후반 한성의원 원장이었던 와다(和田)는 한 걸음 더 나아

가 의료를 통해 조선 고위층의 환심을 사는 것이 매우 중요한 사업 가운데 하나라고 했다. 러시아도 이 점은 마찬가지여서 조선의 주도권을 쥐기 위한 일본과 러시아의 싸움은 병원활동에서도 재연되었다.

선교병원, 전도를 위한 옥토를 일구는 쟁기

의료를 정치적으로 이용한 것은 단지 일본 거류민 병원만이 아니었다. 조선정부가 세운 제중원이나 광제원도 '병을 고친다'는 목표 이외에 다른 정치적 목적을 가지고 있었다. 선교병원도 마찬가지이다. 한말 신문을 보면 "선교사가 세운 병원이 고맙게도 불쌍한 조선인 환자를 많이 고쳐 주고 있다"는 사실이 자주 강조되고 있다. 자선행위를 통해 기독교에 호감을 끌어냈다는 이같은 사실은 '서양의술'이 엄청난 정치적 성공을 가져다주었음을 뜻한다.

선교의료의 동기는 일본인 의료와 거의 비슷하다. 의술을 통해 반감을 누그러뜨리고 호감을 유도한다는 점이나, 의술을 통해 서양문물의 우수성을 느끼게 하여 개화로 유도한다는 점에서 동일하다. 순수한 열정으로 인간의 고통을 구원한다는 측면은 선교사의 개인적차원에 국한되었다. 선교사회라는 전체 집단 차원에서는 선교의 도구로서 의술의 효과가 미약하다면 그것을 포기한다는 입장도 있었다. 다수의 선교사가 정치적 이용이라는 입장을 지지했다.

1885년 이후 1910년까지 조선에 설립된 선교병원은 대략 30여 개에 달한다. 미 북장로회, 미 북감리회, 영국 성공회, 호주 장로회, 미 남장로회, 미 남감리회, 캐나다 장로회, 안식교 등에서 병원을 세웠으며, 전국의 주요 도시를 망라했다. 그러나 여기서 우리가 기억해야할 사항은 이 시기에 세워진 병원 중 상당수가 오늘날의 병원 같은 곳

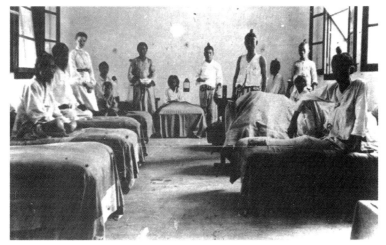
선교병원의 조선인 환자들(성누가병원, 20세기 전후)

이 아니라 간단히 약을 조제해주는 진료소 수준을 벗어나지 못했다
는 점이다. 선교병원은 규모는 작았지만 지역적으로는 여러 곳에 널
리 분포되어 있었다.

대한제국의 광제원 : 한·양방 절충의 시험장

1900년을 전후한 당시 신문을 보면 일반 인민의 삶은 비참하기 그
지없어 눈물이 맺힐 정도이다. 여러 해 동안 흉년이 겹쳐 작황이 말할
수 없을 정도로 좋지 않았기 때문이다. 물가는 매일같이 천정부지로
뛰어 올라 웬만한 재력이 없는 사람들은 궁핍한 생활을 면하기 힘들
었다. 다급해진 정부에서는 값싼 안남미를 수입해 민간에 풀기도 했
지만 빈민의 기아를 해결하기에는 턱없이 부족했다. 빈민은 굶주림에
떨 뿐더러 추운 겨울날씨에는 길가에서 얼어 죽기 십상이었다. "어제
밤 동사체(凍死體)가 몇 구 발견되었다"는 기사도 무수히 많았다.

빈곤과 질병은 필연적으로 악순환의 관계에 있다. 가난해지면 영양, 주거, 의복상태가 열악해져 각종 질병에 대한 면역력이 떨어지며, 일단 질병에 걸리면 제대로 경제생활을 꾸려나갈 수가 없다. 또한 경제형편이 어려운 궁민은 병이 걸려도 제대로 치료 한번 받아보지 못하고 세상을 뜨는 경우가 비일비재했다.

광제원은 일차적으로 이런 배경에서 설립되었다. 조선정부에서는 1882년에 없앴던 활인서의 정신을 부활한 것이라고 했다. 그렇기 때문에 이전의 활인서처럼 경제적 능력이 없는 환자와 옥중의 환자, 전염병에 걸린 환자들을 우선 구료했다.

광제원은 활인서를 부활한 성격을 띠었지만 시대가 바뀌었던 만큼 활인서와 똑같지는 않았다. 한약소, 양약소, 종두소 세 곳을 두어 동·서의술을 절충했다. 환자들에게는 한약, 침구와 함께 키니네 따위의 양약을 처방했다. 따로 서양의술 자격자를 고용하기보다 한의사 중 서양의약에 관한 지식을 갖춘 사람이 한·양약을 절충하여 처방했다. 이처럼 한의를 주축으로 한 사실은 '구본(舊本)' 또는 '작고(酌古)'라는 광무정권의 정책이념, 기존 인력의 활용, 경제성 등 세 측면을 동시에 충족시키는 것으로 이해할 수 있다.

1899년에 개원한 광제원은 1905년부터 일본 수중으로 들어갔다. 일본측은 이 병원을 접수하여 한국인 구료기관에서 주로 일본인을 진료하는 치료병원으로 성격을 바꾸어 나갔다. 그러다 1907년 대한의원이 창설되면서 이 기관에 흡수 통합되어 운명을 다했다.

광제원의 이모저모

광제원 이용은 일반병동과 전염병환자를 위한 피병원 두 가지로 나누어 살필 수 있다. 환자는 공휴일을 제외한 날에는 오전 8시부터 오후 2시까지 6시간 동안 내원하여 진료를 받을 수 있으며, 급한 병이 아닌 경우 오후 2시부터 4시까지는 의사의 왕진을 요청할 수 있었다. 병원에는 대기소가 있어서 환자는 기다리면서 병원에 온 순서대로 의사의 진찰을 받았다. 진찰을 받은 후 일반환자는 시중 약값보다 훨씬 싼값으로 약을 살 수 있었으며, 환과고독과 무의탁자, 감옥 죄수 등은 무료였다. 왕진의 경우라면 소요시간에 따른 가마비를 별도로 내야 했으며, 빈한한 환자의 경우 이 사실을 병원에서 인정하면 가마비 또한 면제받을 수 있었다.

다음으로 피병원을 살피면, 내부병원은 따로 입원실을 규정하지 않았고 대신 전염병환자를 위한 피병원을 세웠다. 피병원은 염병, 콜레라, 폐창(廢瘡) 등의 전염병이 다른 사람들에게 전염되지 않도록 하기 위한 목적으로 인가에서 50보정도 떨어진 곳에 설치되었다. 피병원에는 상(1인 1실)·중(2~3인 1실)·하(의탁할 곳이 없는 자) 세 등급의 입원실이 설치되었으며, 병실 등급에 따라 입원료도 달리 책정되었다. 단 하등실은 무료였다. 환자에게 지급되는 음식은 일체 바깥음식을 금지했고, 간병인의 경우에도 의사의 검사를 맡은 후에야 출입이 가능했으며, 오가는 사람들의 의복과 가마, 수레 등은 모두 소독했다. 피병원 하등실에서 죽은 환자는 병원에서 비용을 들여 묻어 주었으며, 피병원에 묵는 환자가 30명이 넘을 경우 병원장은 상부기관인 내부에 보고해야 했다. 이밖에 감옥서에도 피병간(避病間)을 설치해 전염병에 걸린 이곳으로 죄수를 이감하여 병이 옮기지 않도록 조치했다.

병원에는 의료 인력으로 의사 15명, 기사 1명, 약제사 1명 등이 있었다. 의사 15명 중 10명이 종두법을 시행하는 의사였으며, 나머지는 한방 내과의사 2명, 외과의 1명, 소아과 의사 1명, 침의 1명 등이었다.

235

이 중 의사는 모두 한의로 대부분 전의를 겸직했다. 이같은 사실은 왕실의 진료를 담당한 태의원뿐만 아니라 위생국장과 직원, 종두의사, 군의 등 다른 분야의 한의 진출과 비슷한 유형으로, 당시 대한제국의 위생사무를 서양의술을 약간 이해하는 전의 출신들이 주도했음을 짐작할 수 있다.

물론 구상 단계에서는 서양의학을 공부한 외국인 의사 1명을 두자는 견해도 있었다. 그러나 외국인 의사를 초빙하는 데는 비용이 크게 들 뿐 아니라 효과적으로 활용하기 어렵다는 인식 때문에 이 견해는 채택되지 않았다.

광제원은 1899년 6월부터 12월 사이에 모두 8,197명을 진료했다. 이 가운데 양약시술 환자는 4,755명이었고, 한약시술은 3,436명이었다. 이는 대체로 하루 평균 45명 정도의 환자를 진료한 것으로 "병원 의사들이 매우 분주했음"을 말해준다. 환자 중에는 입원환자나 중병환자는 없었고, 모두 외래환자로 약만 제공한 경우였다. 1900년에는 한 해 동안 총 진료자 수가 16,414명에 달했다. 그 내역을 좀더 상세히 살펴보면 "돈 받고 약을 준 병인이 1,779명, 감옥서 죄수 치료인이 3,755명, 가난한 사람에게 돈 받지 않고 약준 병인이 9,268명, 침주어 치료시킨 병인이 512명"이었다. 1901년도 시료자 수의 규모도 총 18,393명으로 1900년도와 거의 비슷했다.

주로 광제원을 찾은 사람은 '발달한 서양의술'을 맛보기 위해 이곳을 찾은 일반인 또는 감옥의 환자, 전염병환자, 무의무탁한 빈민환자 등 사회에서 소외된 사람들이었다. 이들 환자에게서 받은 수익금은 병원 1년 예산 3,000원의 1/10에 지나지 않으며 직원 1~2명의 봉급 정도에 지나지 않았다. 이같은 사실은 광제원이 설립 목적대로 빈민과 전염병환자의 구제병원으로 운영되었음을 뜻한다.

대한의원 : 너희 병을 고쳐주러 왔노라

현 서울대학교병원에 들어가면 고풍스러운 유럽풍 2층건물을 볼 수 있다. 현재 병원연구소와 박물관으로 이용되는데, 보존상태가 좋기 때문에 텔레비전 사극의 배경으로도 자주 등장한다. 그 건물이 바로 대한의원이다.

이토 히로부미 통감이 설립을 주도한 대한의원에는 양면성이 있었다. 위엄스러운 건물의 위용과 휘황찬란한 일본인 의료진과 의료기구가 한 측면이다. 무려 80만 원, 당시 정부예산의 1할 정도 규모의 금액을 들여서 세운 '초현대식' 병원에 대해 당시 한 일본 기자는 "마등산 위에 우뚝 솟은 우람한 대한의원 건물은 온 서울을 굽어보는 듯했다"고 썼다. 진실로 대한의원은 바로 앞쪽에 있는 창경궁, 창덕궁을 '압도' 했을 것이다.

식민사업의 좋은 상징물인 대형 병원, 대한의원의 또 한 측면은 "너희들 병을 고쳐주러 우리가 왔노라!"하는 점이다. 이처럼 좋은 구호가 어디에 있을까? 위의 일본인 기자는 "일본에도 이만한 병원은 거의 찾을 수 없다"고 했다. 이토 히로부미 역시 이렇게 말했다. "한국의 의술을 발달시키려고 대한의원을 세웠다."

그렇다면 실제 이 병원은 한국인을 위해 기능했는가? 결코 그렇지 않았다. 1908년에서 1909년까지 환자 수는 대한의원의 성격을 잘 말해준다. 1908년 입원 환자 587명 중 한국인은 159명(27%), 일본인은 428명(73%)이고, 외래환자의 경우 10,166명 가운데 한국인은 4,913명(48%), 일본인은 5,253명(52%)이었다. 입원환자의 경우 일본인이 한국인의 거의 3배나 되고, 외래에서도 일본인이 한국인보다 약간 많음을 볼 수 있다. 1909년의 경우에도 양상이 비슷해서 입원환자 907명의 77%, 외래환자 14,886명의 47%가 일본인이었다.(통감부, 『한국

대한의원의 위용

시정연보』, 1909) 당시 한국인과 일본인의 인구 대비 이용자 수를 따진다면, 민족간 이용률의 차이는 더욱 크게 벌어질 것이다.

이처럼 한국인과 일본인의 이용에서 차이가 나는 이유는 두 가지 측면에서 생각할 수 있다. 첫째는 대한의원을 보는 일본인과 한국인의 입장차이 때문이다. 우선 낯선 이국땅에 이주한 일본인은 발병시 수준 높은 의료기관을 찾아 치료여행을 떠나는 것이 일반적인 상례였으며, 대한의원은 최고의 수준으로 그들의 발길을 끌어당겼다.(鮮總督府醫院の狀況, 『朝鮮總督府月報』, 1911년 4월호) 반면에 한국인은 일본 의사를 혐오하는 경향을 띠었다. 특히 양반과 궁중에서는 그 혐오가 더욱 짙었다.

한국을 식민지로 만들어 나간 일본인의 행위에 대한 곱지 않은 시선 말고도 한국인이 이 병원에 접근하기 힘든 두번째 이유는 경제적 측면에서 찾을 수 있다. 왜냐하면 입원료가 매우 비쌌기 때문이다. 물론 높은 경비 때문에 한국인의 경우 생활정도를 평가하여 진료비를 차등으로 매겼지만, 대한의원은 보통 사람이 쉽게 이용하기에는 경제적 장벽이 높았다. "그 비용을 지불할 수 없어서 야반도주하는 사람들이 많았을 정도"라는 상황이 이를 잘 말해준다.[대한의원의 간호부, 『조선(朝鮮)』, 4(2), 1910]

일본 의사에 대한 한국인의 혐오와 높은 진료비 때문에 대한의원을 이용하는 한국인은 돈을 지불할 능력이 있는 인물이거나, 공짜로 구료받을 수 있도록 선택된 시료환자 두 부류 중 하나였다. 전자의 대표적인 인물로는 이재명의 칼을 맞은 이완용과 궁중고문 이윤영(李允用)의 가족 등을 들 수 있다.

물론 경제력이 떨어지는 한국인을 위한 무료시료제도가 있었다. 시료환자는 일본의 시혜정책을 선전하는 목적을 지님과 동시에 의술을 연마하는 실습용의 목적도 있었다. 1908년의 경우 시료환자는 정원이 정해져 있어서 외래 1일 200명, 입원환자 20명이었다.[통감부 편, 『한국시정연보(韓國施政年報)』, 1907] 1908년에서 1911년까지 3년 8개월 동안 대한의원(1910년 9월 이후 조선총독부의원)의 시료환자 수는 한국인 28,366명이었다.(『조선총독부월보』 1911년 4월호) 시료환자가 되기 위해서는 경찰서 또는 민단소역(民團役所)을 통해 심사를 받아야 했다.(『황성신문』 1910년 1월 5일자) 또한 "구료를 받은 자는 모두 은택을 깊이 감격"하는 감상문을 제출해야 했다.(『조선총독부월보』 1911년 4월호) 그 감상문은 모두 각종 언론매체에 의해 일본의 '선정'을 선전하는 도구로 활용되었다.

자혜의원 : 조선인을 구하기 위해 왔노라

자혜의원의 창설은 1909년 의병 진압 이후 할 일이 줄어든 일제의 한국주차군이 주도했다. 자혜의원에 필요한 제반 기기, 약품, 설비는 물론 근무할 의사 또한 일본 주차군에서 공급했다. 자혜의원의 설치 목적에 대해 미키 사카에는 『조선의학사와 질병사(朝鮮醫學史及疾病史)』에서 "8도 민중의 병고를 구하여 생존의 행복을 누리기 위해"라 썼는데, 이는 1910년 8월 29일 일본이 한국을 강점하면서 발표한 유고(諭告)의 내용을 그대로 게재한 것에 불과하다.

이 말보다는 오히려 "종래 의료기관이 없어서 고생한 지방 인민에게 치료의 편의를 제공하고, 특히 궁민 환자에 대해서 시료·구료하는 것은 일반 민심의 융화에 보익(補益)하는 바 적지 않다고 생각하여" 이 시설을 만들었다는 말이 좀더 솔직하다.(『조선총독부월보』 1911년 4월호) 여기서 주목할 점은 '일반 민심의 융화'라는 표현이다. 민심 융화란 무엇을 뜻하는가. 그것은 한 나라의 주권을 빼앗고 의병운동 등 주권회복운동을 탄압하며 폭압적인 경찰·헌병장치로 한국민을 탄압하는 이면의 '당근'으로서 '구료를 통한 민심 융화'였던 것이다.

1909년 4월 이후 각 신문지상에는 일제의 의병 탄압, 경찰권 인수, 사법권 인수, 일진회의 병합 찬성 등의 기사와 나란히 자혜의원 기사를 도배하기 시작했다. 드디어 1909년 12월 이후 전주, 청주, 함흥 등 세 곳에 자혜의원이 설치되었다. 이 세 곳은 각기 한국의 남부, 중부, 북부지역을 대표한다. 자혜의원 직원은 대체로 의원을 2명으로 하고, 약간의 보조인력이 가세된 규모였다. 의원으로는 (그 지역에 머무는)일본 군의가 고빙되었다(『황성신문』 1909년 10월 24일자).

일제의 한국강점이 거의 임박한 무렵인 1910년 7월 21일 자혜의원을 전국으로 확대한다는 칙령(제38호)이 공포되었다. 이는 '병합' 한 달 전의 일로, 이 관제에 따라 자혜의원은 1910년 9월까지 전국 13도에 각각 한 곳씩 설립이 완료되었다. 경기도의 수원, 충남의 공주, 전남의 광주, 경북의 대구, 경남의 진주, 황해도의 해주, 강원도의 춘천,

평남의 평양, 평북의 의주, 함북의 경성 자혜의원 등이다. 관찰도 내지 일본수비대가 주둔하여 있던 곳을 기준으로 선택된 것으로, 당시 경성(鏡城)·함흥·평양·전주·대구·광주·춘천·수원·진주 등 9곳에는 일본수비대의 주력부대가 주둔하고 있었고, 공주·해주·의주에는 1개 중대가, 청주에는 1개 소대가 주둔하고 있었다.[김정명 편, 「조선주차군역사」, 『일한외교자료집성』 별책 1, 巖南堂書店(일본), 1967]

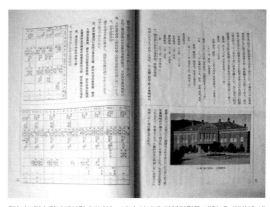

『경기도립수원자혜의원 25년사』, 미키 사카에 자혜의원은 개항 후 지방에 세운 최초의 병원으로 일본의 식민지정책에서 중요한 의미를 지니고 있다. 이 책은 『중외의사신보』의 별쇄본으로 수원자혜의원의 진료과목, 의료진 등을 상세히 소개하고 있다.

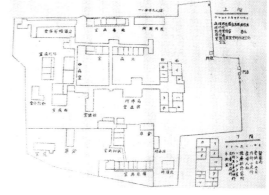

수원자혜의원 배치도

자혜의원 설립 결정은 보건의료사상, 그리고 일본의 식민지 정책상 중요한 의미를 지닌다. 왜냐하면 이는 개항 이후 지방에 국립의 형식으로 세워진 최초의 병원이었기 때문이다. 제중원부터 대한의원까지 모든 국가의료기관이 서울에 집중되어 있었기 때문에 나머지 지역은 국가의료의 사각지대로 남을 수밖에 없었다. 이같은 상황의 해소는 곧바로 식민지화 정당성의 근거로 작동했다. 즉 서울에 최첨단의 대한의원을 건설하고 지방 전역에 수준 높은 서양의료를 제공해 준다는 것, 이 점이 바로 일본측이 내내 주장해 온 '발달된 문명의 이식'이라는 구호와 일치한다.

1910년 8월 29일 우리에게는 국치일인 이날, 일본의 한국강점을 알리는 데라우치(寺內正毅) 총독의 포고문에는 다음과 같은 내용이 포함되어 있다.

> 무릇 인생의 우환으로는 질병보다 혹독한 것이 없는데, 종래 조선의 의술은 아직 유치한 정도를 벗어나지 못하므로 병고를 구하여 천수를 완전히 하기에 충분치 않다. 이를 가장 통한하게 여겼던바 지난 번 경성에 중앙의원(구 대한의원 – 필자)을 열고 또 전주·청주·함흥에 자혜의원을 설립한 이래 중서(衆庶) 중 그 은파(恩波)를 입는 자가 매우 많다. 비록 아직 전국에 보급되지 않은 것은 유감이지만, 이미 명령을 내려 다시 각 도에 자혜의원을 증설하여 명의를 설치하고 양약을 구비하여 널리 기사회생의 인술을 받게 할 것이다.

일본은 한국을 '병합'하여 선량한 중서를 위해 커다란 선물로 각 도에 자혜의원을 내렸다는 것이다.

자혜의원 환자에 대한 내용은 한국 '병합'이 단행된 지 10개월이 지난 1911년 6월에 작성된 통계를 통해 제법 상세히 알 수 있다.(『조선총독부월보』 1911년 4월호) 이 통계를 보면 1909년 12월부터 1911년 6월까지 총 19개월간 자혜의원의 전체 진료자 수는 186,328명이었다. 이를 민족별로 살펴보면, 한국인이 157,759명(85%)이고 일본인은 28,471명(15%)로 한국인이 5배 이상 훨씬 많다. 한국인 환자의 경우 대부분 시료환자가 무려 98%를 차지한다. 이같은 내용으로 판단하건대 자혜의원은 설치 목적에 맞게 한국인에 대한 무료 진료를 중심으로 진료활동을 벌였음을 알 수 있다. 탄압과 식민지화의 이면을 무마하기 위한 시료와 현대의술 세례가 쏟아진 것이다.

『조선총독부월보』 1911년 4월호를 보면, 조선총독부 의원을 비롯하여 각 자혜의원에서 병을 치료한 한국인들이 '감격하여' 적은 여러

1910년 전후의 의학 강의 국내 양 의료기관인 대한의원(조선총독부의원) 의육부의 강의실(좌)과 세브란스의원의 인턴 강의(우). 한쪽은 빡빡머리가 다수이고 다른 한 쪽은 모두 하이칼라 머리이다.

편의 감상문이 실려 있다. 이 잡지에 실린 내용은 각 원장의 보고 중 몇 가지 예만 추린 것으로 한국인의 감상문은 훨씬 많았던 듯하며, 이 감상문은 일본의 시혜, 곧 식민정치의 정당성을 옹호하는 선전자료로 이용되었다. 이 감상문에는 자혜의원의 치료에 감사한다는 내용을 담은 소극적인 것도 있지만, 더 적극적으로 "천황 폐하의 창생(蒼生)의 뜻과 우로(雨露)의 혜택에 감은한다"는 내용도 있다(『조선총독부월보』 1911년 4월호). 실제로 자혜의원에서는 구료환자에게 감상문을 요구했으며, 그것은 각종 보도자료를 통해 한국 식민지화의 정당성을 홍보하는 데 이용되었다. 왜 일본인 환자의 감상문은 거의 존재하지 않는가?

자혜의원은 일본 군부가 지방에 세운 병원으로 초기에는 식민지를 정당화하는 노릇을 했고, 강점 이후에는 식민지 지방경영의 중추 구실을 했다. 그런데 몇 해 전 초등학교 교사용 사회과목 지침서의 자혜의원 항목을 보다가 깜짝 놀란 적이 있다. "자혜의원이 세워져 한국의 의학발달이 이루어지게 되었다"는 말이 나와 있는 게 아닌가? 1910년 조선을 강점한 후 일본총독이 "천황의 은덕으로 이전에 너희 지방의 조선인이 누리지 못한 현대의학의 혜택을 입게 되었노라"고

'훈유' 한 내용과 어찌 그리도 똑같은지, 그것을 참고해서 만든 게 아닐까 의심이 들 정도였다. 커다란 역사에서는 식민사관의 극복이 상당정도 이루어졌지만, 의학같은 분야에서는 아직도 그 잔재가 가시지 않고 있다. 여러분의 백과사전에는 어떻게 설명되어 있는지 한번 찾아보시라.

한말의 병원, 어떻게 볼 것인가

전통병원에서 서양식 병원으로. 구료병원에서 치료병원으로. 한말 병원은 비교적 짧은 기간이지만 엄청난 '현대화' 과정을 겪었다. 대한의원, 세브란스병원은 그 규모도 규모일 뿐더러 의료인력, 의료장비 등에서도 이전의 병원과 비교하기 힘들 정도로 '발달' 했다.

이런 변화는 어떻게 생겨났을까? 이 시기 세계 의학사상의 진보를 생각할 수 있다. 즉 자연과학 발달의 열매를 의학이 향유할 수 있게 된 것이다. 마취법, 무균수술법 등은 물론이거니와 현미경, 엑스레이, 화학약품 등이 진단과 치료의 수단으로 쓰이게 되었다. 그러나 의학의 '현대화' 과정은 의료비용을 급상승시켰다. 더이상 병원은 가난한 사람들을 수용하여 간단히 처치하는 구료기관이 아니었다. 병원은 각종 '첨단' 장비와 교육인력을 보유한 의료의 중심지가 되었다.

한말의 상황을 고려할 때 의학의 '현대화' 현상에는 이중의 의미가 있었다. 서양에서 발달한 의술을 함께 향유할 수 있게 된 기회이기는 하지만, 다른 한편으로는 일차적으로 제국주의 팽창의 구실을 했다는 점이다. 일본은 식민지 통치를 정당화하는 가장 좋은 수단으로 의료를 활용했으며, 선교회에서도 이를 전도의 수단으로 이용했다.

의료의 특권화 현상도 지적해야 할 부분이다. 의학의 발달은 의료비 앙등을 가져왔으며, 그 부담은 고스란히 이용자의 몫이 되었다. 서양에서는 산업화에 따른 중산층의 형성이 병원의 현대화를 뒷받침했다. 이들은 기본적으로 비싼 의료를 감당할 구매력이 있었으며, 국가나 사회는 이를 부조하는 방향으로 움직였다. 한말의 상황은 이와 전혀 달랐다. 경제능력이 낮은 조선인은 발달한 의술을 거의 이용할 수 없어 "초근목피"의 한의술에 의존할 수밖에 없었다. 병원은 특권적인 기관으로 전락했고 일반 조선인은 병원 이용에서 크게 소외되었다.

다른 시설이나 기관과 마찬가지로, 병원도 사회의 능력에 걸맞게 건설되어야 한다. 이는 의료정책의 기본상식이다. 불행히도 제국주의 세력이 지배하는 식민지적 상황에서는 그런 정책의지가 펼쳐질 수 없었다. 국민 다수의 건강을 배려하는 것보다 식민지 경영자의 건강을 챙기는 것이 우선적인 과제였기 때문이다. 따라서 한말 이 땅에 세워진 서양식 병·의원은 한국인에게 생색을 내는 상징적인 현대시설에 불과했다. 이 점은 20세기 초반 한국 보건의료사의 비극이다.

「한말 병원의 모습」(『우리과학 100년』, 박성래·신동원·오동훈 편, 현암사, 2001)에 실린 내 글의 후반부를 많이 보완하였다.

한국의 히포크라테스 선서,
그 오해의 역사를 바로잡는다

아마 한국인 대다수의 의사윤리관을 지배하고 있는 두 어휘를 들라 하면 인술(仁術)과 히포크라테스 정신일 것이다. 언론도 마찬가지이다. 몇 해 전 의사파업 때 터져 나온 시민과 언론의 불만은 대체로 모두 이런 논조를 보였다. "인술이 땅에 떨어졌다", "히포크라테스 정신이 실종되었다". 당연하다고 생각하는 이 윤리관은 보편적인 것이 아니라 우리 역사의 산물이다.

이 윤리는 차별적이고 이윤을 추구하는 의사의 무한한 질주를 가로막는 안전판 구실을 해왔다. 하지만 현대사회의 의료문제를 푸는 데는 별로 도움이 되지 못하는 개념들이다. 그 뿐만이 아니다. 인술과 히포크라테스 정신은 숭고한 의술을 가정하며, 그것의 봉건적·수혜적 특성은 의학의 탈권위를 요구하는 현대사회의 장애가 된다. 따라서 현대의 의료문제를 제대로 보는 것은 인술과 히포크라테스 정신 윤리의 극복에서 시작한다고 할 수 있다.

2000년 의사파업이 이 글을 쓰는 계기가 되었다. 왜 인술과 히포크라테스 정신이 그렇게 무력했는지, 또 의사집단은 이를 스스로 부정

O OPKOΣ TOY IΠΠOKPATOYΣ

ΡΙΖΟΜΑΙ ΣΤΟΝ ΑΠΟΛΛΩΝΑ ΤΟΝ ΙΑΤΡΟ ΚΑΙ ΣΤΟΝ ΑΣΚΛΗ-
ΠΙΟ ΚΑΙ ΣΤΗΝ ΥΓΙΕΙΑ ΚΑΙ ΣΤΗΝ ΠΑΝΑΚΕΙΑ ΚΑΙ Σ' ΟΛΟΥΣ
ΤΟΥΣ ΘΕΟΥΣ ΕΠΙΚΑΛΟΥΜΕΝΟΣ ΤΗΝ ΜΑΡΤΥΡΙΑ ΤΟΥΣ, ΝΑ ΤΗ-
ΡΗΣΩ ΠΙΣΤΑ ΚΑΤΑ ΤΗ ΔΥΝΑΜΗ ΚΑΙ ΤΗΝ ΚΡΙΣΗ ΜΟΥ ΑΥΤΟ ΤΟΝ
ΟΡΚΟ ΚΑΙ ΤΟ ΣΥΜΒΟΛΑΙΟ ΜΟΥ ΑΥΤΟ. ΝΑ ΘΕΩΡΩ ΑΥΤΟΝ ΠΟΥ
ΜΟΥ ΔΙΔΑΞΕ ΑΥΤΗ ΤΗΝ ΤΕΧΝΗ ΙΣΟ ΜΕ ΤΟΥΣ ΓΟΝΕΙΣ ΜΟΥ ΚΑΙ
ΝΑ ΜΟΙΡΑΣΤΩ ΜΑΖΙ ΤΟΥ ΤΑ ΥΠΑΡΧΟΝΤΑ ΜΟΥ ΚΑΙ ΤΑ ΧΡΗΜΑ-
ΤΑ ΜΟΥ ΑΝ ΕΧΕΙ ΑΝΑΓΚΗ ΦΡΟΝΤΙΔΑΣ· ΝΑ ΘΕΩΡΩ ΤΟΥΣ ΑΠΟ-
ΓΟΝΟΥΣ ΤΟΥΣ ΙΣΟΥΣ ΜΕ Τ' ΑΔΕΛΦΙΑ ΜΟΥ ΚΑΙ ΝΑ ΤΟΥΣ ΔΙ-
ΔΑΞΩ ΤΗΝ ΤΕΧΝΗ ΑΥΤΗ ΑΝ ΘΕΛΟΥΝ ΝΑ ΤΗ ΜΑΘΟΥΝ, ΧΩΡΙΣ
ΑΜΟΙΒΗ ΚΑΙ ΣΥΜΒΟΛΑΙΟ ΚΑΙ ΝΑ ΜΕΤΑΔΩΣΩ ΜΕ ΓΡΑΠ-
ΤΕΛΙΚΕ, ΟΔΗΓΙΕΣ ΚΑΙ ΣΥΜΒΟΥΛΕΣ ΟΛΗ ΤΗΝ ΥΠΟΛΟΙΠΗ ΓΝΩ-
ΣΗ ΜΟΥ ΚΑΙ ΣΤΑ ΠΑΙΔΙΑ ΜΟΥ ΚΑΙ ΣΤΑ ΠΑΙΔΙΑ ΕΚΕΙΝΟΥ ΠΟΥ ΜΕ
ΔΙΔΑΞΕ ΚΑΙ ΣΤΟΥΣ ΑΛΛΟΥΣ ΜΑΘΗΤΕΣ ΠΟΥ ΕΧΟΥΝ ΚΑΝΕΙ
ΓΡΑΠΤΗ ΣΥΜΦΩΝΙΑ ΜΑΖΙ ΜΟΥ ΚΑΙ Σ' ΑΥΤΟΥΣ ΠΟΥ ΕΧΟΥΝ
ΟΡΚΙΣΘΕΙ ΣΤΟΝ ΙΑΤΡΙΚΟ ΝΟΜΟ ΚΑΙ ΣΕ ΚΑΝΕΝΑΝ ΑΛΛΟ ΚΑΙ
ΝΑ ΘΕΡΑΠΕΥΩ ΤΟΥΣ ΠΑΣΧΟΝΤΕΣ ΚΑΤΑ ΤΗ ΔΥΝΑΜΗ ΜΟΥ
ΚΑΙ ΤΗΝ ΚΡΙΣΗ ΜΟΥ ΧΩΡΙΣ ΠΟΤΕ, ΕΚΟΥΣΙΩΣ, ΝΑ ΤΟΥΣ
ΒΛΑΨΩ Ή ΝΑ ΤΟΥΣ ΑΔΙΚΗΣΩ. ΚΑΙ ΝΑ ΜΗ ΔΩΣΩ ΠΟΤΕ ΣΕ
ΚΑΝΕΝΑ, ΑΚΟΜΑ ΚΙ ΑΝ ΜΟΥ ΤΟ ΖΗΤΗΣΕΙ, ΘΑΝΑΤΗΦΟΡΟ
ΦΑΡΜΑΚΟ, ΟΥΤΕ ΝΑ ΔΩΣΩ ΠΟΤΕ ΤΕΤΟΙΑ ΣΥΜΒΟΥΛΗ.
ΟΜΟΙΩΣ, ΝΑ ΜΗ ΔΩΣΩ ΠΟΤΕ ΣΕ ΓΥΝΑΙΚΑ ΦΑΡΜΑΚΟ ΓΙΑ
Ν' ΑΠΟΒΑΛΕΙ. ΝΑ ΔΙΑΤΗΡΗΣΩ ΔΕ ΤΗ ΖΩΗ ΜΟΥ ΚΑΙ ΤΗΝ
ΤΕΧΝΗ ΜΟΥ ΚΑΘΑΡΗ ΚΑΙ ΑΓΝΗ. ΚΑΙ ΝΑ ΜΗ ΧΕΙΡΟΥΡΓΗΣΩ
ΠΑΣΧΟΝΤΕΣ ΑΠΟ ΛΙΘΟΥΣ ΑΛΛΑ Ν' ΑΦΗΣΩ ΤΗΝ ΠΡΑΞΗ ΑΥΤΗ
ΓΙΑ ΤΟΥΣ ΕΙΔΙΚΟΥΣ. ΚΑΙ Σ' ΟΠΟΙΑ ΣΠΙΤΙΑ ΚΙ ΑΝ ΜΠΩ, ΝΑ
ΜΠΩ ΓΙΑ ΤΗΝ ΩΦΕΛΕΙΑ ΤΩΝ ΠΑΣΧΟΝΤΩΝ ΑΠΟΦΕΥΓΟΝΤΑΣ
ΚΑΘΕ ΕΚΟΥΣΙΑ ΑΔΙΚΙΑ ΚΑΙ ΒΛΑΒΗ ΚΑΙ ΚΑΘΕ ΓΕΝΕΤΗΣΙΑ
ΠΡΑΞΗ ΚΑΙ ΜΕ ΓΥΝΑΙΚΕΣ ΚΑΙ ΜΕ ΑΝΔΡΕΣ, ΕΛΕΥΘΕΡΟΥΣ
ΚΑΙ ΔΟΥΛΟΥΣ. ΚΑΙ ΟΤΙ ΔΩ 'Η ΑΚΟΥΣΩ ΠΟΤΕ ΝΑ ΜΗ ΔΕΚΗΕΗ
ΤΟΥ ΕΠΑΓΓΕΛΜΑΤΟΣ ΜΟΥ, 'ΗΚ.' ΕΚΤΟΣ ΓΙΑ ΤΗ ΖΩΗ ΤΩΝ ΑΝ-
ΘΡΩΠΩΝ, ΠΟΥ ΔΕΝ ΠΡΕΠΕΙ ΠΟΤΕ ΝΑ ΚΟΙΝΟΠΟΙΗΘΕΙ, ΝΑ ΣΙΩ-
ΠΗΣΩ ΚΑΙ ΝΑ ΤΟ ΤΗΡΗΣΩ ΜΥΣΤΙΚΟ. ΑΝ ΤΟΝ ΟΡΚΟ ΜΟΥ ΑΥΤΟ
ΤΗΡΗΣΩ ΠΙΣΤΑ ΚΑΙ ΔΕΝ ΤΟΝ ΑΘΕΤΗΣΩ, ΕΙΘΕ Ν' ΑΠΟΛΑΥΣΩ
ΓΙΑ ΠΑΝΤΑ ΤΗΝ ΕΚΤΙΜΗΣΗ ΟΛΩΝ ΤΩΝ ΑΝΘΡΩΠΩΝ ΓΙΑ ΤΗ ΖΩΗ
ΜΟΥ ΚΑΙ ΓΙΑ ΤΗΝ ΤΕΧΝΗ ΜΟΥ, ΑΝ ΟΜΩΣ ΠΑΡΑΒΩ ΚΑΙ ΑΘΕ-
ΤΗΣΩ ΤΟΝ ΟΡΚΟ ΜΟΥ ΝΑ ΥΠΟΣΤΩ ΤΑ ΑΝΤΙΘΕΤΑ ΑΠΟ ΑΥΤΑ.

히포크라테스 선서와 히포크라테스 상 그리스 원문의 히포크라테스 선서이며, 그 내용은 1938년도 세브란스의전 졸업앨범에 실린 히포크라테스 선서로부터 옮겼다.

히포크라테스 선서

나는 이에 의신(醫神) 아폴론, 아스클레피우스, 히게이아, 파나케이아와 그밖의 여러 남신과 여신 앞에서 이 선서를 거행하오니 온 힘을 다해서 이 선서를 받들 것을 서약한다. 우리들은 의술을 가르쳐준 여러 스승을 아버지처럼 받든다. 또 생활에서 운명을 같이 한다. 또 그들이 필요로 하는 것은 모두 그와 나눌 것이다. 그들의 자손들을 내 피붙이처럼 여겨 그들을 도울 것이며, 또 어떠한 보수나 계약을 구하지 않을 것이다. 방서(方書), 교재, 기타 방법을 통해 얻은 모든 학습한 지식은 이 선서를 서약해 참된 방법을 배운 자, 내 자손, 내 스승의 자손을 위해서는 제공할 것이지만, 그밖의 어느 누구에게도 그것을 전하지 않을 것이다. 나는 서약한다. 모든 환자에 대한 처치를 함에 있어 오직 환자의 필요에 이익이 되는 것을 하고 반대로 해를 끼칠 것 같은 처치는 삼가고 피할 것이다.(제1항) 목숨을 앗아갈 독약의 투여는 어떠한 사람의 바람에도 결단코 하지 않을 것이며, 그에 관한 조언일지라도 일절 하지 않겠다.(제2항) 낙태를 목적으로 하는 기구는 어떠한 부인에게도 결코 주지 않을 것이다.(제3항) 나는 내 생활과 의술을 엄격하고 깨끗하게 유지할 것이다.(제4항) 결석절제술의 경우에는 반드시 이를 전문으로 하는 사람들에게 맡길 것이다.(제5항) 환가를 방문할 때에는 환자에게 필요한 이익이 되는 일만 할 것이다.(제6항) 특히 옳지 못한 일을 감히 하지 않으며, 또 해를 끼칠 목적의 일을 하지 않겠다.(제7항) 그 중에서도 노예, 자유인을 불문하고 남자와 여자의 몸을 능욕하지 않겠다.(제8항) 또 환자의 시술중에 얻은 비밀에 대해서는 그 어떤 경우에도 굳게 이를 지켜 누설하지 않겠다.(제9항) 이 서약을 어기지 않고 지키기를 계속하는 한 나는 늘 의술의 실천을 즐기며 살면서 모든 사람들에게서 명예를 받을 것이며, 만일 이 선서를 어긴다면 큰 화가 닥칠 것이다.

했는지 궁금하다. 아울러 한국에서 인술 윤리가 어떻게 형성되고, 히포크라테스 정신이 어떻게 수용되었는지도 알고 싶었다. 마지막으로 인술과 히포크라테스 정신을 버린 공간을 무엇으로 채워야 하는지도 생각해보고 싶었다.

의학을 인술이라 부르는 이유

한국의학사에서 인술윤리가 체계적인 모습을 갖추어 등장한 것은 『의방유취』(1477)가 처음이다. 이 책의 「훌륭한 의사의 정성을 논함(論大醫精誠)」은 중국 의서인 손사막(孫思邈, 6~7세기경)의 『천금방』에서 인용한 것이다. 그 내용은 의사윤리의 보편적 측면을 포괄적으로 짚었다는 점에서 고대 그리스 「히포크라테스 선서」의 내용보다 한결 뛰어난 모습을 보이고 있다. 현대의 각종 의사윤리 강령에 비해서도 손색없는 체제를 갖추고 있다. 이를 통해 옛날에 가장 바람직한 대의(大醫)의 모습이 어떠했는지 짐작할 수 있다. 또 인술의 극치도 느낄 수 있다.

대의란 부단한 학문연마, 환자 무차별, 정성을 다하는 진료태도, 교만함이 없는 에티켓, 영리추구 거부, 심지어 약재로 쓰는 생명의 존중까지 이런 모든 모습을 갖춘 사람이다. 이 모든 것은 뛰어난 학식과 숭고한 인격 두 가지로 압축할 수 있다. 특히 "환자의 귀천, 빈부, 친소(親疎), 국적, 나이, 용모, 학식을 초월한 무차별 진료 및 환자에 대한 헌신적 진료"와 "의사의 보수는 환자를 고친 선행으로 족하다"는 대목은 감동적이기까지 하다. 텔레비전 드라마 〈허준〉에서 허준이 지향하는 의사상이 바로 『의방유취』의 대의상과 정확히 일치한다. 이러한 사실은 고대 중국인이나 15세기 조선인이나 현대의 한국인 모두가 바라는 의사상이다. 또한 이런 소망이 강하게 어필한다는 사실은 예나 지금이나 의료현실이 그와 반대의 모습을 띠고 있기 때문일 것이다.

『의방유취』의 인술은 유·불·도 3교 합일정신의 표출이다. 불교에서는 대자대비의 정신을 본받았다. 이는 의술이 궁극적으로 지향하는 목적과 의사의 초월적이고도 헌신적인 진료의 원천으로 작용한

「훌륭한 의사의 정성을 논함」

1. 의학을 배우는 사람은 반드시 의학 원리에 대하여 널리 보고, 깊이 연구하여 한시도 게을리 하지 말아야 한다.…… 훌륭한 의사는 병을 치료할 때에 반드시 정신을 안정하고 의지를 든든히 할 것이고 어떠한 욕심이나 바라는 생각이 없어야 한다.

2. 먼저 환자에 대한 자비롭고 측은히 여기는 마음[大慈·惻隱之心]을 발휘하여 사람의 고통을 다 구원한다는 서원(誓願)을 세워야 한다. 병이 나서 고쳐달라는 사람이 있으면 직위의 높고 낮은 것, 돈 있고 없는 것.

(출처 : 『비급천금요방』, 사고전서본)

어른과 아이, 잘 생겼거나 못 생긴 것, 원한이 있는 자와 벗, 자기 민족[華]과 다른 민족[夷], 똑똑하거나 어리석은 사람 할 것 없이 다 자기의 살붙이처럼 똑같이 대접해야 한다. 또 이것저것 득실과 길흉을 따지지 말 것이며 자기의 생명을 보호하고 아끼려고도 하지 말아야 한다. 환자의 고통을 자기의 고통으로 여기고 깊은 동정심을 가져야 하며, 험한 산길, 밤낮, 추위나 더위, 배고픔과 목마름, 몸의 피로를 따지지 말고 오직 환자의 고통을 덜어주겠다는 일념으로 환자를 구해야 하며, 자기가 환자를 위해 수고한다는 티를 내지 말아야 한다.……

3. 옛날부터 명의들이 흔히 생명 가진 것을 써서 위급한 병을 치료했다. 비록 동물은 천하고 사람은 귀하다고 말하지만, 목숨이 소중한 것은 모두 똑같다. 남을 해하여 자기를 이롭게 한다면, 상대방이 고통 받게 될 텐데, 이는 사람이 할 일이 아니다. 살생을 해서 생명을 구한다면, 생명 존중과 더 멀어지는 것이다. 생명 가진 물체를 약으로 쓰지 말라고 한 것은 이 때문이다.……

4. 훌륭한 의사의 행동은 언제나 정신을 맑게 하고 마음을 가다듬어서, 바라보면 위엄 있어 보이고, 너그러움이 넘쳐흐르며, 교만하거나 어리석게 보이지 않도록 한다. 병을 진찰할 때에는 끝까지 생각하고 자세히 형태와 증후를 살펴 털끝만한 것도 놓치지 말아야 한다. 침이나 약에 대한 처방을 할 때에 조금도 틀리지 않도록 한다. 병을 신속히 고쳐야 한다고 하지만, 그렇다고 해도 병을 돌봄에 의혹이 있어서는 안된다. 반드시 세밀하게 따져보고 깊이 또 널리 생각해야 한다. 생명이 위급한 때에 급히 서두르거나 명예를 얻으려는 행위는 '인(仁)'의 정신에 크게 어긋나는 것이다.

5. 환자의 집에 가서도 아름다운 비단과 천에 눈을 팔지 말 것이며, 좌우를 두리번거리지 않는다. 좋은 음악소리가 들려도 못 들은 체 해야 하며, 훌륭한 요리도 맛없는 것처럼 대하고, 좋은 술도 못 본 체 해야 한다. 여러 사람이 즐겁게 노는 잔치에 한 사람이 참석하지 못하면 모두가 마음이 편치 않은 법인데, 더구나 환자가 한시도 참을 수 없이 고통을 받고 있는데 의사로서 태연하게 오락을 즐기며 오만하게 있다면, 이런 일은 사람과 귀신이 모두 부끄러워하는 일로 수양을 갖춘 사람이 하지 않는 일이다. 의사노릇을 옳게 하려면 말을 많이 하거나 함부로 웃지 말며 농담을 하거나 시끄럽지 않아야 한다. 시비에 간여하거나 인물평을 하지 않아야 한다. 이름을 날리는 데 정신을 팔지 말고 다른 의사들을 비난하지도 않으며, 자신의 덕에 긍지를 갖는다.……

6. 노자가 말하기를 "사람이 몰래 덕을 베풀면, 사람이 그에 대해 보답을 한다. 사람이 악한 일을 하면, 귀신이 그를 해친다"고 했다. 이 두 경우를 보건대, 알게 모르게 보답하는 것이 어찌 거짓이겠는가? 의사가 자기의 좋은 기술을 뽐내거나 돈벌이에 정신을 쓰지 않고 오직 환자의 고통을 덜어줄 생각만 한다면, 은연중에 스스로 많은 복을 느끼게 될 것이다. 또 부자나 직위 높은 사람이라 하여 비싸고 귀한 약들을 처방하여 환자로 하여금 구하기 힘들게 하는 것으로 자기의 재능을 뽐낸다면 이는 충서(忠恕)의 도가 아니다. 생명을 구하는 일에 뜻을 두었기에 이처럼 상세히 논했다.

다. 이 자비심은 단지 인간에게만 국한되지 않으며 치료약제의 원천이 되는 각종 생명체에 대한 경외로 이어졌다. 유교에서는 우선 환자에 대한 '인(仁)', 곧 측은지심(惻隱之心 : 불쌍히 여기는 마음)과 충서(忠恕 : 충직함과 너그러움)를 중시했다. 아울러 의사가 환자, 사회에 대해 지켜야 할 각종 예의범절을 규정했다. 도교에서는 의사의 평정심과 영리추구 배척의 사상적 기반을 제시했다. 헛된 욕심을 버리라는 것이다.

조선중엽 이후의 인술은 의술의 숭고함을 강조한다는 면에서 이전과 똑같지만, 그 인술은 삼교회통적 인술에서 유교적 인술로 정형화했다. 유교적 의학윤리를 분명히 한 것은 16세기 말~17세기 초 조선에 수입되어 조선의학계에 막대한 영향력을 행사한 이천(李梴)의 『의학입문』(1580), 공정현(龔廷賢)의 『만병회춘』(1587), 장경악(張景岳)의 『경악전서』(1624) 등과 같은 중국 의서였다.

"의학은 비록 소도(小道)에 속하지만 성명(性命)이 이와 관련되니 감히 신중하지 않겠는가!" 이는 장경악의 『경악전서』에 나오는 말이다. "과부와 규수를 진찰할 때에는 더욱 행동거지를 근신해야 한다, 이는 소홀히 할 예절이 아니다." 이는 이천의 『의학입문』에 나오는 말이다. 이런 내용은 모두 유교적인 의학윤리의 일단을 말한 것이다.

유교적인 의사윤리의 가장 상세한 논의는 공정현의 『만병회춘』의 「운림가필(雲林暇筆)」(전 12조)에 담겨 있다. 공정현은 이 글의 첫머리에서 의사가 갖추어야 할 최대 덕목으로 "어진 마음을 갖추어 뭇 사람에게 널리 베풀 것(存仁心, 博施濟衆)"을 언급했다. 이어서 "유학의 도리를 체득할 것(通儒學)"을 말했다. 끝으로 "영리를 도모하지 말고 인의를 유지할 것(勿重利 當存仁義)"을 언급했다. 이는 의학의 궁극적인 목표, 의사의 마음가짐과 예절, 의사의 보수 등에 대한 유교적 정신을 나타낸 것이다. 좀더 구체적으로 그는 "의도(醫道)는 사람의 생명을 구하는 데[活人] 있기 때문에 의사는 빈부에 상관없이 최선의 진료를 다할 것"과 "동료의사를 함부로 비난하지 말 것"을 말했다. 그렇지 않다면 그것은 각기 의학의 대전제인 인술과 동료에 대한 충후지심(忠厚之心)에 어긋나는 행위가 되는 것이라고 비난했다.

조선의 의학자 가운데 인술 논의를 분명하게 전개한 인물은 조선후기 의학자 황도연(1808~1884)이다. 그는 『의종손익』에서 "의술은 인술"이라는 원칙을 천명했다. 왜 그런지에 대해서 다음과 같이 말했다. "병이 있어서 치료를 청한다는 것은 단순히 물에 빠졌거나 불에 타는 것을 구해 달라는 것과 같다. 의술은 인자한 기술이므로 다른 일을 다 제쳐놓고 달려가 구원해 주는 것이 옳다." 이처럼 그는 맹자가 말한 성선설의 근본, 곧 측은지심의 발로를 인술 논의의 시발점으로 삼으면서, "의사는 사람을 살리려는 방향으로 마음을 쓰기 때문에 의술은 곧 어진 기술[仁術]"이라 파악했다.

여기에 다른 사특함이 개입해서는 안된다. 하지만 실제 현실은 그렇지 않아서 돈과 명예가 의사의 순수한 마음을 가리게 되어 의사의 타락이 일어난다. 황도연은 『의종손익』에서 이렇게 말한다.

그런데 어떤 의사들은 남의 급한 때를 이용하여 기만술책으로 재물을 취하는 자가 있는데 이것은 애를 써서 자기 이익만 위하는 도적의 무리와 같은 것이다. 어찌 인술로 그렇게 할 수 있겠는가? 이런 것은 보통 나쁜 일을 하는 것보다도 더 악한 것이다. 이런 의사들이 어찌 화단을 면할 수 있겠는가? 근래 의사의 자손들을 보면 조상의 영예를 더 많이 차지하려고 좋은 것만 내세우고 벼슬자리를 탐내는데 이런 행동도 도리에 어긋나는 것이다. 어찌 한때의 이익만 생각하고 착한 마음과 인자한 기술과는 상반되게 하는가? 이것은 만물을 생겨나게 하는 자연의 이치에 어긋나는 것이다. 의술에 종사하는 사람들은 반드시 이런 데 깊은 주의를 돌려야 한다.

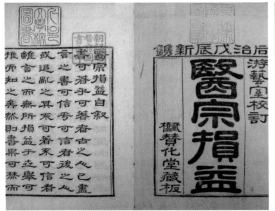

「의종손익」(1868)   미키 사카에의 「조선의서지」에 실린 황도연 초상

　　황도연에게서 인술이란 사람의 생명을 구한다는 본성의 발로였으
며 사기나 기만, 명예, 돈, 이익의 추구는 인술에 반하는 것이다. 더
나아가 만물을 생겨나게 한 자연의 이치에 어긋나는 것이다. 이러한
그의 견해는 소당연(所當然)의 이치와 소이연(所以然)의 이치를 하나로
보는 성리학적 윤리관의 적용이라 할 수 있다. "이익을 좇지 말고 자
연의 이치를 본받으라!" 황도연이 말한 인술의 요체는 바로 이것이
다.

돈 버는 의사가 되지 말고 병 고치는 의사가 되라

　　고도로 발달하는 의학, 치료수준에 대한 높은 기대치, 그에 전혀 부
응하지 못하는 경제와 의료현실, 식민지의 의사는 이런 상황에 위치
해있었다. 그들은 식민지의 우월한 엘리트집단에 속하여 다른 직종
보다 상대적으로 경제적인 풍요를 누렸다.
　　개항과 해방 이후에도 인술, 또 다른 표현인 의도(醫道)는 의사 윤리

2부 _ 역사 속의 의료생활

脈不等到門首看病給錢一吊各曰門

醫御醫之稱乃是在太醫院應差者如有人請馬錢二千四百四千八百

此中國醫道之圖也京中醫士有太

중국의 의도를 비난함(19세기) "이는 중국의 의도(醫道)에 관한 내용을 그린 것이다. 서울의 의사 가운데에는 태의와 어의라 불리는 사람이 있는데, 그들은 태의원에 근무한다. 바깥에서 그들을 청하려고 하면 왕진비로 2,400전에서 4,800전의 비용을 요구하며, 환가에 도착해서 간병할 때에는 다시 진맥하는 비용을 받는다." 이를 보면 중국에서도 조선처럼 명망 있는 의원 모시기가 영 쉽지 않음을 알 수 있다.

의 지배적인 요소였다. 일제강점기 한국에 결정적 영향을 끼쳤던 일본의 의료는 인술의 실현을 공식적으로 표방했다. 경성의학전문학교 교육강령에서는 "면밀주도한 주의로 제생(濟生)의 인술을 다한다"고 규정했다.

일제시기 신문에는 의사를 비난하는 기사가 매우 많다. 거의 대부분 의사의 지나친 영리행위를 비난하고, 빈부귀천에 따른 환자의 차별을 꾸짖는 내용이다. 아울러 인술과 의도를 지킬 것에 대한 간곡한 당부의 글이 덧붙어 있다. 모든 신문기사들은 의사가 숭고한 정신을 발휘할 것을 강조했다.

『동아일보』 한 사설(1935년 3월 22일)의 논조는 이와 사뭇 달랐다. 이 사설은 의사라는 직업도 다른 직업처럼 "장사치이며 그 이상도 그 이하도 아니다"라는 인식에 기초하여 논리를 전개한다. 경제적 자유를 부정해서는 안되겠지만 "의학이 사람의 생명을 다룬다는 점에서 사회적 책임"이 있다는 점도 부정해서는 안될 것이라 말한다. 이 사설에서 의사에 대한 비난은 다음과 같이 이어진다.

> 그뿐이 아니라 의사들이 장사치로서는 너무나 거만하고 방자스러운 것이 사실이다. 그러나 우리가 그러한 태도를 감심(甘心)하는 그것은 오직 그의 중대한 책임을 인정하기 때문이 아닌가. 또 그뿐이 아니라 의사들이 때로는 경조(輕躁)한 거조(擧措)와 황망한 처치 아래 인명을 그르침이 없지 않다. 그러나 우리가 그러한 거조와 처치를 많이 묵인하는 것은 오직 그의 책임이 곤란함을 양해하기 때문이 아닌가. 그럼에도 불구코 그들 중에는 흔히 부귀가의 초청이나 응하고 빈천인의 왕진을 거절하며 돈 많은 환자나 친절히 보고 가난한 환자를 흘뿌리는 사람이 적지 않으며 심하게 가서는 위급한 병인에게 대하여 거절하니……

"의사의 지나친 영리추구", "환자에 대한 불친절", "사회적 처지에 따른 환자 선택", "응급환자 거부" 등을 악덕 의사들의 그릇된 행위로 꼽고 있다.

의사의 처지에서 볼 때 이런 비판은 다소 억울한 측면이 없지 않았다. 개업의들은 그렇게 될 수밖에 없는 식민지 의료상황과 환자들의 잘못된 행위를 비난했다. 1933년에 창설된 조선인 개업의 단체인 한성의사회(漢城醫師會)에서 펴낸 『한성의사회 회보』 창간호에 실린 좌담회에서는 "조선의 열악한 경제형편에 따른 의사개업 활동의 난처함", "왕진을 마구 부르는 등 환자의 무리한 요구", "환자의 교묘한 보수 거부", "이른바 대형병원에서 행하는 실비진료의 맹점", "의료보험의 필요성" 등이 지적되었다.

이런 현실적인 문제인식과 달리 의사집단 내에서 의료윤리의 중요성을 강조한 인물들도 있었다. 경성제대 의학부의 이재곤(李在崑)과 세브란스의학 전문학교의 오긍선(吳兢善)이 그런 인물에 속한다.

이재곤은 「의사로서 의사에게 보내는 고 언」이라는 글에서 "의학의 본령이 환자진 료에 있고, 의사의 보수는 환자진료에 대 한 사례이지 경제적 대가가 아니다"라는 요지의 윤리를 설파했다. 즉 이윤추구를 위한 행위를 포기하고 "의사된 자기의 신 성을 자각할 것"을 촉구한 것이다.

일제시기 의료윤리 논의의 대표격인 오

"돈버는 의사보다 병 고치는 의사로", 「조광」 1941년 3 월호

긍선은 의사가 될 졸업자에게 세 가지 사항을 당부했다. "돈 버는 의 사가 되지 말고 병 고치는 의사가 되라", "졸업하고 바로 개업할 생각 말고 고명한 선배 밑에서 몇 년 더 의술을 연마하라", "도시 중심으로 모이지 말고 지방으로 시골로 가라!" 그의 말에는 빈곤층과 농어촌 의료가 절대적으로 취약한 식민지의 열악한 의료현실에 대한 우려가 담겨 있었다.

개항 이후 일제시기 의사윤리의 전반적인 성격은 전통적인 인술 윤 리가 서양의술을 둘러싸는 모습을 띠었다. 심지어 서구의 기독교 정 신과 적십자 정신에서 보이는 박애와 자선의 윤리까지도 "인술" 안에 포섭했다. 1937년 세브란스의학전문학교의 오긍선은 후필랜드 교수 의 「의사로서 환자에 대한 의무」 중 일부 내용을 가려 뽑았는데, 그 가운데에 의사가 지켜야 할 사항을 인도(仁道)와 인술로 번역했다. 이 는 의학적 방법에서는 동·서양의 차이가 있었지만, 이때까지 의사 윤리가 추구하는 이념의 수준은 비슷했기 때문이다.

1938년, 한국에 첫 등장한 히포크라테스 선서

생(生)은 짧고, 술(術)은 길다(히뽀크라테쓰).

1933년 8월 한성의사회에서 펴낸 『한성의사회 회보』 창간호의 권두 잠언으로 실린 말이다. 이 말로 일제시기에 이미 히포크라테스가 서양의학의 의성(醫聖)으로 잘 알려져 있었음을 미루어 짐작할 수 있다. 그러나 이 경구는 의학전통의 중요함을 말한 것이지 의사의 윤리의식을 맹세한 이른바 히포크라테스 선서와 무관하다.

일제시기에는 히포크라테스 선서가 그다지 중요하게 여겨지지 않은 듯하다. 후술할 단 한 가지 문헌을 제외하고는 많은 의학논문집, 의학단상, 졸업앨범 등에서 히포크라테스 선서가 발견되지 않는다. 심지어는 히포크라테스를 논한 제법 본격적인 글에서조차 선서내용을 확인할 수 없다.

일제시기에 히포크라테스 선서는 1938년도 세브란스의학전문학교 졸업앨범에 처음 보인다. 여기에는 일본어로 된 히포크라테스 선서 전문이 찍힌 사진이 실려 있다. "나는 이에 의신(醫神) 아폴론, 아스클레피우스, 히게이아, 파나케이아와 그밖의 여러 남신과 여신 앞에서 이 선서를 거행하오니……"로 시작하는 이 선서는 고대 그리스에서 만들어진 히포크라테스 선서의 원문을 번역한 것이다. 이 선서는 히포크라테스가 직접 만든 것이 아니라 그의 추종자들이 피타고라스학파 내부에서 행해지던 선서를 흉내내어 만든 것이다. (Edelstein, *Ancient Medicine*, The Johns Hopkins University Press, 1987)

이 선서는 신에 대한 맹서인 서문, 스승에 대한 맹서, 윤리강령, 선서를 지키는 자와 어기는 자에 대한 복과 화의 대가를 담은 맺음말 등 네 부분으로 구성되어 있다.

이 중 핵심은 9개로 구성된 윤리강령에 관한 부분이다. 오직 환자만을 위한 진료, 독약사용 거부, 낙태법 시술 거절, 생활과 의술의 청결함 실천, 외과수술 거부, 환자의 건강을 위한 식이요법 권장, 고의적인 비윤리적 행위 금지, 성적으로 환자를 유혹하는 것 금지, 환자의 사생활에 관한 비밀누설 금지 등이 그것이다.

이 9가지 조항은 대체로 "환자의 진료에 최선을 다하며 인간생명의 존엄성을 위해 힘쓴다"는 원칙이 반영되어 있다. 그렇지만 우리가 알고 있는 숭고한 인술 개념을 명확히 찾기 힘들다. 특히 우리 사회에서 히포크라테스 선서를 언급할 때 염두에 두는 무차별적인 진료에 관한 내용은 찾아볼 수 없다. 그럼에도 불구하고 의사의 차별진료나 진료거부가 있을 때 히포크라테스 선서를 떠올리게 되는 까닭은 무엇일까?

적어도 일제시기와 해방 초까지는 그런 일이 없었다. 인술의 실종, 의도의 타락을 언급할지언정 히포크라테스 선서를 말하지는 않았다. 일제시기에 의사를 비난하는 수많은 신문기사들은 대부분 의사의 지나친 영리행위를 비난하고, 빈부귀천에 따른 환자의 차별을 꾸짖는 내용이다. 하지만 인술과 의도를 지킬 것을 간곡하게 당부하고 있을 뿐 히포크라테스를 앞세우지는 않았다.

1955년, 히포크라테스 선서로 둔갑한 제네바 선언

현대 한국인에게 히포크라테스 선서가 의미있게 다가온 것은 1955년 이후부터이다. 이 해에 연세대 의대에서 히포크라테스 선서를 시행하기 시작했다. 그런데 흥미롭게도 그 선서는 원래 히포크라테스의 선서가 아니라 1948년 세계의사협회(WMA : World Medical

Association)에서 제정한 제네바 선언을 번역한 것이었다. 히포크라테스 선서 형식을 모방해서 만든 이 선서에 히포크라테스의 권위를 붙인 것이다. 그 내용은 다음과 같다.

히포크라테스 선서

이제 의업에 종사할 허락을 받으매

나의 생애를 인류봉사에 바칠 것을 엄숙히 서약하노라.

나의 은사에게 대하여 존경과 감사를 드리겠노라.

나의 양심과 위엄으로써 의술을 베풀겠노라.

나는 환자의 건강과 생명을 첫째로 생각하겠노라.

나는 환자가 알려준 모든 내정의 비밀을 지키겠노라.

나는 의업의 고귀한 전통과 명예를 유지하겠노라.

나는 동업자를 형제처럼 여기겠노라.

나는 인종 종교 국적 정당정파 또는 사회적 지위 여하를

초월하여 오직 환자에 대한 나의 의무를 지키겠노라.

나는 인간의 생명을 그 수태된 때로부터 지상의 것으로 존중히 여기겠노라.

비록 위협을 당할지라도 나의 지식을 인도에 어긋나게 쓰지 않겠노라.

이상의 서약을 나의 자유의사로 나의 명예를 받들어 하노라.

제네바 선언은 원래 히포크라테스 선서를 훨씬 보편적인 형태로 개조한 것이었다. 형식과 내용에서 비슷한 측면이 많지만, 결정적으로 다른 부분은 "나는 환자의 건강과 생명을 첫째로 생각하겠노라", "나는 인종 종교 국적 정당정파 또는 사회적 지위 여하를 초월하여 오직 환자에 대한 나의 의무를 지키겠노라"는 두 조항이다. 그 중 첫째 조항은 히포크라테스 선서에서 막연하게 암시되어 있던 내용을 확실하게 명시한 것이며, 둘째 조항은 새로 추가한 것이다. 이러한 명시와 추가를 통해 제네바 선언은 고대 히포크라테스 선서보다 보편적인 인류애가 느껴지는 모습을 띠게 되었다.

국내에서는 이 제네바 선언을 애초부터 히포크라테스 선서라 불렀기 때문에 현대 한국인들은 숭고한 인술, 무차별적 의술을 대표하는 것으로서 히포크라테스 선서를 언급하게 되었다. 이 히포크라테스 선서는 의과대학에서 행하는 강령의 형태를 띠었기 때문에 기왕의 인술윤리를 흡수하여 의사윤리의 상징물이 되었다.

2000년, 의사파업과 히포크라테스 정신의 파산?

인술윤리, 의사윤리 또는 히포크라테스 의사윤리는 강한 가부장적 온정주의에 입각한 당위론적 윤리관이다. 환자는 불쌍한 존재이기 때문에 의사가 의술을 베풀어 주어야 한다는 것이다. 이는 의술의 차등을 낳는 사회적 구조를 무시한 채 의사 개인의 도덕심에 의존하는 형식이었다. 역설적으로 이런 윤리는 의료의 문제점을 해결하는 데 별로 도움이 되지 않는 헛된 문장에 불과했다. 의학은 결코 숭고하지 않으며 현실의 의료문제는 이런 관념을 깨뜨리는 것으로부터 시작되어야 한다.

2000년 대한의사협회가 이끈 역사상 유례 없는 의사 파업사태는 숭고한 인술윤리와 히포크라테스 정신에 대해 근본적인 의문을 제기했다. 한국의 의사들 대부분이 이 파업에 동조해서 심지어 입원환자의 수술이 늦어지고 응급환자가 제때에 처치를 받지 못하는 미증유의 사태가 벌어지자 시민과 언론은 이를 맹렬히 비난했다. 의료윤리가 공방전의 격전지가 된 것이다.

그 어느 때보다도 히포크라테스 선서와 인술이 자주 강력하게 언급되었다. 숱하게 많은 기사를 일일이 다 언급할 필요는 없겠고, 두어 가지만 들겠다. "의업 종사에 앞서 '나는 환자의 건강과 생명을 첫째

로 생각하겠노라' 는 히포크라테스 선서의 뜻도 그런 것이 아닌가?",
"히포크라테스가 지하에서 피눈물을 흘리고 있다." 오히려 의사집단
에서는 의료윤리, 의사윤리 강령에 대한 강력한 회의와 문제 제기가
이루어졌다. 어떤 의사는 히포크라테스 선서를 하지 않았음을 다행
으로 여겼고, 어떤 의대생은 제네바 선언과 원래 히포크라테스 선서
가 다르다는 문제제기를 했다. 대체로 많은 의사들이 "의권(醫權)"이
사회적으로 확립되지 않은 상태에서 숭고한 정신만 외치는 것은 공
허하다는 입장을 보였다.

　역설적으로 이런 생각은 한국적 상황에서 의사윤리 또는 의사윤리
강령이 의사 전체의 경제·사회적인 보장의 범위 안에서 작동해온
것임을 말해준다. 초역사적인 것처럼 보였던 의술의 보편적 숭고함
이 사실은 역사적 규정에 불과한 것으로 현실적 한계를 지닌 것이었
음이 드러났다.

　이처럼 국민들은 전가의 보도처럼 휘둘렀던 인술과 히포크라테스
정신의 무력함을 인식했다. 의사들은 그것을 자신을 둘러싸는 족쇄
로 여겨 부정했다. 이는 한국에서 인술과 히포크라테스 정신이 현대
의 복잡한 의료와 사회의 관계를 제대로 반영하지 못함을 뜻한다.

　전 세계적 차원에서 20세기 중반 이후 의학과 사회규범에는 엄청
난 변화가 있었으며, 그것은 이전과 크게 다른 의사윤리를 낳았다.
건강권 등 인간권리의 신장으로 단순한 의술의 대상으로만 규정되었
던 환자의 권리가 의사의 의무에 못지않게 부각되는 한편, 의술을 펼
치고 건강문제를 다루는 전문직업으로서 의사의 자주성과 자율성에
대한 요구가 높아졌다.

　한국에서도 이러한 변화를 담는 새로운 의사윤리 강령을 만들어냈
으며, 1997년의 의사윤리 선언은 그 대표적인 예이다. 이 선언문은
특히 우선 의사의 사명이 국민 앞에 선험적으로 존재하는 것이 아니

라 "인류와 국민에게 부여받은 것"임을 명백히 했다. 다음으로는 환자와 의사의 관계를 수평하게 규정했다. 끝으로 바람직한 의료환경의 조성과 그것을 통한 의사 진료권의 향상과 국민건강권의 실현을 규정했다.

이런 내용은 기존의 인술 또는 히포크라테스 정신과 완전히 다른 것이다. 의술은 숭고한 것이 아니며 사회적 계약에 따르는 것이다. 또한 의술은 의사의 일방적인 시혜로 펼쳐지는 것이 아니라 인간의 당연한 권리로서 그것을 요구하는 것이다. 무차별적 진료는 의사의 도덕심에 의존하는 것이 아니라 의료환경의 개선을 통해 달성되는 것이다.

2000년도 의사파업 사태는 의사윤리의 관점에서만 본다면 시민, 언론의 인술 또는 히포크라테스 정신에 입각한 일방적인 비난과 그에 대한 의사측의 강한 부정이라는 극단적 대립의 형태를 띠었다. 양자 모두 변화된 의료현실에 걸맞지 않는 낙후된 의사윤리를 가지고 싸웠던 것이다.

가부장적이고 온정주의적인 숭고한 인술윤리는 더이상 한국사회의 의료문제를 푸는 해결책이 될 수 없다. 의술과 사회, 의사와 환자의 관계에 대한 생각의 전환이 필요하다. 적어도 1997년 의사윤리 선언 정도의 인식이 필요하다. 양자 모두 상호의 권리를 이해하고 존중하고 갈등을 조정하는 성숙한 모습으로 변해야 할 것이다.

이런 인식의 변화는 단지 변화의 시작에 불과하다. 윤리교육의 강화나 윤리강령 선서로만 이룩될 것은 적다. 의사윤리 강령과 그것의 실천 사이에는 좁히기 힘든 거리가 존재하기 때문이다. 선서는 한 집단이 치르는 공동의 의식을 뜻하며, 강령은 한 집단이 가슴 깊이 새겨 행동의 규범으로 삼는 것이다.

현실세계에서 이런 내용은 형식, 심지어는 요식에 불과하다. 히포크라테스 선서를 하지 않는 의과대학도 꽤 많고, 또 의사가 이 선서를 언급한다 해도 정확한 내용을 다 아는 사람이 드물며, 마찬가지로 의사윤리 강령을 따라 읽었다고 해도 전체 내용을 기억하지 못한다. 게다가 내용을 안다고 해도 그것을 반드시 실천에 옮겨야 한다는 강제성이 있는 것도 아니다. "의료윤리를 고양하기 위해서" 의사윤리 강령을 선서하지만, 강령을 제정한 사람도 이 때문에 의사의 의료윤리가 크게 높아질 것이라고 장담하지 못한다.

의료환경의 전반적인 개선이 있어야 한다. 한국의 경우 조선후기부터 의료는 사적 영역을 중심으로 성장해 왔으며, 인술윤리와 히포크라테스 정신은 그로 인한 문제점의 다른 표현이었다. 의료에서 공공 영역이 확대되어야 하며, 의사와 환자사이에 민주적인 관계가 강화되어야 한다.

「한국 의료윤리의 역사적 고찰 – 의사윤리강령(1955~1997)의 분석을 중심으로」(『의사학』 제 92호, 2000)를 간략하게 압축하였다.

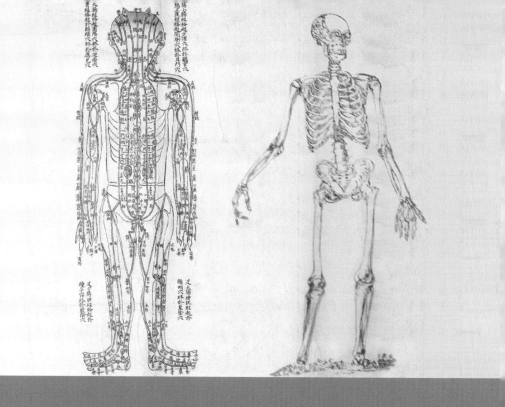

3부
한의학이냐 서양의학이냐

한국의학은 중국의학의 아류인가

조선후기의 서양의학, 한의학에 도전하다

우두법은 미명의 어둠을 밝힌 등불일까

1930년대의 한의학, 서양의학과 한판 붙다

의료가 어떻게 민중에 다가섰는가

한국의학은 중국의학의 아류인가

동아시아의학과 한국의학의 관계

한국의 독자적인 의학 전통을 논하려면 이에 앞서 그 전통이 구별 짓고자 하는 동아시아의학 전통에 대한 이해가 필요하다. 동아시아 의학은 고대부터 네트워크를 이루고 있었으며, 한국의 의학 전통이 그 네트워크 안에서 형성되었기 때문이다.

문화의 속성이 그렇듯이, 어느 한 지역의 의학적 성취는 다른 지역 으로 흘러들어갔다. 중국의 의학이 한국, 일본, 베트남 등에 전파되 었으며, 한국의 의학내용이 고대 중국이나 일본의 의서에도 담겼다. 이렇게 동아시아의학이 네트워크를 이루고 있었다는 사실은, 한국의 학 전통에 대한 평가를 위해서는 그것과 연결되어있는 네트워크에 대한 전반적 이해가 필요함을 깨우쳐 준다. 즉 동아시아의학의 네트 워크를 제대로 파악했을 때 동아시아의학 전통에 대한 이해가 생기 게 되는 것이며, 그에 근거하여 한국의학의 전통을 올바르게 평가할 수 있는 것이다.

흔히 동아시아의학 전통은 한의학 또는 중국의학과 그 전파로 본다. 그것은 동아시아의학의 이론과 방법이 중국에서 유래했으며 그곳에서 커다란 발달을 보았고 역사시대 내내 그곳이 높은 의학적 수압을 유지했기 때문이다. 이는 분명한 역사적 사실이다.

그렇다고 해서 중국 주변 지역의 의학적 노력과 성취, 기여를 그것의 영원한 아류 또는 채무자로 취급해서는 안된다. 주변 지역에도 이미 고대부터 중국의학이 창안한 의학적 개념과 방법을 토착화했으며, 그에 기반을 둔 고도의 의학 전통이 만들어졌기 때문이다. 중국의학을 처음으로 도입할 때에는 중국과 그 이웃 나라의 수준차이가 매우 컸을 터이지만, 수백 년에 걸쳐 제도로 토착화한 후에는 그 격차가 크게 줄었으며, 때로는 수준이 비슷하거나 역전된 시대도 있었다. 이런 사실은 동아시아의학 전통에서 늘 중국이 앞서 있었고 주변 지역이 그것을 흡수·소화하는 식으로 동아시아의 역사와 문화가 진행되지 않았음을 뜻한다.

따라서 동아시아의학 전통을 논할 때 '중국의학'이 그것을 대표하는 것으로 보는 것은 엄밀하지 않다. 중국의학의 고전인 『황제내경』에 대한 연구를 한 예로 든다면, 후대의 중국 의학자들이 이 책을 연구하는 것과 한국이나 일본 의학자들이 연구하는 것에는 어떤 차이가 있을까? 중국 학자가 하는 것은 당연히 중국의학의 전통을 쌓아나가는 것이겠지만, 한국이나 일본 학자들의 작업도 중국의학의 전통을 쌓아나간 것으로 평가해야 할 것인가, 아니면 한국 또는 일본의 의학 전통을 쌓아나간 것이라고 평가해야 할 것인가. 사실 『황제내경』에 관한 최고 수준의 연구는 중국이 아니라 에도[江戶]시기 일본에서 이루어졌으며, 최근 중국 학자들의 연구는 이에 상당히 신세지고 있다.

이 경우는 중국의학의 전통이라는 개념보다는 동아시아의학의 전

「의방유취」의 오장도와 담(膽)의 그림

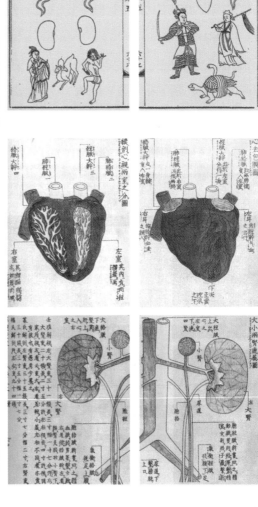

미타니(三谷公器)의 장부도 (1813) 한의학의 심장도와 달리 심장의 혈관이 느껴지도록 그렸다.

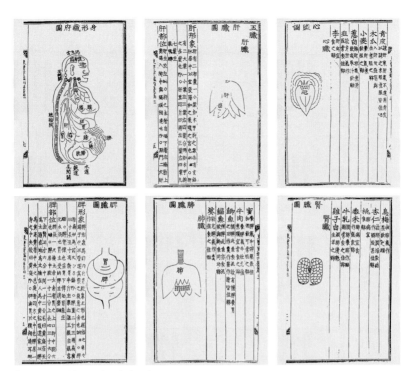

「동의보감」의 신형장부도와 오장도(1613)

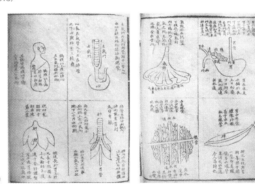

「의림개착(醫林改錯)」의 장부도(1830)

『의방유취』의 오장도는 오장의 모습 그 자체보다 오장 각각에 신이 있다는 의학이론과 그 신을 인격화하는 도교적 개념을 따르고 있다. 『동의보감』의 오장도는 인격적인 것은 물론 오장신의 개념을 배제한 채 그 모습과 위치에만 관심을 나타냈다. 『동의보감』의 오장도 류만이 존재했던 조선과 달리, 일본과 중국에서는 서양해부도의 전통을 수용하여 실제 해부를 하고, 그것을 바탕으로 한 새로운 해부도를 그렸다. 중국의 왕청임은 『의림개착』에서 자신의 해부 경험을 바탕으로 기존 해부도의 잘못을 바로잡았다. 이보다 앞서 일본의 스기타 겐바쿠(杉田玄白, 1733~1817)는 실제 해부를 한 후 서양의학식의 해부도를 『해체신서(解體新書)』(1774)에 실었고, 그 후예인 미타니(三谷公器)가 이런 전통을 이었다.

통이라는 개념이 더 어울릴 것이다. 즉 에도시기의 『황제내경』 연구는 일본의학 전통의 빛나는 성취인 동시에 동아시아의학 전통에 대한 혁혁한 기여로 평가될 수 있다. 17세기 조선에서 출간된 『동의보감』의 경우도 비슷한 시각으로 바라볼 수 있다. 『동의보감』의 의학은 당대 동아시아 지역의 최고 수준을 과시했으며, 중국 의학계도 이를 향유했다.

한국의 전통의학은 동아시아의학의 네트워크 안에 있으면서 독자적인 형태의 의학을 진화시켰다. 기, 음양오행 등의 자연관과 오장육부, 경락 등의 생리학, 침술과 약물요법 등의 치료법 측면에서는 동아시아의학 전통을 계승하면서도, 다른 지역의 것과는 구별되는 의학 전통을 만들어냈다. 그것은 역사·문화적 독특함을 보이는 동시에 의학이론의 내용이나 선호하는 처방의 독특함을 보여주었다. 지리적, 시간적, 문화적, 사상적, 취향적 변수가 이런 변주를 엮어냈던 것이다.

향약전통은 지리적 차이에 따른 약재생산의 차이를 극복하기 위한 성격을 띠었으며, 『동의보감』의 탄생에는 난숙한 조선의 성리학적 양생관이 톡톡히 그 몫을 했다. 조선후기에는 조선의 의학적 진화가 중국의 것과 분명하게 다른 궤적을 보였으며, 중국의학과 다르며 달라야 한다는 문화적 자의식이 분명하게 표출되기도 했다. 급기야 이제마는 오행과 오장육부를 기본으로 삼는 기존의 동아시아의학 전통에 크게 이질적인 사상의학을 제창하기에 이르렀다.

나는 이러한 역사적 변화를 동아시아의학 전통의 '조선적 진화'라 부르려고 한다. 동아시아의학 전통을 유지하면서도 그 가운데 한국의학 전통이 독특한 문화적·의학적 모습을 띠는 것은 이러한 진화의 결과라고 할 수 있다.

한국의학 전통은 고대사회로 거슬러 올라간다. 인간이 집단을 이루어 생활하면서 병을 고치는 의식이나 치료법이 행해지는 것은 당연할 것이다. 의학을 폭넓게 정의했을 때에는 이런 행위까지 포함한다. 따라서 한국 고대사회에 보이는 제의적·주술적 또는 무속적 의학이 한국의학 전통의 기원을 이룬다고 할 수 있다. 놀랍게도 이런 원초적인 의학은 이후에도 소멸되지 않았으며, 한국인 삶의 중요한 한 부분을 차지해 왔다. 오늘날까지 전승되는 샤머니즘적 치료법과 유사한 것이 한국 고대사회에서도 발견된다.

하지만 이 의학을 한국의 원형적인 의학으로 치부해서는 안될 것이다. 의학문화도 다른 문화와 마찬가지로 외부의 영향을 받아 서로 얽혀 공존 또는 대립하는 것이 일반적 현상이기 때문이다. 기도하고 주문을 외워 병을 떨치는 의학 전통에는 샤머니즘적 요소만 있는 것이 아니다. 고대에 수입된 불교에서부터 조선 말의 기독교까지도 그런 경향을 보이고 있다.

좁은 의미로 우리가 한국의학 전통의 기원이라고 말할 때에는 우리 역사상 오랫동안 주류의학의 구실을 해왔고 오늘날에도 중심적인 의학의 하나인 한의학의 등장을 뜻한다. 한의학의 등장과 관련해서 한 가지 중요한 사실은 우리 땅에서 탄생한 것이 아니라는 점이다. 이에 못지않게 중요한 사실은 우리 땅에서 독자적인 전통을 확립해 나갔다는 점이다. 한쪽으로 중국의학을 수입하면서 의학이론을 익히고 그 가운데 유용한 처방을 골라내는 작업이 있었지만, 다른 한쪽으로는 유용한 처방을 창안하고 그것을 물려받는 과정이 존재했다.

이런 관점에서 봤을 때, 한국 고대의학사의 쟁점은 다음 네 가지로 압축된다. 첫째, 한국 고대사회에서 자연주의적 의학 전통은 언제 시작되었을까? 둘째, 그것은 어떻게 제도화했을까? 셋째, 독자적인 의학 전통의 창안을 확인할 수 있을까? 넷째, 고대의학 전통은 이후에 어떻게 계승되었을까?

한국의 자연주의적 의학 전통의 등장을 말할 때는 우선 고대유물 가운데 보이는 돌침을 살펴볼 수 있다. 함북 경흥 웅기면 송평동에서 발견된 석침(石針)과 골침(骨針)이 실제 침술에 쓰였는지는 불확실하지만, 이는 고대의 폄석술(砭石術)과 연관지어 해석할 수 있는 유물이다. 한국의학사의 개척자 김두종은 중국의학 경전인 『소문』에 보이는 "동방에서 폄석이 등장한 것"이라는 기록과 관련지어 침술이 고조선에서 유래하여 중국에 전래된 것이라는 가설을 제시했다. 그러나 이는 동방의 영역을 지나치게 민족적인 것으로 해석했다는 문제를 안고 있다.

다음으로 고조선, 한사군, 삼국시대 초반의 약초에 관한 지식을 들수 있다. 양나라의 도홍경(陶弘景, 452~536)은 고대 중국의 약물 지식을 총망라하여 『신농본초경』과 『명의별록』과 그 주석서 등을 지었는데, 여기에는 넓게 봤을 때 한국산이라 할 수 있는 약재 9종이 실려있다. 본문 가운데에는 토사자(고조선), 단웅계(丹雄鷄, 고조선), 마륙(현도군) 등이 언급되었고, 주석에는 인삼(백제·고구려), 세신(고구려), 오미자(고구려), 무이(고구려), 곤포(고구려), 오송(고구려) 등이 언급되었다.(도홍경 편, 『본초경집주(집교본)』, 인민위생출판사, 1994) 이 약물이고조선의 약물학적 지식을 반영하고 있는 것인지는 불분명하지만, 약초에 대한 지식이 있었으리라는 것은 짐작할 수 있다.

한국의 의사에 대한 가장 이른 기록은 서기 414년의 것으로, 신라의 김무(金武)라는 양의(良醫)가 일본 윤공제(允恭帝)의 고질적인 다리병을 고쳤다는 내용이다. 이와 동일한 시기에 신라 의사 진명(鎭明)이 윤공천황 왕후의 인후병을 치료했는데, 그 처방이 808년에 편찬된

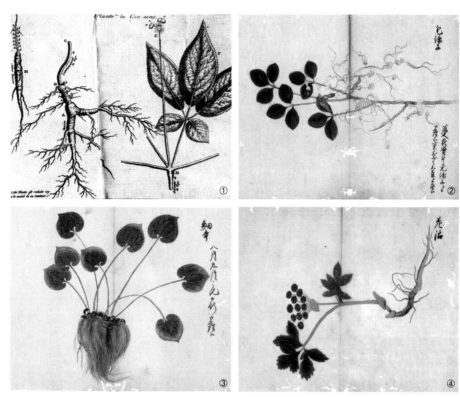

조선의 대표적 약재들

① 고대부터 외국에 이름을 떨친 한국의 인삼 인삼은 조선을 대표하는 약재이다. 『명의별록』에는 "백제산이 고려산보다 좋다"고 되어 있다. 또 고구려의 시인은 "세 가지 다섯 잎사귀, 밝은 곳을 등지고 어두운 곳을 좋아하네. 나를 얻으려거든 자작나무 아래를 찾아보시오"라고 썼다. 한편, 1709년 조선에 들어와 청나라 강희제의 명으로 지형자료를 수집했던 자르뚜 신부 일행은 압록강과 두만강 근처의 산삼을 관찰하여 세밀하게 묘사하고 약효와 식별법 등에 관한 상세한 보고서를 작성했다. "1709년 조선에서 그리 멀지 않은 한 마을에 도착했는데 거기서 한 주민이 산삼 네 뿌리를 캐 가지고 왔다. 산삼은 매우 귀해 일반인들이 먹기에는 너무 비싸고 황제에게 바치는 진상품으로 쓰인다. 나는 직접 보고 자세히 그릴 수 있었다."- 자뚜르 신부의 서신 중에서, 1709

강희제의 명령으로 1709~1716년에 걸쳐 실시했던 예수회 선교사의 측량자료가 프랑스에 전해지면서 나온 당빌의 조선지도에는 산삼을 든 조선사람이 묘사되어 있다. 한국 인삼의 효능이 알려지면서 서양인에게 한국은 신비한 약초가 나는 나라로 인식되었다.

② 한국산 토사자 "토사자는 고조선의 천택(川澤), 밭과 들에서 난다."- 『신농본초경』(출처 : 田代和生, 『江戸時代朝鮮藥材調査の研究』)

③ 한국산 세신 "동양(東陽) 바닷가 근처의 것은 모양이 좋고 매우나 화음(華陰)지방과 고구려의 것만 못하다."- 『명의별록』

일본에서는 1718년부터 1751년 사이에 조선 전국의 약재를 조사하여 화공을 시켜 세밀화로 그리게 했는데, 이 그림은 그 중 하나이다. (출처 : 田代和生, 『江戸時代朝鮮藥材調査の研究』)

④ 한국산 오미자 "요즘 가장 좋은 것은 고구려 것이며 살이 많고 시며 달다."- 『명의별록』(출처 : 田代和生, 『江戸時代朝鮮藥材調査の研究』)

일본의 의서 『대동유취방(大同類聚方)』에 실려 있다. 초기 일본천황의 역사에 대해서는 후대에 각색이 있었다는 점 때문에 그것을 해석하는 데는 세심한 주의가 필요하다. 일본의 『일본서기』, 『고사기』, 『대동유취방』, 한국의 『삼국유사』 기록을 종합적으로 검토해볼 때, 414년에 신라의 의사가 일본에서 의술을 펼친 사실 자체는 진실일 가능성이 높다. 아울러 5세기 초 신라에는 일본에 전파될 정도로 효능이 우수한 처방이 존재했다.(이현숙, 「신라의학사연구」, 이화여대 박사논문, 2001)

삼국 가운데 중국문물 수입이 가장 더뎠던 신라의 모습이 그러했다면, 고구려나 백제는 어땠을까? 그것은 『일본서기』(권 19, 雄略主 3)의 기록에서 확인할 수 있다. 452년 일본이 백제에 양의를 초청하자 고구려 의사 덕래(德來)를 보내주었다는 내용이다. 덕래는 일본 난파(難波)에 살면서 자자손손 의업을 행하여 난파약사라는 칭호를 얻었다. 이러한 기록을 통해 서기 5세기 무렵 삼국의 의술수준은 모두 일정 정도 궤도에 올라 있었음을 짐작할 수 있다.

5세기 삼국과 일본의 의학교류는 한국의학 전통의 기원에 대해서도 시사하는 바 크다. 의학수준이 높은 곳에서 낮은 곳으로 전수되는 모습이다. 541년 백제 성왕은 중국에 의생(醫生)을 보내 달라고 청했고, 양무제는 그 청을 들어주었다. 이보다 20년 후인 561년 중국 소주 사람 지총(智聰)이 『내·외전』·『본초경』·『맥경』·『명당도』 등 의서 164권을 가지고 고구려에 왔다.(馬伯英 외 지음, 정우열 역, 『중외의학문화교류사』, 전파과학사, 1997) 의학분야가 명시되어 있지 않지만 이보다 앞서 서기 372년 고구려에서 중국을 모방하여 태학을 설립했을 때 불경, 유학경전과 함께 의학서적이 전해졌을 가능성이 높다.

이상의 내용을 토대로 볼 때, 삼국의 의학이 어느 정도 궤도에 오른 것은 대략 4세기 전후로 추측할 수 있다. 의술을 펼치는 의원이 존재했고, 의술로 명성을 날리는 인물도 있었다. 김무, 진명, 덕래 등은 일본에 파견되어 이름을 남겼으며, 이들보다 뛰어난 의인(醫人)은 국내에도 있었을 것이다. 그들은 주로 왕과 귀족의 건강을 지키기 위한 왕실의료의 틀 안에 존재했을 것이다.

중국에서 보낸 의사이건 국내에서 양성된 의사이건 간에 그들은 어떤 형식으로든 자신들의 후계자를 길러냈을 것이다. 아마도 일본에 파견된 의사 덕래의 후손처럼 자자손손 세업을 잇는 경우가 일반적인 형태가 아니었을까. 그러나 나라의 기틀이 완비되고 의료의 수요가 많아졌다면 다른 형태의 의학학습이 필요하게 된다. 의학 전통을 공적 제도 안에서 계승하는 방식이 그것이다. 553년 백제 성왕 때의 기록(『일본서기』 권 19)을 보면, 의박사(醫博士)라는 명칭이 보인다. 의박사란 그 명칭이 시사하듯 교육을 담당한 의학 관리이다. 이는 의학교육이 정부의 공식 기관 안에서 이루어졌음을 뜻한다. 이 제도는 중국 위(魏)나라 제도를 본뜬 것으로, 백제와 마찬가지로 고구려나 신라에서도 비슷한 제도를 운영했을 것이다.

의학교육의 형식이 완비된 것은 692년(신라 효소왕 원년)이다. 삼국통일 후 신라는 관제 정비에 나섰으며, 의학의 경우 교육기관인 '의학'의 설치로 나타났다. 『삼국사기』, 「직관지」에는 '의학'에서는 "박사 2명으로 하여금 학생에게 『본초경』, 『갑을경』, 『소문경』, 『침경』, 『맥경』, 『명당경』, 『난경』 등을 교수케 한다"고 적혀 있다. '의학' 과목을 보면, 모두 의학의 기초를 배우기 위한 것이었음을 알 수 있다. 이상의 책들은 직접 임상에 활용하기 위한 것이 아니라 몸의 생리학, 병리학, 진단학, 경락학, 약물학 등의 기본을 이해하기 위한 교재이다. 그것은 고대 이후 현대에까지 지속되는 특징이기도 하다.

'의학'은 의사를 양성하기 위한 모든 코스가 아니었다. 신라 '의학'의 모범인 당나라의 제도와 신라보다 약간 늦게 공포된 일본의 제도를 참고하면, 의학을 이수한 자는 다시 체료(體療 : 내과의)인 경우 7년, 창종(瘡腫 : 외과의) · 소소(少小 : 소아과의) · 이목구치(耳目口齒 : 이비인후과 · 치과의)인 경우 5년, 각법(角法 : 일종의 부항요법전문의)인 경우 2년을 더 수업하게 되어 있었다.(이현숙, 「신라의학사 연구」) 중국과 일본의 제도를 참조할 때, '의학'에서는 15세 전후의 학생 대략 20명 정도를 뽑은 것으로 추측된다. 의학교재와 학습방법이 이 시기에 바로 나타난 것은 아니었을 것이다. 삼국에서 이전에 운영되던 것을 통일, 정비한 후 명문화한 것이리라.

삼국시대의 의사들은 어떤 의학을 펼쳤을까? 또 그것은 얼마만큼 독자적인 모습을 띠었을까? 이 문제는 한국 고대의학사를 연구한 모든 학자들이 집요하게 관심을 나타낸 주제였다. 그들은 한국 고대의학의 수준이 낮지 않았다는 것과 독자적인 성격이 강했음을 보여주고 싶어했다. 그러나 이를 논의할 자료가 너무나 희박했다. 독자적으로 편찬한 의서는 하나도 남아 있지 않고 처방의 편린 몇몇만이 중국의서『외대비요』와 일본의서『대동유취방』과 『의심방』에 흔적으로 남아 있을 뿐이다. 『고구려노사방(高句麗老師方)』의 처방 하나, 『백제신집방』의 처방 둘, 신라법사의 이름이 붙은 처방 넷, 그리고 진명의 인후병 처방 하나 등 불과 여덟 종의 처방이 논의할 재료의 전부이다.

그러나 이상의 처방 분석만으로도 당시 삼국의 의학내용이 반드시 중국 것만을 추종하지 않았음은 분명히 알 수 있다. 그것이 다른 의서와 이질적이었기 때문에 실은 것이라고도 할 수 있다. 또한 삼국에서 창안된 처방이 중국과 일본에 영향을 끼쳐 동아시아의학을 풍부하게 하는 데 일조했다는 점도 지적할 수 있다. 『고구려노사방』, 『백제신집방』, 『신라법사방』 등은 각기 삼국의 경험을 담은 의학서적일 가능성이 농후하다.

그렇지만 이와 함께 분명하게 지적해야 할 사실은, 독자적인 의서

편찬이 고대 중국과 일본에 비해 빈약했을 가능성이다. 그 이유는 단지 남아 있는 기록이 적기 때문이 아니라 불분명하지만, 한국 고대사회는 중국과 일본에 비해 상대적으로 의서편찬에 높은 우선순위를 두지 않았다고 말할 수 있다.

"일찍이 대송과 신라의 의서를 읽어서 기묘하고 중요한 것을 찬하여 사람들에게 편리를 주었는데, 이에 이름을 『제중입효방(濟衆立效方)』이라 하여 세상에 전했다"는 김영석(1146~1166)의 묘비명이 없었다면, 우리는 신라의 의학이 고려의 의학에 어떻게 계승되었는지 알지 못할 뻔했다. 이는 신라의학과 고려의학의 연관을 언급한 유일한 기록이다. 하지만 『제중입효방』은 고려 의종 때 편찬된 책으로 현재 유실되었고, 오직 처방 하나가 『향약집성방』에 보일 뿐이어서 구체적으로 어떻게 신라의학을 계승했는지를 알려주지는 않는다.

최근에 『비예백요방』(1230~1240년 사이로 추정됨)에 관한 안상우의 연구는 신라, 고려, 조선을 잇는 단초를 제공한다. 이 연구는 한국 최고(最古) 의서에 자주 인용되었으며, 그간 중국 의서로 알려져 있던 방대한 『비예백요방』이 고려 고유의 의서임을 밝혔다.(안상우, 「고려의서 『비예백요방』의 고증」, 『한국의사학회지』 13권 2호, 2000) 이런 사실은 고려 이전의 의학을 추측하는 데 시사하는 바 크다.

여태까지는 『비예백요방』을 중국 의서로 간주했기 때문에 거기에 실린 방대한 내용을 고유 의학의 관점에서 논의하지 못했다. 『비예백요방』은 단방 중심의 의서로 당시까지 고려의학의 전통을 총망라한 것이었다. 비록 이 책은 유실되었지만, 그 가운데 일부 내용이 『향약구급방』에 실려 향약의 전통으로 흘러나갔고, 나머지 다수는 『의방유취』에 남았다.

『비예백요방』에 담긴 수많은 내용은 무엇을 뜻하는가? 그것은 당대의 지식만을 갈무리한 것은 아닐 것이다. 고려 이전부터 존재해온 한국의학 전통이 이 책에 모였을 가능성이 매우 크다. 따라서 나는 "통일신라 때 의학이 『비예백요방』에 모이고, 그것이 다시 조선의학의 전통으로 이어졌다"는 해석을 적극 지지한다.

여말선초 : 향약의학의 전통이 확립되다

향약의학은 수입 약재 없이 오직 국산 약재로만 구성된 처방을 만들어내는 것이다. 한국의학의 역사적 정체성을 논할 때, 고려중기 이후 형성된 향약의학의 전통은 매우 중요한 의미를 지닌다. 그것은 두 가지이다. 첫째, 한국의학의 고유성을 분명하게 의식한 점이다. 둘째, 그것이 의약의 수요 증대와 관련되어 있다는 점이다.

향약의학 전통은 현존하는 13세기 『향약구급방』이 그 효시를 이룬다. 고려 인종 때 피난처인 강화도에서 『향약구급방』이 간행되었다는 것이 가장 이른 기록이다. 난중에 피난처에서 이 책이 출간되었다는 점은 시사하는 바 크다. 수입 약재가 부족하거나 없었다는 점, 가장 시급한 구급상황에 걸맞는 국산 약재의 활용의지를 알 수 있다.

고려 말에서 조선건국 초까지 향약을 기본으로 하는 의서편찬은 계속되었다. 현존하지 않고 『향약집성방』이나 『의방유취』에 일부 내용이 보이는 것들로 고려 말의 『삼화자향약방(三和子鄕藥方)』, 『향약간이방(鄕藥簡易方)』, 『향약고방(鄕藥古方)』, 『향약혜민경험방(鄕藥惠民經驗方)』과 조선 초의 『향약제생집성방(鄕藥濟生集成方)』, 『향약채취월령(鄕藥採取月令)』, 『향약집성방』 등이 있다.

이런 책들은 계승 증보되어 온 것이다. 『향약간이방』은 이전의 『삼화자향약방』을, 『향약혜민경험방』은 이전의 향약의서를, 『향약제생집성방』은 이 책이 나올 때까지의 향약경험을 망라했다. 특히 『향약

제생집성방』 30권(정종 원년, 1399)은 338개 병증에 2,803개 처방을 망라한 대규모의 것이었다. 조선 초 향약 연구는 이에 그치지 않고, 향약 채취와 관리에 관한 지식체계를 세우는 한편, 더욱 많은 병증에 대해 더욱 많은 처방을 담아내려고 했다.

『향약채취월령』(세종 13년, 1431)은 향약 채취에 활용하기 위해 편찬되었다. 월령이라는 말뜻대로 전국 각지에서 생산되는 약재의 약명, 산지, 약미, 약성, 약말리는 법 등에 대해 월별로 해야 할 일을 정리한 책이

第一図　鄕藥救急方 巻首目録
整版 二〇・五×一五センチメートル　永樂丁酉刊本（宮内省図書寮蔵）

『향약구급방』(1417년 판본) 13세기에 출간된 이 책은 향약의학 전통의 효시를 이룬다. (출전 : 미키 사카에, 『조선의서지』)

다. 이 작업을 위해 의관을 중국에 보내 중국산과 조선산의 옳고 그름, 유사함과 다름 여부를 일일이 확인하는 절차를 거쳤다.

『향약집성방』 85권(세종 15년, 1433)은 이미 출간된 『향약제생집성방』 30권을 대규모로 확장·증보한 것이다. 병증은 338개에서 959개로, 처방은 2,803개에서 10,706개로 늘어났다. 이와 함께 침구법 1,476조, 향약본초론, 포제법(炮製法) 등이 덧붙여졌다. 『향약집성방』의 편찬으로 고려 말부터 지속되어 온 향약의서 편찬의 전통은 일단락되었다. 이 책은 이후 향약의서의 기본자료가 되었으며, 『동의보감』(1613)에서는 시대가 바뀐 점을 감안하여 향약의 내용을 새로 정리했다.

고려 말에서 조선 초에 이르는 향약의서의 편찬배경은 무엇일까? 이 시기 의료수요의 증가에 따른 국산 약재에 대한 관심의 증가가 그 핵심이다. 국산 약재를 활용하기 위해서는 그것이 중국 의서에 적혀 있는 약재와 동일한 것인지 여부를 판단해야 할 필요가 있었다. 따라서 향약의서의 편찬은 더 많은 질병에 대한 더 많은 국산 약재의 활용

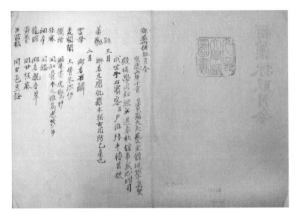

『향약채취월령』, 서울대 규장각 소장 조선 전국에서 나는 약재를 조사하여 월별로 해야 할 일을 정리한 책이다. 중국약재와 구분을 위해 의관을 중국으로 보내 유사함과 다름을 일일이 비교하여 정리했다.

과 함께 올바른 약재에 대한 지식의 제공을 도모하는 형태로 진행되었다. 『향약집성방』 서문에서는 이를 "사람들이 국산 약재를 구하기 쉽고 질병을 치료하는 데 편리하게 되었으나, 향약의서가 중국의서보다 널리 보급되어 있지 않고, 약이름이 중국과 다른 것이 많아 의술을 펼치는 사람이 곤란해한다"고 표현했다.

향약의서의 편찬은 한국적 본초학의 확립을 뜻한다. 독창적인 향약을 개발하고 지방의 경험방을 망라해낸 미증유의 대사업이었다. 모든 약재의 명칭을 당시 언어인 이두어로 표기하여 누구나 쉽

『향약집성방』, 서울대 규장각 소장 국산약재 이용의 편의를 돕는 책으로, 이 책 출간으로 고려 말부터 지속되어온 향약의서 편찬의 전통이 일단락되었다.

게 알 수 있도록 했으며, 국내 약재의 채취를 표준화했다. 또한 중국의 약재와 이름은 같지만 전혀 다른 것, 서로 비슷한 성격의 것, 비슷한 약성을 지닌 것 등을 구별하여 약의 진위를 분명히 했다.

하지만 향약의학을 당시 중국의 의학이론을 벗어난 독자적인 것으로 오해해서는 안된다. 『향약집성방』의 면면을 살펴보면 향약 연구가

독자적인 의학이론의 창시와 처방 구성으로 이루어져있지 않음을 알 수 있다. 단지 처방 중 수입 약재가 들어간 것을 제외했을 뿐이다. 이 책에 담긴 모든 의학이론은『태평성혜방』,『혜민화제국방』,『득효방』,『부인대전양방』등 몇몇 중국 의서에 거의 전적으로 의존하고 있다. 오직 '향약본초론' 만이 독자적인 부분인데, 여기서는 독자적인 의학이론의 제기보다 국산약재의 감별과 활용을 말하고 있을 뿐이다.

『의방유취』, 동아시아의학을 종합하다

조선 세종 때에는『향약집성방』으로 향약의 전통을 종합한 데 이어 곧바로 동아시아의학 전체를 한 군데 모으는 작업을 완수했다. 1443년(세종 25) 왕명으로 왕실이 소장하고 있는 중국과 한국의 모든 의서를 단일한 저작으로 묶어내는 작업이 시작되었다. 이후 3년에 걸쳐 책의 대강을 정하고 그 대강에 따라 관련 내용을 합편하는 일, 합편된 내용 가운데 중복을 덜어내는 편집작업, 편집된 내용을 감수하는 일이 진행되었다. 그리하여 1445년 10월『의방유취(醫方類聚)』365권이 완성되었다. 이렇게 완성된 책에 대해 이후 1464년(세조 10)까지 교정작업이 이루어졌고, 1477년(성종 8)에 간행을 보았다. 이 과정에서『의방유취』는 365권에서 266권으로 간추려졌다.

『의방유취』는「총론」과「병증 91 대강문(大綱門)」권으로 이루어져 있다.「총론」에서는 의학의 본질, 의사의 윤리, 오장육부론 등 기초 의학이론을 정리했다.「91문」은 풍·한·서·습·상한문(門)으로 시작하여 부인·소아문으로 끝을 맺고 있는데, 이는 당시 알려진 모든 질병을 망라한 것이다. 각 문의 구성은 병에 관한 이론을 먼저 싣고, 관련된 처방을 인용출전의 연대순에 따라 실어놓았다. 중복되는 부

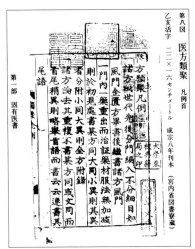

第八図

乙亥活字 二三×一六センチメートル 成宗八年刊本 (宮内省図書寮蔵)

医方類聚 凡例首

第一部 固有医書

尾語

『의방유취』(1477년 초간본) 조선과 중국의 의학을 종합 정리한 책으로 조선의학 발달의 초석이 되었다.(출처 : 미키 사카에, 『조선의서지』)

분이 있을 때에는 중복을 알리는 표시를 해놓았으며, 인용한 문장은 같은데 문자가 서로 다를 경우 주를 달아 바로잡았다. 이러한 내용은 당시 중국과 한국의학의 전모를 하나의 계통으로 정리해놓은 것이었다.

『의방유취』의 인용의서들은 모두 153종이다. 여기에는 『황제내경소문』, 『영추』 등 고대의학 경전을 비롯하여 『상한론』 같은 한대 의서, 『천금방』과 『외대비요』 등 수·당의 의서, 『성혜방』과 『화제국방』 같은 송대 의서, 『유문사친』과 『격치여론』 같은 금·원 시기의 중요한 의서들을 망라한다. 이밖에도 명초 의서인 『옥기미의(玉機微義)』, 『의경소학(醫經小學)』, 『활인심법(活人心法)』, 『수역신방(壽域神方)』 등도 포함되었다. 국내 의서로는 고려 중기경에 최종준이 찬한 『어의촬요방(御醫撮要方)』(1256)과 『비예백요방』 등 2종이 실렸다. 향약의서는 여기에 포함되지 않는데, 이는 『향약집성방』에서 그것을 정리했기 때문이다. 이러한 사실에서 『향약집성방』은 철저히 향약의학을 정리하는 것을, 『의방유취』는 보편적인 동아시아의학을 정리하는 것을 목표로 했음을 알았다.

나는 『의방유취』 편찬을 계기로 조선의학은 동아시아 최고의 수준에 도달했다고 본다. 중국과 조선의 의학을 종합 정리하면서 의학 전체에 대한 전모를 파악해낸 동시에 그것을 "자기화"했기 때문이다.

동아시아의학 전통에서는 이런 일이 여러 차례 있었다. 수·당대에 중국의 손사막과 왕도는 중국 전역에 흩어져 있던 의학을 『천금방』과 『외대비요』로 정리해냈고, 10세기 일본에서는 당대까지 동아시아의학을 『의심방』으로 정리했다. 중국 송에서는 이전 전통을 망라하여 『태평성혜방』에 담았고, 12세기 금나라는 그것을 증보하여 200권으로 된 『태평혜민화제국방』을 내놓았다.

이런 전통의 연장선에서 조선에서는 15세기까지 의학을 『의방유취』로 정리해낸 것이다. 『의방유취』는 자료 풀로 활용되어 이후 조선 의학 발달의 초석이 되었다. 15~16세기에 걸쳐 조선에서 나온 『창진집』·『구급방』·『구급간이방』·『구급이해방』·『속벽온방』·『의문정요』 등은 모두 『의방유취』에서 골라 뽑은 것이다.(안상우, 「『의방유취』에 대한 의사학적 연구」, 경희대 한의대 박사논문, 2000)

물론 『의방유취』를 가장 잘 활용한 사람은 허준이다. 허준은 『동의보감』을 편찬하면서 수많은 의서를 참고했지만, 그 중 『의방유취』 이전의 거의 모든 의서는 『의방유취』를 통한 재인용이라고 해도 과언이 아닐 정도로 이 책에 신세를 졌다. 그뿐만 아니라 『의방유취』에 계열적으로 일목요연하게 정리된 의학 내용은 허준 자신이 의학의 계통을 잡는 데 크게 기여했을 것이다.

1613년의 『동의보감』, 동의의 전통을 열다

『의방유취』가 종합이라면 『동의보감』은 심화이다. 15~16세기를 거치면서 조선의학계는 대단한 성취를 보였다. 고려 말부터 중국에서 받아들인 성리학을 내재화했을 뿐만 아니라, 그를 능가하는 면모를 보였다. 그런 모습은 자연관, 양생관, 의학 영역에서 비슷하게 나타났다. 의학에 관심이 높았던 선조는 당시 중국 의학의 상황을 "자잘하며 속되어 별로 참고할만한 가치가 없다"고 평가했다.(『동의보감』서문)

한국의학은 중국의학의 아류인가

그리하여 선조는 1596년에 당시 조선 최고의 학의(學醫)인 허준에게 이런 상황을 정리할 수 있는 새 의서의 편찬을 명하였다. 의학에 밝았던 선조는 새로 편찬할 책의 성격까지 규정해 주었다. 그것은 첫째 "사람의 질병은 조섭(調攝)을 잘못하여 생기므로 수양을 우선으로 하고 약물치료를 다음으로 할 것", 둘째 "처방들이 너무 많고 번잡하므로 그 요점을 추리는 데 힘쓸 것", 셋째 "벽촌과 누항의 사람들이 의원과 약이 없어 요절하는 자가 많음에도 우리나라에서 많이 생산되는 향약에 대해 사람들이 잘 몰라 약으로 쓰지 못하니 책에 우리나라 약 이름을 적어 백성들이 쉽게 알 수 있도록 할 것" 등이었다.

물론 이런 명령은 허준의 교감 없이는 이루어지지 않았을 것이다. 양생의 원칙을 세우고 자잘한 처방의 요점을 추리는 일은 쉬운 작업이 아니다. 의학을 꿰뚫는 식견과 임상경험이 필요했다.

허준은 왕명에 따라 유의 정작, 다른 어의 양예수, 김응탁, 이명원, 정예남 등과 편찬국을 만들어 책을 편찬했으나, 이듬해 정유년(1597)의 재란때문에 책의 뼈대만 잡은 채 작업이 중단되었다. 난이 수습된 후 언제인지는 불분명하지만, 선조는 『동의보감』의 편찬을 허준 단독으로 할 것을 지시했다. 혼자서 일을 맡다보니 진척이 더뎠다. 귀양을 가기 직전인 1608년 3월까지도 아직 절반이 끝나지 않은 상태였다. 바쁜 어의 일에 신경을 쓰느라 책에 전념할 시간을 갖지 못했기 때문이다. 그러나 유배지에서 책 쓰는 일에 전념한 듯 보인다. 이후 2년 5개월 동안 절반이 넘는 내용을 채워 1610년 8월(그의 나이 72세)에 그것을 조정에 바쳤던 것이다.

한의학사에서 볼 때, 『동의보감』(25권)의 구성은 이전의 어느 것과도 다르다. 단순히 다를 뿐만 아니라 고도로 발달한 형태를 띤다. 『동의보감』은 한의학사에서 처음으로 대분류 방법을 통해 전체 의학체계를 분류했다. 「내경」편, 「외형」편, 「잡병」편, 「탕액」편, 「침구」편 5

가지 기준이 그것이다. 이렇게 편을 나눈 까닭을 허준은 「집례」에서 다음과 같이 말한다.

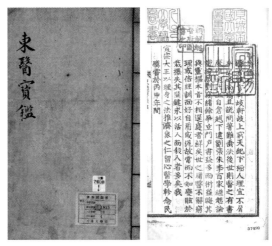

『동의보감』(1613년 초간본), 서울대 규장각 소장 동아시아의학의 '조선적 진화'라는 평가를 받는 조선 최고의 의서이다.

지금 이 책은 먼저 내경(內景)의 정, 기, 신, 장부로 내편(內篇)을 삼고, 다음으로 외경(外境)의 두(頭), 면(面), 수(手), 족(足), 근(筋), 맥(脈), 골(骨), 육(肉)으로 외편(外篇)을 삼고, 또한 오운육기(五運六氣), 사상(四象 : 望·聞·問·切), 삼법(三法 : 吐·汗·下), 내상(內傷), 외감(外感), 제병(諸病)의 증상을 나열하여 잡편(雜篇)으로 삼고, 끄트머리에 탕액(湯液), 침구(鍼灸)를 덧붙여 그 변통의 이치를 다 밝혔다.

이 글에서처럼 허준은 도교적 양생사상에 입각하여 『동의보감』의 큰 줄기를 세웠다. 먼저 그는 "도가(道家)는 맑고 고요히 수양하는 것을 근본으로 하고, 의학에서는 약이(藥餌)와 침구로 치료하니, 이로써 도가는 그 정미로움을 얻었고 의학은 그 거친 것을 얻었다"고 말하여 몸의 생명력을 기르는 양생술이 단순히 병을 치료하는 의학보다 우선한다고 천명했다. 그렇기 때문에 병의 치료와 관련된 탕액과 침구에 관한 내용을 끄트머리에 두었으며, 몸을 기르는 행위와 그다지 관련이 없는 각종 병에 관한 내용은 중간에 놓았다.

다음으로 양생과 관련이 있는 신체에 관한 내용을 안팎으로 나누어 차례대로 배열했다. 그 중 정, 기, 신, 오장육부 등 몸 안에 존재하는 것들은 몸의 근본을 이루는 동시에 양생의 도와 밀접하므로 맨 앞에 놓았으며 근골, 기육, 혈맥 등, 몸의 형체를 이루는 것은 그 다음에 배치했다. 이렇게 함으로써 허준은 구체적인 질병의 증상과 치료법에서 강한 의학 전통과 정 · 기 · 신을 중심으로 하는 신체관을 정립한 양생의 전통을 높은 수준에서 하나로 통합했다. 생명, 신체, 자연환경과 인간의 질병, 질병의 치료를 하나의 유기적인 체계 안에서 이해하는 것이 가능해졌다.

『동의보감』은 두 갈래로 흩어져 흘러온 양생의 전통과 의학의 전통을 높은 수준에서 종합했다. 병의 치료와 예방, 건강도모를 같은 수준에서 헤아릴 수 있게 한 것이다. 또 병의 증상, 진단, 예후, 예방법 등을 일목요연하게 정리해냈다. 중국 의학책 중에서도 『동의보감』 만큼 이런 내용이 잘 갖추어진 책은 거의 없다고 할 수 있다.

『동의보감』의 또 하나의 커다란 성취는 동아시아의학 전통의 핵심을 매우 잘 잡아냈다는 점이다. 허준은 엄청나게 거대한 한의학 전통에서 2,000여 가지의 증상, 700종 남짓의 약물, 4,000여 가지의 처방, 수백 가지의 양생법과 침구법을 뽑아냈는데, 그것은 한의학을 종합하기에 너무 많지도 너무 적지도 않은 분량이다. 허준은 의학경전의 정신에 따라 그것을 취사선택하여 신뢰성을 높였다. 또 뛰어난 편집방식과 임상경험으로 그것을 엮어내어 자신의 의학을 우뚝 세웠다.

이런 자신감은 자신의 의학을 '동의(東醫)'라고 표현한 데서 잘 나타난다. 자신의 의학은 동쪽지방에서 일구어낸 의학 전통을 계승한 것이며, 그것은 중국의 남의와 북의 전통과 함께 보편의학에 기여했다는 것이다.

『동의보감』의 후예들

조선의학계에서 『동의보감』의 영향은 단지 이 책이 널리 읽혔다는 데 그치지 않는다. 어떻게 보면 『동의보감』의 정신과 내용을 계승한 후학들의 의서를 통해 그 영향이 배가되었다고 볼 수 있다.

조선후기를 대표하는 책으로 꼽히는 강명길의 『제중신편』(1799)과 황도연의 『의종손익』(1868)은 모두 『동의보감』의 체제를 충실히 따르면서 일부 내용을 빼거나 덧보태는 형식을 취하고 있다. 두 책은 『동의보감』보다 분량이 훨씬 적기 때문에 의원들이 참고하기에 훨씬 쉽다. 두 책 외에도 정조의 『수민묘전』(1777~1800년 재위), 이이두의 『의감산정요결』(1807), 이규준의 『의감중마』(1923) 등도 역시 『동의보감』을 기본 텍스트로 한 책이다.

『동의보감』을 기본 텍스트로 한 책들의 발간 이유가 『동의보감』의 불완전성에 있다는 사실은 매우 흥미롭다. 정조는 『수민묘전』을 짓고, 자신의 어의 강명길에게 『제중신편』을 편찬하게 한 동기를 다음과 같이 말하고 있다.

> 『제중신편(濟衆新編)』이 완성되었다. …… 본조(本朝)의 의학서적으로는 오직 허준의 『동의보감』이 가장 상세하다고 일컬어져 왔으나 글이 번거롭고 내용이 중복되는가 하면 소홀히 다루거나 빠뜨린 부분이 또한 많았다. 이에 상이 여기에 교정을 가하고 범례(凡例)를 붙여 『수민묘전(壽民妙詮)』 9권을 만들어낸 다음 다시 내의원에 명하여 여러 처방들을 채집해서 번잡스러운 것은 삭제하고 요점만 취한 뒤 경험방(經驗方)을 그 사이에 첨부해서 세상에 유행시킬 수 있는 책 1부를 따로 편집하게 하였다.(『정조실록』 정조 23년 12월 11일자)

『수민묘전』 서문에서는 "우리나라 의서 중 양평군 허준의 『동의보감』만한 책이 없다"고 하여 『동의보감』이 당시 조선의 최고 의서임을 좀더 분명히 밝혔지만, 정조가 보기에 『동의보감』은 쓸모없는 부분을 포함하고 있는 책이었다.

이런 점은 이미 성호 이익도 지적한 바 있으며, 19세기의 황도연도 언급하고 있다. 그들은 공통적으로 『동의보감』이 어떤 부분은 쓸데없을 정도로 자세하며, 어떤 부분은 턱없이 부족하다고 했다. 게다가 시대가 흐르면서 축적된 의학적 경험이 반영되어 있지 않았다. 바로 이런 이유 때문에 『동의보감』의 '단점'을 극복하고자 여러 편의 새로운 의서가 출현한 것이다.

새 책은 훨씬 간결하면서도 꼭 필요한 내용만을 담고 있다. 그러나 이러한 시도는 『동의보감』을 전면적으로 비판한 결과는 아니었다. 방대함과 중복을 덜고 일부 새로운 내용을 보충했을 뿐이다. 정조가 쓴 『수민묘전』이나 강명길의 『제중신편』, 황도연의 『의종손익』은 모두 『동의보감』의 순서에 따라 그 내용을 중심으로 전체 책의 얼개를 엮고 있어 우리 눈으로 보면 『동의보감』을 비판하기보다, 오히려 충실히 잘 계승하고 있는 것으로 보인다.

『동의보감』 이후 조선 전통의학의 절정은 황도연, 황필수 부자의 『방약합편(方藥合編)』(1885)에서 갈무리되었다. 황도연은 19세기 조선 최고의 임상가였다. 그는 49세 때 『동의보감』의 번잡함을 덜고자 『부방편람(附方便覽)』을 지었고, 54세 때는 『의종손익』을 지어 간명의서 출간의 흐름 중 최고봉에 올랐다. 이듬해에는 그 중에서도 요점만 추려 『의방활투(醫方活套)』라는 이름으로 내놓았다. "이 책은 간명하면서도 활용범위가 넓고 또 체계가 조리있고 명확하여 한번 보기만 하면 누구나 병의 증상에 따라 약을 쓸 수 있도록" 되어 있었다. (『방약합편』 서문)

하지만 책이 너무 인기를 끌어 동이 나자 구하지 못한 사람이 다투

어 재판 찍기를 간절히 요구한 바 황도연은 오
히려 그보다 좀더 나은 책을 세상사람에게 내
보였으니, 바로『방약합편』이었다.

『방약합편』은 매우 간결한 책자로 처방과 약
을 한데 묶은 것이다. 이 책은 가장 흔한 증상
에 대해 가장 효과가 있다고 본 처방을 보약,
조화하는 약, 공격하는 약으로 나누어 제시했
다. 이에 가장 기초적인 약재를 암기하기 쉽게
노래로 만들어 덧붙였다. 그것은 매우 단순하
면서도 효과가 크다고 인정을 받았기 때문에
출간 직후부터 의료계에 대단한 선풍을 일으
켰다. 보기 쉽고 응용하기 쉬웠기 때문이다. 전

황도연·황필수 부자의『방약합편』『동의보감』
이후 조선 전통의학의 절정으로 평가받으며 출
간 직후부터 의료계에 대한 선풍을 일으켰다.

문적 의술인이 아니라도 웬만한 지식을 갖춘 사람이라면 이 책 하나
에 의지해서 의술을 펼칠 수 있을 정도였다. 요즘도 한의계에서 가장
영향력있는 의서 가운데 하나가『방약합편』이다.

책의 영향력은 잦은 증보판의 출간으로도 확인된다. 원간본을 포함
하여 무려 십수 종에 달한다. 대부분이 일제시기에 나왔고, 서너 편
은 해방 이후에 선보였다. 한국의학의 역사에서『방약합편』처럼 자주
후학들에 의해 증보개정판이 나온 의서는 없다.

이렇듯 조선시대 의학사를 통틀어『동의보감』만큼 깊이 영향을 드
리운 책은 없다.『동의보감』의 한국의학사적 가치는 '동아시아의학
의 조선적 진화'라는 개념으로 잘 설명된다. 이 말은『동의보감』이 출
현하기 이전에는 국내 의서로서 의학계 전반을 이끈 책이 없었지만,
『동의보감』이 출현해서 비로소 그런 일이 이루어졌음을 뜻한다. 고려
와 조선을 잇는 향약의 전통은 어디까지나 국산 약재의 활용에 국한
한 것이었지 의학이론, 약물처방, 침구법 등을 망라하는 새로운 의학

적 전통을 만들어낸 것은 아니었다.

이와 달리『동의보감』은 의학이론, 약물처방, 침구법 등을 망라한 의약체계의 하나를 세웠다. 후대의 조선의사와 의학자들은 그것을 모범으로 의약을 발전시켜나갔으며, 이는 조선만의 독특한 의학적 현상이라고 볼 수 있다. 우리는 이런 현상을 중국, 일본지역의 전통과 뚜렷이 구별되는 조선의 의학적 진화라 이름붙일 수 있을 것이다.『동의보감』이 그 중심에 서있다.

조선후기 의학의 새 경향 : 경험을 중시하고 조선적 자의식을 표출하다

이런 전통과 함께 조선후기에는 의학경전이 아닌, 자신의 경험을 중시하는 풍토가 생겨났다. 여러 의서가 '경험방'이라는 이름으로 편찬되어 나왔고, 그런 이름이 아닌 의서라 해도 자신과 주변 의인(醫人)의 경험을 소중히 취급했으며, '경험' 또는 '징험'에 관한 의학적 논의가 활발히 이루어졌다. 이는 전에는 결코 볼 수 없었던 현상으로 경전의 보편성보다 의학의 지역적·개별적 특성을 강조한 것이다. 따라서 조선의 의학은 중국의학에서 더욱 원심적인 형태를 띠게 되었다.

17세기 이후 19세기까지 '험(驗)'자가 제목에 들어간 의서가 크게 증가했다. 조선 중엽까지는 고작 몇 종에 불과했으나, 17세기 이후에는 알려진 것만 해도 몇십 종에 달한다. 대개는 의인 자신의 치험을 책으로 엮은 것이지만, 개중에는 대대적으로 민간의 경험방을 수집 정리하려는 노력도 포함되어 있었다. 송시열의『삼방』이 그 사례이다.(三木榮,『朝鮮醫學史及疾病史』)

경험을 중시한 것은 규모가 큰 종합의서나 전문의서도 마찬가지였다. 조선후기를 대표하는 이경화의『광제비급』(1790), 강명길의『제중

신편」, 황도연의 『의종손익』을 비롯
하여 소아과 전문의서인 조정준의
『급유방』(1749)에서도 자신과 주변
의 경험을 중시했다.

경험의 중시는 특정 시기 조선지
역 의학의 특수성에 대한 자각으로
이어졌다. 경험은 단지 더 효과있는
처방을 찾는 데 국한된 것이 아니었
다. 조선후기 의학자의 일부는 왜
자신의 처방이 의학경전이나 고전
또는 유명 의서에 실린 처방보다 더
효과가 있는지 논리적으로 이해하

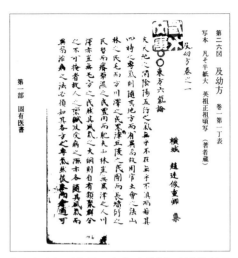

第一部
固有医書

『급유방』 안의 동방육기론 조정준은 이 책에서 조선의 환경이 중
국과 다르므로 중국의학과 다른 표준을 만들어야 한다고 주장했
다. (출처 : 미키 사카에, 『조선의서지』)

려고 했다. 그들은 시대에 따라 지역풍토에 따라 사람의 체질이 다르
고 병도 다르고 나는 약재가 다르며 처방이 다르다는 논리를 펼쳤다.

가장 대표적인 것은 『급유방』의 저자 조정준의 「동방육기론(東方六
氣論)」 논의이다. 그는 조선의 환경이 중국과 다르기 때문에 중국의학
과 다른 표준을 만들어야 한다고 주장했다. 황도연 또한 이런 견해를
수용했다. 그는 『의종손익』에서 풍토와 생활조건에 따라 체질이 다르
며, 그에 맞는 처방을 써야 한다고 주장하면서 자신이 창안한 경험방
의 가치를 정당화했다.

이제마가 『동의수세보원』(1895)에서 제시한 사상의학(四象醫學) 또
한 이러한 흐름 안에서 이해할 수 있다. 이제마는 자신의 독특한 임
상경험을 귀납하여 사람의 유형에 따라 잘 걸리는 병이 다르며, 따라
서 치료하는 법이 다르다고 주장했다.

이제마의 사상의학은 중국의학과 구별되는 조선적 의학 전통의 정
점에 서 있다. 이제마의 사상의학은 기존의 동아시아의학 전통에서

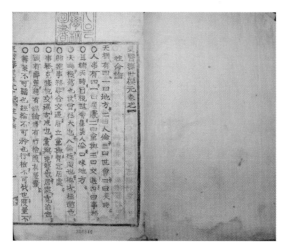

이제마의 『동의수세보원』, 서울대 규장각 소장 중국의학과 구별되는 조선적 의학 전통의 정점을 이루는 책이다.

가장 멀리 벗어나 있었다. 그는 "의학의 특수성을 인정하면서도 의학이론은 동일하다"는 황도연의 입장보다 한층 더 나아가, 동아시아의학 전통의 가장 기본적인 이론인 오행론과 그에 바탕을 둔 인체관을 그대로 따르지 않았다. 대신에 사행론(四行論)적 인체관을 제시한다. 사상의학에서는 오장육부가 아니라 사장사부(四臟四腑)로 가정한다. 아울러 이목구비 등 4관(四官) 개념과 턱, 가슴, 배꼽, 배 등 4지(知)와 머리, 어깨, 허리, 엉덩이 등 4행(行)의 개념을 의학적 설명영역에 끌어들였다.

이러한 사행론을 통해 궁극적으로 네 가지 다른 형태의 인간형인 태양인, 소양인, 소음인, 태음인을 가정하며, 인간의 형태에 따라 잘 앓는 병이 다르며, 그에 대한 치료접근도 달라야 한다고 주장했다. 이런 접근법은 기존의 의학적 접근법과 크게 다르다. 기존의 의학에서는 인간을 보편적으로 간주하면서 그가 앓는 다양한 병의 증상을 파악하여 치료법을 모색했다. 그런데 병증보다 인간형태를 선행적 요소로 간주하여 치료법을 찾는 사상의학의 방식은 매우 독특한 것이었다.

이제마도 자신의 의학체계가 기존의 동아시아의학 전통과 크게 다르다는 점을 크게 의식했다. 그가 사용한 동의라는 말이 이를 말해준다. 그런데 이제마 자신보다 그것을 추종하는 후학이 이 점을 더 크게 부각시켰다. 때마침 불어닥친 근대 제국주의의 물결이 한의학계에도 적지 않은 영향을 끼친 것이다. 서양의학과 다른 것으로 동양의학을 정의해야 했으며, 중국의학과 다른 것으로서 한국 한의학의 정체성을 분명히 해야 했기 때문이다. 이 두 가지 흐름 속에서 한의학계 일각에서는 『동의수세보원』에 큰 관심을 보였다. 그들은 이제마의 사상의학에 민족주의적 요소를 부여했다. 『동의수세보원』의 어려운 내용을 잘 이해하지는 못했지만, 그들은 민족적 자긍심으로 그것을 연구해야 한다고 생각했다.

에필로그 : 다시 동아시아의학과 한국의학을 논한다

한국에서 이루어진 역사적 변화는 동아시아의 다른 지역에서 이루어진 것과 분명히 달랐다. 그것은 역사·문화적 이질성을 뜻하는 동시에 새로운 의학 처방의 창안, 의학적 방법에 대한 선호도의 차이를 반영하며, 심지어 의학이론의 차이로 나타나기까지 했다. 앞에서 정리한 한국의학의 기원, 향약 전통의 확립, 『동의보감』의 출현과 계승, 지역성의 강조와 문화적 자주성의 표출, 새로운 의학인 사상의학의 제창 등이 그것이다. 이러한 한국의학 전통의 논의에는 두 가지 중요한 논의가 남아 있다.

첫째, 한국의 의학전통이 만들어져 나갔다고 해도 여전히 동아시아의학의 보편성이 한국의학의 외연을 둘러싸고 있었다는 점이다. 의학 학습에는 『소문』 같은 의학경전이 늘 필수적이었다. 의관을 뽑는 과거시험 과목에서는 이런 책 외에 중국 의서인 『직지방』, 『의학정전』, 『의학입문』 등이 주요 교재였으며, 그 과목에 포함된 한국 의서는 조선 초를 제외하고는 없었다고 할 수 있다. 또한 당대 중국의 새로운 의서가 곧 수입되어 국내의 의학적 풍토를 살찌웠다. 특히 명대

의서인『만병회춘』이나『의학입문』 등은 국내의 어느 의서보다 자주 많이 출판되어 의학계의 수요를 채웠다. 이 책들은 조선의 의서 못지 않은 인기를 누렸다. 중국에서보다도 조선에서 더 인기가 있었다고 할 수 있을 정도였다.

둘째, 한국의학 전통이 동아시아의학 전통에 기여했는가 하는 논의 이다. 여기에는 조선 세종 때 기존의 중국과 한국의학 전통을 총망라 한 작업인『의방유취』의 편찬, 선조 – 광해군 때 극도의 혼란상을 보 이던 중국의 의학이론과 처방을 일목요연하게 정리해낸 허준의『동 의보감』 작업이 포함될 것이다.『의방유취』가 동아시아의학 전통에 기여한 점은 다음 두 가지이다. 첫째, 당시 중국의학과 조선의학을 일목요연하게 종합한 내용을 남겼다는 점이다. 둘째, 40여 종의 유실 된 중국 의서의 내용을 담은 유일한 책이라는 점이다.

17세기『동의보감』의 편찬 또한 한국의학이 동아시아의학에 가장 크게 기여한 내용이라고 할 수 있다. 중국에서는 송, 금, 원, 명대를 통해 수많은 의학이론과 처방들이 쏟아져 나와 의학상의 혼란이 극 도에 달했으나, 허준은 이런 상황을 깔끔하게 정리해냈다. 그는 중국 의 어느 의학자보다도 당시 동아시아의학 전통을 훌륭하게 정리해냈 다. 바로 이 점 때문에『동의보감』은 한국뿐만 아니라 중국, 일본에 서도 호평을 받았다.『동의보감』은 한국보다 중국에서 더 많이 발간 되었다. 1747년 초록판이 나온 이래 현재까지 중국에서 25차례, 대 만에서 3차례(재판까지 치면 6차례) 발간되었다.(장문선,「『동의보감』이 중국의학에 미친 영향」,『구암학보』 제3호, 1993년 12월호)『동의보감』 덕 분에 한국의학은 동아시아의학 전통에 대한 강한 발언권을 획득하게 되었다.

사상의학은 또 어떠한가? 그 의학체계의 독특함은 1985년 중국학 계의 공인을 받았다. 현재 중국에서는 사상의학을 조의학(朝醫學)이라 부른다. 중국의학과 다른 이론체계와 치료접근법을 표현하기 위해서이다.

사실 중국의학과 조의학을 따로 구별하는 것은 현대 중국의 중화주의적 사고가 짙게 깔린 것이다. 음양오행과 오장육부이론을 전부 중의학이라 규정하고, 그에 이질적인 요소를 기준으로 해서 조의학이라 이름을 붙였기 때문이다. 동아시아의학을 이렇게 파악하는 것은 역사적 과정에 부합하지 않는다. 동아시아지역의 의학은 같은 전통을 공유하면서 상호 침투하여 의학의 외연을 넓히고 내용을 심화하는 과정을 겪어왔기 때문이다. 이는 일본의학이나 베트남의학 전통의 경우에도 그대로 적용된다.

여러 나라 의학의 지역적·문화적·민족적 특수성은 존재하되, 그것은 결코 배타적인 관계가 아니다. 일방적인 주종관계는 더더욱 아니다. 언제나 더 나은 의학을 창조하려는 목표는 국경보다 우선했다.

2003년도 가을 한국과학사학회에서 발표한 「한국의학의 역사적 정체성」을 재정리하였다.

조선후기의 서양의학,
한의학에 도전하다

몸의 중심은 뇌인가 심장인가

　조선에서 서양의학에 대해 최초의 관심을 표명한 학자는 18세기의 성호 이익(1681~1763)이었다. 이익이 지은 『성호사설』에는 서양의학에 관한 내용이 두 군데 나온다. 그 중 하나가 「본초」이며, 다른 하나가 「서국의(西國醫)」이다. 이익은 서양 본초에 대해서는 아담 샬(중국명 湯若望, 1591~1666)의 중국 본초 8,000여 종에 관한 약리적 연구가 후세에 전수되지 못한 것을 유감으로 생각하고 서양인들의 고찰방법과 물리설이 중국인보다 우수하다고 판단했다.

　「본초」의 내용이 단편적인데 비해 「서국의」에 실린 서양의 생리설(生理說)은 비교적 상세한 편이다. 그것은 독일인 선교사 아담 샬의 『주제군징(主制群徵)』에서 따온 것이다. 고대 로마시대 갈렌의 생리학을 소개한 그 내용은 크게 네 부분으로 구성되어 있다.

　첫째는 생리 원칙이다. "뼈가 있고 살이 있어서 몸의 형체가 갖추어진다. 그러나 반드시 열을 근본으로 해서 피가 생기고, 기운을 기르고, 행동과 사고를 할 수" 있으며, "몸의 모든 기관은 뇌의 주재를 받는다는 것"이었다. 둘째는 혈액이다. 음식이 간에서 혈액으로 화하며 그것이 온 몸을 돌아 생명활동을 영위케 하는 메커니즘을 말했다. 셋째는 호흡이다. "호흡으로서 새로운 공기를 흡입하고 묵은 공기를 내뱉는 것"을 말했다. 넷째는 뇌척수신경계이다. 뇌는 몸 전체의 신경근육을 관장하는 중심기관으로서 감각의 원천이다.(안정복, 「서국의(西國醫)」, 『성호사설유선』 권 5 하)

이익은 이 생리설에 대해 "검토해보건대, 중국 의가의 설에 비해 훨씬 세밀하여 소홀히 할 수가 없다"고 평가했다. 이익은 어떤 점에서 이 설이 중국의학보다 세밀하다는 것인지 자세한 분석을 내놓지 않았지만, 그가 느낀 점은 쉽게 헤아릴 수 있다. 각 신체기관의 실체가 분명하며, 각 신체기관 사이의 유기적 연결이 뚜렷했기 때문이다. 이에 대비되는 한의학의 생리학은 오장육부의 설이라 할 수 있는데, 그것은 관념적이고 추상적인 오행의 전변과정에 꿰어맞춰진 듯한 논리를 띠었다.

이익은 생리설을 칭찬했지만, 모든 것을 그대로 추종하지는 않았다. 그는 뇌가 감각의 중추임을 인정했지만, 사고의 중추라는 아담 샬의 주장에는 동의하지 않았다. 이 주장은 동아시아 사상체계의 핵심적 가정인 "심장이 사고의 주체"라는 설에 강력하게 도전하는 것이었기 때문이다.(도날드 베이커 저, 김세윤 역, 『조선후기 유교와 천주교의 대립』, 일조각, 1997) 마찬가지 맥락에서 이익은 서양 생리설의 외연인 '기독교적 영혼'도 인정하지 않았다.

한의학에서는 심장을 마음과 정신활동이 머무는 기관으로 간주했고, 성리학에서는 이런 가정에 입각해서 인간의 본성을 논했다. 서양의 뇌주설(腦主說)은 이에 대한 도전을 의미한다. 그것을 받아들이는 순간, 한의학의 토대는 물론이거니와 성리학 전체의 전제가 흔들리게 된다.

조선후기의 여러 학자들이 서양의 새로운 설에 관심을 가지면서도 이 주장을 선뜻 받아들이지 못한 근본적인 이유는 바로 여기에 있다. 사실 이러한 태도는 조선 실학 유학의 융통성과 경직성을 동시에 보여주는 것이다. 즉 자신의 신유학 도덕규범의 근본가정을 위협하지 않는 범위 안에서 서양의 해부생리학을 수용한 것이기 때문이다.(『조선후기 유교와 천주교의 대립』)

그럼에도 불구하고 뇌주설을 수긍하는 학자나 심장이 주체가 된다는 심주설을 새롭게 해석하는 학자가 있었다.

19세기 중반 인물인 이규경은 '뇌가 동각의 중심이 된다는 설'을 단순히 소개하는 데 그치지 않고, 그 설의 타당성을 변증하는 데까지 나아갔다. 그는 뇌주설의 타당함을 사례로 입증하려고 했다. 즉 "뇌를 다친 청대의 제소남(齊召南)이라는 인물이 백치가 되었다는 사실"로 뇌주설의 옳음을 주장했고, 도교수련에서 '뇌를 중요시하는 태도'를 들어 그 전통이 완전히 이질적인 것이 아니라 동양에도 존재했던 것임을 설파했다. 여기서 동·서를 절충하려 했던 이규경의 태도를 읽을 수 있다.

이규경과 동시대 인물인 최한기는 뇌주설을 인정함과 동시에 심주설을 새롭게 해석함으로써 동양의 전통을 구하려고 했다. 근대 서양의학을 본격적으로 공부한 그는 일단 '뇌신경계의 작용으로 각 감각기관이 작동하게 된다'는 서양의학의 뇌주설을 받아들였다. 인체의 감각과 지각의 원천이 '뇌'에 있음을 수긍한 것이다.

하지만 그보다 더 근본적인 온 몸의 주재, 도덕적 실천을 가능케 하는 것은 '심(心)'이라 했다. 여기서 최한기의 '심'은 심장이 아니었다. 그가 말한 '심'은 하늘과 땅에 접한 몸의 중심을 잡아주는 무게중심이었다. 그의 표현을 빌면 "신기(神氣)의 심"이다. 이는 마치 몸이 한

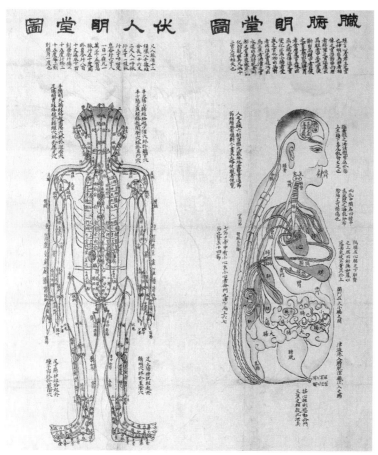

전통적인 경락도와 장부도, 한양대 박물관 소장 경락도에는 몸 겉에 기가 흐르는 경락과 혈자리를 표시했으나 서양의 해부도처럼 근육을 표시하지는 않았다. 장부도에는 몸 안의 오장과 육부의 위치를 표시하기는 했지만, 서양의 해부도처럼 사실적인 묘사에는 관심을 두지 않았다.

곳에 치우치면 쓰러지게 되지만 다시 중심을 잡으면 곧추서게 되며, 도덕도 잘못 치우쳐 편벽될 수 있지만 다시 중심을 잡으면 정(正)의 상태가 될 수 있다는 것과 같다.

최한기는 왜 이런 형이상학적인 심주설을 제창했을까? 어차피 몸의 기관을 영솔하는 중추로 뇌를 인정했다면, 모든 인간의 감각과 지각이 모두 뇌의 활동에서 비롯되는 것 아닌가. 또 심장은 마음의 주체라는 근거를 잃은 채 단순한 하나의 신체기관으로 전락한 것 아닌가. 그렇다면 기왕의 성리학적 토대 또한 근거를 박탈당하는 것 아닌가. 그렇다. 그는 이 모든 것을 인정했다. 하지만 그가 이처럼 독특한 심주설을 내세운 데는 다 이유가 있었다. 한편으로 그는 성리학의 부정과 함께 기독교의 영혼을 부정하고자 했으며, 다른 한편으로는 자신이 세운 우주와 세계와 인간 사이의 기운이 일통한다는 기학(氣學)이 옳다는 것을 말하고자 했던 것이다.

서양인, 엄밀하게는 서양 선교사가 말한 뇌주설은 자연과학 수준의 논의에서 그치지 않고, 더 나아가 "뇌가 기독교적 영혼이 머무는 곳"임을 주장했다. 그것은 인간의 감각, 지각활동의 원천이 형이상학적인 영혼, 초월적 존재인 신에 달려 있음을 말하는 것이었다. 이익은 뇌주설을 부정함으로써, 이규경은 도교수련의 전통을 들어 이 문제를 비껴가고자 했다. 이들과 달리 뇌주설을 본격적으로 인정한 최한기는 이 문제를 회피하기 힘들었다. 따라서 그는 영혼과 기독교적인 신을 부정하는 대신, 우주질서를 뜻하는 자신의 심(心)을 고안하여 그 대안으로 삼은 것이다.

서양 해부학 관점에서 몸의 구조를 논하다

이규경과 최한기는 생리적 측면뿐만 아니라 '몸'의 해부적 근거를 탐구했다.

이규경은 아담 샬의 『주제군징』을 인용하여 인체의 해부구조를 물었다. 「인체내외총상변증설(人體內外總象辨證說)」이 그것이다. 그는 척추 수와 몸의 각 부위에 대한 서의(西醫)의 주장에 감탄했다. 하지만 한의학 경전인 『난경(難經)』의 '인체 골도(骨度)설'을 읽은 후에는

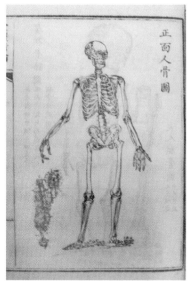

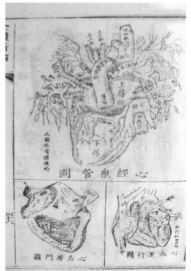

정면인골도   심장도

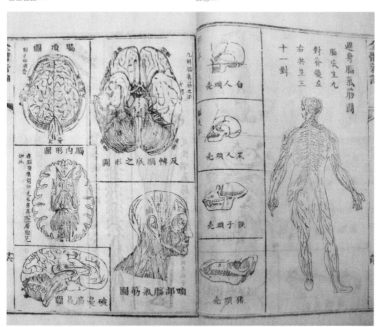

뇌가 지배하는 신경계

『전체신론』의 서양 해부도(1851), 서울대 규장각 소장 최한기는 자신이 본 책인 『전체신론』에 실린 해부도 자체에 대해서는 큰 관심을 갖지 않은 듯하다. 그의 저서 『신기천험』에는 이 그림들이 생략되어 있다. (출처 : 홉슨, 『전체신론(全體新論)』, 1851)

조선후기의 서양의학, 힘의학에 도전하다

태도를 바꾸었다. 그 책의 내용이 아담 샬의 것보다 훨씬 상세하다는 것이었다.

최한기는 그와 달랐다. 그는 홉슨이 한역한 근대 서양 해부학을 그대로 채택했다. 그는 홉슨의 『전체신론』에 실린 해부도를 다 보았지만, 그것을 자신의 책 『신기천험』에 싣지는 않았다. 하지만 『신기천험』이 가정한 몸의 구조는 『전체신론』의 것과 하나도 다를 바 없었다.

이렇듯 최한기의 의학은 다른 학자의 서양의학 수용과 확연히 달랐다. 그는 서양 고대·중세의 갈렌 의학이 아니라 근대 의학을 다루었다. 또한 의학의 일부가 아니라 내과, 외과, 소아과, 치료술 등 전 분야에 대해 관심을 보였다. 이러한 점에서 『신기천험』은 개항 이전 서양의학 이해의 최고봉에 서있었다고 할 수 있다. 또한 그는 홉슨의 서양의학을 매우 깊은 수준까지 이해했고, 그 책에 나타난 신학적 내용을 비판하면서 그것을 완전히 추종하지 않았다.

최한기가 본 서양의 해부도는 오늘날 의학책에서 볼 수 있는 것과 별로 다른 모습이 아니었다. 신체는 해골과 각 부위의 뼈가 결합하여 구성되어 있다. 근육에는 각종 힘줄이 세밀하면서도 사실적으로 묘사되어 있다. 정교함에서 『동의보감』 같은 책에 실려 있는 오장도(五臟圖)와는 차원이 질적으로 달랐던 것이다.

18세기 일본의 의학자들은 그 그림을 보고 충격을 받았으며, 새로운 의학의 기틀로 삼았다. 곧 스스로 시체를 해부한 후 그것을 해부도로 그려내기까지 했다. 비슷하게 중국의 학자들도 서양 해부학의 정교함에 놀랐다. 마찬가지로 서양 해부학에 기반을 둔 새로운 한의학의 모색에 나서기도 했다. 이와 달리 조선의 학자들은 그 그림을 보고서도 애써 무시했다. 해괴한 것이라 비난했다. 최한기조차 그 그림을 자신의 책에 옮겨 싣지 않았다. 왜 그랬을까? 우선 그는 서양의학 그 자체를 이해하려 했다기보다 자신의 기학을 정당화하는 데 이

용했을 뿐이라는 점을 한 이유로 들 수 있
다. 또 다른 이유로 전통의 벽이 그만큼 높
았다는 점도 들 수 있다.

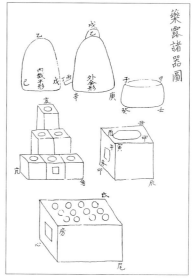

서양 특효약에 관심을 보이다

이익 이후 여러 '실학자' 들은 서양의술
에서 효과있는 방법을 찾으려고 했다.

박지원은 『열하일기』에서 "우리나라는
의방이 많지 않고, 약재 또한 풍부하지 않
아서 모두 중국에서 얻어 쓰고 있다. 늘 진
짜가 아님을 걱정하고 널리 알지 못한다.
참된 약이 아니면 병을 낫게 할 수 없다"고
하면서, 당시 중국에서 효과가 있는 것으
로 알려진 네덜란드 의서 『소아경험방(小
兒經驗方)』과 『서양수로방(西洋收露方)』의
존재를 소개했다.

서양의 향수약 만드는 기구 – 약로제기도(藥露諸器圖)
오미(午未)의 아궁이에 불을 때면 신유(辛酉) 구멍에 들
어온 임계(壬癸) 구리대야의 물 속에 놓인 장미 같은
화초의 액이 이슬이 되고 그것을 위에서 덮어쓴 경신
(庚申)의 종모양의 금속에 맺혀 병정(丙丁)의 관을 타고
흘러내린다. 이때 종모양 꼭지를 젖은 수건으로 차고
습하게 유지하는 것이 중요하다. 이슬이 맺혀 흘러내릴
수 있도록 하기 위함이다. 흘러내린 이슬을 유리 기구
안에 넣었다가 반을 증발시키면 진짜 액이 만들어진다.

박제가는 『북학의』에서 조선 약재의 문제점을 지적하면서, 우수하
다는 서양 약에 대해 들었으나 중국에서 그와 관련한 책을 구하지 못
함을 안타까워했다. 정약용은 「의령」 '약로기(藥露記)' 에서 서양의
내·외과 치료를 언급했다. 그 내용은 조재삼의 『송남잡지』 '양인의
학(洋人醫學)' 에도 실려 있다. 한편 안정복은 『순암집』에서 역병이 유
행할 때 시체를 태워 그 냄새로 역병을 쫓는다는 서양의 방역법에 타
당한 이치가 있다고 말했다.

이런 탐색은 박제가의 언급에서도 드러나고 있듯이, 조선의 의약,

즉 의료행태와 사용약재를 믿지 못한 측면이 있었던 것은 분명하다. 하지만 서양의술에 대한 탐색을 전통적인 의료의 진정한 대안으로 생각하지는 않았다.

서양의 우두법을 도입하다

서양의술의 가장 대표적인 사례로 우두법을 들 수 있다. 우두법은 간단한 예방접종으로 두창을 예방할 수 있는 획기적인 방법이었다. 19세기 초반 서양의학에서 이것만큼 뚜렷한 의학적 성과는 없었다. 조선에서는 박제가, 정약용 등 일부 학자들이 종두법에 큰 관심을 가져 그 방법을 수입하여 퍼뜨렸다.

18세기까지 서양에서는 인두법이 널리 퍼져 있었으나, 1796년 젠너가 우두법을 체계적으로 확립한 이후에는 빠른 속도로 대체되었다.(허정, 『서양보건사』, 신광출판사, 1984) 인두법은 원래 중국에서 기원한 것으로, 18세기 중국에서는 한의학 분과의 하나로 확실하게 자리잡았다. 반면에 우두법은 서양에서 실시된 지 10년도 채 되지 않아서 중국에 소개되었다. 조선은 중국을 통해 우두법과 인두법을 받아들였으며, 인두법은 18세기 말엽에, 우두법은 1830년대쯤에 수입되었다.

우두법 의서는 연경사를 통해 국내에 소개되었으며, 곧 정약용 같은 학자의 눈길을 끌었다. 이때 수입된 우두법 책자는 중국 의서인 정승겸의 『종두기법』(1805), 구희의 『인두략(引痘略)』(1820), 스탄튼(Thomas Stanton)이 한역한 『신증종두기법상실』(1828) 등이었다. 정약용은 이 중 스탄튼이 한역한 『신증종두기법상실』을 『마과회통』 권말에 실었다. 여기에 스탄튼의 책을 번역한 동기, 접종방법, 접종 성공여부 확인법, 접종 후 금기사항 등과 함께 소아의 접종부위와 접종

기구에 대한 그림까지 담았다. 그렇지만 정약용은 스탄튼의 책 내용을 모두 옮기지는 않았다. 중간에 서양학문과 관련된 부분을 삭제한 것이다. 서학의 흔적을 가리기 위해서였다.

정약용 이후에 우두법을 본격적으로 소개한 인물은 최한기였다. 그는 자신의 『명남루집』에서 1831년에 간행된 구희의 『인두략』을 소개했으며, 홉슨의 한역서 중 하나인 『부영신설』에 담긴 「종두설」을 말년 저작인 『신기천험』(1866)에 전재했다. 「종두설」은 분량이 그리 많지 않지만 인두법과 우두법의 내력과 장단점, 접종법, 접종

『마과회통』 부록의 우두법 소개 내용 중 삭제된 부분
정약용은 스탄튼이 한역한 『신증종두기법』을 옮기면서
서양 학문과 관련된 부분은 삭제했다(음영 표시 부분).

후 진두(眞痘) 파악요령, 우두법을 장려하는 근거 등을 담았다. 이는 지석영의 『우두신설』 중 「종두설」과 같은 내용이다.

정약용과 최한기의 저작은 19세기 초·중반 조선사회의 지식인 가운데 우두법의 존재에 관심을 가진 사람들이 있었음을 알려준다. 그렇지만 자신들이 학문적 관심을 넘어 실제로 종두를 접종했는지에 대해서는 전혀 말하지 않고 있다.

19세기 초·중반 조선사회 내 종두법 시술에 관한 정보는 이규경이 쓴 『오주연문장전산고』에서 알 수 있다. 이 책의 「종두변증설」이라는 기사는 정약용이 우두에 관심을 가졌다는 사실과 함께 황해·평안 일원에서 우두법이 실제로 시행되었다는 풍문을 싣고 있다. 그 내용은 다음과 같다.

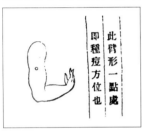

「마과회통」 부록에 실린 우두 접종 칼과
우두 접종처

갑인년(철종 5년, 1854) 봄에 어떤 사람이 와서 다음과 같이 말하였다. 예성에 사는 사람이 전하기를, "평안도와 황해도에서 종두를 놓는 사람이 침을 가지고 소아 팔뚝의 한 혈(穴)에 침을 놓는데, 남자는 왼쪽에 여자는 오른쪽에 놓았다. 곧 소의 젖즙을 문지르니 이후 경과가 순조로워 독이 없으며 백번 놓아도 백번 살았다"고 하였다. 여기서는 단지 소의 젖즙을 사용했지 우유의 딱지를 쓴 것이 아니었다. 이것은 참된 방법인가? 어떤 사람이 전하기를, "관동에서 종두를 놓는 어떤 사람은 오로지 소젖의 딱지를 쓴다"고 한다.…… 우유를 쓰는 종두 방법에 미치어서는 즉시 두(痘)가 생겨 하루를 경과하여 딱지가 떨어지며, 다른 증상이 하나도 없을 뿐 아니라 다시 생기는 법도 없으니, 이것을 우유의 딱지를 사용하는 접종법과 견준다면 더욱더 기묘하고 신기한 방법인 것이다. 나는 거듭 이 사람이 잘못 전한 것이라 의심하였으나, 그 후에 다른 어떤 사람도 똑같은 소리를 하는 것이었다.[남우촌 상교(南雨村 尙敎)가 전한 바도 똑같다] 반드시 그 방법이 있을 것인데, 내가 아직 얻지 못함이 이와 같으니 그렇기 때문에 의심하는 것이다.(이규경, 「종두변증설」, 「오주연문장전산고」 권 11)

비록 전해들은 이야기이지만, 이 기록을 통해 당시 조선에서 우두법이 행해지고 있었음을 짐작할 수 있다. 또한 우유즙을 사용하는 것과 우유 딱지를 사용하는 것 두 가지 방식이 있었음을 알 수 있다.

위의 기사는 한편으로 두 가지 방법의 우두법이 민간에서 행해졌음을 알려주지만, 다른 한편으로는 우두법이 널리 시행되지 않았음을 암시한다. 흔히 알려져 있듯이 우두법은 인두법에 비해 안전성이 높고 효과가 뛰어나다. 인두법은 사람이 앓은 독력이 강한 두창 고름을 이용하기 때문에 접종자의 건강상태가 양호해야 하며 접종 후에도 계속해서 건강을 유지시켜 주어야 한다는 면에서 시술상 큰 제약점을 안고 있었다. 이에 비해 소의 두창 고름을 이용한 우두법은 그 독력이 사람의 것보다 훨씬 약하기 때문에 아주 어린 아이에게도 접종할 수 있고, 건강상태에 그다지 신경쓸 필요가 없으며, 접종 후에도 인두법의 경우처럼 세심한 배려가 필요없었다. 그럼에도 불구하고 19세기 조선에서는 우두법이 제대로 정착하지 못했다. 이미 이웃 나라에서 그 효과가 널리 알려져 있었기 때문에 우두법이 제대로 시행되지 못한 한계는 더 크게 느껴진다.

당시 우두법 정착에 결정적 장애요인은 서학 탄압이라는 분위기였다. 그러나 이보다 더 큰 한계는 우두법 기술 자체라기보다 시술을 장려하고 강제하는 장치가 결여된 데 있었다. 서양에서 우두법이 효과를 본 것은 국가가 앞장서서 의무접종을 실시했기 때문이다. 비슷한 시기 이웃 일본에서는 우두법을 학습하는 교육체계가 세워져 있었으나 그것을 학습하고 시술하는 것은 전적으로 민간의 사적 의료활동에 머물러 있었다.

정약용, 한의학이론을 맹렬하게 비판하다

몸과 의학에 대한 서양의학의 생각은 한의학이론의 비판근거가 되었다. 이전에 조선에서 한의학이론 자체를 비판한 사례는 거의 없었다. 의가들 사이에 어떤 약과 처방이 더 좋은가 하는 논쟁만 있었을 뿐이다. 한의학의 생리이론, 병리이론, 진맥이론, 약리이론을 비판하기 위해서는 그러한 의학을 상대적으로 바라보는 '눈'이 필요했다. 물 속을 노니는 물고기가 물의 존재를 당연히 여기듯 한의학이라는 의학체계가 굳어져 군림하던 시절에는 감히 그 체제 전반을 비판하기 힘들었다. 때마침 수입된 서양의학은 그동안 당연시 여기던 자신의 의학을 상대적으로 파악할 수 있는 계기와 논리를 제공했다.

한의학 비판의 포문을 연 사람은 정동유(鄭東愈, 1744~1808)였다. 그는 한의학의 오행에 따른 오장의 배속이론이 가진 문제점을 지적한 서양 사람의 비판에 주목했다. 그 서양 사람은 한의학 경전인 『소문』의 오장 배속과 한대 양웅(楊雄, B.C. 53~A.D. 18)이 쓴 『태현경』의 오장 배속이 서로 다름을 지적했다.

즉 『소문』에서는 심장이 화, 폐가 금, 비장이 토, 간이 목, 신장이 수에 속하는 것으로 보았으나, 『태현경』에서는 비장이 목, 간이 금, 폐가 화, 신장이 수, 심장이 토에 속하는 것으로 보았다. 『소문』과 『태현경』 가운데 어느 것이 옳은가? 만일 『태현경』이 옳다면 『소문』에서 "기를 빼도록 한 것"이 도리어 "기를 보충해야 하는 것"으로 뒤바뀌는 심각한 문제가 발생한다.

정동유가 자신의 책에 이런 글을 실은 의도는 분명하다. 그간 의심하지 않았던 의학경전의 의학이론을 비판대상으로 삼기 위해서였다. 그는 한 걸음 더 나아가 "중국의술은 오로지 오행의 설만 적용하고 있기 때문에 병을 고치치 못한다"고 보았다.(정동유, 남만성 역, 『주영편』 상, 을유문화사, 1971)

정약용은 정동유보다 더 날카롭게 한의학을 비판했다. 『의령』이라는 짧은 책자에서 한의학이론에 전방위로 비판의 칼을 들이댔다. 정약용 이전에 어느 누구도 이렇게 대담하게 한의학의 핵심 이론을 공격한 인물은 없었다.

그는 오행상극이론, 이를테면 금의 기운은 화의 기운이 이기고, 화의 기운은 수의 기운이 이긴다는 식의 논리가 짜맞추기에 급급한 터무니없는 이론이라고 공격했다. 사시부조화이론, 즉 이전 계절의 잘못 때문에 다음 계절에 온병(溫病)이 생긴다고 보는 병리이론도 이치에 맞지 않는다고 꼬집었다. 더 나아가, 삿된 기운이 피부부터 오장까지 침입해 병을 일으킨다는 질병전변의 이론, 오장육부와 12경맥이 서로 상응한다는 표리이론, 오장의 상태가 얼굴빛으로 나타난다는 장상이론, 오장 사이의 허실을 따지는 허실이론, 약의 다섯 가지 맛인 오미가 각기 좋아하는 장기로 찾아든다는 약리이론, 맥의 상태로 각 장부의 병을 알아낸다는 맥상이론, 이 모든 것이 증명할 수 없는 헛된 관념에 불과하다고 비판했다.

사실 정약용의 한의학이론 비판은 의학론의 수준에 머무른 것만이 아니었다. 그는 전통 자연관의 근간인 기, 음양, 오행 등의 개념 자체에 대해 회의하고 재고했다.(금장태, 「정다산의 사상에 있어서 서학수용과 유학적 기반」, 『동서교섭과 근대한국사상』, 성균관대 출판부, 1984) 정약용은 서양의 자연관을 공부하면서 그 이론에 공감했고, 그것을 바탕으로 하여 한의학의 이론체계를 송두리째 의심하기에 이른 것이다.

정약용은 서학의 영향을 받아 한 · 열(熱) · 조 · 습 등을 내용으로 하는 물질의 사정(四情)이론을 제시했다. 이 사정이론은 갈렌 생리학의 핵심 내용으로, 인체를 구성하고 있는 4체액 사이에 균형이 깨지면 병이 생긴다는 이론과 유사하다. 또 그는 오행 대신에 만물의 기본 형질로서 천 · 지 · 수 · 화(天 · 地 · 水 · 火)를 제시했다. 이는 서학서 『천주실의』에서 말하는 사행(四行)과 연관된 것이었다. 한의학의 중심개념인 음양에 대해서는 "음 · 양의 이름은 햇빛의 비추임과 가림에서 나왔는데, 해가 숨겨지면 음이고 해가 비치면 양이니, 본래 체와 질이 없고 단지 밝고 어둠만이 있을 뿐이어서 원래 만물의 부모가 될 수 없다"고 하여 음양의 생성론적 기능을 부정했다. 한의학적 세계관의 가장 기본개념인 기에 대해서는 "사행인 화 · 기 · 수 · 토 중 하나로 파악했고, 인체의 기는 생양동각(生養動覺)의 근거가 되는 혈과 기의 두 요소 중 하나로 혈보다 더욱 정세한 것"으로 이해했

다.(김대원, 「정약용의 의령」, 서울대 석사논문, 1991)

정약용은 한의학이론의 견강부회를 비판했지만 옛 처방과 약재, 자신이 징험한 의약까지 부정한 것은 아니었다. 오히려 이런 것들을 진짜 쓸모있는 보석으로 생각했고, 스스로 그런 것을 찾아 모으는 일에 힘썼다. 그는 『촌병혹치(村病或治)』라는 책을 편찬해서 의약을 이용하지 않고 무속에 의지하는 벽촌의 의료현실을 극복하려는 노력을 보였다. 이 책은 여러 의서들에서 효험 있는 약초를 뽑아 만든 이용하기에 간편한 책자였다.

『마과회통』은 정약용의 의학적 태도를 읽을 수 있는 대표적 저작이다. 이 책은 홍역 전문의서로 크게 병의 증상을 논한 부분, 처방 모음, 본초 모음 등 세 부분으로 이루어져 있다. 이렇게 세 부분으로 구성하여 정약용은 병증으로부터, 처방으로부터, 약물로부터 홍역치료를 접근할 수 있도록 했다.

음양오행이론 등 관념적인 의학이론을 채택하지 않은 대신 그는 병의 증상을 꼼꼼히 나누고, 각 증상에 알맞은 처방과 약물을 사용토록 했다. 이 작업을 위해 조선과 중국에서 나온 수많은 홍역 전문의서와 유사질환인 두창 전문의서를 비교·검토하고 자신의 견해를 덧붙였다.

『마과회통』은 동아시아 홍역 연구의 최고봉을 이루었다. 홍역을 비롯한 발진성 전염병에 관한 중국, 조선의 어떤 의서도 그와 같은 탄탄함을 갖추지 못하였다. 체계의 구성과 편집방식이 합리적이며, 다른 여러 설들과 자신의 논의를 비교하는 방식을 통해 좀더 신뢰할만한 의학을 모색했다. 특히 「오견편(吾見篇)」에서 정약용이 제시한 비판의식은 조선의학사 전통에서 단연 돋보인다.

그러나 정약용의 한의학 비판에도 커다란 한계는 있었다. 무엇보다도 그가 수용한 의학체계는 서양의 근대의학이 아니라 중세 갈렌의 의학체계였다. 갈렌 의학은 정약용이 심하게 비판했던 한의학에 비해 개념과 방법의 측면에서 더 "과학적"이지 않았으며, 질병치료에도 효과적이지 않았다.(베이커, 앞의 책)

또한 그는 한의학을 비판하면서도 이를 대신할 수 있는 체계를 제시하지 못했다. 『마과회통』에서 오직 가능성만 열어두었을 뿐이다. 증상의 관찰과 비교, 각 증상에 효과있는 처방과 본초의 탐색, 일목요연하게 이해할 수 있는 책의 체계가 그것이다. 자신의 '합리성'과 '경험'이 무엇보다 중요한 기준이었으며, 그것은 서구의 근대 과학정신을 연상시킨다. 하지만 그것이 서양과학의 '실험'에 이른 것은 아니었다.

최한기, 동·서의학 절충론을 주장하다

한의학 비판의 가장 마지막에 서 있으며, 가장 통렬한 견해를 제시한 인물은 최한기였다. 그는 오행과 오장육부의 기능을 연결하는 것을 "견강부회"한 억측이라며 이를 부정했다. 그는 『신기천험』「범례」에서 한의학이론을 다음과 같이 비판했다.

> 기의 빛 그림자만 보고 기의 형질은 보지 못하였다. 또 오운육기를 으뜸으로 삼아 간지와 상생상극의 이론을 부회하며 사시의 순환만을 보고 지구의 자전과 공전, 그리고 해와 뭇 별들이 서로 조응함은 보지 못해 허무에 허무를 더하였다.

더 나아가 "음양오행 등 방술에 의학이 부회했기 때문에 (한)의학이 천기(賤技)로 전락했다"고 주장했다.

최한기는 "형태가 있고, 만질 수 있으며, 측정할 수 있는" 의학을 주장했다. 아울러 서양 선교의사 홉슨이 제시한 갈렌 의학이 아닌 서양의 근대 해부학, 생리학, 병리학 등의 체제를 그대로 받아들였다. 동시에 그는 서양의학의 약점을 공격하면서 그것을 극복할 수 있는 동·서의학을 절충한 새 의학체계를 모색했다.

　　최한기는 서양의학의 이론과 방법이 뛰어나다고 보면서도 그 치료술은 형편없는 것으로 보았다. 그에 비해 중국과 조선의 의학은 비록 의학이론은 억지스럽지만 처방과 약재에는 뛰어난 것이 많다고 보았다. 따라서 그는 서양의학의 몸 이론을 받아들이고 서양과학의 방법론을 통해 한의학의 처방과 약재를 측험(測驗)할 것을 주장했다.

> 자기 나라에서 상용하는 탕(湯)·산(散)·화(和)·제(劑)를 생극의 부회를 떨쳐버리고 약성의 절용(切用)을 시험하였으니, 분류기준[門]이 많을 필요가 없었다. 보약, 피를 감(減)하는 약, 수렴약(收斂藥), 잡약(雜藥), 외치약(外治藥) 등이다.

　　측험의 기준은 서양약의 기준인 5가지를 뜻하며, 실험대상이 되는 것은 중국 또는 조선의 수많은 약재들이다.

　　일종의 실험을 통해 한약의 효과를 검증하자는 최한기의 생각은 정약용의 '자기경험'보다 한 걸음 더 나아간 측면이 있었다. 또 그것은 근대 이후 한의학이 걷게 된 길과도 맥락을 같이한다. 그럼에도 불구하고 최한기 개인에게서 '그 일'은 일차적인 과제가 아니었다. 그는 정약용처럼 구체적인 의학을 얻어내기 위해 뛰어들지 않았다. 그의 온 관심은 새로운 의학의 건설이 아니었다. 형이상학적 기학(氣學)을 설명하고 정당화하기 위해 의학분야를 논의의 범위 안에 끌어들이고, 거기서 서양의학을 중요한 논거로 활용했을 뿐이다.

조선후기 서양의학 수용에 대한 평가

조선후기 의학사에서 서양의학의 수용과 한의학 비판 부분은 가장 뜨겁게 논의된 주제였다. 거기서 '실학정신' 또는 '근대성'을 읽을 수 있다고 생각했기 때문이다.

하지만 개개의 사건과 기사에 함몰되지 않고, 조선후기 학계와 사회 전체라는 관점에서 서양의학의 수용과 한의학 비판을 냉엄하게 따진다면, 다소 비관적인 결론에 도달하게 된다. "이에 관한 논의가 없지 않았다"는 정도가 올바른 위상 파악이 아닐까? 학문적으로 볼 때 정보가 절대적으로 부족했으며, 논의수준이 넓지도 깊지도 않았고, 그것이 뚜렷한 연구의 전통으로 확립되지도 못했다. 사회적으로 볼 때 의료의 변화와 개혁을 이끌어내는 데에도 거의 기여하지 못했다.

하지만 그런 제약 속에서도 종두법이라는 세계사적 축복을 조선사회도 공유하려고 했으며, 서양의학을 근거로 천여 년 동안 꿈쩍도 하지 않던 기존 의학을 비판하면서 좀더 나은 의학을 모색했다. 이런 점은 결코 폄하될 수 없는 것이다.

곧 출간될 연세대국학연구원의 『실학과 과학』(가제)에 실릴 내 논문 「의학과 실학」 부분 중 서학 관련 내용을 재정리하였다.

우두법은 미명의
어둠을 밝힌 등불일까

　지난 100여 년 사이에 우리 주변에는 엄청난 변화가 있었다. 그 이전 몇백 년, 몇천 년 동안에 있었던 변화보다 훨씬 근본적인 변화가 이 짧은 기간에 일어났다. 이른바 '근대적' 전환이라는 것이다. 그러나 "지난 100년간 이러저러한 일들이 일어났다," "바뀌었다," "과학기술상의 놀라운 성취가 있었다," "인류의 행복과 복지가 증대되었다." 이런 서술태도는 자칫 어떤 도식을 가정하고 거기에 포섭되는 요소만을 추리는 잘못을 범할 수가 있다. 피상적인 결과만을 보면서 '근대성'이 모든 곳에 관철하여 승리를 얻은 양 서술되기 십상이다.

　세상일에는 바뀌는 것도 있고 바뀌지 않는 것도 있고, 아주 다른 식으로 섞여 새롭게 나타나는 것도 있다. 또 커다란 변화를 직감하면 그에 대한 격렬한 저항이 따르는 것이 보통이다. 전사(戰史)를 쓸 때 어느 한쪽의 주장만 일방적으로 수용한다면 그것은 불공평한 일이다. 인간이 활동하는 공간 또는 무대는 다면적이어서 어느 부분을 비출 것인가, 또 똑같은 곳이라도 어느 쪽에서 조명하는가, 어떤 조명을 사용하는가에 따라 사뭇 다른 모습으로 형상화된다. '근대성'이

1. 발반기(發斑期)

2. 수포기(水皰期)

3. 농포기(膿皰期)

4. 결가기(結痂期)

5. 낙설기(落屑期)

두창의 경과

두창의 증상은 진짜로 신들린 듯하다. 처음에는 열이 심하게 난다. 열이 나는 것 이외에 다른 특징이 분명하지 않기 때문에 이때의 두창은 다른 발열병인 상한(傷寒)과 흔히 혼동된다. 사흘쯤 지난 다음에는 얼굴과 온몸에 두(痘) 반진이 돋기 시작한다.(그림 1. 발반기) 이 사흘 동안에 환자는 고열 등 엄청난 고통을 겪는다. 그러다가 또 사흘쯤 지나면 두 반진이 크게 부풀어오른다.(그림 2. 수포기) 또 3일 동안에 두 안에서 고름이 잡힌다.(그림 3. 농포기) 이 동안에도 환자는 죽음과 삶 사이를 오간다. 또 사흘쯤 지나는 동안에 두는 딱지로 들어앉게 된다.(그림 4. 결가기) 딱지가 잘 들어앉으면 일단은 안심이지만, 곰보가 되거나 눈이 멀거나 하는 후유증에 조심해야 한다. 그런 다음 다시 사흘쯤 지나면 딱지가 떨어진다.(그림 5. 낙설기)

논의되는 무대도 예외가 아니다.

나는 한국에서 초기 근대 과학기술 정착의 대표적 사례인 우두법의 무대를 다시 검토하려고 한다. 우두법에 관한 1차사료를 모아 검토하면서 우두법의 승리를 칭송하는 교과서적 해석에 의문을 품게 되었다. 교과서적 해석이란 대략 다음과 같이 정리할 수 있을 것이다.

> 조선 말까지 두창(천연두, 마마)의 유행은 매우 끔찍했다. 이에 대해 전통 의술은 무력했으며 터무니없기까지 했다. 거의 모든 사람들이 장승이나 굿 등 미신적인 방법에 빠져 있었다. 그러나 우두종두법이 도입되면서 우리에게도 희망의 빛이 보였다. 서양의 우두법은 두창을 예방할 수 있는 획기적인 방법이었다. 선각자 지석영은 우두법 도입에 결정적인 역할을 했다. 우두법은 근대 과학문물 도입의 개가이다.

19세기 말~20세기 초 우두법이 대세를 장악한 사실 자체는 인정할 수 있었지만, 나는 그 사실들을 설명하는 방식을 그대로 받아들일 수가 없었다. 다른 사람이 보지 않았거나 무시했거나 단순화했던 여러 사료들이 내게 강하게 저항하기 때문이다.

내가 관심을 가진 부분은 다음 네 가지이다. 첫째, 한국 우두법 도입의 역사에서 실제로 지석영은 얼마만한 비중을 차지하며, 그를 우두법의 상징적 인물로 부각한 계기와 동기는 무엇인가? 둘째, 우두법에 반대한 사람들의 논리에도 경청할만한 점이 있지 않을까? 셋째, 두창에 관한 의학으로서 우두법, 인두법, 한의학은 각기 어떤 성격을 갖는가? 넷째, 두창의 피해규모와 사람들이 느끼는 위험도는 어느 정도였는가?

이 글에서 나는 이 네 가지 의문에 답하는 형식으로 기존의 우두법 해석에 심각한 문제가 있었음을 지적하려고 한다. 그것은 과장, 왜곡, 단순화의 문제이다. 아울러 이런 해석의 이면에는 식민주의자 또는 근대주의자의 치밀한 정치적 계략이 숨어 있었음도 밝히려고 한다.

전사쓰기 – '조선의 젠너', 지석영 선생

먼저 1934년 조선총독부 과학관장 겸 해군소장이었던 오모무라(重村義一)가 말한 것을 제시하고자 한다. 그는 조선에는 과학의 발달이 없었다는 것을 장황하게 말하고 나서, 우두법과 지석영의 기여를 다음과 같이 말했다.

> 이런 비과학적 분위기 중에 홀로 빛을 떨친 것은 이조 말 조선의 젠너라 불리는 송촌 지석영 선생이다. 나는 이에 정신적 과학의 유지자로서 선생을 추천하고 싶다. 선생의 나이가 이미 팔순을 넘었으며 남은 여생을 즐기고 있으시지만 선생이 죽음을 무릅쓰고 과학을 옹호했던 참혹한 역사는 실로 눈물 없이는 읽지 못할 것이다.
>
> 당시에는 의술로는 한의술밖에 없었으며, 누구도 돌보지 않았던 조선 8도에는 두역(痘疫)이 그치지 않아서 이 때문에 어린 생명들이 그 재앙을 면할 수가 없었다. 그때 조선에 살았던 한의 지(석영) 씨는 일찍이 종두법에 관심을 가지고 과학적으로 논술된 책을 입수하여 감명 깊게 읽었으며, 메이지 12년(1779) 겨울 분연히 경성을 떠나 바람과 눈을 무릅쓰고 부산에 가서 당시 주재했던 해군 군의 도츠카(戶塚積齋)를 찾아 종두의 핵심을 배워 이를 각 도에 전파하여 두역의 참해를 구하려고 했지만 종두의 과학적 효과를 전혀 이해하지 못했던 민중은 도리어 이를 외국의 마술, 사법으로 간주하여 국가를 어지럽히는 것으로 생각하였고, 집에도 받아들이지 않는 등 사회의 비상한 배척을 받았다.
>
> 메이지 15년(1882)에는 군중이 달려와서 그의 종두장에 불을 지르기까지 하여 씨가 겨우 몸을 숨기는 것 같이 기타 여러 가지 위험에 조우하였지만 그의 고충은 실로 말하기도 힘들 정도이지만 그는 이에 굴하지 않고

더욱 종두술을 확신하여 그것을 알리기 위해 밤낮을 가리지 않고 붓으로, 입으로 노력을 아끼지 않았지만 당시의 지방관리 등도 아직 종두의 이치를 깨닫지 못해 마침내 포박령을 내릴 지경이 되었다. 향리에 귀향 가서도 그것을 포기하지 않고 집 앞에 "1문의 적은 값에도 종두를 시행한다"는 푯말을 내걸고 의연히 종두를 실시하여 나를 생각하고 세상을 구제하고자 했을 뿐 일신상의 이해를 전혀 도모하지 않았다는 것은 진실로 비장한 결심이었다고 할 수 있다.

그러나 서서히 8도의 문화도 날로 그 면목이 쇄신하여 지난날에 사술로 매도되었던 종두법이 이제는 하늘이 내린 복음으로 이해되어 전도(全道)가 모두 그 혜택을 받기에 이르게 된 것은 오로지 모두 지선생의 피땀어린 노력과 고군분투에 힘입은 것이라고 생각되는 까닭에 우리들은 이러한 희생적 사실이 잊혀지는 것을 염려해 경성제대 총장이 시가 박사와 논의한 후 지씨의 종두에 관한 저서와 당시 사용했던 종두기구를 수집하여 이를 과학관에 진열하여 길이 씨의 공적을 칭송하고자 한다.(重村義一, "朝鮮の精神的科學者 池錫永 先生", 『朝鮮同胞の光』, 1934)

이 글에서는 지석영의 생애와 업적을 짧지만 생생하게 그리고 있다. 사실만을 놓고 볼 때 이 부분에서 그릇된 것은 없다. 그는 일본인이 지은 『종두귀감』이라는 책자로 우두법의 존재를 알았고, 곧바로 부산에 가서 일본인 의사에게 우두법의 요령을 배우고 백신을 조금 얻어 일부 조선인에게 시술했다. 1882년 신사유람단의 일원으로 일본에 가서 우두백신의 제조법을 확실하게 터득한 후 종두장을 개설하여 시술하다가 박해를 받았지만 이에 굴하지 않고 계속 우두법을 민간에 시술했다. 이런 일들은 대체로 모두 사실로 인정된다.

그렇지만 각 사실에 대한 해석과 각 사실을 한데 엮는 논조에는 감상과 흥분이 흠뻑 담겨 있다. 전체적인 틀은 사회의 무지와 탄압 속에서 선각한 과학자인 지석영의 숭고한 자기희생이 꽃피었고, 그 결과 우두법이 척박한 땅에 뿌리내리게 되었다는 것이다. 이런 해석은 은폐, 왜곡, 단순화의 극치를 이룬 자의적인 것이다. 이후 상세히 살펴겠지만, 여기에는 지석영이 존재할 수 있었던 조선정부의 의도와 노력이 은폐되어 있으며, 우두의사들의 경제적 횡포 때문에 내려진 포박령을 우두법에 대한 무지와 반대 때문이라고 왜곡하고 있으며, 다른 우두의사들의 노력과 광범위한 경찰력을 활용한 강제조치가 선각자 1명의 숭고한 열정 안에 묻혀 있다.

묻혀 있던 지석영을 갑자기 다시 불러낸 것은 "우두법 도입 50주년"이라는 행사였다. 1929년(1879년 지석영이 일본인에게서 종두법을 최초로 배운 것을 기점으로) 당시 매스컴에서는 그를 찾아내 그 업적을 기리는 대대적인 선전을 벌였다. 총독부 기관지였던 『매일신보』에서는 우두법을 최초로 개발한 영국인 젠너를 빗대어 "조선의 젠너 – 송촌 선생"에 대해 길게 연재했다. 사실 위 인용문은 거기에 연재된 내용을 간추린 것에 지나지 않는다. 그와

조선의 젠너 지석영, 『매일신보』, 1931년 1월 25일자

비슷한 내용이 조선 종두법에 관한 최초의 본격적인 연구라 할 수 있는 미키 사카에의 『조선종두사』(1935)에 그대로 담기게 되었으며, 이후 그것은 조선 우두법에 대한 모범적인 "위인전"으로 자리매겨졌다.

이보다 20년 전인 1908년 의학교 교장인 지석영을 학생감으로 끌어내리고, 결국에는 쫓아냈던 그들이 거꾸로 재야에서 '의생'으로 은둔해있던 지석영을 다시 불러낸 까닭은 그에게서 일본의 식민통치를 정당화해줄 어떤 요소를 발견했기 때문이다. 지석영이 우두법을 일본인에게 배웠다는 점이 그것이다. 또한 그의 행적을 통해 조선인의 무지와 조선정부의 무능함을 부각시킬 수 있었다. 비과학적 사고가

판치던 쇠락한 조선과 과학적 세례의 원천인 일본의 극명한 대비, 조선정부의 무능함과 일본의 '선정(善政)'. 식민통치자가 지석영을 부각하면서 얻으려고 했던 극적 효과는 바로 이것이었다. 외로운 선각자의 수면 아래에는 다수 조선인과 조선정부의 무지와 무능이라는 평가가 감추어져 있었다.

우두법 도입에 지석영은 얼마나 공헌했을까

조선의 우두법 정착은 크게 다섯 시기로 나누어 살필 수 있다. 첫째는 개항 이전에 우두법이 간헐적으로 소개된 시기이고, 둘째는 개항 직후(1876~1884) 지석영을 비롯한 몇몇 우두접종의들이 민간 차원에서 시술한 시기이며, 셋째는 정부에서 전국적으로 의무접종을 실시했던 시기(1885~1890)이며, 넷째는 갑오개혁 이후 '종두규칙'과 '종두의양성소규칙'에 입각해서 조선정부가 우두법을 전국적으로 시행했던 시기(1895~1905)이며, 다섯째는 통감부 경찰에 의해 우두법이 강제적으로 시행된 시기(1906~1910)이다. 처음 세 시기는 우두법의 존재에 대해 알아나가고, 그것을 제도화하기 위해서 노력한 시기였다고 한다면, 나중의 두 시기는 우두법이 실질적으로 민간에 뿌리 내렸던 시기였다고 규정할 수 있다. 이 다섯 시기 가운데 지석영의 활동은 주로 둘째, 셋째 시기에 이루어졌다.

한동안 한국 최초의 우두법 시술자가 정약용이냐 지석영이냐에 대해 논란이 있었다. 우두법이 등장하는 최초 문헌은 정약용이 『마과회통』에 부록으로 실은 「신증종두기법상실(新證種痘奇法詳悉)」(1828)이 분명하다. 이 책에는 우두 넣는 방법, 접종여부 확인법, 접종 후 금기사항, 소아의 접종부위, 접종기구 등이 소개되어 있지만, 그것을 실제

시행했는가 여부는 전혀 나와 있지 않다. 최한기도 『신기천험』(1866)에서 우두법을 소개했지만 역시 시행 여부가 나와 있지 않다. 다만 이규경의 『오주연문장전산고』에는 1854년 민간에서 우두법을 시행하고 있었다는 기록이 있어 개항 이전에 일부 민간에서 우두법이 시행되었음을 알 수 있다. 그렇지만 서학 탄압 분위기 속에서 우두법은 널리 확산되지 못했을 뿐 아니라 제도적으로 정착하지도 못했다.

개항 직후에는 민간에서 여러 사람이 우두법을 시행했음이 확인된다. 매우 잘 알려져 있는 지석영, 이재하, 최창진, 이현유 등이 1880년대에서 1890년대 초까지 크게 활동한 사람들로 모두 개항 이후 청이나 일본을 통해 새롭게 우두법을 배운 사람들이다. 이 가운데 이재하가 주목된다. 그가 지석영보다 앞서 우두법을 시술했다고 주장하고 있기 때문이다. 다분히 지석영을 의식하고 있다는 점에서 그의 언급은 진실성을 의심해볼 수도 있다. 그러나 아직 우두법에 관한 '신화'가 만들어지지 않았던 1889년도의 기록임을 볼 때, 나는 이 기록이 사실일 가능성이 높다고 본다. 한편 지석영은 이미 잘 알려져 있는 것처럼 1876년 수신사 일행을 수행한 박영선이라는 인물을 통해 우두법의 존재를 알았고, 이어 1879년에 부산 일본인 거류지의 제생의원을 찾아가 우두법을 학습했으며, 1880년에는 수신사 일행을 따라 일본에 가서 우두백신 제조에 관한 일체를 학습했다.

비록 지석영보다 먼저 우두법을 배운 인물도 있었고, 지석영과 비슷한 시기에 우두법을 시술한 사람이 여럿 있지만 이 시기에 가장 중요한 인물은 역시 지석영이었다고 할 수 있다. 지석영의 업적은 조선에 우두법을 최초로 도입했다는 데 있는 것이 아니라 그의 활동에 힘입어 우두법을 정부사업의 차원으로 승격시킨 데 있다. 지석영은 우두법에 관한 정보를 정부측 인사(박영선)에게 들었으며, 본격적인 우두법 학습을 정부활동의 일환(수신사 일원)으로 했다.

우두법의 역사에서 지석영이 가장 절정에 있었던 때는 1885~1886년 사이였다. 이해에 그는 충청도 우두교수관이 되어 충청도 전역을 커버하는 우두의사를 양성해냈으며, 『우두신설』을 지어 우두법을 체계적으로 정리했다. 갑신정변이 실패로 끝난 직후 조선정부는 서양의술을 시술하는 제중원과 항구를 중심으로 한 검역활동과 함께 우두법의 전국적인 실시를 꾀했으며, 이 가운데 우두법의 실시가 가장 비중이 높은 사업이었다. 이때 가장 공로가 큰 인물이 지석영이었다. 그러나 1887년 이후 지석영은 정부의 우두사업에 더이상 관여할 수 없게 되었다. 이해에 그는 갑신정변 배후인물의 하나로 탄핵받아 신지도란 섬으로 유배되었기 때문이다. 1892년 유배에서 풀린 후 그는 한성에서 '우두보영당(牛痘保嬰堂)'을 차려놓고 개인적으로 우두시술을 했지만, 더이상 정부의 우두사업에는 참여하지 않았다.

1885~1890년도 조선정부의 우두사업은 북으로는 간도, 남으로는 제주도에 미칠 정도로 전국적 규모로 시행되었다. 1군에 적게는 1명, 많게는 3명 정도 우두의사가 파견되어 모든 영유아를 대상으로 우두접종을 실시했다. 그러나 이 사업은 민간의 강력한 저항에 부딪쳐 성공을 거두지 못했다. 뒤에서 살피겠지만, 민간의 저항은 외래적인 것에 대한 반감, 무녀의 선동 때문이기도 했지만, 그보다는 민간의 열악한 경제현실을 도외시한 우두운영체계, 우두의사들의 횡령과 횡포가 더 중요한 실패요인이었다.

조선의 우두법 정착과정에서 1894~1905년은 매우 중요하다. 1895년에 온 국민의 의무접종을 규정한 「종두규칙」이 반포되었고, 그 시행에 필요한 인력 양성을 위한 「종두의양성규칙」이 잇달아 반포되었다. 1897년 종두의양성소가 설립되어 1899년까지 53명의 종두의사가 양성되었다. 이들은 곧 전국 각지의 종두위원으로 파견되어 활동에 들어갔다. 그리하여 1900년 이후 전국적으로 매년 몇만 명 이상이 종두접종을 받았으며, 해마다 계속 증가되는 추세를 보였다. 조선의 보건사업을 높이 평가하지 않았던 일본조차 종두법에 대해서는 자신들이 통치하기 이전에 '유일하게' 성과를 거둔 부문으로 평가를 했다. 이 시기 지석영의 활동은 시술가가 아니라 논객 또는 정치가로서 모습을 보였다. 그는 종두의사 양성과정에 직접 관여하지 않았으며, 종두행정에서도 아무런 위치를 차지하지 않았다. 반면에 1897년 『독립신문』에 우두법 실시를 촉구하는 논설을 발표했으며, 1903년에는 『황성신문』에서 당시의 종두사업을 평가하기도 했다.

종두사업이 더욱 강한 행정력으로 정착된 것은 통감부 실시 이후이다. 1908년까지 다소 부진했던 종두접종 사업은 이해부터 무료접종, 강제접종을 통해 접종자가 대폭 확대되었다. 또 여자 종두접종원을 두어 여자아이의 접종을 크게 늘렸다. 그 결과 접종자가 엄청나게 늘어 1908년 말 전국적으로 54만 명, 1909년 말 68만 명이 접종한 것으로 통계가 잡혔다. 이렇듯 접종자가 크게 늘어난 것은 무단적인 헌병과 경찰을 동원한 결과였다. 즉 종두법의 실시가 무단통치라는 전반적인 통치기조 수단의 하나로 활용되었던 것이다. 이 시기에 지석영의 종두활동은 거의 없었지만 그의 행적이 전혀 없는 것은 아니다. 비록 종두행정에는 참여하지 않았지만, 1908년 의학교 학감이었던 그는 통감부 초기 종두사업의 부진을 비판하고 있다.

지금까지 지석영의 활동을 염두에 두면서 조선 말 우두법의 상황을 간략하게 살펴봤다. 개항 이후부터 식민지 강점 이전까지 우두법 정착과정에서 지석영의 활동이 지속적으로 나타나는 것을 볼 수 있었다. 그는 최초의 도입과정에서 가장 핵심적인 일을 했으며(1단계), 최초의 정부 차원 사업에서 결정적인 역할(2단계)을 했다. 이런 일은 그가 시술자로서 이룬 업적이다. 또한 비록 시술자로서 또 우두법 행정체계에 속해 있지 않은 상태에서도 그는 논객 또는 정치가로서 정부

차원의 "우두법의 재실시" 여론을 촉구하거나(3단계, 4단계), 우두사업의 성과를 감시하는 일(5단계)을 게을리하지 않았다.

만일 조선의 우두법 도입이라는 주제와 관련해서 단 한 사람만 꼽는다면, 나는 지석영을 꼽는 데 주저하지 않을 것이다. 다른 인물의 활동도 있었지만, 그처럼 일관되게 자신의 관심을 펼치고 그것을 성과로 일구어낸 사람은 없기 때문이다. 그렇지만 오직 지석영의 활동 때문에 조선에 우두법이 정착되었다는 식의 해석에는 동의하지 않는다. 지석영은 조선 말의 보건의료 상황과 개화적 상황을 잘 포착해서 자신의 능력을 발휘했던 것이지, 그가 모든 것을 만들어 갔던 것은 아니었기 때문이다. 어차피 우두법은 서양에서나 중국, 일본에서 성공을 거두었던 것으로, 앞에서 살핀 바와 같이 개화정부나 수구정부 여부를 떠나 누구나 그것을 국가 차원에서 정착시킬 필요성을 느꼈던 사업이었다. 지석영의 활동은 그런 분위기 속에서 다소 두드러졌던 것이지, 그가 몸을 던져 무지와 몽매를 깨쳐나가면서 모든 것을 일궈낸 것은 아니었다.

우두법을 반대한 수구의 논리에도 일리는 있다

젊은이 : 그새 기운 어떠시오?

늙은이 : 어, 나는 잘 있네마는 어린놈이 역질을 아니하였는데 요새 동네 마마가 들었다니 어찌하면 좋을는지 속이 답답하네.

젊은이 : 아, 그렇게 염려될 것이 무엇입니까? 남이라고 다 역질시킬라구요?

늙은이 : 하나는 역질이라면 기가 나네. 어린 것을 다섯째 역질에 잃어버리고 이것 하나 남았네.

젊은이 : 저런 참혹한 일이 어디 있소. 그 새로 난 우두법이 제일 좋습디

다그려! 왜 우두 아니 시키시오.

늙은이 : 허허 우두가 좋기는 하겠네마는 나는 그것은 아니하겠네.

젊은이 : 왜요, 마마에 죽을 어린아이를 우두 넣어서 살려도 싫어요. 웬 아니하실 말이오. 나는 그런 소리 들으면 화가 납네다.

늙은이 : 허 제 명에 마마에 죽을 터이면 우두를 넣어서 살리기로서니 얼마 산다던가? 다 제 명에 달렸나니 우리나라 사람은 타국 사람과 달라서 죽더라도 마마를 시켜야 하나니.

젊은이 : 무엇이오? 하 답답할지고. 당신 말씀같이 생사가 명에 달렸으면, 병들어도 의원이나 약을 다 쓸 데 없겠지요.

늙은이 : 그래도 아니 쓸 수 있나.

젊은이 : 왜 써요? 다 명에 있거든 병을 약 써서 고치기로니 며칠 살겠소.

늙은이 : 그는 그렇지마는 조상 적부터 내려오는 약이야 아니 쓸 수 있나.

젊은이 : 옳지. 알아듣겠소. 당신 조상이 징역하였으면, 당신도 징역하고, 당신 아들 손자 다 청바지, 저고리 입힐 터이지오.

이는 『매일신문』 1898년 7월 1일자에 실린 글로 "수구를 대표하는 늙은이와 개화를 대표하는 젊은이가 만나서 수작하는" 상황을 꾸민 것이다. 이 글을 쓴 기자는 개화를 대표하는 젊은이 또는 근대의 전사로서 싸움이 어디에서 어떻게 벌어져야 할 것인가를 정확하게 직시하고 있다. 그의 화살은 오랜 기간 무겁게 조선사회를 짓누르고 있었던 패배주의적 운명론을 겨누고 있다. 그의 무기는 우두법이라는 신기술이다. 우두법은 주변에서도 쉽게 효험을 확인할 수 있는 것으로 개화된 문명국이 이미 확실히 보증한 그런 성격의 것이다. 그는 바로 이를 무기로 삼아 우두를 맞지 않는 수구적인 자들의 "낡아빠진" 세계관의 파괴를 시도하고 있다.

여기서 "수구적인 늙은이"는 운명론과 전통이라는 무기를 들고 있는 것처럼 그려지고 있다. 그들은 "사람은 설사 일찍 죽는다 해도 제

우두법은 민중을 변화시킬 수 있을까

명대로 살다가는 것"이라고 말한다. "그렇다면 아무런 약도 쓰지 않아야 할 것이냐"는 추궁에 "조상들이 쓰던 것들은 쓸 수 있다"고 대답한다. 하지만 기를 쓰고 우두법은 쓰지 않겠다고 한다. 설령 효과가 있다고 해도 조상이 쓰지 않았던 것이기 때문에 쓰지 않겠다고 한다. 이 무슨 억지인가? 이런 억지스러움이 이 글을 쓴 기자가 노리는 것이다. 개화의 젊은이가 볼 때, 수구 늙은이의 논리란 아무것도 없고 억지스럽게 인습만 고집하고 있는 것에 불과하다. "종두의 과학적 효과를 전혀 이해하지 못하고 민중은 도리어 이를 외국의 마술, 사법으로 간주하여 국가를 어지럽히는 것으로 생각했고, 집에도 받아들이지 않는"다고 한 일본군 소장 오모무라의 표현이 이와 똑같다.

그러나 수구론자들에 대한 이런 평가는 매우 단순화된 도식적인 것이다. 실제로 그들이 반대한 논리는 단순히 인습 때문만이 아니었으며, 그런 인습일지라도 쉽게 매도해버리기 힘든 측면이 있었다는 점을 간과해서는 안된다. 사실 우두법 반대론에 대한 평가는 모두 우두법을 지지하는 측에서 만들어낸 것이기 때문에 그것을 액면대로 받아들이는 것은 공정치 못한 처사이다. '수구'의 논리를 지지하지 않는다고 해도, 왜 그들이 우두법에 그토록 저항했는지 한번쯤 진지하게 들어보는 것이 합리적인 근대인의 자세가 아닐까 한다.

안타깝게도 우두법을 반대하는 측의 자료는 얻기 힘들다. 역사상 그들의 담론이 힘을 얻지 못했기 때문이다. 하지만 우두론자의 언급 가운데 드러난 그들의 발언에 담긴 논리를 읽어내는 것이 전혀 불가능한 일은 아니다. 반대논리를 자세히 살펴보면, 그들은 우두법이 확실한 성과를 보장한다는 점에 의심을 품었으며, 더 나아가 우두법의 정치성, 경제성, 사회성에 더욱 민감한 반감을 품었음을 짐작할 수 있다.

우두접종을 받았는데도 두창에 걸린 사람이 생겼다면, 그것을 어떻게 이해할 수 있을 것인가? 접종효과가 없어서 두창에 걸린 것으로 이해하게 될 것인가, 아니면 접종을 받아서 병이 생긴 것으로 이해하게 될 것인가? 불행히도 당시에는 우두접종자 중 두창 발생자가 적지 않았다. 접종의 효과를 높이기 위해서는 2차, 3차 접종이 필요했지만 그것이 제대로 되지 않았기 때문에 1차 접종자 중 두창에 걸린 자가 적지 않았던 것이다. 사람들은 이를 접종의 미비 때문에 생긴 것으로 보지 않았고, 접종 때 생긴 병의 여독 때문이라고 믿었다. 접종자의 두창 발생이라는 심각한 문제점은 우두법에 반감을 품는 이들에게 좋은 구실이 되었다. 1880년대 후반의 한 기록에 따르면, "무녀와 인두시술자들이 우두를 맞으면 다시 두창에 걸리게 되며 이때 두창에 걸리게 되면 살아나기 힘들며, 설사 살아난다고 해도 30세밖에 못 산다는 말을 퍼뜨렸다"고 말하고 있다.

우두접종이 무료가 아니었던 1908년 이전에는 경제적인 문제가 우두법의 큰 장애가 되었다. 우두접종비가 사람들에게 부담이 되었기 때문이다. 조선정부의 우두사업은 우두접종자에게 접종비 받는 것을 원칙으로 했다. 그 비용으로 백신을 만들고, 우두의사의 생활비를 보장하며, 행정지원 비용을 뽑고, 더 나아가 나라의 세금까지 걷는 모든 일을 하도록 했다. 그러다보니 우두접종자에게는 1회 접종비로 5냥(1885년의 경우)이 부과되었다. 대략 이때 쌀 하급미 한 되 값이 1냥이었으니 5냥이면 하급미 반 말 정도의 값이었다. 만일 2차 접종이라면 하급미 1말, 3차 접종을 다 받으면 하급미 1말 반을 접종비로 지불하는 셈이다. 1차 접종에 하급미 반말 값에 해당하는 돈 닷 냥을 내기란 빈한한 집에서는 큰 부담이었다. 게다가 우두시술자의 횡포와 토색이 겹쳐져서 이들에 대한 민간의 반감은 더욱 증폭되었다. 이들의 횡포와 토색에 대한 기사는 1880년대 후반, 1900년도 전후를 막론하고 매우 자주 눈에 띈다. 약을 넣지 않고도 약을 넣었다고 말한다든

두창의 신들 무신도에 나타나는 두창의 신인 두신의 모습은 남자의 모습과 여자의 모습 두 가지가 있다. 남자의 모습은 무장(武將)의 형상으로 엄한 표정이고 오른손에는 창을 들고 있고 등에는 활과 화살을 매고 있다. 어떤 것은 군령을 뜻하는 듯한 막대기를 들고 있고, 어떤 것은 창 대신에 칼을 차고 있거나 그것이 없기도 하다. 또 어떤 것은 중국 옷을 입고 있으며, 어떤 것은 조선 옷을 입고 있다. 여자의 모습은 성장(盛裝)한 귀부인 상이며, 중국 옷을 입거나 조선 옷을 입었다. 어떤 무신도는 남·녀 두 신이 부부로 한데 그려져 있기도 하다.

전투에서 군령을 받들어 적을 죽이듯 두신은 집집마다 찾아다니며 아이를 죽인다. 두창의 신을 별성(別星) 또는 별상이라 하는데, 별성은 명을 받들어 일을 행한다는 뜻을 지니고 있다. 두신은 또 호구(戶口) 또는 호귀(胡鬼)라 부르는데 두 개의 음이 거의 비슷하여 중첩된 의미를 띤다. 호구는 "집집마다" 안 들르는 데가 없다는 뜻이고, 호귀는 "오랑캐 귀신"으로, 중국에서 온다고 해서 붙은 것이다. 이 명칭은 병자호란 이후에 생긴 것임을 짐작할 수 있다. 게다가 객성(客星)이라 부를 때에도 그것이 토종이 아님을 뜻한다. 이규경은 『두신변증설』에서 "우리나라에서는 두신을 '호귀마마(胡鬼媽媽)' 또는 '손님 들었다[客至]'고 칭하고, 영남에서는 '서신(西神)'이라 칭하는데", 민간에서는 배송굿을 해서 이를 잘 모신다고 했다.

지, 돈을 내지 않은 자들을 죄수처럼 다룬다든지 하는 따위가 그런 사례들이다.

우두법의 기술상의 미비점, 비교적 높은 우두접종비, 우두의사들의 작간과 함께 우두법의 경쟁자인 무녀와 인두시술자는 전통과 서양의 대립이라는 논리를 펼쳤다. 이는 우두론자들이 전근대와 근대라는 논리를 펼친 것과 유사하나, 서양을 바라보는 시각에서는 양립하기 힘든 차이가 존재했다. 우두론자에게 서양이란 "우두기술을 정교하게 발전시킨 곳이며, 그를 써서 수많은 생명을 구한 곳으로 우리가 본받아야 할 것"이었다.

반면에 무녀나 인두시술자 등 반대자의 눈으로 볼 때 서양이란 조선의 아이를 죽이는 사악한 마술로 파악되었다. 심지어 서양인이 조선아이를 잡아먹는다는 유언비어가 퍼진 가운데, 이를 두려워하여 어린아이를 안고 산으로 도망치는 사람들이 있을 정도였다. 반대자에게 서양이란 시시각각 침투해 들어오는 서양세력을 뜻했다. 그 '서양'이란 전통적인 것을 '폭력적으로' 부정하는 원천으로 비쳐졌다. 우두법도 이런 조선 말의 위기의식과 떼어서 생각할 수 없었다. 이를 단지 무지와 맹목으로만 비판해서는 안된다.

다시 서두의 젊은이와 늙은이의 대화로 돌아가보자. 여기서 젊은이는 늙은이의 '억지스러움'을 희화하여 공격하고 있지만, 늙은이의 눈에는 서양이 자신의 생명을 위협하고 생계를 망치는 것일 뿐 아니라, 더 나아가 나라를 빼앗으려는 탐욕스러운 존재로 비쳤으며, 그렇기 때문에 서양 것 중 우두법이라는 구성요소 하나만을 떼어서 맘껏 받아들이기 힘든 것이었다. 만일 거꾸로 늙은이가 젊은이를 희화했다면, 몇몇 미끼에 속아 전통의 미풍양속을 송두리째 버리고, 나라마저도 이국에게 내주려는 철부지로 그들을 묘사했을지도 모른다. 우두법은 근대의 일방적인 승리의 맥락 안에 있었던 것이 아니다. 오히려

무당의 배송 굿 두창에 걸리면 열사흘만에 딱지가 앉고 병이 잦아들게 되는데, 이때 마마가 말썽을 부리지 않고 곱게 물러가도록 배송하는 굿을 벌인다. 이것은 병자 한 사람뿐 아니라 마을 전체를 위해서 행해지는 것이다. 이 그림은 평안북도식의 굿 장면이다.

전통과 근대, 조선과 서양이라는 팽팽한 긴장 속에서 정치적 투쟁을 벌이고 있었던 것이다.

　이와 관련해서 우두법의 최종 정착이 일본 헌병과 경찰이 동원된 무단적인 힘을 바탕으로 이루어졌다는 점은 매우 시사적이다. 미접종자를 형사범처럼 나포하며 심지어 총칼을 휘둘러 위협하는 상황이 벌어지기도 했다. 설득과 계몽이 하나의 수단이었겠지만, 조선을 식민지로 만들어나가던 일본은 전염병 관리와 우두법 실시를 권력행사의 수단으로 활용했다. 역병 예방과 건강의 향상이라는 목적 이면에는 피식민자 개개인에 대한 반(半)폭력적 통치행위가 짙게 배어 있었던 것이다. 이런 무단적 행위에 대해 조선 민중은 엄청난 반감을 품었으며, 그것은 그들이 도구로 활용한 우두법과 같은 근대 문물 그 자체에도 그대로 이어지는 것이었다.

수구론자의 논리 중 마지막으로 짚을 것은 무속적 세계관에 관한 문제이다. 단지 현상만을 놓고 본다면, 굿을 해서 살아남는 자들은 전체의 70~80퍼센트에 달했다. 두창환자의 치명률이 20~30퍼센트였으니, 이 수치는 주변에서 수없이 벌어지는 굿판으로 두창이 낫는 사람들이 수없이 존재했음을 뜻한다. 그것은 죽어나가는 사람보다 몇 갑절 더 많은 소생률이었다. 오늘날의 시각에서 볼 때, 저절로 나을 것이 나은 것으로 여겨지는 이러한 소생과 사망비율의 의미를 제대로 알지 않고서는 그토록 오랫동안 강하게 집착해온 두신(痘神)과 무당의 존재를 제대로 이해할 수 없다. 무당은 자신이 마마를 물리친다고 믿었으며, 사람들도 그렇게 받아들였다. 설령 문제가 생겼다고 해도 그것은 정성부족이나 필연적 운명 등으로 얼마든지 설명될 수 있었다.

전체적으로 볼 때, 무속적인 설명은 성공과 실패를 모두 만족시키는, 오랜 전통을 가진 가장 일반적인 설명방식이었다. 개항 이후 정치·사회·문화적 상황이 급격히 바뀌어 나가기는 했지만 그러한 설명양식은 여전히 유효한 측면이 있었다. 많은 사람들의 눈에는 그것을 대체할, 신뢰할 수 있는 전반적인 세계관이 만들어지지 않았기 때문이다.

기술로 본 우두법과 인두법의 우열 정도

종두법(種痘法)이란 용어는 '두(痘)'를 '심는[種]' 방법을 말한다. '두'란 두창을 앓은 개체에서 얻은 딱지나 고름을 뜻한다. 18세기 초엽 이후 두창을 앓는 사람에게서 얻은 '두'를 이용하는 인두법이 조선에 먼저 수입되었기 때문에 종두법은 인두법을 의미했다. 그러나 개항 이후 앓는 소에게서 얻은 '두'를 활용하는 방법이 널리 알려지면서 둘 사이의 기술적 차이를 부각시키기 위해 우두법이라는 말을 사용했다. 1894년 이전까지 우두의사는 우두법을 시술하는 사람, 종두의사는 인두법을 시술하는 사람을 지칭했다. 그러나 1894년 이후 일본에서와 마찬가지로 종두법을 우두법의 공식적인 용어로 규정했다.

사실 의학적 원리만을 놓고 볼 때 인두법과 우두법은 전혀 차이가 없다. 둘 다 앓은 개체에서 미량의 딱지나 고름을 취해서 앓지 않은 개체에게 시술하는 방식이다. 그렇지만 조선의 인두법 저작인 정약용의 『종두요지』(1800), 이종인의 『시종통편』(1817)과 우두법 저작인 정약용의 「신증종두기법상실」과 지석영의 『우두신설』(1885)을 비교하면 접종액(또는 딱지)의 채취방식, 시술대상자의 선정과 사후관리, 접종방식, 접종액(또는 딱지)의 보관, 접종 관련기구 등 세부적인 측면에서는 적지 않은 차이가 발견된다.

인두법에서는 접종에 쓸 두를 골라내는 것만을 말한다. 이에 따르면, "가장 좋은 딱지는 '두를 순하게 겪은 것'으로 생긴 모양이 뾰족하고 둥굴고, 색깔이 불그스레하고 매끄러우며, 고름은 꽉 차 있으며, 떨어진 딱지는 창랍(蒼蠟)의 광택을 내며 크고 견고한 것"이 좋은 것이다. 이에 비해 우두법에서는 먼저 시기와 장소를 가리지 않고 접종액을 대량생산할 수 있었다. 즉 "송아지에게 접종할 때 암수를 가리지 말고 때를 문제삼지 말고 어느 곳에서 태어났는가에 구애받지 말라. 태어난 지 3, 4개월이나 5, 6개월이 되어 장성하여 강건한 놈을 택하여 방바닥에 묶고 베로 사지 및 가슴을 단단히 묶어 움직이지 않게 한다. 다음에 돌려 뒤집어서 날카로운 칼로 아랫배의 털을 깎고 수건으로 깨끗이 닦아내고 신선한 두장을 접종한다. 접종하는 방법은 사람의 경우와 크게 차이가 없다. 그 알의 수는 30개에서 50~60

七十日未蒲兒天然痘流行時

70일 미만의 아이라도 천연두가 유
행할 때에는 접종함

七十日已蒲兒初種圖

70일이 되면 모든 아이에게 1차 접종

六歲兒上膊下肢再種圖　麻疹預防

6세 때 어깨죽지와 허벅지에 2
차 접종. 홍역도 예방함

十二歲三種圖

12세 때 3차 접종

時痘已經者熱氣預防

이미 두창을 앓은 자도 접종하여
열기(熱氣)를 예방함

우두접종 시기 [출처 : 古城梅溪, 『제영신론』, 내부 위생국, 광무6년(1902)]

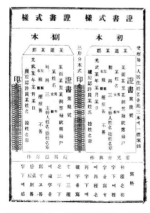

종두접종증서 − 두아부여건(痘兒付與件)(1902) 종두접종을 마치게 되면 접종자는 종
두인허원으로부터 증명서를 받는다. 1차 접종은 초종, 2차 접종은 재종, 3차 접종은 3
종이라는 항목에 '종(種)'이라는 글자로 표시한다. 접종 상태가 좋으면 '선(善)'에 좋지
않으면 '불선(不善)'에 표시한다.

우두법은 미개인의 어두움을 밝힌 등불일까

개에 이를 수 있다"고 말한다.

다량의 접종액 확보와 함께 우두법에서는 또 최초의 접종액을 채취할 사람과 다시 그것을 접종할 소, 소와 소, 소와 접종대상자인 사람 사이의 중계를 통해 효과가 크면서도 부작용이 적은 접종액을 생산할 수 있다.

접종대상자 선정과정을 보면 인두법이 훨씬 까다롭다. 시술대상자는 반드시 한 살이 지난 건강한 아이여야 했다. 중병을 앓고 얼마 되지 않는 아이, 몸이 허약한 아이, 위급한 증세가 있는 아이는 제외되었다. 이렇듯 시술대상자의 몸 상태에 세심하게 신경을 쓰는 까닭은 비록 소량을 취했다고 해도 사람에게서 취한 두의 독이 강력했기 때문이다. 이런 사실은 종두시술에 큰 한계점이 있음을 뜻하는 것으로, 잘못될 경우 두창을 예방하기는커녕 오히려 심어주는 끔찍한 결과를 부를 수도 있었다. 따라서 『시종통편』에서는 이를 "종두 자체가 아니라 종두시술자의 지식부족 때문"에 생기는 문제라고 보았다. 한편 『우두신설』에서는 생후 70~100일 정도가 접종하기 가장 좋으며 특별히 아이의 몸 상태에 신경을 쓰고 있지 않다. 이는 우두의 독력이 인두보다 낮은 데서 기인한다. 우두법은 시술시기를 크게 앞당김으로써 영아의 두창 감염위험을 줄였고, 영아의 몸 상태에 크게 좌우되지 않는다는 점에서 대상자를 더욱 확대할 수 있다는 장점이 있었다. 인두와 우두의 독력 차이는 사후관리에서도 차이를 보인다. 인두법 서적에는 시술 후에 나타나는 각종 후유증을 치료하기 위한 처방을 다수 게재하고 있는 데 비해, 우두법 서적에는 그런 처방이 매우 간략하게 되어 있거나 전혀 언급되어 있지 않다.

접종방식의 차이도 두드러진다. 정약용의 「종두요지」에 따르면 인두 접종방식으로는 두립(痘粒)의 고름을 이용하는 방법, 두창을 앓은 아이의 옷을 입히는 방법, 두 딱지를 말려 코 안으로 불어넣는 한묘법(旱苗法), 두 딱지를 적셔 코 안에 접종하는 수묘법(水苗法) 등 네 가지가 소개되어 있다. 이 중에서 고름을 이용하는 방법은 너무 위험해서, 옷을 쓰는 방법은 효과가 의문스럽다는 점 때문에 잘 쓰이지 않았다. 한묘법은 수묘법과 효과는 같으나 위험성이 좀더 높아서 급하게 효과를 보려고 할 때에만 썼다. 수묘법은 안전성이나 효과면에서 가장 좋은 방법으로 일반적으로 통용되었다. 수묘법은 목화솜을 가늘게 말은 후 물에 적신 두 딱지를 코의 점막에 묻히는 방법이다.

우두접종은 외과용 칼을 사용해서 팔뚝 부위에 일부러 흠집을 내어 접종했다. 코의 점막에 불어넣거나 묻히는 방법은 기도를 통한 발병 위험이 매우 높았다. 팔뚝 부위에 약간 흠집을 내는 것은 그런 위험성이 없는 한결 안전한 방법이었다. 피부에 흠집을 내어 접종하는 방법은 원래 서양에서 인두시술자가 발전시킨 기법이지만, 조선에서는 중국에서 쓰던 방식인 코에 불어넣거나 묻히는 방법을 그대로 썼다.

접종액(딱지)의 보관과 관리 측면에서도 차이가 있었다. 인두법의 경우 특별한 보관방법이 없었기 때문에 두 딱지를 말려서 보관하는 단순한 방식에 머물렀다. 그러나 부패하지 않게 잘 보관하는 것은 쉽지 않았으며, 특히 여름철에는 더욱 문제가 되었다. 그렇지만 우두법의 경우 부패방지의 효과를 높이기 위해 유리판(玻璃盤으로 된 玻璃盒子), 첨유[甜油, 일명 올리세린(歟利斯林)], 자기로 만든 초자병(硝子瓶), 대나무통(竹筒) 등을 이용했다. 이 중 당도가 높은 첨유는 부패를 막는 데 탁월해서 여름철에도 한 달 정도는 보관할 수 있도록 해주었다.

기구의 측면에서 인두법과 우두법의 차이는 너무나 컸다. 『시종통편』을 보면, 인두법의 경우 두를 콧속에 밀어넣을 때 쓰는 솜, 두 딱지를 빻는 절구공이, 보관하는 조그마한 종지가 전부였다. 그것들은 여느 생활기구와 뚜렷이 구별되지 않는 것들이었다. 반면에 우두법에 사용되는 각종 기구는 오늘날 실험실에서 흔히 볼 수 있는 것이었다. 유리로 만든 부는 관(玻璃吹管), 유리로 만든 모세관(玻璃毛管), 유리로 만든 빻는 기구(玻璃研痂器), 양을 잴 수 있는 비이커(玻璃驗量器), 유리로 만든 빻는 절구(玻璃研痂杵), 유리쟁반(玻璃盤), 유리그릇(玻璃盒子), 외과수술기구(種痘針), 온도계(寒暖表), 혼합기(混合器), 관을 밀봉할 때 쓰는 접착제(朱蠟과 黃蠟), 두의 부패를 막기 위한 첨유, 유리판, 유리그릇, 소를 묶는 상(繼牛床) 따위의 기구 또는 물질이 등장한다. 이 중에서 주목되는 것은 액체를 옮기는 데 쓰는 모세관, 눈금이 그어진 비이커, 온도계이다. 모세관을 통해 접종액을 엄밀하게 조절하고, 비이커를 통해 정확한 양을 재고, 온도계로 필요한 온도를 측정할 수 있기 때문이다.

우두법이 인두법에 비해 더 안전하면서도 효과가 있고, 더 정밀하며 대량접종이 가능한 방법이었음은 분명하다. 두 방법에 기술상의 우열이 엄연히 존재한다고 해도 인두법을 기대 이하로 깎아내리고 우두법을 기대 이상으로 추켜올리는 것은 올바르지 않다. 역사적으로 볼 때 인두법은 우두법과 함께 두창 예방에 크게 기여한 것이 사실이며, 이는 조선의 경우에도 마찬가지이다. 인두법은 능숙한 시술자의 경우 실패율이 3~4퍼센트밖에 되지 않으며, 매우 능숙한 시술자의 경우 1퍼센트 미만으로 떨어진다. 이 비슷한 이야기를 조선의 인두법 확대에 최대의 공을 세운 이종인의 『시종통편』(1817)에서도 볼수 있다. "(이종인은) 열 번이면 열 번, 백 번이면 백 번 한 번도 실패가 없었다"고 적고 있다.

이종인의 『시종통편』은 매우 널리 읽혔으며, 아울러 인두법이 민간에 널리 퍼졌다. 19세기 중엽 이규경은 『오주연문장전산고』의 「종두변증설」에서 당시 상황을 다음과 같이 기록하고 있다.

포천에 사는 이종인(의관으로 관직이 知縣에 이르렀다)이 시작한 이후에 다

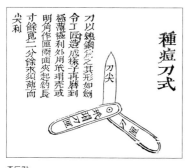  

종두칼　　　　　　　　　　　　종두침　　　　　　　　　　　　종두칼 잡는 법

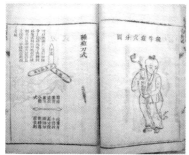 

종두칼과 종두침 쓰는 법(1874), 서울대 규장각 소장 대모(玳瑁)로 만든 칼 지갑 안에 든 칼을 써서 어깨죽지에 흠집을 낸 후 종두침으로 우두액 또는 우두 딱지를 묻힌 후 집어 넣는다. (출처 : 邱憙淸 編 『인두신서』, 1874, 10장)

시 영남에 전해져서 근세에 종두하지 않는 자가 없으며, 이종인이 지은 『시종통편』에 그 방법이 적혀 있다.

『오주연문장전산고』는 헌종(1835~1849) 때 나온 저작이므로, 이 책이 나온 1817년 이후 불과 20~30년 사이에 인두법이 민간에 널리 퍼졌음을 알 수 있다. "근세에 종두하지 않는 자가 없다"는 이규경의 말은 약간 과장되었을지 모르지만, 이보다 40년 정도 더 지난 1880년대에는 인두종법이 훨씬 더 널리 민간에 퍼져 있었다. 1886년에 알렌은 서울 거주자 100명 중 무려 60~70명이 종두법을 받은 것으로 기록해놓았다. 이 역시 과장된 것처럼 보이나, 그래도 이로부터 인두 우두접종액의 채취와 관리를 위한 도구들[그림 출처 : 古城梅溪, 「제영신론」, 내부 위생국, 광무6년(1902)]

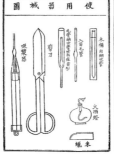
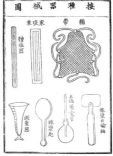
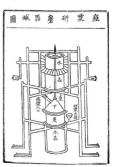

원도도, 접종백유류, 고정대　　목통내납취관, 입모관, 모관납　　붕대, 한난표, 체온계, 채장백유　　두장연마기계도
　　　　　　　　　　　　　　　취관취출두장형, 화주동, 주립,　　구, 점통담입모관, 채장시, 측량기
　　　　　　　　　　　　　　　전도, 흡장기

법이 민간에 널리 퍼져 있었다는 사실을 충분히 짐작할 수 있다.

　19세기 인두법의 확산은 우두법의 역사적 의의를 평가할 때 매우 중요한 변수로 작용한다. 이는 우두법이 아무것도 없었던 상태에서 갑자기 '빛'을 내린 것처럼 등장하지 않았음을 뜻하기 때문이다. 더욱이 인두법은 단지 소규모가 아니라 민간에 널리 퍼져 있었다. 비록 안전성과 효율성에서 우두법보다 다소 떨어지는 점이 있었지만, 그래도 그것이 없는 상황을 가정한다면 인두법의 존재가 오히려 '어둠 속의 빛'과 같았다고 평가할 수 있을 것이다. 구체적인 통계가 없어서 19세기 조선의 인두법이 얼마나 효과를 보았는지에 대해서는 말할 수 없다. 그렇지만 서양의 경우처럼 두창 사망률 저하에 크게 영향을 줄 만큼 조선사회의 집단면역력 수준을 끌어올렸을 것임에는 틀림이 없다.

　그렇지만 조선의 인두법은 우두법만큼 후대의 각광을 받지 못했다. 그것은 인두법이 우두법→지석영→일본의 도움→서양과학→문명화로 연결되는 것과 같은 거대한 네트워크를 구성하지 못했기 때문이다. 또한 그 자체로서 평가받기보다 우두법을 부각시키기 위한 대조물(콘트라스트)로 그 존재가 규정되었기 때문이다.

한의학이 꼭 필요한 인두법, 한의학이 필요없는 우두법

오늘날 많은 사람들은 종두법은 서양적인 것이며 한의학과 아무런 상관이 없는, 심지어 대조적인 것으로 생각한다. 그러나 19세기 조선 의학계를 자세히 들여다보면 전혀 그렇지 않다. 종두법이 서양과학을 대표하는 것으로서 한의학을 물리치고 새로운 '개명'을 가져다준 것처럼 각인된 것은 후대 학자들과 근대주의자들의 작업 결과이다. 그들은 종두법과 한의학의 간극을 벌리는 데 열중했지 둘이 서로 결합되어 있는 모습에 대해서는 관심을 두지 않았다.

일차적으로 종두법(인두법)이 한의학의 범주에서 발달해온 것이기 때문에 종두법과 한의학은 서로 밀접하게 관련된다. 미세한 양의 두 가루나 고름이 두창 예방에 탁월한 효과를 발휘한다는 사실은 중국에서 오래 전부터 알려져 왔으며, 중국 의학자들이 그 내용을 더욱 연구한 바 있다. 이종인의 『시종통편』에서는 송대의 인종 때 사천지방의 한 의사가 종두를 시행한 것을 최초의 공식적인 시술로 기록하고 있다. 조선에 수입된 종두법은 명대의 의서인 『의종금감』, 『난대궤범』, 『종두신서』 등의 한의서에 담긴 내용이었다. 종두법 이전의 한의학을 보면 두창의 원인, 병의 예방법, 단계별 병증의 감별, 단계별 병증의 치료, 각종 후유증의 치료, 두창 앓을 때의 금기 등으로 구성되어 있었으나, 종두법을 수용한 경우 부록으로 종두법이 추가되었다.

조선의 대표적 인두법 저술인 『시종통편』은 시두(時痘)와 종두를 함께 다루었다. '시두'란 두창을 앓는 것을 뜻하는데, 이종인은 두창 치

우두법은 미명의 어둠을 밝힌 등불인가

337

료내용을 상세하게 실었다. 자신의 경험이 다수 포함되어 있기는 하지만, 시두에 관한 많은 내용은 이전 의서의 전통을 계승한 것이었다. 종두에 관한 내용을 보면, 접종방식과 함께 접종 후 환자의 상태에 따라 많은 처방을 제시했다. 진성 두를 그냥 이용하는 인두법은 독력이 매우 강해 환자가 제법 심한 앓이를 했기 때문이다. 처방은 열을 내리거나 몸을 보하거나 아득한 정신을 되돌리는 것 등 한의학에서 익숙한 것이었다.

우두법은 서양에서 발전시킨 것을 수입했기 때문에 인두법의 경우와 성격이 다소 달랐다. 소의 고름(백신)을 이용한다는 점, 외과용 칼을 쓴다는 점, 훨씬 정량적인 기구를 사용한다는 점에서 차이가 있었다. 기법상으로 보면 그다지 큰 차이가 아닌 것으로 치부할 수도 있지만, 이런 차이는 그 유래지와 함께 동·서를 가르는 기준으로 작용했다. 19세기 초 정약용이 「신증종두기법상실」에서 우두법을 최초로 소개하면서 탄압의 빌미를 주지 않기 위해 서양을 연상시키는 모든 부분을 삭제한 데서도 알 수 있듯이 우두법은 확실히 서양의 것으로 인식되었다. 또 이 점은 개항 이후 우두법 지지자들이 서양의 대표적 문물을 받아들여 실천한다고 대대적인 선전을 한 데서도 잘 나타난다.

우두법은 분명히 서양적인 것이었다. 그것은 대단한 위력을 지닌 것이었지만 몇 가지 측면에서 의학적 한계 또는 의문점이 있었다. 우선 병에 걸린 자에 대해 아무런 조치도 제시하지 않았다. 우두는 어디까지나 병을 예방하는 정교한 기술에 지나지 않았다. 물론 병을 완전히 예방해서 구태여 치료수단을 쓸 필요가 없도록 하는 상황을 만드는 것은 이론적으로 가능한 상상이었지만, 현실적으로 주변에는 많은 환자들이 있었다. 이들의 치유는 여전히 무당과 한의의 몫이었다. 인두법의 경우 시두와 종두를 한데 아우르는 시도가 있었지만, 우두법의 경우 그 둘이 섞이지 않았다. 우두시술자는 두창 치료에 관

3부 한의학의 선교사

심을 두지 않았고, 한의들은 우두법을 자신의 의학체계에 포섭하지 않았다. 양자 모두 두 의학의 경계가 비교적 뚜렷하게 그어져 있다고 생각했기 때문이다.

그렇다고 해서 19세기 말 조선에서 우두법과 한의학이 만나지 않은 것은 아니다. 조선의 우두시술자는 우두법의 빈틈을 한의학으로 메우려고 했다. 서양에서 들어온 우두법은 두창의 원인이 무엇인지에 대해 말하지 않았고, 우두법 효력이 왜 생기는지에 대해서도 침묵했고, 우두접종 후에 생기는 여러 잡증의 관리에도 큰 관심을 두지 않았다. 지석영을 비롯한 한의 출신의 우두시술자들은 이 빈틈에 대해 자신의 지식과 경험을 발휘했다.

지석영의 『우두신설』(1885)과 이재하의 『제영신편』(1887), 김인제의 『우두신편』(1892)에서는 공통적으로 우두접종 후에 생길 수 있는 여러 잡증에 대해 한의학 처방을 제시했다. 이를테면 『우두신설』에서는 "딱지가 앉은 후 팔뚝 위에 생긴 딱지 주위에 붉은 종기가 두포와 대략 비슷하게 되었을 때에는 두심지(豆心漬, 비지) 또는 삼두산(三豆散, 녹두·팥·검정콩가루)을", "문드러진 경우 금화산(金華散)을 쓰고, 고름이 생겨 아물지 않은 경우 생기산(生肌散)을" 처방했다. 지석영이 주로 외형적 특징에 대해 약을 처방하는 것과 달리, 이재하는 발열, 경기, 번민, 호흡곤란, 설사 등 내과적 증상에 대해서도 폭넓게 처방을 내리고 있고, 김인제는 각종 처방을 노래[用藥賦]로 지어 책 말미에 달았다.

지석영과 이재하가 단순히 종두법 기법과 치료만을 말하고 있는데 비해, 김인제는 "왜 팔뚝에 접종을 해야 하는가?", "왜 소만이 효과가 있는가?"와 같은 흥미로운 질문을 실었다. 우두의 기전에 대해 물음을 던지고 답을 한 것이다. 왜 소가 효과가 있는지에 대해 김인제는 "다른 나라에서는 닭·개·소·말 등 6축을 모두 두로 삼을 수 있지만 특별히 소를 취하는 것은 소[牛]가 토(土)의 성질을 지녀 순하기 때문이다"라는 답변을 내렸다. 그는 순하다는 것을 오행의 논리로 끌어냈다. 왜 팔뚝에 넣어야 하는가에 대해서는 오장육부의 경락변증으로 풀었다. 팔뚝은 양경혈(陽經穴)에 속하여 장부의 열을 주관하므로 이곳에 접종하면 양경혈맥을 따라 장부에 들어간다는 것이다.

왜 두창이 생기는지에 대해서는 위의 세 인물이 모두 언급하지 않았다. 최초로 우두를 도입한 정약용은 어머니의 태에서 불결한 것에 접촉되어 두창이 생긴다는 전통적인 태독설(胎毒說)을 인정했다. 그는 "태독이 몸 안에 숨어 있다가 시기(時氣)에 접촉되어 생기는 것"이라고 말했다. 우두론자들은 이를 받아들이지 않았다. 19세기 후반 조선의 종두법에서는 두창이 왜 생기는지에 대해 전혀 언급하지 않기 때문이다. 두창이 바이러스에 의한 질병으로 그것의 자연사가 밝혀진 것은 20세기 초반이었다.

조선에서 종두법과 한의학이 완전히 관계를 청산한 문헌은 대한제국 학부에서 종두의양성소 교재로 편찬한 『종두신서』(1898)이다. 이 책은 이전의 책과 달리 서양의사 출신인 일본인 후루시로(古城梅溪)가 썼다. 1899년에 의학교가 세워지고 본격적인 서양의학 전공자가 생기면서 이전과는 양상이 바뀌었다. 그들은 더이상 종두법과 한의학을 결부시키지 않았다. 우두접종의 기술이 좀더 정교해지긴 했지만, 여전히 우두법이 왜 효력이 있는지, 두창이 왜 발생하는지에 대해 설명하지 못했고, 두창 후의 잡증을 치료하는 효과적인 수단도 지니고 있지 못했다. 그렇지만 20세기에는 그 부분에 대해 구차하게 설명할 필요가 없었으며(아마도 나날이 발전하는 과학이 그 물음을 해결해줄 것이다), 구태여 한의학이라는 수단을 써서 잡증을 치료해야 할 필요도 느끼지 않게 되었다.

시대를 잘 읽은 한의들이 주도한 우두법의 시대가 저물고 새로 태어난 서양의사들이 우두법을 장악하게 되었다. 서양의학과 한의학의 거리는 10년 전보다 훨씬 멀어져 있었으며, 이제는 오히려 서양의학을 잘하기 위해 한의학을 부정하는 시대에 돌입했다. 아울러 한의학의 무력과 종두법의 위용이라는 담론이 만들어지기 시작했다. 그러나 그것은 19세기의 일이 아니라 20세기 이후의 일이었다.

계몽된 근대인가 근대의 세뇌인가

19세기에 우두법이 깊이 뿌리를 내려 두창 예방에 크게 기여한 것은 사실이며, 그 과정에서 '선각자' 지석영이 중요한 구실을 한 것도 사실이다. 그렇지만 그 사실은 극적인 효과를 극대화하는 이야기로 치장되었다. 그 이야기는 자연과 인간, 악습과 이성, 과학과 옛 의술, 첨단과학과 구식기술, 과학기술과 사회, 선구자와 추종자, 조선과 일본 등을 소재로 하면서 두 대립항의 간격을 실제 역사적 사실보다 지나치게 넓게 벌리는 식으로 이루어져 있다. 즉 엄청난 자연의 재앙을 이겨낸 우두법, 무지와 몽매의 무속을 깨뜨리는 우두법, 어설픈 의술(한의학)이 아닌 진정한 효력을 발휘하는 우두법, 인두법보다 훨씬 안전하고 효과적인 우두법, 국가의 행정력과 강한 경찰력의 존재에 대한 무시와 영웅의 강조, 동료와 조력자에 대한 무관심과 위인에 대한 화려한 조명, 무너질 수밖에 없었던 조선과 그것의 구원자인 문명국 일본의 등장을 주요내용으로 한다.

꼼꼼히 살펴보면 조선 말 두창과 종두법의 상황은 이 이야기처럼 단순하지 않고, 또 그만큼 극적이지도 않다. 나는 이전에 활용되지 않은 많은 사료를 제시하면서 극단처럼 느껴진 각 항목의 경계선을 흐릿하게 하는 논의를 펼쳤다. 두창에 대한 조선인의 무속적 관습과 우두법에 대한 반대를 그저 무지몽매한 것으로 치부할 수만은 없다는 점을 이야기했다. 한의학이 종두법이 손쓰지 않는 영역을 다루었으며, 서양에서 유래한 우두법을 어느 정도 보완하는 모습을 지녔다는 점을 보였고, 인두법도 우두법 못지않게 효과있는 방법이었고 역사상 큰 족적을 남겼음을 말했다. 우두법의 정착이 단지 몇몇 시술자의 노력에 의해 이루어진 것이 아니라 국가의 강한 관심, 심지어 무단적인 경찰력에 힘입어 성공을 거두었음을 논했고, 우두법의 도입은 일본의 활동보다 조선정부의 강한 의지에 따른 것이었음을 드러냈다.

우두법에는 틀림없이 무속이, 한의학이, 인두법이 담지 못한 실험과 계량이라는 근대적 정신이 담겨 있다. 그 정신이 우두법에 저항하거나 경쟁하는 다른 것을 물리치는 원동력이 된 것도 틀림없는 사실이다. 그러나 19세기 조선의 우두법 승리에 대한 전사를 집필하는 데는 그 이상의 것이 게재되어 있다. 감동과 흥분, 과장과 축소, 은폐와 왜곡이 그것이다. 모두 근대적 정신과 정면으로 배치되는 것들이다. 그러나 그 전사는 대단한 성공을 거두었다. '정설'이 만들어졌고, 그것이 교과서와 각종 매체를 통해 유포되었다. 비판적 이해보다 밑줄 긋기식 암기가 성행했고, 그 자체가 '진실'이 되었다. 근대적 정신을 통해 우리가 계몽되고 성숙한 것인가? 아니면 꾸며진 '진실'을 통해 우리가 '근대'를 학습한 것인가? 우두법의 승리를 극화하고, 더 나아가 그 사례를 과학 일반으로 확대하고, 궁극적으로는 그것의 원천인 그릇된 권력까지 미화하는 논리와 방식을 생각하면 '근대'란 정말로 끔찍한 괴물이다. 그 수선스러움과 반복이 얼마나 지겨운지!

「한국 우두법의 정치학 – 계몽된 근대인가, '근대'의 '계몽'인가」(『한국과학사학회지』제22-2호, 2000)를 재정리하였다.

1930년대의 한의학,
서양의학과 한판 붙다

논쟁의 배경과 발단

지난 100년간 서양과학은 우리 사회를 압도했다. 서양과학과 그에 바탕을 둔 세계관은 합리적이며 실험을 통해 입증할 수 있고 놀라운 효용을 발휘할 수 있는 것이었다. 이런 과학적인 눈으로 볼 때 조선의 과학전통이란 관념적인 것, 검증할 수 없는 것, 미신 또는 혹세무민하는 것에 지나지 않았다. 그렇다면 개항 이후 문명과 종족의 경쟁에 뛰어든 조선의 위정자들이 선택해야 할 길은 자명했다. 또 식민지로 삼킨 나라이지만, 일본 식민통치자가 내걸 슬로건의 내용도 자명했다. 서양과학과 그에 바탕을 둔 기술, 더 나아가 과학적 세계관의 정착에 힘쓰고 그에 장애가 되는 요인을 제거하고자 하는 것이었다.

의학도 예외가 아니었다. 위생학, 전염병관리, 체력관리 등을 포괄하는 서양의학은 국가관리술의 중요한 한 분야였다. 대한제국은 물론이거니와 총독부도 적극적으로 서양의학과 보건의료를 채택했다. 둘 사이에 차이가 있다면, 오랜 전통을 가지고 민간의 주축 의료를 이루고 있는 한의학을 용인하는 정도의 차이였다. 대한제국이 '작고 참신(酌古參新)'의 기치 아래 옛 의학 전통을 비교적 중시한 데 비해, 일본 제국주의는 그것을 철저히 무시하는 정책을 펼쳤다. 일본이 이미 1880년대 중반에 자국에서도 똑같은 정책을 펼쳤기 때문에 그것에 대해 성급하게 '민족적 편견'을 내세울 필요는 없다. 당장의 의료 공백을 막기 위해, 또 이미 기득권을 가지고 있는 한의사들의 생존권을 위해 일본은 당대에 한해서만 한시적으로 개업을 인정하는 정책을 썼다. 즉 교육과 신규 면허를 철저히 억제함으로써 일정 시일이 지나면 도태되어 없어지도록 한 것이다.

식민지 조선에서는 1913년 '의생규칙'의 반포로 한시적인 한의학 인정 정책이 펼쳐졌다. 기본방침은 똑같은 듯 보이지만 조선과 일본의 경우는 두 가지 측면에서 차이가 있었다. 첫째, 일본에서는 한시적인 한의학 전문가에게도 서양의학 전공자처럼 의사자격을 부여하여 자격을 일원화한 반면, 조선에서는 의사보다 한 등급 아래인 '의생(醫生)'으로 규정되는 이원적인 모습을 띠었다. 둘째, 일본에서는 서양의학 교육기관과 의료기관이 빠른 시기 내에 성장하여 한의학을 대체해나간 반면, 조선에서는 그 속도가 훨씬 느렸다. 식민지 조선의 경제력이 빠른 대체를 뒷받침하지 못한 측면도 있지만, 구호와 달리 식민통치자가 급속한 대체를 적극적으로 원하지 않았던 측면도 있었음을 간과할 수 없다.

비록 느리기는 했지만, 한의는 꾸준히 줄고 양의는 계속 늘어났다. 그리하여 1930년대쯤 되어 한의와 양의 숫자가 비슷해지는 경향이 나타났다. 한의가 줄어드는 것보다 더 큰 문제는 한의와 양의를 합친 의사 수가 인구증가를 따라잡을 수 없었다는 점이다. 시대가 크게 바뀌었음에도 불구하고, 인구 1만 명당 의사 수는 여전히 크게 저조했다. 식민지 지배의 정당화를 위해 그토록 강조했던 현대의학의 세례는커녕 보통 의료 이용조차 전혀 개선되지 않았다. 조선인의 불만이 드세어졌고 일제 통치자는 크게 당황했다.

설상가상으로 1930년대 전쟁분위기가 고조되면서 의료인력과 약품에 대한 사회적 수요가 더욱 증가했다. 이런 상황을 어떻게 해결해 나갈 것인가? 의사는 더욱 딸리고 약품은 더욱 품귀하게 되었으니, 뾰족한 해결책이란 게 있었을까? 당연히 한의약에 대한 정책이 근본적으로 재고되었다. 관에서 솔선하여 한약재 재배를 권장하고, 한약 연구기관을 설치하는 양상을 띠게 된 것이다. 1930년대 중반 한의학 부흥운동의 근본배경은 여기에 있었다.

한심한 의료기관 수, 조선중앙일보, 1935년 3월 19일자

한편 1913년 '의생규칙'이 반포된 후 1920년대 초반까지는 '의생'은 단지 개업자에 불과하고, 총독부가 주최하는 서양의학과 위생학을 학습받아야 할 피교육자였을 뿐이었다. 아울러 공식적인 한의학 담론은 철저히 억압되었다. 일반 학교교육에서는 물론 신문지상에서도 다루어서는 안될 것으로 규정되었다. 한의집단 내에서도 한의학의 참된 가치를 지식인과 대중에게 설득력있는 논리로 펼칠만한 논객이 준비되어 있지 않았다.

이런 양상은 1920년대 들어 서서히 변하기 시작했다. 한의학을 동·서의학이라는 논의의 범주에서 이해하고 설명하려는 시도가 생겨났던 것이다. 일본의 한의학 부흥운동 논리에 자극받으면서 한의계의 현실을 타파하고, 국내의 보건의료 현실을 개선하려는 일군의

1915년 한의사 최초로 전국에서 모이다 공진회를 계기로 역사상 처음으로 전국 각지의 한의 수백 명이 한자리에 모였다. 회합하여 단체를 만들고 기념촬영도 했다. 상투 틀고 건을 쓴 한의도 있지만, 많은 한의들이 단발을 했다.[이 사진은 청강 김영훈이 보관하고 있던 것을 그의 아들 김기수(포르투갈 대사, 브라질 대사, LA 총영사 등 역임)가 2000년에 경희대 한의대 의사학교실에 기증한 것이다. 사진 제공에 깊이 감사드린다]

운동가들이 등장했다. 1920년대 후반까지는 그들의 목소리가 개인적 담론 또는 한의계 집단 내에서만 겨우 공명하는 상태였지만, 1930년대 들어서면서부터는 상황이 크게 달라졌다. 의료수급에 대한 사회적 우려와 준전시상황에서 비롯한 비서구적 가치의 옹호라는 분위기 속에서 한의학 부흥의 논의가 좁은 울타리를 넘어 사회 전체로 번져갈 채비를 갖추게 된 것이다.

한의학은 단지 표준화가 덜 되었을 뿐 효과는 뛰어난 의학이다

『조선일보』에는 1934년 2월 16일부터 장기무의 '한방의학 부흥책'이라는 글이 3회에 걸쳐 게재되었다. 장기무는 대한제국 시기에 설치된 의학교의 3회 졸업생으로 서양의학을 주전공으로 하는 의사였다. 그는 서양의술에 적지 않은 한계가 있다는 사실을 인식하게 되면서 차츰 한의학의 세계에 심취해 들어갔다. 이런 그의 경향은 서양의학을 신봉하는 대다수 서양의학 전공자의 생각과 크게 다른 점이었다.

장기무는 한의학의 문제는 한의학 체계 그 자체에 있지 않다고 주장했다. 다만 잘못된 부분은 "그것이 어려운 개념과 말로 되어 있으며 표준화되어 있지 않다"는 사실이라고 보았다. 따라서 이 부분만 해결한다면 한의학은 훌륭한 의료로서 전혀 손색이 없다는 것이 그의 견해였다. 그러면 어떻게 이 문제를 해결할 것인가? 여기에 동조하는 세력을 만들어 독자적인 연구소와 부속병원을 설치해 한의학 표준화 작업을 하자는 것이 그가 내세운 대안이었다.

장기무, 한방의학부흥책(1), 「조선일보」 1934년 2월 16일자 9개월간 지속되는 한의학논쟁의 포문을 연 장기무의 글은 3회에 걸쳐 게재되었다.

의학에는 오직 하나의 참된 의학만 있을 뿐이다

한의학 자체가 그릇된 것이 아니라 단지 표준화가 덜 된 구석이 있는 훌륭한 의학이라니! 서양에서 확립된 근대 과학만을 보편적 과학으로 배우고 믿어온 사람들에게 그것은 받아들이기 힘든 궤변에 불과했다. 장기무보다 20여 년 후학인 경성제국대학 의학부 박사 출신 정근양은 즉각 『조선일보』에 반론을 제기했다(1934년 3월 9일 이후 5회에 걸쳐 연재). 그는 의학에는 오직 한 종류, 즉 과학적 방법이라는 프리즘을 통과해낸 의학만이 있을 뿐이라 주장했다. 그도 한의학에 쓸모있는 요소가 없지 않다고 보았지만, 그것의 유용성은 오직 분석적·과학적 검증을 거친 후에야 인정받을 수 있다고 주장했다. 즉 한의학은 독자적인 표준화를 통해 인정받을 수 있는 성격의 것이 아니라는 말이다. 이런 정근양의 태도는 당시 대다수 서양의사들의 생각을 대변하는 견해로 볼 수 있다. 하지만 한의학을 터무니없는 사기로 치부하지 않았다는 점에서 그의 한의관은 다른 동료들의 한의관보다 우호적인 편이었다.

정근양, 한방의학부흥문제에 대한 제언 – 장기무 씨의 소론을 읽고, 「조선일보」 1934년 3월 9일자 3회에 걸쳐 게재된 장기무의 글에 대한 반론글로, 5회에 걸쳐 게재되었다. 이 글에 대해 또다시 장기무는 11회에 걸쳐 반론을 펼쳤다.

정근양의 반론에 대해 장기무가 다시 반론을 펼쳤다.(같은 신문, 1934년 4월 19일 이후 11회에 걸쳐 연재) 일단 그는 단지 하나의 과학적 의학만이 있다는 정근양의 주장을 완전히 부정하지는 않았다. 그러나 그것이 어디까지나 이상에 불과한 것으로 현실성이 있다고 보지 않았다. 그런 요원한 이상을 찾아 헤매느니 목전의 한의학 발전을 위한 노력이 더욱 값지다고 했다. 그래서 "진단을 위시한 한의학의 표준화는 더욱 시급하면서도 절실한 과제"라는 본래의 자기 주장을 거듭 천명했다.

서양의학은 분석의학, 한의학은 종합의학?

둘 사이에 논쟁이 거듭되면서 다른 논객이 끼어들었다. 첫번째는 해방 이후 다산학 연구로 유명해진 '젊은' 이을호였다.(『조선일보』 1934년 3월 15일부터 총 14회에 걸쳐 연재) 경성약학전문학교를 갓 졸업한 이을호는 원래 약학을 전공했지만, 한의학의 대가에게 한의학의 깊은 내용을 사사받은 인물이다. 이을호도 정근양처럼 의학이 추구하는 정신이 하나여야 한다는 점을 인정했다. 그러나 그 의학은 분석주의적 의학이 아니라 생명과 몸의 기관을 유기체적으로 보는 '종합적인 의학'이어야 한다고 했다. 한의학과 서양의학을 이원적으로 파악했다는 점에서나 한의학의 문제가 의학체계 그 자체가 아니라 임상과 제도에 있다고 본 점에서 이을호는 장기무와 한편이었다. 그러나 종합의학(한의학) 대 분석의학(서양의학)이라는 개념틀을 사용해서 분석의학이 두 의학 일원화의 최종 목표지가 될 수 없다는 사실을 이론적으로 설명하려 했던 점에서 장기무보다 한 걸음 더 나아간 바 있다.

사실 장기무나 이을호의 논리와 주장은 일본 한의계에서 펴낸 잡지 『한방과 한약』에 힘입은 바 컸다. '종합의학 대 분석의학'이나 '대중의학 대 경험의학'의 개념틀을 비롯한 한의학의 표준화 등의 논의가 그 잡지를 통해 매우 활발하게 펼쳐지고 있었다.

서양의학은 귀족의학, 한의학은 민중의학?

한의학 부흥을 부르짖으면서도 장기무나 이을호와 성향이 다른 인물이 있었으니, 바로 조헌영이다. 와세다대학 영문학부 출신으로 신간회 동경지회장, 재일조선유학생회 대표 등을 두루 거친 그런 인물이 한의계에 투신한 것은 한의학계로서는 큰 행운이었다.

『조선일보』 논쟁에 끼어든 조헌영은 한의와 양의의 장점과 단점에 대해 전방위적인 논의를 펼쳤다. 그는 서양의학을 국소처치 의술, 인공치료 의술, 조직의학, 해부학에 바탕한 정체(靜體)의학, 병소만 치료하는 치표(治表)의학, 방어의술, 외과의학, 획일주의의술, 귀족의

1930년대의 한의학, 서양의학과 한판 붙다

조헌영, 한방의학부흥문제 - 동서의학의 비교비판의 필요, 「조선일보」 1934년 5월 3일자 와세다대학 영문학부 출신으로 한의학 논쟁에 끼어든 조헌영은 한의와 양의의 장단점에 대한 전방위적 논의를 펼치며 한의학이 싸고 쉽게 이용할 수 있는 민중의 의학이라고 주장했다. 그의 주장에 대해 정근양은 다시 반박문을 게재했고 정근양의 반박에 대한 조헌영의 재반박을 끝으로 한의학논쟁은 대단원의 막을 내렸다.

술, 관용(官用)의술로 정의한 반면, 한의학을 종합치료의술, 자연치료의술, 현상의학, 동체(動體)의학, 치본(治本)의술, 내과의학, 응변(應變)주의의술, 평민의술, 민용(民用)의술로 정의했다. 아울러 각각의 내용에 대해 실제 임상사례를 들어 한계와 장점을 선명히 드러냈다.

특히 그는 한·양방 의학의 사회적 성격을 본격적으로 거론했다. 그는 한의학이 서양의술보다 훨씬 싸고 쉽게 이용할 수 있는 민중의학이며, 그 민중성은 한의학의 자연주의적 접근에서 비롯된 것이라는 주장을 강하게 펼쳤다.

1934년 3월부터 시작되었던 『조선일보』의 한의 - 양의 논쟁은 정근양과 조헌영의 반박(1934년 7월 13일부터), 이에 대한 조헌영의 재반박(1934년 10월 10일부터)으로 대단원의 막을 내렸다. 두 사람은 여전히 자신의 주장만을 되풀이했지만 더 풍부한 사례가 그들의 논의에 포섭되었다.

1934년 한 해를 통해 진행된 『조선일보』 지상의 열띤 논쟁은 서양의학을 옹호하는 정근양 1명 대 한의학의 가치를 옹호하는 장기무·이을호·조헌영 등 3명의 합동 논쟁으로 정리될 수 있다. 어느 편이 이겼을까? 지면 수를 보면 한의학 옹호론이 훨씬 많은 편이다. 그렇다고 해서 이들의 논쟁으로 공식적 지위를 인정받은 과학적 의학의 성역이 깨어지리라는 것은 상상도 할 수 없는 일이었다. 달걀로 바위를 치는 격이었다. 그러나 조선에서 가장 영향력있는 일간지에서 벌어진 장장 9개월에 걸친 한의 – 양의 논쟁의 사회적 반향은 결코 작지 않았다. 한의학과 전통의 가치가 사회적 관심을 끌어모았으며, 이런 측면에서 한의계는 대단한 성공을 거두었다.

한의간 논쟁 : 음양오행설인가 『상한론』 처방인가

1934년 『조선일보』 논쟁의 여진은 한의 옹호론자들 사이로 번져갔다. 이후 『동아일보』, 『신동아』, 『조선의약』 등의 지면을 통해 "가치있는 한의학이 무엇인가" 하는 논쟁이 벌어진 것이다.

논쟁의 핵심은 『황제내경』에 바탕을 둔 음양오행론적 장부이론과 치료이론의 맥락을 중시하는가, 아니면 장중경의 『상한론』에 바탕을 둔 외감(外感) 치료법의 전통(고방의 전통)을 중시하는가 하는 데 있었다. 후자는 한의학의 가치있는 부분은 『상한론』적 치료 전통에 있으며, 관념적인 음양오행론적 신체관은 제거되어야 하는 것으로 간주했다. 반면에 전자는 후자를 "양의적 한의론"이라 규정하면서 진정한 한의의 가치는 음양오행설과 그에 바탕을 둔 신체관과 치료술에 있다고 보았다.

위의 논객 중 장기무는 고방적 전통을 중시했고, 조헌영·이을호는 음양오행론적 가치를 옹호했다. 그러나 이을호는 개념적 차원에서 음양오행론을 주장한 데 비해, 조헌영은 임상의 세세한 측면에서 그 것이 관통되어 나타나는 모습을 애써 보이려 했고, 의학의 사회성을 크게 강조했다는 점에서 둘 사이에는 적지 않은 견해 차이가 있었다.

에필로그 : 한의학의 도전과 "근대"의 재검토

아마도 한 신문에서 9개월 동안 한 주제를 가지고 연속적으로 논쟁을 이끌어나간 사례는 예나 지금이나 거의 없을 것이다. 도대체 한의—양의 논쟁은 어떤 성격이었길래, 신문 편집자가 그토록 이 논쟁을 중시했고 독자들 또한 거기에 크게 열광했을까? 아마도 그것이 지난 30여 년간 조선을 관통한 과학과 근대성에 대한 최초의 반성과 관련된 주제였기 때문일 것이다. '과학', '계몽', '근대'는 위로부터 강요된 이데올로기였지만, 그것과 현실 사이에는 큰 간극이 있었다. 근대화를 모토로 삼으면서 식민통치 지배자가 내걸었던 조선인의 건강 개선이 이루어지기는커녕 선진적인 의료혜택의 증가도 실현되지 않았다(다른 부분도 거의 비슷한 모습이 아니었을까).

서양의료는 식민지 조선이 감당할 수 없을 정도로 고가였다. 그 원인은 의사 양성과정과 의료기구, 의약품이 모두 고가였기 때문이고, 또 그것이 고가인 까닭은 근본적으로 실험에 입각한 과학적 의학이기 때문이다. 게다가 그렇게 비싼 서양의료로도 고치지 못하는 병이 많았다. 반면에 철저한 부정의 대상이었던 한의학으로도 많은 병을 고쳤고 게다가 값이 쌌다. 이런 효과와 경제성은 한의학이 서양의학과 견줄 수 있다. 어떻게 해서 이런 일이 가능했을까? 이런 질문은 임상적 차원에서 비롯되었지만, 근본적으로는 의학이론과 그것을 뒷받침하고 있는 세계관 전반을 논하지 않고서는 답을 얻을 수 없는 것이었다.

양자의 논쟁을 지켜보면서 우리는 우리의 '근대'가 선험적으로 가

정된 어떤 것이 그대로 관철되는 단순한 과정이 아니었음을 짐작할
수 있다. 우리의 '근대'는 물리적 실체를 지닌 여러 가치의 충돌, 대
립, 절충, 상호침투를 통해 짜여진 결과물이었던 것이다.

「1930년대 한의의 근대성·과학성 논쟁」(『논쟁으로 본 한국사회 100년』, 역
사비평사 편집위원회 편, 2000)을 재정리하였다. 이 주제에 관해서는 임병
묵의 「1930년대 한의학 부흥논쟁」(서울대 보건대학원 석사논문, 1996)과 정
근식의 「일제하 서양의료체계의 헤게모니 형성과 동서의학 논쟁」(『한국사회
사학회논문집』, 문학과지성사, 1996) 등의 글이 있다.

의료가 어떻게 민중에게
다가섰는가

일반서민의 의료생활은 어떻게 변화해왔나

현재 한국의학사 책은 학문으로서 의학, 제도로서 의료의 발달에만 초점을 맞추고 있다. 이를테면 "삼국시대에 왕실 의료기관이 있었으며, 통일신라 시기에 의학이라는 의사양성제도가 있었다"와 같은 서술방식을 택하고 있다. 이런 방식은 의학이라는 학문의 발달과 국가의료의 발달이라는 측면을 이해하는 데는 도움을 줄지언정, 그것이 다수 서민의 삶에 어떤 의미가 있었는지는 말해주지 않는다. 예를 들어 조선시대에 내의원·전의감·혜민서 등 훌륭한 제도가 있었다는 것을 대개 알고 있지만, 그것이 각각 어떻게 기능했는지에 대해서는 모르는 경우가 많다. 그나마 혜민서가 대민의료기관이라는 것은 알고 있지만, 그것이 얼마나 많은 사람에게 혜택을 주었는지는 알지 못한다.

나는 이 글에서 우리 선조들의 의료생활은 어떠했고, 그것이 일반서민의 삶에 어떤 관계를 맺으며 발전해 왔는지를 조명할 것이다. 그

삼국시대의 약사여래상들(통일신라시대), 국립경주박물관 소장 약사여래는 약사신앙의 대상이 되는 부처로 약왕(藥王)이라 불리며 모든 중생의 질병을 치료하고 재앙을 소멸시킨다. 왼손에는 온갖 병을 치료할 수 있는 약이 든 약합이 쥐어져 있다. 한국 고대에서 약사여래를 신봉하는 약사신앙은 매우 중요한 신앙형태이며, 불교가 도입된 이후 고대사회 치병의 가장 중심적인 구실을 했다. 『삼국유사』에는 밀본법사가 『약사경』을 읽어 선덕여왕의 난치병을 고쳤다는 기록이 있다.

것은 '미신적인' 치병행위, 한의약, 서양의약 등의 역사적 전개를 말하는 것이 될 것이다.

종교적 의료의 시대

과거 거의 대부분의 사람들은 의사가 펼치는 의료 혜택을 받지 못했다. 1653년 조선에 표류한 네덜란드인 하멜은 기행문에서 이렇게 썼다. "조선사람들은 병에 걸렸을 때 그 나라에서 자라는 약초를 복용하는데 서민들은 약초에 대해 잘 모르고 또 의원들은 지체 높은 양

무당의 굿 조선시대 일반 민중들은 "병에 걸렸을 때 의원을 부르고 약을 써야 한다"는 생각보다 "기도를 해야 한다"는 생각이 지배적이었다. (출전 : 『무당내력』, 규장각, 가람 고 1430−8)

반들이나 불러갈 수 있었기 때문에 그럴만한 돈이 없는 사람들은 장님이나 점쟁이를 찾아가게 마련이다."

이보다 이전 고려 때의 의료상황을 언급한 기록도 있다. 1170년 고려를 방문한 송나라 사람 서긍이 한마디 남겼다. "고려 사람은 병에 걸렸을 때 약을 먹지 않으며, 단지 귀신만 섬길 뿐이다."

500년 시차를 두고 두 외국인의 눈에 비친 고려와 조선의 의료상황은 비슷하면서도 적지 않은 차이가 있다. 서긍은 누구를 막론하고 약을 잘 쓰지 않음을 말한 반면, 하멜은 양반은 약을 쓰지만 평민은 약을 쓰지 않는다고 했다. 두 외국인의 기록을 액면 그대로 인정할 수는 없다고 해도, 조선후기의 상황이 고려 때보다 낫다는 사실과, 그렇다 해도 여전히 다수의 백성은 의료에 소외되어 있었다는 사실을 짐작할 수 있다.

하멜이 지적하듯, 지배층이 아닌 경우 의원이나 약과 거리가 멀었던 이유는 '무지'(또는 종교적인 믿음)와 경제력 때문이었다. 대다수 사람들에게 '병에 걸렸을 때 의원을 부르고 약을 써야 한다'는 생각은 '왜 기도를 하지 않고 약을 써야 하는가' 보다 더 이상한 일이었다. 심지어 병에 약을 쓰는 것이 금기된 경우도 있었다. 두창(마마)의 경우가 그렇다.

두창신(痘瘡神)이 관장하는 이 병은 약을 쓰면 죽는 것으로 알았다. 민가에서는 물론이거니와 왕실에서도 그랬다. 허준이 쓴 『언해두창집요』 발문을 보면, '왕자가 두창에 걸렸는데 어느 의원도 금기 때문에 나서지 않았고 왕마저도 풍속에 굴복하는' 구절이 나온다.

다른 역병의 경우도 비슷했다. 나라에서 편찬한 전염병대책 책자에 담긴 내용도 기복적인 내용이다. 1900년대 초반 콜레라가 유행하자 뜻있는 몇몇 사람들이 팔만대장경에 실린 역병을 쫓는 불경을 인쇄해 배포했다. 조선에 들어온 천주교도도 이 점에서 비슷했다. "복통 낫기를 마테오리치의 이름으로 기도한다"는 기도문이 숭실대 박물관에 남아 있다. 전염병을 비롯한

두통의 민간처방 땅바닥에 사람을 그림 후 통증이 있는 부분에 낫을 꽂아두고 두통이 없어지기를 빌었다.

많은 질병은 인간 통제 밖의 재앙이었으며, 재앙을 해소하기 위한 기도는 가장 자연스러운 해결책이었다.

이런 종교적 치병행위는 단순히 무지의 소산이 아니라 자체의 완결된 세계관에 입각한 것이었다. 종교적 세계관은 죽음이 너무나도 흔한 사회에서 성공과 실패를 모두 만족시키는 자족의 수단이었다. 살아나면 다행을 부르짖었고, 행여 죽게 되면 운명의 틀 안에서 슬픔을 접을 수 있었다. 이는 서양에서 유래된 자연을 정복할 수 있다는 근대적 세계관과 본질적으로 다른 것이었다. 종교적 세계관은 통제할 수 없는 자연에 대해 설명하는 틀로 작동했으며, 종교인은 사회의 주변부에서 역병과 죽음을 치러내는 허드렛일을 담당했다.

개항 이후 종교적 세계관이 위축되면서 그러한 치병행위의 영역은 줄어들었지만, 현대에도 그러한 설명양식은 여전히 통용된다. 불치병이나 정신병 등 의학의 사각지대에서는 이런 치병행위가 여전히 지속되고 있다.

　지배층의 경우에도 이런 종교적 대응은 주요한 해결방식 중 하나였다. 하지만 그들에게는 의학이라는 한 가지 수단이 더 있었다. 왕실이나 귀족 또는 양반은 약을 구할 수 있고 의원을 부를 수 있는 경제력이 있었다. 한의학의 존재는 삼국시대부터 확인되지만, 그것이 일반인에게까지 내려온 것은 조선후기나 되어서이다. 고려의 혜민국이나 조선의 혜민서 같은 기관은 대민의료기관으로서 민간에서도 의약 이용이 가능케 하는 주요 원천이었지만, 그것은 중앙에 국한되어 있었으며, 이용도 무료가 아닌 유료였다. 지방관아에도 약방이 설치되어 있었지만, 그 또한 지역의 지배층을 위한 것이었다. 역설적으로 이러한 기관이 존재하지 않은 거의 모든 곳에는 의원은 물론 약을 파는 기관조차 없었다고 말할 수 있다.

　구급방(救急方)의 편찬, 언해본 의서의 발간, 약계(藥契)의 성행은 의학이 좀더 대중에게 가까이 가는 중간과정이라고 할 수 있다.

구급방의 편찬

　구급방은 위급한 병을 의원 없이 치료할 수 있도록 도와주는 책자였다. 지방에는 의원이 거의 없었기 때문에 관에서 이런 책자의 발간과 배포를 꾀하였다. '미신적' 방법 대신에 약을 쓰는 풍속을 길러주기 위한 통치효과도 노렸다.

　구급방은 고려 인종 때의 『향약구급방』에서 비롯되나, 활발하게 편찬된 것은 조선 초·중기였다. 『구급방』(1466)이 나온 이후 『구급간이방언해』(1489), 『구급이해방』(1499), 『촌가구급방』(1538), 『언해구급방』(1607) 등이 잇달았다. 여러 구급방 중에서 허준이 편찬한 『언해구급방』이 주목을 끈다. 사회적으로 가장 널리 읽혔다는 것이 한 가지 이유이고, 경제성 있는 침구법과 단방약(單方藥)을 중시한 것이 다른 한 가지 이유이다.

조선 중기에 나온 『언해구급방』, 『언해태산집요』, 『언해두창집요』 등 언해본 의서는 주로 부녀의 의학지식 확장을 겨냥한 것이었다. 오늘날에도 그렇지만 과거에도 집안의료의 담당자는 여성이었고, 이들을 의학적으로 교화하는 것이 언해본 의서의 발간목적이었다. 조선 정부는 가장 핵심적인 의료사항인 산과(産科), 역병대책, 구급사항, 소아전염병인 두창대책에 대해 한글번역을 달아 민간에 보급했다. 간혹 민간의 속방(俗方)을 책에 흡수하기도 했지만, 이보다는 여러 의서에서 가려 뽑은 의학내용이 많으며, 이것이 민간요법으로 굳어진 측면이 크다. 즉 한의학이 '민간요법화' 하는 데는 언해본 의서가 큰 구실을 했다. 흔히 민간요법이 자생적으로 발생하여 서민의료의 주축을 이루었을 것이라 추측하지만, 이와 달리 오늘날 우리가 알고 있는 민간요법의 상당수는 '위' 의 의학이 흘러내려 온 것이다.

약계의 성행

구급방과 언해본 의서의 편찬이 관의 주도로 이루어진 것이라면 약계는 민간에서 주도했다. 조선 중기부터 병에는 약을 써야 한다는 생각이 성리학의 심화와 맞물리면서 지방 양반층을 중심으로 일었다. 스스로 약국을 갖추려는 움직임이었다. 그들은 계를 조직해서 필요한 약과 의원을 확보했고, 이런 방식으로 전국적으로 약계가 태동했다. 조선후기에는 그것이 관의 의료를 무색케 할 정도로 성장했다. 처음

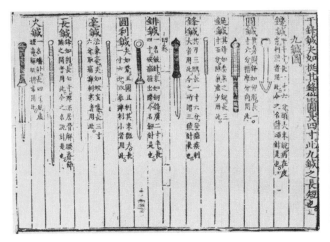
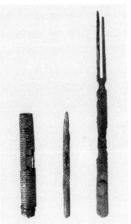

**고려시대의 침과 침통(13~14세기),
호암미술관 소장** 금은제 침통, 침과
침 모양의 도구로 흔하지 않은 고려시
대의 침통과 침이다.

9침 침에는 아홉 가지 종류가 있어 흔히 9침(九針)이라고 한다. 9침은 참침(鑱鍼), 원침(圓鍼), 시침(鍉鍼), 봉침(鋒鍼), 피침(鈹鍼), 원리침(圓利鍼), 호침(毫鍼), 장침(長鍼), 대침(大鍼) 등이다. 오른쪽부터

① 참침 : 길이는 1.6촌이고 침 끝이 크고 예리하다. 주로 양기를 사한다.
② 원침 : 길이는 1.6촌이고 침 끝이 달걀모양같다. 분육(分肉)의 사이에 있는 질병을 치료하는데 주로 사용한다.
③ 시침 : 길이는 3.5촌이고 기장이나 조처럼 침 끝을 둥글게 한 것이다. 맥을 내리눌러 기가 들어가지 않게 하여 기가 이르도록 하는데 주로 사용한다.
④ 봉침 : 길이는 1.6촌이고 침날이 세모꼴이다. 고질병을 치료하는데 주로 쓰인다.
⑤ 피침 : 길이는 4촌이고 너비는 2.5촌이며, 끝은 칼날과 같다. 크게 곪은 것을 째는데 쓴다.
⑥ 원리침 : 길이는 1.6촌이고 굵기는 소꼬리털 같고 둥글며 예리하고 침날의 가운데는 약간 굵다. 갑자기 생긴 사기를 없앤다.
⑦ 호침 : 길이는 3.6촌이고 끝은 모기나 등에의 입 모양과 같이 날카롭다. 천천히 놓고 오래 꽂아 둔다. 통비를 치료한다.
⑧ 장침 : 길이는 7촌이고 침 끝이 예리하다. 오래된 비증을 치료한다.
⑨ 대침 : 길이는 4촌이고 끝은 못과 같으며 침날은 약간 둥글다. 장기의 물을 빼는데 쓴다.
침을 제조할 때는 오랫동안 쓰던 말재갈로 만드는 것이 제일 좋다. - 『동의보감』, 침구편
[출전 : 중국 명의 양주, 『침구대성』, 9침식(九鍼式)]

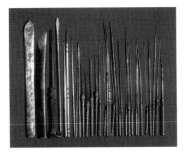

조선시대의 침(길이 4.9~10.1cm)과 침통(9.5~13.4cm), 연세대 박물관 소장 여러 종류의 침을 모았다. 침통은 침을 넣어두는 작은 통으로 일정한 모양과 크기 없이 사용자의 취향과 휴대에 편리한 크기나 형태로 만들어졌다. 상아 · 호박 · 백통이나 나무 · 대나무로 만드는데 뚜껑은 같은 재료를 이용하거나 종이 · 가죽 등으로 따로 만들기도 하였다.

토기약따르기(고려, 12세기), 11.9×9.4cm, 연세대 박물관 소장

약 볶는 도구인 청동 초두, 부여 부소산 출토(통일신라, 10세기), 국립부여박물관 소장

청자상감상약국명합(고려시대)

(사진 제공 : 국립문화재 연구소)

고려시대의 철제 약연(고려, 10세기), 길이 2.8cm, 부여 부소산 출토, 국립부여박물관 소장

고려시대의 녹청자 약탕관(11세기, 11.5×14.3cm)과 토기 약탕관(12세기, 11.7×11.6cm), 연세대 박물관 소장

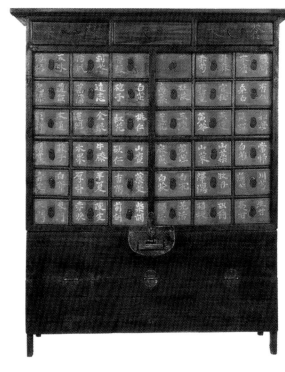

약장
75종의 약종으로 구성된 약장으로 매우 작은 크기이지만 보편적인 국산약재를 담을 수 있도록 되어 있다.

의료가 어떻게 민중에게 다가섰는가

에는 양반층을 대상으로 했던 데서 차츰 평민에게로 내려왔다.

계의 형태로 시작했다가 점차 고정적인 점포를 두는 약방으로 전화한 듯하며, 19세기 말엽에는 전국에 상당수의 약국이 있었다. 서울의 경우 1884년 조선을 방문한 미국인 군의 우즈는 "한국인들은 중국인들과 마찬가지로 의약 소비자의 나라이며, 약국들이 매우 많다.……조선인들 사이에 미신의료는 중국보다 훨씬 낮다"고 적었다. 지방에도 곳곳에 약국의 표찰, 곧 신농유업(神農遺業)이라는 표찰을 달고 영업하는 약국이 있었다. 1908년 무렵의 통계를 보면, 한의사가 2,600명, 한약종상이 3,200여 명 정도로 나와 있다.

소수의 명의가 환자에게 위세를 떨치기는 했지만, 조선시대에 한의학 자체의 권위는 높은 편이 아니었다. 최고 의원인 어의의 신분이 기술직 잡관(雜官)에 머물러 있었음이 그 한 증거이다. 병이 나았을 때만 처방료를 받을 수 있었다는 사실도 결정적 증거이다. 의학의 권위가 낮아서 의학 진입의 장벽도 높지 않았다. 글자 정도만 깨친 사람이면 의원 또는 약종상의 길에 들어설 수 있었다. 사대부들은 자신과 집안의 건강관리를 위해 스스로 침을 배우고 약 쓰는 것을 익혔는데, 이들 중 뛰어난 사람을 유의(儒醫)라고 불렀다. 의학의 권위가 높지 않은 만큼 의학에 대한 기대감도 높지 않았다. 모든 병을 고친다는 생각을 하지 않았으며, 잘못된 의료에 대한 비난도 그다지 크지 않았다.

개항 이후 서양의료의 등장

1876년 개항 이후 조선의 보건의료는 근본적인 변화를 겪었다. 개항은 곧 조선이 세계열강이 주도하는 국제질서에 편입됨을 뜻한다. 이제 조선은 세계 자본주의 또는 제국주의 열강에 본격적으로 노출되었으며, 세계체제에서 살아남기 위해서는 근대적 개혁이 불가피하게 되었다. 제국주의 문제이건 근대화의 문제이건간에, 서구문물의 도입은 당시 조선 사회의 핵심사항이었다.

서양의학과 보건의료는 서구 문물의 중요한 부문 중 하나였다. 서양의학은 치료술로서 병의 진단과 외과수술에서 탁월한 효과를 보여주었고, 공중보건은 예방책으로서 전염병 예방의 실질적인 대책이 되었으며, 서양의학적 세계관은 근대인의 삶의 토대로 작용했다.

서양의학의 중요성에도 불구하고, 그것의 정착은 성공적이지 못했다. 1885년 조선정부는 제중원을 설립하여 백성들에게 서양외과술을 선보였으나, 그것은 단지 조선이 서양식 병원을 소유하고 있다는 상징적인 노릇만 했을 뿐이며, 서양의료를 펼칠 수 있는 의학교육은 단 한 명의 의사도 양성하지 못하고 막을 내렸다. 1899년 학부 소속 의학교를 세워 3회에 걸쳐 35명의 의사를 배출했으나, 그들은 한국 의료의 동량으로 커나가지 못하고, 식민지 의료체제의 일부로 흡수되었을 뿐이다.

개항 직후부터 일본인은 부산(1877), 원산(1880), 인천(1883) 등 거류지와 한성의 일본공사관(1883)에 군진병원을 세우고 서양의술을 시술했으나, 그것은 일차적으로 일본인을 대상으로 한 것이었다. 조선 고위층을 대상으로 한 환심사기 의료가 부수적으로 펼쳐졌을 뿐이다. 서양인 선교의료의 경우, 1884년 이후 시작되어 일제강점 이전까지 전국적으로 30여 곳에 진료소가 세워졌으나, 그 또한 규모가 미미했고, 조선인 개종을 일차적인 목표로 한 것이었다.

특권층을 위한 서양의학, 서민 곁의 한의학

일제강점기에는 제법 번듯한 서양의학 체계가 형성되었다. 일제시기에 대략 2,000여 명의 한국인 의사가 양성되었다. 대한제국시기나 일제 초기의 몇십 명에 비한다면 이 숫자는 분명히 대단한 것이라 할 수 있다. 일례로 1912년 한국인 의사는 72명에 불과했으나 1942년에는 2,487명이었다. 이 숫자는 절대적인 수준에서 의학의 성장을 표시하는 것이지만, 2,000만 이상인 조선의 인구규모에 비교해서 볼 때에는 턱없이 부족한 숫자였다.

일제시기의 병·의원은 운영주체에 따라 조선총독부에서 직접 운영하는 관립병원, 도와 지방기관에서 운영하는 공립병원, 민간인이 운영하는 사립병원이 있었다. 관립병원은 일제시기 내내 조선총독부의원을 비롯한 4곳이 있었고, 공립병원인 도 자혜의원은 1909년 전주, 청주 2곳에서 1937년에는 전국 41개소로, 1942년에는 46개소로 늘어났다. 개인이 운영하는 사립병원은 1939년 현재 한국인이 운영하는 병원 46개, 일본인이 운영하는 병원 8개, 외국인이 운영하는 병원 22개였다. 관립·도립의원의 경우 일본인 의사가 절대 다수를 차지했고, 사립의원인 경우 한국인과 서양인 의사가 다수를 차지했다.

일제강점기 서양의학은 소수의 특권층을 위한 의료에 머물렀다. 현대 서양의학은 점점 비싼 의학이 되어가고 있었지만, 식민지 한국인의 경제형편은 더욱더 나빠졌기 때문이다. 현대의학의 발달은 의료기구와 시약, 의사양성 비용, 보조인력, 거대 의료기관 건축 등의 측면에서 의료상승을 요구했다. 반면에 식민지 사회는 궁핍화 과정을 겪고 있었기 때문에 높은 의료비를 감당할 엄두도 내지 못했다. 예컨대 1929년 한국 노동자 1일 평균임금은 1~2.5원에 지나지 않았으나, 조선총독부의원의 1인 평균 진료비는 입원 2,000원, 외래 700원 정

3과 _ 한의학이 사양의학에

대구약령시(20세기 전후) 약을 팔러 온 사람과 사러 온 사람들로 넘친다.

도였다. 이 수치는 보통의 한국인은 병원을 이용할 엄두도 못 내었음을 말해준다. 물론 모국 일본에서와 달리 식민지 통치자는 의료비 부담을 덜 수 있는 의료보험과 같은 사회적 장치를 전혀 고려하지 않았으며, 의료를 철저히 사적 영역에 남겨 두었다. 궁핍한 한국인이 서양식 병원을 이용할 수 있는 기회는 조선총독부의원과 도 자혜의원에서 베푸는 시료병상을 통해서였다. 말이 시료환자였지 이들은 형편없는 별도의 시설에서 진료받는 학습용 또는 실험용 환자였을 뿐이다.

　개항 이후 서양문물의 도입은 두 가지 측면에서 한의학에 영향을 끼쳤다. 첫째는 정책적으로 서양의학을 중심에 놓고 한의학을 주변으로 밀어냈다는 점이다. 조선후기를 통해 종교적 의료를 제치면서 한의학이 중심 의료로 성장했지만, 서양의학이라는 강력한 경쟁자에게 자리를 내주었다. 둘째는 한의학의 근대화를 요청받았다는 점이다. 자격인준 개념이 도입되어 한의약 종사자에게도 적용되었다. 대한제국은 1900년 의사 인허제도를 통해 한의약 종사자의 자격심사를 꾀했으며, 일본 식민당국은 1913년 '의생규칙', '약종상규칙'을 두어 좀더 분명한 자격심사를 행했다.

1913년의 '의생규칙'과 이후 1922년 개정 규칙의 큰 특징은 신규 면허를 억제하고, 새로 면허를 내줄 때에도 의사가 없는 곳을 지정하여 내주는 것이었다. 이런 정책 때문에 한의의 수는 계속 줄어들었다. 1915년에 5,804명이던 의생 수는 20년 후인 1935년에는 4,044명으로, 1940년에는 3,187명으로 줄었다. 1922년 이후 새로 면허를 얻은 사람은 특정 면 단위 이하의 지역을 벗어나 개업을 할 수 없었기 때문에 벽지의 의료를 담당했다. 자연히 도시 지역의 일본인과 조선인 지배층은 서양의학을 이용하게 되고, 지방의 한국인은 한의학을 주로 이용하게 되는 이원적 구조가 확립되었다.

이와 함께 주목해야 할 사실은 '의생'이 아니면서 의술을 베푼 7,000~1만 명 규모의 한약종상의 존재이다. 이 약종상은 시골 구석구석에 포진해 있으면서 약을 팔기도 하고 간단한 처방도 내렸다. 총독부가 조사한 각종 생활조사 보고서를 보면, 궁핍한 한국인이 가장 많이 이용한 곳이 이들이 운영한 한약방이었다.

국민의료의 중추가 된 현대의학

해방 이후에도 서양의약이 중심의료로 자리잡고 한의약은 그 자리를 내주었다. 1950년까지 한의사와 한약종상(현 한약사)을 합친 수는 대략 7,000여 명으로, 의사와 약사 수를 합친 5,000여 명보다 약간 많았다. 그렇지만 1951년 이후에는 상황이 역전되었으며, 그 차이는 더욱 가파르게 나타나게 되었다. 특히 1960년대 후반 이후에는 약사 수가 급격하게 증가함으로써 서양의약 인력이 크게 증가했다. 반면

한약방과 약상 한약방에는 제법 큰 약장 두 개가 놓여 있고, 천장에는 약들이 주렁주렁 매달려 있다.

에 한의약 인력에는 큰 변동이 없었다. 그리하여 1960년에는 의사와 약사를 합한 수(의사 7,765명, 약사 4,696명)가 한의사와 한약종상을 합친 수(한의사 2,922명, 한약종상 2,770명)보다 두 배 높아졌고, 1980년 대에는 6대 1로 벌어졌다. 1999년 현재 의사 수는 36,820명, 약사 수는 49,214명, 한의사 수는 11,345명으로 집계되었다. 서양의학을 펼치는 병·의원 수도 크게 증가하여 1975년에 11,188개였던 것이 1999년에는 36,820개로 껑충 뛰었다.

비록 서양의학에 1등자리를 내주었지만, 한의학은 현대 공식 의료제도 안에 진입하는 데 성공했다. 1999년 현재 한의사가 전체 의사 수의 1/3에 육박하는 비율은 세계의 전통의학적 측면에서 볼 때 유례가 없을 정도의 대성공인 셈이다. 게다가 집단의 독점적 지위가 거의 의사수준이라는 점에서 그 성공은 더욱 값진 것이다. 서양 의학교육과 같은 6년제 교육제도를 얻어냈고, 의사와 비슷한 수준의 면허제도를 획득했으며, 군의관이나 보건소 같은 공적 영역에도 진출이 가능해졌으며, 매스미디어에서도 일정한 지면 또는 방송시간을 확보했다. 또한 건강증진(보약)분야를 특화함으로써 고수입의 직업이 되었으며 값싼 의료라는 이미지를 벗고 서양의학에 대한 보완적 의료체계로 자리잡았다. 주로 1980년대 이후에 형성된 이러한 직업적 지위를, 이전의 한의학은 어느 시대에도 누려본 적이 없었다.

20세기 중반 이후 세계적 차원에서 서양의학은 놀랄 정도로 발전했다. 1940년대 이후 페니실린 같은 항생제와 결핵예방을 위한 BCG 백신의 개발, 1950년대 '제1차 약리학 혁명'에 따른 각종 생물학적 신약개발, 1967년 이후 급속히 발달한 장기이식수술 등이 한국의료계에도 잇달아 도입되었다. 또한 병의 진단을 더욱 효과적으로 만든 전자현미경, 내시경, 전산화된 X선 단층촬영기(CAT), 양전자 방출 X선 단층촬영기(PET), MRI(magnetic resonance imaging), 레이저, 트레이서(tracer), 초음파진단기 같은 혁신기술도 한국 병·의원에 들어왔다. 게다가 1953년 왓슨과 클릭의 DNA나선구조의 발견과 유전암호 해독 이후 급속히 발전한 생화학과 분자생물학, 유전공학도 의학에 크게 응용되고 있다. 이전 시대에는 꿈도 꾸지 못할 의학의 발전은 이 순간에도 지속되고 있다.

현대 의료이용의 문턱을 크게 낮출 수 있게 된 것은 1977년부터 시행된 의료보험 덕택이다. 1977년에 500명 이상 사업장 근로자를 대상으로 의무적으로 직장의료보험이 실시된 이후 계속 적용대상이 확대되었다. 그 결과 1980년도에 의료보험 대상인구가 923만 명이었고, 1985년에는 1,800만 명, 1990년 4,000만 명, 2000년 4,600만 명으로 늘어났다. 2000년 한국인 추계인구가 4,700여 만 명임을 고려할 때, 이는 거의 모든 국민이 의료보험 대상자가 되었음을 뜻한다. 의료보험은 모든 질병을 완벽하게 커버하는 것은 아니지만, 상당수의 질병을 경제적인 범위 안에서 해결하게 하는 구실을 했다.

　의료이용의 확대가 가능하게 된 것은 의사의 자비 때문도, 국가의 선심 때문도 아니었다. 산업과 군사적 측면에서 인구의 건강가치에 대한 사회적 요구가 증가했기 때문이며, 국민 개개인의 권리의식이 향상되었기 때문이다. 20세기 후반 이후 국가의 가부장적 은총 형식으로 국민에게 건강이 시혜되는 형태가 지양되면서 개인의 의사를 존중하지 않는 국가의 일방적인 개입이 줄어들었다. 그리고 개인의 자유를 존중하는 식으로 국가가 국민보건에 개입하는 모습이 일반화되었다. 이런 추세는 개인의 권리로서 건강을 추구한다는 이념(건강권)과 서로 맞물려 진행되었으며, 갈수록 그 영역이 확대되고, 내용이 심화하는 모습을 보이고 있다.

의학의 놀라운 성취, 그러나…

　참으로 기나긴 어려운 역정이었다. 일찍이 지금만큼 의료를 누렸던 시절은 없었다. 병에 걸렸을 때 의약을 찾는 것은 너무나 당연한 일이 되었다. 물론 돈이 없어서 병원과 약국을 이용하지 못하는 사람이 없지는 않지만, 병에 걸려도 의(醫)와 약(藥)을 쓰지 않겠다고 생각하는 한국인은 몇 안된다. 모든 사람이 병들면 의사와 약사를 찾아야 한다고 생각한다. 이것은 정말로 역사적인 사건이다. 불과 최근 몇십 년만에 이런 일이 벌어졌기 때문이다. 또 많은 건강문제가 병·의원을 이용함으로써 해결되고 있다. 이는 경제력이 생기고 의학이 그만큼 발달했기에 가능한 일이다.

　하지만 오늘날만큼 의료가 근본적인 회의에 직면한 적도 없었다. 인간이 그토록 갈망해왔던 끔찍한 역병을 몰아내자마자 이런 일이

이표가 어떻게 민중에게 다가섰는가

벌어지는 것이다. 의학은 "그것이 발달할수록 더 나은 건강을 추구하고, 그것을 의학이 만족시키지 못하는" 역설적인 상황에 빠져버렸다. 영국의 의학사학자 로이 포터(Roy Porter)는 『그림과 사진으로 보는 캠브리지 의학사(The Cambridge Illustrated History of Medicine)』에서 이상의 상황을 다음과 같이 요약한다.

> 과거 수백 년 동안 의료직은 너무 하찮은 것이어서 심각한 비평을 받을 만한 존재가 아니었다. 깔보는 사람들도 있었는데, 그들은 아플 때면 언제나 의사를 부를 수 있는 사람이었다. 좋으면서도 나빴던 옛날(the good-old-bad-old-days)이라는 역설의 측면에서 상황은 단순하다. 사람들은 의학에 큰 것을 기대하지 않았기 때문에 옛 의사가 병을 잘 못 고쳐도 환자는 별로 욕을 하지 않았다. 의학은 전문적 영역이기는 했지만 큰 특권이 없었으며 직업의 힘도 약했다. 20세기는 그렇지 않아서 의학은 더 큰 권위를 요구했으며, 매우 사치스러운 것이 되었다. 일단 막강한 힘을 얻게 되자 더 많은 비판에 직면했다. 아울러 일단 효과가 있다고 인정받자 역병의 고통은 잊혀졌고, 의사들은 주로 권위 높은 인물이나 가부장제의 도구, 아니면 국가의 하수인으로 여겨지게 되었다.

한국의 상황도 이와 비슷하다. 병을 잘 고치는 의학이 있고, 개인 차원에서 의료 장벽이 과거 어느 때보다 낮은 시대이다. 그렇지만 사회라는 집단의 차원에서 볼 때 의료에 투입되는 비용이 엄청날 정도이다. 최근에는 건강보험 재정이 파탄지경에 이르렀다는 말도 나온다. 의료부문에 얼마만큼 더 돈을 쏟아 부어야 할지 잘 모른다.

또 의학 자체가 권력이 되었다. 한 예로 의사집단의 막강한 힘은 지난 해 의약분업 파동 때 분명하게 확인되었다. 또 다른 차원에서 환자는 자기 병의 치유주체로 서지 못하고 의사에게 의존하는 존재로 왜소해졌다. 치료대상인 인간이 물질처럼 다루어진다. 무엇보다 큰 문제는 '의학의 발전이 모든 병을 고쳐줄 것이라'는 끔찍한 맹신이 자리잡았다는 점이다. 이 맹신에 기초해서 의학분야에 '밑 빠진 독에 물 붓기 식'으로 돈이 투입되고 있으며, 의학의 권력은 비대해져 간다.

　국민을 위한 의학이 무엇인가에 대한 진지한 성찰은 이런 상황 인식에서 나온다. 역사적으로 볼 때 최근까지는 서민 또는 국민이 신뢰할만한 의료를 얻고 그것을 큰 장애 없이 이용하고자 하는 쟁취의 과정이었다. 하지만 현 시점의 주요 과제는 파이를 더욱 크게 늘리는 것이 아니라 고가이며 가부장적 권력이 되어버린 의료체계의 극복이다. '국민을 위한' 보다 '국민의', '국민에 의한' 의료에 더 많은 관심을 쏟는 것으로 바뀐 것이다. 더 나아가 20세기 문명의 세례의 중요한 징표였던 "의료가 모든 건강과 질병문제를 다 해결해줄 것"이라는 낙관론이 비판의 대상으로 떠올랐다.

「한국의료사에서 본 민중의료」(『사회비평』 29호, 2001 가을호)를 약간 수정하였다.

찾아보기